COLLECTION FOLIO/ACTUEL

Pierre-Antoine Donnet

Tibet mort ou vif

Préface d'Élisabeth Badinter

NOUVELLE ÉDITION AUGMENTÉE

Gallimard

Cet ouvrage a obtenu en 1990
le prix Alexandra David-Néel

Pierre-Antoine Donnet, journaliste, diplômé de sciences politiques et de chinois, a été correspondant à Pékin de 1984 à 1989.

AVANT-PROPOS

Depuis la publication de la première édition de ce livre en 1990, beaucoup d'eau a coulé sous les ponts, à Lhassa comme ailleurs. Alors que j'en entamais la rédaction, je venais tout juste de rentrer d'un séjour de presque cinq années en Chine. Mon intention était alors d'écrire un compte-rendu équilibré, afin de présenter la réalité du Tibet d'aujourd'hui aussi honnêtement que possible. Je ne m'étais autorisé ni a priori, ni complaisance à l'égard de quiconque. Je m'étais dit que pour mieux faire comprendre et mieux convaincre, il était impératif que soient exposées les différentes thèses, chinoises et tibétaines. Une fois celles-ci expliquées et comparées, les événements parlent d'eux-mêmes. Inutile donc de polémiquer, ni de prendre parti. Je considérais que ce livre devait être une clé pour permettre au lecteur une réflexion dépassionnée, estimant qu'en dernier ressort, il lui appartient de faire son jugement seul, en conscience, sans ingérence ni manipulation extérieures.

Aujourd'hui, alors que cette nouvelle édition paraît, je n'ai pas changé d'avis. Ces mêmes principes ont été respectés. Mais l'importante mise à jour à laquelle je me suis livré pour compléter et enrichir cette édition m'a donné l'occasion de me pencher à nouveau de près sur la question du Tibet. Je le confesse : je n'ai pas pu réaliser ce travail sans une intense émotion. Une émotion qui m'a pris à la gorge tant je ressens un sentiment de grande urgence pour le Tibet. En effet, je suis d'avis qu'avec les années qui passent, un danger croissant menace le Pays des Neiges. Je veux parler d'un irrésistible mouvement de sinisation de ces vastes étendues, une immense lame de fond qui risque bien d'emporter bientôt la civilisation tibétaine.

Ce jour venu, plus grand-chose ne distinguera la Chine du Tibet. Il ne restera plus que quelques vestiges folkloriques pour amuser les touristes. Les étrangers qui reviennent du Tibet et qui sont familiers de ces hauts plateaux sont tous frappés par l'arrivée massive ces dernières années de nouveaux colons chinois. Partout, ces derniers ouvrent des restaurants, des boutiques, des hôtels. Une frénésie de constructions nouvelles dénature l'équilibre déjà fragile des cités tibétaines. On a même vu récemment l'ouverture de casinos à Lhassa!

Ce retour aux transferts de populations que les autorités chinoises avaient un temps ralentis paraît dénoter une nouvelle politique qui, bien que moins violente, n'en est que plus redoutable à terme : celle du vers dans le fruit. Le gouvernement de Pékin semble en effet avoir compris que pour dompter enfin le Tibet rebelle, inutile de faire tonner les armes. Cette formule expéditive produit l'effet inverse de celui souhaité, car il entraîne une contestation plus déterminée et une solidarité plus grande encore dans les rangs tibétains. Pour triompher, se dit-on à Pékin, il suffit d'ouvrir toutes grandes les vannes de la démographie. Puisque les Chinois sont si nombreux et les Tibétains si épars, l'issue de cette guerre non déclarée ne fait guère de doute. Combien de temps avant que cette besogne ne soit achevée? Vingt ans? Moins?

Les bouleversements récents qui ont changé la face du monde communiste redonnent courage aux Tibétains et autorisent bien des scénarios pour les peuples opprimés. Pourtant, j'ai la conviction que le temps ne travaille pas pour le Tibet. Pour que soit évitée cette mort annoncée, je formule le vœu que Tibétains et Chinois sauront partout reprendre langue et raison retrouver car, plus que jamais sans doute, l'avenir du Tibet dépend du dialogue sino-tibétain. L'essentiel du chemin, cela va de soit, devra être fait par les Chinois. Pour que ce processus puisse avancer, l'opinion publique et les gouvernements occidentaux ont un grand rôle à jouer. Puisse ce livre y contribuer.

PRÉFACE

Comme beaucoup de Français, j'ignore presque tout du Tibet. Même si les rapports annuels d'Amnesty International m'ont avertie qu'il s'y passe de terribles exactions, il m'aura fallu, je le confesse, la lecture de ce livre pour que les chiffres prennent corps. Je veux dire qu'ils touchent le cœur et plus seulement l'esprit. Grâce au remarquable travail de Pierre-Antoine Donnet qui prend ses sources des deux côtés de la barricade – au Tibet et en Chine – on sait sur le vif la lente agonie d'un peuple millénaire qui ne compte plus que quelques millions d'habitants.

Le drame a commencé en 1950, lorsque la puissante armée chinoise a envahi le Tibet. Depuis lors, l'un des plus beaux et des plus rares pays du monde, aux traditions pacifiques et religieuses, résiste avec l'énergie du désespoir à l'anéantissement qui le menace. L'agonie du Tibet, ce n'est pas seulement des hommes assassinés, des nonnes et des prêtres torturés, des milliers de gens déportés dans des camps de rééducation, c'est aussi un véritable génocide culturel, linguistique et religieux poursuivi par les autorités chinoises pour rayer ce pays et cette civilisation de la carte du monde. La sinisation systématique du Tibet est à moyen terme sa mort assurée. Et cela dans l'indifférence générale, si forte est la peur des uns de rater un marché de plus d'un milliard de consommateurs futurs, et celle des autres d'irriter un voisin redoutable.

Blessé au plus profond de lui-même, le cœur du Tibet

bat encore, mais doucement, si doucement qu'on a du mal à l'entendre. Certains, trop pressés, sont déjà prêts à signer l'acte de décès. Mais ils ont tort. Une petite lumière vacillante brille encore en la personne du Dieu vivant des Tibétains. Le dalaï-lama, homme pacifique, tolérant et courageux, incarne à merveille son peuple en sursis. En courant le monde avec son bâton de la paix, il témoigne que son pays vit encore et que nous pouvons l'aider à le sauver. Utopie, irréalisme, dira-t-on. Mais non. Il est parfois arrivé que l'opinion publique mondiale fasse des miracles et force un puissant Goliath à mettre genou en terre devant un frêle David. Pour ce faire, la première étape passe toujours par la fin de l'indifférence qui se nourrit de l'ignorance. Il est donc urgent de lever le voile sur la douloureuse réalité du Tibet. Ainsi peut-être ne le sauverons-nous pas de la mort prochaine, mais à tout le moins, nous aurons refusé d'être les complices nonchalants de ses assassins.

Élisabeth Badinter
Décembre 1989

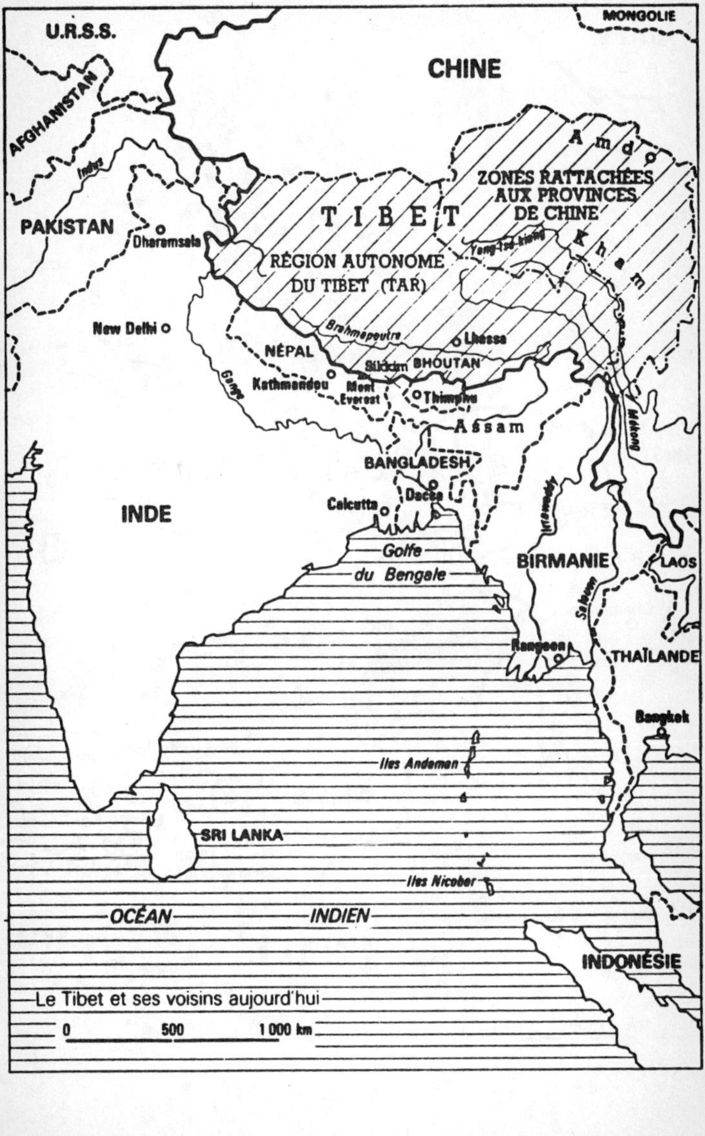

Le Tibet et ses voisins aujourd'hui

U.R.S.S.
SINKIANG
PAKISTAN
CHANG TANG
1954
Leh
Rudok
CACHEMIRE
T I B
Dharamsala
1957
Gartok
NGARI
Simla
1958
Tashilur
Tradum
Shigatsé
1961
Lhakpa-la
Tingri
NÉPAL
MUSTANG
1958
Shegar
Rongbuk
Khassa
Pokhara
Tatopani
MONT EVEREST
Kathmandou
Kodari
Kalimpo
Le Tibet
Ville
Monastère
Camp de travail
Base militaire/Camp militaire
Col
Aéroport
INDE
Gange
0
100
200
300 km

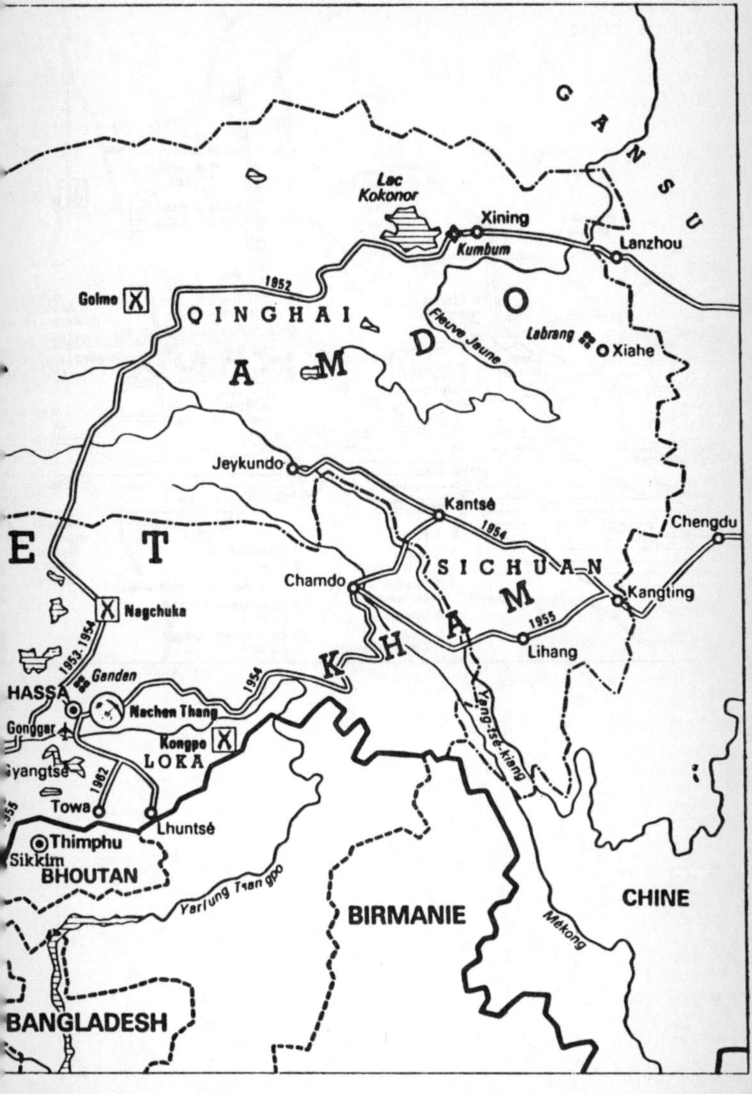

GANSU
Lac Kokonor
Xining
Kumbum
Lanzhou
1952
Golmo
QINGHAI
AMDO
Fleuve Jaune
Labrang
Xiahe
Jeykundo
Kantsé
1954
Chengdu
E T
SICHUAN
Chamdo
KHAM
Kangting
1955
Lihang
Nagchuka
1953-1954
Ganden
HASSA
Nachen Thang
1954
Yang-tse-kiang
Gonggar
Kongpo
LOKA
Gyangtsé
1982
Towa
Lhuntsé
Thimphu
Sikkim
BHOUTAN
Yarlung Tsangpo
BIRMANIE
Mékong
CHINE
BANGLADESH

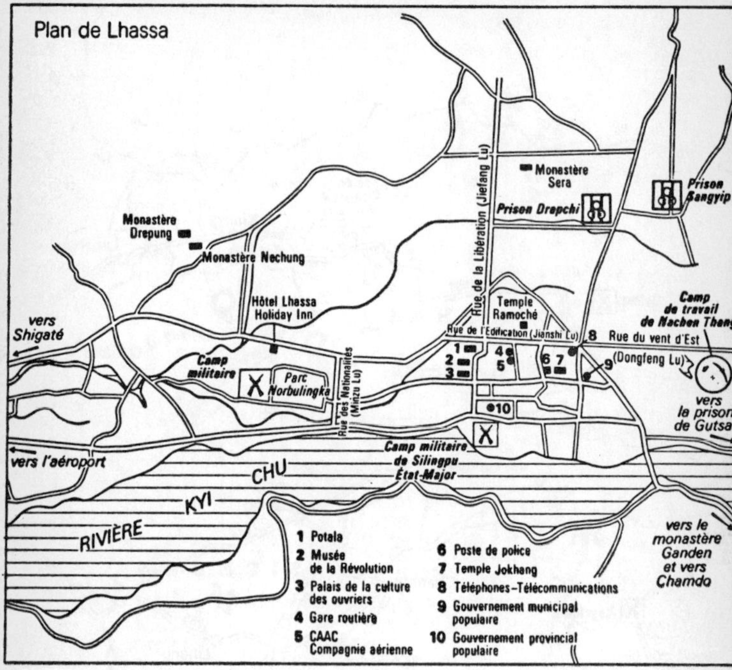
Plan de Lhassa
Monastère Drepung
Monastère Nechung
Hôtel Lhassa Holiday Inn
Monastère Sera
Prison Drepchi
Prison Sangyip
Rue de la Libération (Jiefang Lu)
Temple Ramoché
Rue de l'Edification (Jianshi Lu)
Rue du vent d'Est
(Dongfeng Lu)
Camp de travail de Nachen Thang
vers Shigaté
Camp militaire
Parc Norbulingka
Rue des Nationalités (Minzu Lu)
vers la prison de Gutsa
vers l'aéroport
Camp militaire de Silingpu État-Major
RIVIÈRE KYI CHU
vers le monastère Ganden et vers Chamdo
1 Potala
2 Musée de la Révolution
3 Palais de la culture des ouvriers
4 Gare routière
5 CAAC Compagnie aérienne
6 Poste de police
7 Temple Jokhang
8 Téléphones-Télécommunications
9 Gouvernement municipal populaire
10 Gouvernement provincial populaire

En danger de mort

Je me souviendrai de ces premières journées au Tibet comme de l'une des plus grandes joies de ma vie. La première nuit sur le Toit du monde, nous l'avions passée dans une modeste auberge tibétaine aux odeurs sauvages et d'une propreté peut-être douteuse. Mais cela n'avait aucune importance. Sous l'effet de l'altitude, les lèvres de ma compagne étaient devenues violettes. Était-ce le manque d'oxygène ou l'émotion ? Nos cœurs battaient à tout rompre. A presque 4 000 mètres d'altitude, au milieu de la nuit, nous avions la sensation très réelle d'être plus près de la voûte céleste. Les étoiles qui scintillaient dans une mer de bleu intense semblaient toutes proches, à portée de la main. Jamais je n'avais vu la Voie Lactée aussi nettement. Enfin nous foulions le sol du Pays des Neiges, pays des fables, pays de mystère, pays martyr aussi. Dehors, la nuit était tombée depuis longtemps, mais le village tout proche résonnait encore de mélopées tibétaines, de chants et de danses. Ce petit coin de paradis perdu était en liesse à l'occasion d'une fête rurale. Nous étions épuisés et heureux.

Nous avions quitté Kathmandou la veille au petit matin, à bord d'un bus archi-bondé, sur le point de rendre son dernier soupir, qui transportait hommes, femmes, enfants, volailles, cochons et marchandises de toutes sortes, en gémissant lentement, sur une route de montagne. Il avait énormément plu. Arrivés dans le gros bourg de Tatopani, nous avions dû parcourir les derniers kilomètres jusqu'au village frontière de Kodari, assis à même le plateau arrière d'un gros camion qui peinait sur la route défoncée par les intempéries. Le « Pont de l'amitié » qui sépare le Népal et le Tibet et enjambe la rivière Sun Kosi avait été emporté après ces pluies torrentielles. C'est donc à pied que nous avions continué le chemin vers Khassa, baptisé Zhangmu par les Chinois, le premier village frontière tibétain, perché à flanc de montagne, à une bonne vingtaine de kilomètres, cheminant presque toute une journée derrière deux sherpas népalais, le long de sentiers raides qui couraient le long de la montagne. Après plusieurs heures d'efforts, souvent distancés par nos sherpas qui, eux, marchaient allégrement pieds nus sur la roche, nous étions exténués. Mais, au détour d'un chemin, la vue soudaine du premier village tibétain, perché au loin dans les hauteurs, encore à une distance respectable, fut une grande émotion. Les maisons de torchis blanc de Khassa, presque entièrement dissimulées dans la brume, ajoutaient un air de secret et de poésie à cette terre tibétaine que nous allions découvrir. Nous réalisions un rêve de jeunesse. Toutefois nous n'étions pas tout à fait des touristes ordinaires : durant ces journées d'août et septembre 1985, j'allais au Tibet aussi en journaliste professionnel, mandaté par une grande agence de presse.

Au Népal, avant de partir, à Kathmandou puis à Pokhara, nous avions longuement rencontré des familles de réfugiés tibétains qui, à cheval ou à pied, avaient fui leur pays en 1959, après l'échec d'un sanglant soulèvement antichinois. Cet exode s'était produit neuf ans après l'entrée triomphale de l'Armée populaire de libération de Mao Tsé-Toung dans les rues de Lhassa. Le Tibet était alors passé tout entier sous le contrôle étroit de la Chine communiste. Spontanément, ces réfugiés nous avaient expliqué ce qu'ils pensaient que nous trouverions au Tibet où, pour la plupart, ils avaient encore des membres de leurs familles. J'étais depuis un an déjà correspondant permanent à Pékin. Mon travail consistait à rédiger des dépêches sur tous les aspects de la société chinoise. Il me restait encore devant moi quatre années en Chine. J'avais quelques idées précises sur l'étendue de la tragédie qui s'était jouée au Tibet à partir de 1950. Mais j'étais décidé à me faire une opinion seul, en jugeant sur place et sur pièces, faisant mien un slogan cher au dirigeant suprême de la Chine, Deng Xiaoping, même s'il reste bien souvent ignoré de son régime : « Rechercher la vérité dans les faits ». A Lhassa, les autorités s'apprêtaient à célébrer le vingtième anniversaire de la fondation de la « Région Autonome du Tibet ». Cet événement avait marqué l'achèvement de la « normalisation » du Tibet chinois et l'intégration officielle du haut plateau au vaste réseau de l'administration de Pékin.

Pour ce 1er septembre 1985, jour anniversaire, le gouvernement chinois avait organisé des cérémonies fastueuses à Lhassa, en présence d'une importante délégation des « autorités centrales » de Pékin, dont faisaient partie Hu Qili, alors considéré comme une étoile montante au sein du bureau politique du parti, et Li Peng, vice-premier ministre orthodoxe aux dents longues. Depuis longtemps, la rumeur avait couru que les « séparatistes » tibétains opposés à la présence chinoise au Tibet préparaient une action d'éclat pour manifester leur rejet de la présence chinoise. Ces cérémonies étaient donc entourées de conditions de sécurité maximum. Pour ces raisons, le Tibet était depuis plusieurs semaines fermé aux journalistes occidentaux. Malgré un visa spécial pour entrer au Tibet à partir du Népal qui nous avait été accordé à Pékin, il m'avait fallu des trésors de patience pour convaincre les gardes-frontières chinois de nous laisser passer. Nous avions la chance rare d'être laissés seuls, sans le comité d'accueil que le gouvernement chinois réserve toujours aux journalistes étrangers quand ils se rendent à l'extérieur de Pékin. Sans guides chinois, nous étions théoriquement libres de nos mouvements, de notre itinéraire et de nos contacts avec la population tibétaine. Nous comptions ainsi parmi les premiers visiteurs étrangers à pouvoir pénétrer au Tibet seuls, sans groupe ni guide, depuis que Pékin avait décidé d'en entrouvrir les portes au début des années quatre-vingt.

La route entre Khassa et Lhassa, axe stratégique construit pour l'armée chinoise en 1955 et 1956, est longue de 800 kilomètres. Perchée sur le plateau tibétain, au milieu de l'Himalaya, elle vous fait passer presque au pied de l'Everest, le Qomolangma, la « Déesse Mère du Monde » pour les Tibétains, le plus haut sommet de la planète. Nous avons parcouru ces splendeurs en quelques jours, en Jeep, puis en bus. Nous nous arrêtions souvent à proximité des villages où flottaient les drapeaux de prières tibétains. Flottaient aussi, bien visibles au-dessus des toits de ces maisons de boue séchée, blanches et ocre, les drapeaux de la République populaire de Chine, rouges aux cinq étoiles, comme pour mieux rappeler au visiteur distrait ou naïf qu'il se trouvait bien en territoire chinois. L'une de ces étoiles jaunes symbolise d'ailleurs l'entrée en 1950 du Pays des Neiges dans la « Grande famille chinoise ». Sur les murs des maisons paysannes apparaissaient parfois des slogans de la Révolution culturelle, le plus courant étant « 10 000 ans au Parti communiste chinois ».

Nous avions fait étape à Shegar, au Monastère du Cristal Éclatant. Autrefois, avant les destructions de la révolution si étrangement nommée « culturelle », il abritait 400 moines et lamas. Shegar, presque vide, est aujourd'hui l'un des points de départ des expéditions qui se rendent au camp de base de l'Everest. Elles traversent le monastère de Rongbuk, le lieu de culte le plus haut du monde, lui aussi entièrement démoli par les gardes rouges. Grelottant de froid, nous faisions étape sur les cols. A Lhakpa La, à 5 220 mètres, nous avons contemplé l'un des plus beaux panoramas sans doute que peut offrir notre planète. Là commencent les neiges éternelles qui, au lever du jour, quand les premiers rayons du soleil commencent à poindre, s'embrasent de teintes rouge et or sur les flancs des pics majestueux. Le ciel s'éclaire ensuite d'un bleu d'une pureté sans égale. Ici, loin de la fureur des villes, nulle pollution, nul bruit autre que celui du vent et du claquement des drapeaux de prières qui demandent aux dieux de protéger le voyageur. Exaltés par la beauté des lieux, nous ne disions pas un mot, envoûtés par l'atmosphère de profonde harmonie qui nous enveloppait.

Près de Lhakpa La se trouvent les monastères de Sakya, parmi les plus importants foyers de l'histoire du bouddhisme tibétain, dont le plus ancien, édifié en 1073, n'a pas, lui non plus, survécu à la folie obscurantiste des gardes rouges de Mao. Un autre a été en partie reconstruit et restauré. Premières ruines, premiers moines aux sourires tristes et, pour nous, premiers serrements de cœur. Nous avions continué notre route vers Shigatsé, capitale du Tsang et deuxième ville du Tibet. Peuplée aujourd'hui d'à peine plus de 20 000 habitants, Shigatsé a été la résidence des panchen-lamas qui, pendant des siècles, furent concurrents du dalaï-lama au sommet de la hiérarchie de la religion tibétaine. Le cinquième dalaï-lama avait réussi au XVIIe siècle à réunir le Tsang à la région de Lhassa, le U, mais les sourdes rivalités entre les deux chefs spirituels et temporels les plus vénérés du Tibet ne se sont jamais éteintes, à la grande satisfaction des autorités chinoises qui surent habilement en tirer profit.

Le gigantesque monastère Tashilunpo, l'un des plus prestigieux de la secte des Bonnets Jaunes, était lui aussi en cours de restauration quand nous l'avons visité. Là encore, les gardes rouges étaient passés et avaient laissé la marque du fanatisme. En réalité, avant eux déjà, les soldats de l'Armée populaire de libération avaient entamé la sale besogne. A Shigatsé, nous avions emprunté un autobus d'un autre âge pour continuer notre route vers Lhassa. Nos compagnons de route sur les bancs de bois du véhicule étaient des nomades et commerçants tibétains. Les yeux arrondis de curiosité, ils nous observaient, stupéfaits. Au Tibet, on se salue en se tirant la langue. Parlant chinois, nous tentions de lier la conversation. Bien des vieux lamas parlent un chinois presque courant : ils ont eu tout le loisir de l'apprendre dans les geôles de Chine. Le toit du véhicule avait été surchargé de monceaux de paquets les plus divers sur lesquels étaient arrimés nos sacs à dos. A flanc de montagne, sur des routes de pierres étroites qui bordaient des précipices de plusieurs centaines de mètres, le chauffeur, un Han chinois, montrait une adresse hors du commun pour négocier ses virages, malgré une direction visiblement fatiguée et des freins sur l'efficacité desquels il valait mieux ne pas trop s'interroger.

Nous vîmes aussi Gyangtsé, troisième cité tibétaine. Ici aussi s'offraient au regard des sanctuaires et temples dévastés, des chortens éboulés, des bouddhas décapités et des fresques souillées. Les stigmates du cataclysme politique qui s'est abattu sur le Tibet étaient partout manifestes. Nous n'étions pas venus dresser un constat des destructions, mais elles sautaient aux yeux. La route de Lhassa longe ensuite pendant plusieurs heures le Yamdrok Tso, le Lac de Turquoise, dont la circonférence dépasse 250 kilomètres. Il nous restait encore à traverser le fleuve Yarlung Tsangpo, puis à laisser derrière nous l'aéroport de Gonggar pour gagner Lhassa, la Cité des dieux. A vélo ou à pied, nous avons inlassablement parcouru les ruelles et avenues de cette ancienne capitale déchue.

Suis-je croyant ou incroyant, je ne sais trop. Mais la visite d'une belle église romane ou d'une mosquée laisse généralement chez moi une impression de paix intérieure. A Taiwan, à Singapour, à Hong Kong et même en Chine continentale, les dizaines de temples bouddhistes que j'ai vus m'ont fait un effet semblable. A Lhassa en revanche, dans les monastères et lamasseries, au temple du Jokhang, le plus sacré du Tibet au cœur de la partie tibétaine de la ville, nous étions bouleversés devant des bouddhas de plâtre flambant neufs et des fresques murales ripolinées de fraîche date. Ces lieux de culte laissaient un goût amer. Nous étions devant des décors de théâtre. Tout ceci avait été rasé pendant la révolution culturelle. Ces reconstructions, rénovations et réparations hâtives ne trahissaient que trop l'étendue d'un ouragan qui avait failli balayer à jamais une civilisation. Nous avions devant nous un Tibet blessé, sinistré, traumatisé après trente années de maoïsme que pas un seul Tibétain en âge de se souvenir ne pourra jamais oublier.

Nous nous souviendrons, quant à nous, de ces discussions passionnées et enfiévrées, sans témoins, dans les salles obscures des lamasseries ou dans les maisons des Tibétains. Partout, nous étions pris à témoin par des Tibétains qui, trop heureux de pouvoir raconter des pages de leur tragédie à des oreilles attentives, ne voulaient plus s'arrêter de dire leur détresse. Mais aux larmes se mêlait en même temps la joie de connaître, après des souffrances indicibles, une période bienvenue de renouveau. Depuis 1979, la Chine de Deng Xiaoping faisait souffler un vent de plus grande tolérance et de pragmatisme. Des prisons et camps de travail étaient revenus de nombreux « contre-révolutionnaires ». Les sinistres communes populaires de Mao avaient été démembrées. Les sourires revenaient sur les lèvres de nos interlocuteurs quand nous parlions des monastères dont les portes étaient à nouveau ouvertes. Qu'on ne s'y trompe pas : il n'était pas question pour les cadres chinois d'autoriser ces lamasseries à redevenir les universités du bouddhisme qu'elles étaient avant 1950. Mais Pékin avait bel et bien décidé de relâcher la pression idéologique. Ainsi Lhassa ne s'éveillait plus au petit matin au son de « l'Orient est rouge », l'hymne maoïste inlassablement hurlé depuis 1959 dans les haut-parleurs installés à travers la ville. Simplement, les Tibétains redécouvraient quelques espaces de liberté si longtemps confisqués et reprenaient goût à la vie.

Depuis, je me suis rendu dans d'autres régions où vivent plusieurs millions de Tibétains et qui ont été rattachées dans les années cinquante et soixante aux provinces voisines, bien chinoises celles-là, du Yunnan, Sichuan, Gansu et Qinghai. Je suis allé aussi plusieurs fois à Dharamsala, une petite bourgade de montagne, dans les contreforts de l'Himalaya au nord de l'Inde. Dharamsala a été baptisé « Petit Lhassa » depuis que le dalaï-lama, l' « Océan de Sagesse », y a trouvé refuge, après son départ en exil en 1959. A une heure de vol se trouvent le Ladakh et le Zanskar, deux vallées voisines du Tibet occidental. Ces vallées arides, à 3 500 mètres d'altitude, dans l'extrême nord de l'Inde, sont elles aussi devenues une terre d'accueil pour les réfugiés tibétains. En 1987 et 1988, alors que je me trouvais encore à Pékin, Lhassa est entré en effervescence. Plusieurs émeutes antichinoises se sont produites, prenant à chaque fois les autorités chinoises par surprise. La Chine pensait pouvoir normaliser le Tibet par de nouvelles méthodes mais voici que, une nouvelle fois, comme en 1959, les Tibétains se soulevaient et refusaient l'assimilation. En Occident, ces événements sanglants venaient montrer à l'opinion publique que là-bas, dans ces contrées lointaines, un peuple insoumis se battait à mains nues contre des mitraillettes.

J'avais l'espoir de pouvoir y faire mon travail de journaliste. Sitôt les premières informations reçues à Pékin, je pris donc l'avion pour Chengdu, la capitale du Sichuan, principale porte d'accès vers le Tibet qui n'est qu'à deux heures et demie d'avion. Mais en vain. Car jamais plus depuis je n'ai pu revoir Lhassa. A chaque fois que j'en ai formulé la demande, les autorités chinoises ont opposé un refus, poli certes, mais catégorique. Pendant toutes ces années à Pékin, je me suis souvent demandé pourquoi le Tibet m'était désormais interdit. Était-ce parce que mes reportages sur Lhassa avaient été jugés mal venus par les autorités chinoises? Était-ce parce que j'avais osé écrire que le Tibet a été envahi plutôt que « libéré » par les armées de Mao Tsé-Toung en 1950 ? Ces lignes m'avaient d'ailleurs valu un avertissement du ministère des Affaires étrangères à Pékin. Ou était-ce parce que, sur place au Tibet, j'avais noué des amitiés jugées trop encombrantes ? C'est, quoi qu'il en soit, peut-être de cet interdit qu'est née l'idée de ce livre. Je me suis dit que puisque l'on ne voulait pas de moi à Lhassa, il me fallait, dès lors, coûte que coûte poursuivre mon travail d'investigation.

En mars 1989, Lhassa a été saisi d'une nouvelle explosion de colère. Comme les précédentes, elle a été brutalement réprimée dans le sang. Depuis, la loi martiale règne à Lhassa. Une nouvelle fois, le Tibet est plongé dans un isolement presque total. De derrière le mur du silence qu'impose Pékin nous parviennent de temps à autre quelques plaintes étouffées qui disent peur, arrestations et torture, terreur et mort. Mais, mis à part quelques groupes de touristes fortunés qui, voyageant en groupe et étroitement encadrés par des guides officiels parfaitement entraînés, sont soigneusement tenus à l'écart de la population tibétaine, le Tibet est depuis la fin de 1987 de nouveau terre interdite aux étrangers. Rares sont les journalistes indépendants et libres qui peuvent encore y faire un travail honnête. Ces événements me sont apparus comme autant de raisons supplémentaires de mener ce projet à bien.

Ce livre n'est pas antichinois. Il n'est pas plus antitibétain, ni antioccidental. J'ai vécu en Chine trop longtemps et je compte en Chine populaire, à Taiwan et à Hong Kong trop d'amis chers pour ne pas aimer ce pays et son peuple. J'ai consacré au monde chinois déjà presque dix années de ma vie. La Chine, un jour que je souhaite prochain, prouvera de nouveau au monde le génie de son peuple. Mais il m'a semblé que le Tibet aussi méritait que l'on parle de lui. Car si la Chine doit aujourd'hui résoudre des problèmes immenses, le Tibet, lui, est confronté à un danger de mort violente. Le naufrage du Tibet est l'une des plus grandes tragédies de notre siècle. Nous n'avons plus le droit de fermer les yeux sur elle. Ce document n'est ni partisan ni neutre. Ni procès politique, ni essai sur le bouddhisme tibétain, ni guide touristique, il n'est pas non plus l'œuvre d'une tibétologue. Ces pages sont celles d'un journaliste libre de toute inféodation religieuse ou politique. Cette esquisse de l'odyssée du Tibet depuis sa « libération pacifique » par la Chine est le fruit de recherches effectuées pendant toutes ces années à Pékin, puis en Europe et en Inde, auprès d'une multitude de sources chinoises, tibétaines et étrangères. Donnant la parole aux acteurs ou victimes du drame tibétain de tous bords, je tente d'expliquer les raisons et les conséquences du choc de deux grandes civilisations qui, malgré leurs énormes différends, sont peut-être condamnées à vivre sous le même toit pendant longtemps encore.

Les événements en cours sur le toit du monde nous concernent tous. Situé au confluent des intérêts géographiques et militaires des grandes puissances de l'Asie, le Tibet est un enjeu stratégique qui dépasse largement ses frontières naturelles. Avant 1950, le Tibet vivait en paix. Tant qu'une solution satisfaisante ne sera pas trouvée pour le peuple tibétain, il est à craindre que l'Asie tout entière ne demeure une zone de conflit. Les Tibétains, respectueux de l'enseignement du bouddhisme, sont traditionnellement opposés à la violence. Leur chef spirituel, le dalaï-lama, offre le dialogue aux autorités chinoises. Mais déjà des voix s'élèvent, nombreuses, dans les milieux tibétains en exil ou à Lhassa, en faveur du recours au terrorisme. Le désespoir au ventre, une jeunessc veut se battre pour empêcher un génocide. La Chine, elle, ne semble guère disposée à céder. Tout paraît indiquer qu'elle emploiera, si nécessaire, les méthodes les plus expéditives pour maintenir son emprise sur le Pays des Neiges. En particulier, une politique de transfert de populations en cours risque de bientôt noyer le Tibet sous une marée de Chinois. Un milliard 100 millions de Chinois contre 6 millions tout au plus de Tibétains : le combat est trop inégal. Les gouvernements étrangers ne réagissent guère encore aux appels au secours des Tibétains mais l'opinion publique se mobilise. Le Prix Nobel de la Paix 1989 décerné au dalaï-lama est un signe supplémentaire d'une prise de conscience internationale de l'urgence d'une solution pacifique au Tibet. Ce prix est aussi venu saluer quarante ans de combat pour la paix du dalaï-lama et encourager un peuple à la patience : les changements en cours dans le monde communiste sont si rapides et profonds que, peut-être, le Tibet aura un jour sa chance aussi.

En réalité, est-il encore temps de sauver le Tibet? Et faut-il d'ailleurs le sauver? Déjà la civilisation tibétaine paraît moribonde. Ses traditions disparaissent. Sa culture aussi. Victimes d'une sinisation forcée. Pendant que les vieux tibétains font encore tourner leurs moulins à prières et récitent inlassablement leurs « pujas », absorbés dans un monde d'incantations impénétrables, les jeunes rêvent, eux, d'une société sans dieux ni bouddhas, dont le dénominateur commun serait l'argent, la mode et le confort matériel. Après des siècles d'isolement et au-delà de la rivalité sino-tibétaine, le Tibet n'a plus guère le choix : le Tibet d'hier n'existe déjà plus et s'il veut vivre demain, le Pays des Neiges devra s'adapter au monde d'aujourd'hui. Espoir tout de même : depuis quelques années, un profond renouveau du nationalisme tibétain agite le haut plateau himalayen. Pour les quelques millions de Tibétains, est-ce déjà le chant du cygne? Ou est-ce au contraire les prémices d'un nouveau Tibet où les mondes spirituels et matériels vivraient enfin en harmonie?

Les pages qui suivent présentent des événements parfois atroces. En les écrivant, il m'est arrivé de me demander si les lecteurs qui ne connaissent pas cette région du monde me croiraient. Victime d'une propagande chinoise efficace, une partie de l'opinion publique occidentale a longtemps cru à une Chine démocratisée et modernisée. Quelques naïfs pensaient même la Chine devenue capitaliste. Le massacre sur la place Tian Anmen dans la nuit du 3 au 4 juin 1989 a eu au moins un effet salutaire : il a montré la Chine post-maoïste sous son vrai jour. En une nuit, cette vision d'un peuple assassiné à la mitrailleuse par l'armée de son propre pays a brisé le mythe que, depuis des années, Deng Xiaoping forgeait patiemment. Depuis cette date, les Chinois eux-mêmes observent avec un regard très différent les horreurs qui sont perpétrées au Tibet.

I

ORIENT ROUGE
CONTRE PAYS DES NEIGES

1

L'invasion chinoise

« Mon pays, le Tibet, vivait dans la paix et l'harmonie ; notre peuple n'avait jamais vu de forces de police ni d'armée modernes avant l'invasion chinoise. Aujourd'hui, mon espoir et mon rêve sont que le plateau tibétain tout entier puisse un jour être transformé en un véritable sanctuaire de paix : une région complètement démilitarisée, le plus grand parc national ou biosphère du monde ; un endroit où tous les êtres humains pourront vivre en parfaite harmonie avec la nature. »

(Dalaï-lama, allocution du 26 juin 1989 à San José, Costa Rica.)

Pour la plupart des Occidentaux, le mot Tibet évoque mystère, magie, secret et inconnu. Le Pays des Neiges est trop loin de nous et il a été trop longtemps fermé sur le monde. Bien peu nombreux sont ceux qui connaissent l'étendue de la tragédie qui se joue sur ces hautes terres, le Toit du monde, où une civilisation est menacée de disparition complète à brève échéance. Pour le commun des mortels en Chine aussi, la notion du Tibet est bien vague. Leurs connaissances s'arrêtent bien souvent à ce que présente l'histoire officielle rédigée par les services de la propagande du Parti communiste chinois : l'Armée populaire de libération est entrée au Tibet à partir de 1950 pour y conduire la « libération pacifique » d'une partie inaliénable du territoire sacré de la Chine. La communauté tibétaine en exil, son chef le dalaï-lama, ainsi qu'un grand nombre de Tibétains à l'intérieur du Tibet, rejettent cette version des faits. Pour eux, un pays indépendant a été agressé et envahi par une armée étrangère. Appliquant les mécanismes bien connus de l'impérialisme, un gouvernement a choisi d'utiliser la force pour soumettre un voisin.

Lorsqu'on entendit les premiers bruits de bottes dans les cités tibétaines du Kham, région voisine du Sichuan chinois à l'est du plateau himalayen, les appels à l'aide des Tibétains restèrent vains. L'entrée de l'armée chinoise au Tibet s'est déroulée dans une indifférence quasi générale sur la scène internationale. Les gouvernements étrangers ont préféré se voiler pudiquement la face pour ne pas voir les violences chinoises. Le Tibet est resté rigoureusement seul devant une marée de fantassins chinois qui déferlèrent en vagues successives sur son sol. La faiblesse du monde occidental et de l'Inde ouvrait la voie à des événements plus tragiques encore. A partir de 1966, le Tibet a, plus que toute province et région chinoise, terriblement souffert des horreurs commises pendant la Révolution culturelle. Les destructions massives des monastères et les persécutions à grande échelle du clergé tibétain ont bien failli anéantir un peuple. La compréhension des événements actuels au Tibet nécessite un retour en arrière dans l'histoire.

Le Tibet sera chinois ou ne sera plus

En 1949, lorsque les communistes chinois prirent le pouvoir à Pékin, la nouvelle fit le tour des capitales du monde à la vitesse de l'éclair par la voie des transmissions radio. Mais à Lhassa, cité perdue au milieu du Pays des Neiges, isolée au cœur du plateau de l'Himalaya à 3 700 mètres d'altitude, à plusieurs semaines de marche des vallées chinoises, il n'y avait point de téléphone, ni de station de radiodiffusion. Et même quand, finalement, cette nouvelle parvint à la capitale tibétaine, seule une infime minorité de dirigeants tibétains était en mesure d'en mesurer les lourdes conséquences pour le Tibet. Il ne fallut pourtant guère que quelques mois pour que se précise la menace venue de l'est. Dès le 1er janvier 1950, elle devenait sans équivoque et aurait dû mettre en émoi ceux qui doutaient encore des intentions de Mao Tsé-Toung. Radio Pékin proclamait sur ses ondes : « Le devoir de l'Armée populaire de libération pour 1950 est de libérer Taiwan, Hainan et le Tibet. » Mao Tsé-Toung annonçait au monde sa décision d'étendre son règne au Tibet aussi. En chinois, Tibet se dit « Xizang » et se traduit par « La Maison des Trésors de l'Ouest ». La métaphore prédestinait peut-être le Tibet à « retourner » dans la « Grande famille chinoise ». Devenu le nouvel empereur de la formidable Chine communiste, le soleil éclatant dont la pensée rayonnait déjà aux quatre coins des immensités chinoises, un demi-dieu auréolé de gloire militaire après l'épopée triomphale de la Longue Marche et la victoire éclatante contre les nationalistes chinois, Mao n'avait pas attendu cent jours après l'avènement de la République populaire de Chine pour faire connaître ses intentions sur le Tibet.

Dans les mois qui suivirent, les bureaux de la propagande chinoise se mirent au travail pour expliquer que le Tibet se trouvait sous la domination des « impérialistes étrangers ». Le gouvernement à Pékin mit en garde les gouvernements qui pouvaient être tentés de contrer ses ambitions : tout acte de soutien à la « poignée de réactionnaires » et « séparatistes » tibétains constituerait une ingérence dans les affaires intérieures de la Chine et serait interprété comme un acte hostile au peuple chinois. Était en particulier visée l'Inde. Voisine du Tibet, elle était le seul pays sur terre qui aurait pu contrecarrer l'offensive militaire chinoise car l'Himalaya tibétain était pour elle une zone tampon précieuse entre ces deux grands pays rivaux. Le Tibet pouvait, lui, faire valoir les origines indiennes de sa religion et des liens historiques particulièrement étroits avec l'Inde pour espérer de ce pays un soutien dans l'épreuve qui l'attendait. Il n'en fut rien. Confronté à l'invasion chinoise du Tibet, Nehru adopta dès les premiers mouvements de troupes une politique de non-intervention. Conciliant à l'égard de la jeune Chine communiste, Nehru attendait en retour de Mao Tsé-Toung qu'il adopte des relations pacifiques de bon voisinage. Erreur de calcul, car l'Inde eut toutes les raisons de se sentir trahie en 1962 lorsque la Chine déclencha sur le sol indien un bref mais sanglant conflit de frontières.

En 1950, le Tibet, abandonné à son sort, ne disposait pour se défendre que d'une armée hétéroclite de 8 500 hommes qui, le plus souvent, battaient d'ailleurs la campagne avec femmes et enfants. Leur modeste arsenal se réduisait à une cinquantaine de pièces d'artillerie, 250 mortiers et 200 mitrailleuses. En face, à plus de 1 000 kilomètres de Lhassa, dans la vallée, d'importants mouvements de troupes avaient eu lieu. Des dizaines de milliers de soldats sur le pied de guerre attendaient, prêts à bondir, l'ordre du Grand Timonier de se jeter à l'assaut des hauteurs tibétaines. Parfaitement entraînés et aguerris après les dures années de « guerre populaire » contre l'occupation japonaise puis contre le régime nationaliste de Chiang Kai-Shek, il était clair à Pékin que ces valeureux combattants du communisme ne feraient qu'une bouchée des quelques milliers de résistants tibétains. Les vastes étendues tibétaines constituaient pour Mao une proie facile, offerte. Comment la Chine allait-elle justifier une invasion militaire dans une région où depuis près de quarante ans ne se trouvaient virtuellement plus de Chinois ? Pékin notifia au monde que le peuple tibétain, victime du servage et d'un régime féodal, ne pouvait désormais plus attendre sa « libération pacifique ».

L'histoire officielle du Parti communiste chinois est prolixe sur ces événements douloureux. Dans un ouvrage de référence des annales du gouvernement chinois, il est dit ceci : après la fondation de la République populaire de Chine le 1er octobre 1949, « le peuple au Tibet attendait avec impatience l'arrivée de l'Armée populaire de libération pour qu'elle les aide à mettre fin à ses souffrances, bouter les forces impérialistes hors de leur région et combattre le complot des impérialistes ainsi que des séparatistes pour couper le Tibet de la Chine ». « Les patriotes au sein de la nationalité tibétaine exprimèrent dans la presse et lors de réunions leur désir que le gouvernement central envoie rapidement des troupes pour libérer le Tibet. Ils soulignèrent le fait que la région faisait partie intégrante du territoire chinois et mirent en garde les impérialistes pour qu'ils renoncent à leurs desseins agressifs au Tibet [1] *. » Mais qui donc pouvaient être ces « impérialistes » dont la Chine parlait avec tant d'insistance ?

Des années plus tard, exilé en Inde, le dalaï-lama précisa qu'en fait de « domination impérialiste », il n'y avait, à la fin des années quarante, que six Européens résidant au Tibet : un missionnaire et deux opérateurs radio anglais, deux Autrichiens et un Russe blanc. Le Tibet était depuis des décennies une zone interdite aux étrangers. A Lhassa, le gouvernement était parvenu à se soustraire aux visées territoriales de la Grande-Bretagne. L'URSS contemplait certes d'un œil volontiers gourmand ces contrées stratégiques qui dominent la Chine, l'Inde et toute l'Asie du Sud, mais elle n'avait jamais envisagé sérieusement de s'aventurer dans une expédition militaire. Quant à la jeune République indienne, elle avait d'autres chats à fouetter puisqu'elle venait tout juste de se défaire de la tutelle britannique et de gagner son indépendance.

Les commis aux écritures du gouvernement communiste chinois soutiennent, au risque peut-être de s'exposer à quelque ridicule, que le 1er octobre 1949, le panchen-lama, le numéro deux de la hiérarchie reli-

* Les notes sont regroupées en fin d'ouvrage, page 387.

gieuse tibétaine dont la zone d'influence était limitée à Shigatsé, envoya un télégramme de félicitations à Mao Tsé-Toung et Zhu De, commandant en chef de l'armée chinoise. Le gamin n'avait alors que onze ans! Mais, la sagesse n'attendant pas le nombre des années, son jeune âge ne l'aurait pas empêché d'exprimer dans ce télégramme son « impatience de voir le succès de l'unification de la patrie et de la libération du Tibet au plus tôt [2] ».

L'assaut est donné le 7 octobre 1950. 84 000 soldats appartenant aux 1re et 2e armées de campagne de l'Armée populaire de libération pénètrent au Tibet dans la province orientale du Kham, une zone située dans les contreforts de l'Himalaya à l'est de Lhassa. Les forces chinoises traversent le fleuve Yangtsé, frontière naturelle avec le Tibet, et progressent en quelques jours profondément à l'intérieur des terres tibétaines. Les résistances sont plus vives que prévu car quelques unités tibétaines, en particulier des guerriers Kham-pas, se battent en héros, à cheval et au sabre, contre l'artillerie chinoise. Mais attaquées par surprise et sans commandement unifié, elles sont très vite submergées par le nombre des assaillants.

Quand la nouvelle de l'invasion arrive à Chamdo, la capitale provinciale du Kham, elle sème la panique. Le gouverneur, Ngapo Ngawang Jigme, demande des instructions au gouvernement tibétain à Lhassa pour adopter une ligne de conduite avant l'arrivée des Chinois. Il ne recevra pas de réponse à son télégramme. Pour la bonne raison que pendant ces moments tragiques, tandis que le Tibet était menacé dans son existence même, l'administration tibétaine était tout entière absorbée par les réjouissances d'une fête annuelle offerte par le Kashag, le cabinet tibétain. A mille lieues du drame, l'aristocratie tibétaine s'ébaudissait dans les jardins du Norbulinka. La population de Lhassa aussi ignorait tout de l'avancée chinoise. Quant à ceux qui savaient, ils avaient décidé de tenir l'information secrète pendant quelque temps encore.

Dans un deuxième télégramme désespéré, selon certaines versions des faits, Ngapo, alarmé par l'approche de l'armée chinoise qui n'était maintenant plus qu'à une journée de la ville, demanda l'autorisation de se rendre. Elle lui fut refusée. Affolé, il abandonna son poste et prit la fuite. Ngapo ne disparut pas de la scène tibétaine car il rejoignit peu après les rangs de ceux qui choisirent de collaborer avec la Chine et devint l'un des partisans pro-chinois les plus fidèles. Il épousa d'ailleurs si bien les lignes politiques (ô! combien changeantes) du Parti communiste chinois qu'il fut l'un des très rares dirigeants tibétains à ne pas être inquiétés pendant la révolution culturelle.

Mais quelles que soient les trahisons çà et là, d'ailleurs plutôt rares, les seuls vrais responsables de la facilité déconcertante avec laquelle le Tibet est tombé dans l'orbite chinoise sont les membres du gouvernement tibétain de l'époque. Jamais en effet, entre 1911 et 1949, ils n'eurent la volonté de moderniser le pays et de rechercher à l'étranger un soutien diplomatique qui faisait cruellement défaut. Si bien que le Tibet se retrouva totalement à la merci de la Chine en 1950.

Sur le champ de bataille, les unités tibétaines qui voulurent résister à l'avance chinoise furent balayées en un éclair. Le gouvernement chinois put, quelques jours plus tard, annoncer : « Afin de punir les réactionnaires pour leur crime et faire disparaître les obstructions à la libération pacifique du Tibet, le gouvernement populaire central a donné l'ordre en octobre à l'Armée populaire de libération d'avancer dans le Kham. Après avoir éliminé une force tibétaine de 5 000 hommes, l'Armée populaire de libération a conquis Chamdo [3]. » Le premier volet de la campagne chinoise au Tibet avait duré onze jours!

Un pays seul et désemparé

Pour Pékin, ce fut un succès sur toute la ligne. A l'étranger, les timides protestations de l'Inde restèrent sans effet. Elles étaient d'ailleurs de pure forme. Un diplomate indien de haut rang m'a confié que Nehru, hésitant, avait sondé les intentions des puissances occidentales pour le cas où l'Inde décidait de s'opposer au fait accompli de la Chine au Tibet. La réponse était claire et nette : « Ce sont vos affaires et nous n'interviendrons pas. » Découragée, l'Inde ne fit pas un geste qui aurait pu risquer de déclencher une riposte chinoise. Avec le recul, il apparaît aujourd'hui à bien des politiciens indiens que Nehru, idéaliste généreux mais piètre tacticien, commit une erreur gravissime : il avait lâché le Tibet sans avoir jamais demandé de contreparties que la Chine aurait peut-être été disposée à lui donner.

Quant aux gesticulations de l'ONU, elles étaient insignifiantes. La Grande-Bretagne, sur qui le gouvernement tibétain fondait quelque espoir, fut précisément le pays qui demanda l'ajournement de l'étude de la question tibétaine à l'ONU. A Lhassa, le gouvernement, soudain dégrisé et glacé par la nouvelle, resta pétrifié. Alors que l'effondrement de la nation était imminent, dans la capitale tibétaine on se mit fébrilement à consulter des oracles, on se tourna avec désespoir vers les lamas importants et l'on organisa des transes officielles. Les appels à l'aide adressés à la Grande-Bretagne, aux États-Unis, à l'Inde et au Népal ne recueillirent que de vagues témoignages de sympathie. Dans la tourmente, le Tibet était laissé rigoureusement seul, brusquement abandonné de ses anciens amis ou protecteurs à l'étranger.

Pourquoi le Tibet s'était-il si mal préparé à une échéance somme toute prévisible? Pour quelle raison le Tibet tomba-t-il presque sans résister? Les hautes sphères du gouvernement tibétain, paralysées par des années de régence et de vacance du pouvoir après la mort du XIIIe dalaï-lama, étaient en proie à d'incessantes dissensions. Ils avaient gaspillé un temps précieux qu'il aurait fallu mettre à profit pour réorganiser le Tibet et le préparer à résister contre toute agression.

Les trois grands monastères de Lhassa, le Drepung, le Ganden et le Sera qui, aux côtés du dalaï-lama et du Kashag, partageaient le pouvoir temporel, professaient la non-violence et la tolérance, conformément aux enseignements du Bouddhisme.

D'autre part, tandis que l'aristocratie tibétaine continuait tout au long de cette première moitié du xxe siècle de se bercer dans les fastes de l'oisiveté sans chercher à comprendre les réalités du monde extérieur, la très vaste majorité du peuple tibétain vivait à des années-lumière de la révolution qui bouleversait la Chine jusqu'aux portes du Tibet. Égarés par des pratiques religieuses et des superstitions d'un autre âge, les paysans et nomades tibétains n'étaient pas prêts à la guerre.

Enfin et plus grave encore, en 1950, alors que le pays se trouvait en pleine déroute, le seul qui aurait pu tenter de le sauver, Tenzin Gyatso, le XIVe dalaï-lama, n'avait pas encore seize ans. Celui qui faisait l'objet d'une vénération illimitée, le chef suprême temporel et spirituel incontesté de tous les Tibétains n'était qu'un frêle adolescent que l'on sortait rarement de ses palais depuis sa tendre enfance. Ce jeune homme ignorait tout du monde extérieur et n'avait aucune expérience du gouvernement. Encore moins de politique étrangère ou de stratégie militaire.

Devant le désastre tout proche, on lui conféra officiellement tous les pouvoirs spirituels et temporels du dalaï-lama le 17 novembre 1950, trois ans avant l'âge minimum requis. Il avait été installé sur le trône quand il n'était encore qu'un enfant mais les pouvoirs restaient entre les mains d'un régent. Devenu désormais maître malgré lui de la destinée d'un pays sur le point de sombrer, isolé sur la scène internationale et sans armée crédible, Tenzin Gyatso prit la fuite avant l'entrée des soldats chinois que l'on savait désormais inéluctable. Il se réfugia à Yadong, à proximité de la frontière indienne, et emporta avec sa suite une partie du Trésor, de la poudre d'or et des lingots, qui furent enfouis dans une cache au Sikkim.

Nombreux sont les Tibétains en exil qui, aujourd'hui, critiquent amèrement l'incurie des autorités tibétaines en 1950, aux heures où il fallait prendre des décisions urgentes afin de défendre le pays par tous les moyens contre l'envahisseur. Phuntsog Wangyal, directeur de la Fondation Tibet à Londres, est l'un de ceux-ci. Je l'ai rencontré à l'automne 1989 afin de l'interroger sur ces événements, lui qui a combattu les Chinois alors qu'il n'était encore qu'un adolescent. « Il est évident qu'au gouvernement tibétain, ils ont commis des erreurs. En premier lieu, ne pas s'opposer aux Chinois quand ils sont entrés au Tibet. » Comment une armée de 8 000 hommes pouvait-elle résister au choc terrible de forces dix fois supérieures en nombre? « Cela ne fait rien. J'ai la conviction que, même si les Tibétains n'étaient pas entraînés sur le plan militaire, ils étaient préparés au combat. A la différence de l'Occident, presque tous les Tibétains, la majorité en tout cas, possédaient des armes. Des armes très simples, c'est vrai, mais des armes, et ils avaient l'habitude de se battre, férocement parfois et dans bien des cas naïvement. Une fois qu'ils avaient décidé de se battre, ils le faisaient même au prix de leur vie. De la sorte, si le gouvernement tibétain avait dit : " Le pays est en danger. Tout le monde doit se battre. Il n'y a plus d'autre choix ", la totalité du pays se serait soulevée. »

Quand il parle de ces moments tragiques à Lhassa, Phuntsog Wangyal ne peut pas s'empêcher de hausser le ton. La colère monte et sa voix se fait cinglante. Oui, l'aristocratie tibétaine est coupable d'avoir précipité le Tibet dans les mains des Chinois. Ancien moine, il devint lui-même un résistant dans son Kham d'origine. Aujourd'hui âgé de quarante-cinq ans, il n'a pas cessé son combat pour l'indépendance du Tibet. En 1950, souligne-t-il, les Chinois n'étaient pas certains de l'emporter facilement au Tibet car il n'existait pas de routes pour le transport des matériels militaires. Les commandants militaires chinois n'avaient une connaissance du terrain que très approximative. Les troupes chinoises n'avaient guère les moyens de s'assurer un ravitaillement régulier et la population tibétaine était, dans sa majorité, hostile à l'arrivée des Chinois. « De ce fait, à cette époque, le gouvernement tibétain a effectué le premier pas pour faciliter les choses aux Chinois : les laisser entrer. Nous étions bercés d'illusions par leurs promesses. Mais les Chinois se sont arrangés pour tourner tout ceci à leur profit. »

Tenzin Geyche Tethong, secrétaire particulier du dalaï-lama, en convient et explique : « Nous autres Tibétains avons été vraiment stupides avant 1950. Au lieu de nous ouvrir sur le monde extérieur et de forger des relations diplomatiques avec les pays étrangers, nous sommes restés volontairement dans l'isolement et nous maintenions inchangé un système comparable à celui qui existait dans vos pays occidentaux il y a deux ou trois cents ans ! Le Tibet ne s'était pas le moins du monde préparé à l'arrivée des Chinois. Il est clair aujourd'hui que si le gouvernement tibétain avait profité de ces années pour établir des relations diplomatiques avec quelques pays, ne serait-ce qu'avec l'Inde, la Chine aurait eu beaucoup plus de difficultés pour clamer sa souveraineté sur le Tibet en 1950. »

Quand je l'ai rencontré dans sa résidence à Dharamsala, dans le nord de l'Inde, en septembre 1989, j'ai longuement interrogé le dalaï-lama sur les faiblesses du gouvernement tibétain à cette époque. Tout en parlant, je craignais que des questions de ce genre ne l'irritent. Moi qui rentrais de Chine, ne penserait-il pas que j'étais impudent au point de lui demander une autocritique ? Mais, loin de se fâcher, il répondit avec franchise sans jamais se départir de sa bonne humeur :

« Oh oui, le Tibet avait complètement négligé de se préparer ! Le XIIIe dalaï-lama avait pourtant, avant sa mort en 1933, mentionné de nombreuses recommandations en ce sens dans son testament. Mais pendant la régence, toutes ces choses ont été totalement négligées. Je ne peux pas condamner des individus. Toute la société, les milieux religieux et officiels et le régent lui-même étaient trop ignorants. Ils ne savaient pas ce qui se passait dans le monde extérieur. Ils pensaient encore que le Tibet était la Terre des dieux et se trouvait de ce fait au-delà de toutes les ingérences humaines. Des croyances aveugles.

« En particulier, je regrette beaucoup qu'à la fin des années quarante, quand l'Inde devint indépendante, le gouvernement tibétain n'ait pas saisi l'occasion pour envoyer la plus grande délégation, si possible dirigée par notre vieux régent qui avait alors plus de soixante-dix ans. Si cela avait été réalisable, j'aurais dû moi aussi me joindre à la délégation. J'étais encore trop petit mais j'aurais pu faire du tourisme et aller au zoo par exemple ! Nous aurions dû faire ceci. »

Le drapeau chinois flotte à Lhassa

Un acte crucial de la comédie tragique de la « libération pacifique » du Tibet s'est joué en avril et mai 1951 avec l'arrivée à Pékin d'une délégation tibétaine représentant le cabinet et le dalaï-lama. Tout était depuis longtemps prêt pour leur venue. Le Premier ministre chinois Chou En-Lai, un diplomate de tout premier ordre dont les talents de négociateur étaient déjà célèbres dans le monde, se fit mielleux, aimable, poli, le temps des courtoisies de circonstance. Puis, le gouvernement chinois produisit un document en dix-sept points qui consacrait formellement la fin de l'indépendance du Tibet que proclamaient encore les représentants du cabinet tibétain. Le Tibet devenait une région sous souveraineté chinoise, le gouvernement « central » à Pékin s'engageant en contrepartie à accorder une large autonomie aux Tibétains.

Première garantie entre toutes : ni le régime social ni la religion du Tibet ne devaient être touchés. Mais il était dit explicitement et dès le premier article : « Le peuple tibétain retournera dans la grande famille de la mère patrie : la République populaire de Chine. » Les rédacteurs chinois de ce document virent-ils dans cette phrase l'aveu implicite du statut indépendant du Tibet avant 1951, puisqu'il était admis qu'il n'était pas, à ce moment-là, un membre de la « grande famille » chinoise? Les autorités tibétaines, rebaptisées « gouvernement local », s'engageaient d'autre part à « prêter assistance activement à l'Armée populaire de libération pour son entrée au Tibet et la consolidation de la défense nationale ». A terme, les restes de l'armée tibétaine devaient se fondre dans les rangs de l'Armée populaire de libération.

Le gouvernement chinois promettait de son côté de « ne pas altérer le système politique existant au Tibet ». « Les autorités centrales n'altéreront pas non plus le statut, les fonctions et les pouvoirs du dalaï-lama », affirmait Pékin. L'on jura aussi, du côté chinois, de respecter la liberté de religion. L'on promit enfin de « ne pas changer les revenus des monastères »[4] qui étaient alors de très grands propriétaires fonciers. Tandis que le Tibet perdait virtuellement et immédiatement toute chance d'affirmer son indépendance dans la communauté internationale, les promesses de la Chine n'étaient qu'un morceau de papier : elles devaient d'ailleurs, quelques années plus tard, être jetées ostensiblement dans les poubelles de l'histoire.

La délégation tibétaine, conduite par Ngapo Ngawang Jigme, signa le document le 23 mai 1951. Les sceaux furent apposés. Le dalaï-lama affirme que le gouvernement chinois avait été jusqu'à fournir à la partie tibétaine des sceaux du trône tibétain copiés par ses soins et qu'il garde depuis dans ses coffres comme preuve de l'authenticité du document. De retour à Lhassa, la délégation tibétaine affirma qu'elle avait dû céder aux exigences chinoises sous la contrainte. « Pendant leur séjour à Pékin, on les insulta, on les malmena, on les menaça de violences personnelles ; ou encore d'une plus vaste action militaire contre le peuple tibétain. On ne leur avait pas permis de prendre contact avec moi ou avec mon gouvernement », souligne le dalaï-lama[5].

Pour la littérature communiste chinoise, au contraire, « la signature de l'accord marqua des changements considérables dans l'histoire du Tibet et dans l'histoire des relations entre la nationalité tibétaine et sa mère patrie. Cela permit au peuple tibétain, qui était alors plongé dans la détresse, de se libérer de l'agression impérialiste et de retourner dans la grande famille de la mère patrie composée de toutes ses nationalités » [6].

Le gouvernement chinois garde précieusement dans ses archives un télégramme du dalaï-lama adressé le 24 octobre 1951 à Mao Tsé-Toung dans lequel Tenzin Gyatso aurait déclaré : « Le gouvernement local, les moines et le peuple tibétains ont donné leur accord unanime. Sous la conduite du président Mao Tsé-Toung et du gouvernement central, ils aident activement les unités de l'Armée populaire de libération à marcher à l'intérieur du Tibet pour renforcer la défense nationale, expulser les forces impérialistes et sauvegarder l'unification du territoire souverain de la mère patrie [7]. »

Voici ce dont la Chine avait sans doute besoin comme ultime justification avant une intervention armée tous azimuts au Tibet. Elle ne se fit pas attendre : « Le 26 octobre, l'Armée populaire de libération a marché à l'intérieur du Tibet et le peuple tibétain a été libéré de l'agression impérialiste et est retourné dans la grande famille de la République populaire de Chine [8]. »

Le dalaï-lama affirme aujourd'hui que ce télégramme, dont on peut penser, vu son âge (il avait alors seize ans !), qu'il lui fut dicté par ses conseillers et les représentants chinois, faisait partie d'une politique de retenue pour éviter le pire. Le cabinet tibétain voulait persuader le gouvernement chinois qu'il préférait à l'avenir la coexistence pacifique à la résistance armée. Lhassa cherchait à éviter la confrontation et un bain de sang à grande échelle, le prix que la Chine n'aurait pas hésité à lui faire payer.

La presse chinoise annonça qu'une fois l'accord en dix-sept points signé, le peuple tibétain se mit joyeusement au travail pour préparer l'accueil de l'armée de ses « libérateurs ». Quelques poches de résistance perdurèrent, tenues essentiellement par des Khampas tibétains hostiles à tout compromis avec la Chine qui serait décidé à Lhassa. Mais globalement, la route de Lhassa était libre. Les unités chinoises envahirent le Tibet simultanément à partir de toutes les provinces riveraines du Tibet. Le Toit du monde, si longtemps à l'abri des visées des puissances voisines, était pris d'assaut à partir du Gansu et du Qinghai au nord et au nord-est, du Sichuan et du Yunnan à l'est et au sud-est.

Il faut s'imaginer des colonnes de soldats chinois s'élançant dans la plaine à la conquête des hauteurs du Tibet, perdus dans une nature aride et sauvage. Les forces chinoises ne rencontrèrent pas âme qui vive pendant des jours, car les vastes étendues tibétaines sont pour la plus grande partie inhabitées. Traversant forêts, vallées et montagnes, parfois hameaux, villages et villes du Tibet, l'armée chinoise ne pouvait guère progresser très vite et l'acheminement de l'artillerie, des chars et des camions était extraordinairement difficile. Entre l'assaut du 7 octobre 1950 et la victoire proclamée du 26 octobre 1951, plus d'un an fut ainsi nécessaire à l'Armée populaire de libération pour se déployer à travers le Pays des Neiges.

D'autres pages de la propagande officielle chinoise nous disent que l'armée de Mao apporta son aide au peuple tibétain avec un enthousiasme et un renoncement à ce point exemplaires que « de tels actes ravirent le cœur des Tibétains. Ils louèrent les hommes de l'Armée populaire de libération et les comparèrent à des fils et des frères du peuple, des Hans d'un type nouveau [9] ». Les Hans sont l'ethnie purement chinoise qui constitue actuellement 94 % de la population totale de la Chine. Occupant les principaux postes de responsabilité dans le parti et le gouvernement, ils sont censés vivre en parfaite harmonie aux côtés des Mongols,

Mandchous, Ouzbecks, Ouighoures, Miaos, Yis et autres minorités ethniques devenues des « minorités nationales ».

Le dalaï-lama revint à Lhassa en août, précédant de peu un premier détachement de l'armée chinoise. L'Armée populaire de libération foula donc le sol de la capitale tibétaine le 26 octobre 1951. Son arrivée scellait le triomphe de la campagne militaire chinoise au Tibet. Ce cortège entra dans la ville au son strident des trompettes chinoises et des tambours, paradant sous les drapeaux rouges aux cinq étoiles jaunes de la République populaire de Chine et des portraits géants de Mao Tsé-Toung qui forgeait alors son culte de la personnalité à travers la Chine. L'une de ces cinq étoiles symbolisait désormais le Tibet.

De nombreuses descriptions de cette journée historique parcourent les annales du Parti communiste chinois. Retenons celle-ci : « En ce jour mémorable, l'avant-garde de l'Armée populaire de libération arriva à Lhassa après une longue marche faite de difficultés et de privations. Leur arrivée provoqua l'effervescence dans la ville. Plus de 20 000 civils et moines se mirent en rang le long des rues pour leur souhaiter la bienvenue [10]. » Les « masses » tibétaines auraient donc acclamé à tout rompre les troupes fraternelles chinoises.

Les récits des Tibétains en exil apportent un témoignage profondément divergent. Selon eux, les enfants tibétains jetèrent des pierres sur les soldats chinois tandis que les lamas maudirent ces « ennemis de la religion ». Le gros de la foule du petit peuple tibétain, médusé par ce spectacle jamais vu et massé au bord des rues, était toutefois bien loin encore de réaliser la portée de l'événement.

Les représentants du gouvernement chinois exposèrent au dalaï-lama les raisons de l'arrivée de l'armée chinoise. Elle était venue pour aider le Tibet à se développer ainsi qu'à se protéger contre les complots impérialistes ourdis à l'étranger. Mais, assura-t-on, sitôt cette tâche menée à bien, l'armée chinoise se retirerait. Même dans le cas où le dalaï-lama les supplierait de rester! En attendant ces lendemains meilleurs qui ne vinrent jamais, les habitants de Lhassa observèrent avec inquiétude un dispositif militaire chinois qui grossit continuellement pour atteindre, en quelques mois à peine, 20 000 soldats, soit près de la moitié de la population civile de la ville. On jura aussi que, conformément à l'accord en dix-sept points, la religion tibétaine serait laissée intacte. Les officiers chinois firent de somptueux cadeaux à la noblesse tibétaine dont une bonne partie se laissa facilement corrompre. On parla également de moderniser la ville et le pays.

Il est vrai qu'en 1951, Lhassa était à bien des égards une ville tout droit sortie du Moyen Age. Surplombant la ville, le Potala, le palais du dalaï-lama, le « précieux protecteur », éclatait de magnificence, tout comme les trois grands monastères de Lhassa – le Sera, le Ganden et le Drepung. Mais il n'y avait dans la « Rome lamaïste » ni électricité, ni eau courante, ni égouts. Les latrines étaient la plupart du temps installées à ciel ouvert dans les terrains vagues autour de la ville. Dans les rues, vagabondaient des mendiants en haillons aux visages grêlés par des maladies affreuses et des chiens galeux. L'intérieur des maisons les plus humbles était d'une saleté parfois repoussante.

Mais ne nous méprenons pas. Lhassa n'était certainement pas pour autant l'enfer sur terre que décrit avec complaisance la propagande chinoise. Les témoignages légués par les visiteurs étrangers de cette époque donnent toutes de la Cité des dieux l'image d'une ville paisible, animée et plaisante. Même les plus misérables des habitants de Lhassa ne présentaient jamais l'aspect lugubre des bas-fonds des grandes villes occidentales. Personne apparemment, même les plus défavorisés des mendiants, ne mourait de faim et, à près de 4 000 mètres d'altitude, les maladies infectieuses mortelles restaient rares, en dépit d'une hygiène aléatoire.

Les Chinois promirent cependant de donner plus de confort à la ville. Des hôpitaux, des routes, des écoles étaient prévus. Dès leur arrivée, les services de propagande organisèrent des séances de tournage pour filmer la liesse populaire que devait nécessairement occasionner la « libération » du peuple de Lhassa. Pour les besoins de la cause, il ne fut sans doute pas trop difficile de provoquer des sourires extatiques parmi les pauvres et mendiants tibétains à qui ces « Hans d'un type nouveau » offraient quelques cadeaux princiers. Après mille ans de servage, Lhassa connaissait enfin le bonheur, affirmait la Chine.

Pendant ce temps et suivant le plan échafaudé par l'état-major de l'armée chinoise à Pékin, l'armée faisait son entrée dans toutes les autres villes importantes du Tibet, telles que Shigatsé et Gyangtzé à l'ouest de Lhassa. Le commandement installa des camps militaires à travers tout le Tibet oriental et occidental, dans les provinces de l'Amdo et du Kham. En l'espace de quelques mois, la quasi-totalité du Tibet fut placée sous le contrôle de l'armée chinoise. Les verrous de la domination étaient posés.

Dès 1951 et afin de faciliter les transports de troupes, l'on entreprit le percement de deux grands axes routiers qui furent achevés en 1954. L'un de 2 413 kilomètres reliait Lhassa à Chengdu, au Sichuan, et l'autre de 1 965 kilomètres s'étendait jusqu'à Xining, dans le Qinghai, au nord-est. La construction de ces routes, les premières saignées du modernisme dans un environnement naturel particulièrement difficile, avec des cols à plus de 5 000 mètres d'altitude, constituait pour les stratèges chinois un objectif de première importance. En 1957, une troisième route de 1 179 kilomètres fut ouverte vers la région « autonome » musulmane du Xinjiang au nord.

Ces routes pouvaient assurer un déploiement optimal des forces armées et faciliter ainsi la conquête rapide de ces contrées lointaines. Elles étaient autant de brèches dans les murs de la forteresse tibétaine, si longtemps protégée par les montagnes les plus hautes du monde. Les propagandistes chinois mirent l'accent sur les retombées importantes de ces routes pour le développement économique du Tibet encore vierge de réseau digne de ce nom. Mais il est clair que l'intérêt économique n'eut dans l'esprit des décideurs chinois qu'un attrait très secondaire au vu d'impératifs strictement militaires.

La Chine fit appel aux paysans tibétains pour la construction de ces routes. Pour la plupart illettrés et ignorants, ces jeunes constituaient une main-d'œuvre docile. Pour les faire travailler plus vite, les cadres chinois avaient introduit la notion de concurrence entre individus et groupes de travail. Des quotas étaient fixés pour la journée. L'objectif était naturellement de les dépasser. A la fin de la journée de travail, les cadres chinois organisaient des « meetings de masse » au cours desquels l'on distribuait des récompenses. Des badges à l'effigie de Mao étaient donnés aux ouvriers et des étendards aux groupes les plus méritants [11].

La religion est un poison, vive le président Mao !

Après être venus en se présentant en « libérateurs », les cadres du gouvernement chinois entamèrent sans tarder une entreprise de longue haleine visant à éroder peu à peu les immenses pouvoirs politiques et l'influence spirituelle extrême du dalaï-lama dans la société tibétaine. Afin de conforter autant que faire se pouvait les positions chinoises dans une terre hostile et en vue de préparer une intégration complète du Tibet dans la « grande famille chinoise », il s'agissait de neutraliser l'Océan de sagesse avant de penser à le déstabiliser. Pour imposer l'image maoïste d'un homme nouveau libéré de ses chaînes, les cadres chinois pensaient pouvoir tirer parti des excès d'un système partiellement féodal, d'une société fragile fermée sur le monde depuis des siècles.

Il fallait pour cela convaincre les couches les plus humbles de la population tibétaine de la nécessité de se soulever pour renverser tous les oppresseurs : cette poignée de grands lamas et seigneurs dont les richesses extravagantes éclaboussaient la misère du petit peuple emprisonné par le carcan des superstitions et de la religion. Un régime entièrement nouveau, expliquait-on, existait depuis peu dans la vallée : là-bas, point de génuflexions, ni de prosternations ni de kowtows devant les dieux et les bouddhas et point de « pujas », ces prières et litanies que les fidèles tibétains récitent inlassablement en faisant tourner leurs moulins à prières. Les « masses » chinoises avaient suivi les recommandations du Grand Timonier et s'étaient débarrassées de la religion, l'opium du peuple.

Le peuple chinois s'était levé et il n'y aurait en conséquence plus de corvées ni d'impôts écrasants au bénéfice d'une aristocratie sanguinaire. Point de serfs et d'esclaves, ni non plus de mendiants, mais, en revanche, une stricte égalité entre tous les hommes. Ce fantastique élan idéologique imprimé par Mao Tsé-Toung avait déjà donné naissance à un formidable espoir qui faisait bondir le cœur de 700 millions de Chinois au son de « L'Orient est rouge ». Après la guerre, les humiliations et la misère, tout un peuple s'était dressé sous l'étendard rouge du communisme et de la pensée Mao Tsé-Toung.

Israel Epstein est l'un des plus illustres chantres étrangers du régime communiste chinois, méritant à tel point sa confiance qu'il est aujourd'hui rédacteur en chef du mensuel officiel chinois *La Chine en construction*, une performance sans précédent en Chine populaire pour un étranger. J'ai rencontré ce vieil homme, né en Pologne en 1915 qui, depuis les années vingt, a passé l'essentiel de sa vie en Chine aux côtés des dirigeants historiques de la Révolution chinoise. Ce jour de printemps 1988, je l'avais interrogé sur le Tibet. Me sachant journaliste, il avait montré une certaine gêne à répondre à mes questions sur les raisons des émeutes antichinoises qui venaient de se produire.

Dans un livre de plus de 500 pages intitulé *Le Tibet transformé* publié en Chine en 1983, il décrit ainsi la « libération du Tibet » : « Au cours de la révolution démocratique et avec l'aide de l'Armée populaire de libération qui est entrée dans cette région en 1951, les millions de serfs et d'esclaves tibétains se sont levés. Étape par étape, ils ont pris la terre et le bétail des mains de leurs dirigeants féodaux et théocratiques qui, depuis de nombreux siècles, régnaient sur leur corps et, plus grave encore, sur leur esprit. Ils mirent en place, du village jusqu'au niveau régional, des organes de pouvoir locaux qui pouvaient représenter les intérêts et la volonté de leur classe. Un changement irrévocable s'est produit sur le " Toit du monde ". »

Alors que l'armée installait ses campements à Lhassa après son arrivée « triomphale », les problèmes d'approvisionnement devinrent vite aigus, les officiers chinois exigeant pour nourrir leurs hommes une grande partie des stocks de céréales disponibles. Il s'agissait, disait-on, de prêts remboursables en aide chinoise à l'industrialisation du Tibet. « De mémoire d'homme, c'était la première fois que la population de Lhassa était au bord de la famine », se souvient le dalaï-lama [12]. La population protesta contre ces réquisitions forcées qui provoquèrent immédiatement une flambée des prix. Des affiches antichinoises apparurent sur les murs de la ville tandis que les enfants bombardaient de pierres ces soldats qui tous portaient la même casquette verte ornée d'une étoile rouge.

Les émissaires de Pékin, placés sous les ordres du général Zhang Jinwu, accusèrent les deux premiers ministres du cabinet tibétain, Losang Tashi et Lukhangwa, de collusion avec les « impérialistes » étrangers et obtinrent du dalaï-lama leur démission. Fin 1953, le dalaï-lama fut invité par Mao Tsé-Toung à Pékin. Pensait-il, comme il l'affirme aujourd'hui, pouvoir arracher des concessions à Mao Tsé-Toung et au

Premier ministre Chou En-Lai? Toujours est-il qu'il accepta, malgré les mises en garde d'une partie de son entourage. Ce fut son premier voyage dans la grande « Capitale du nord », une expédition à laquelle s'opposèrent une bonne partie des habitants de Lhassa. Le 11 juillet 1954, ils pleurèrent son départ. Leur dieu-roi avait beau promettre de revenir bientôt, beaucoup craignaient qu'il ne fût retenu en otage à Pékin.

Accompagné de plusieurs dizaines de nobles et dignitaires religieux tibétains, le dalaï-lama fit route vers Chengdu. De là, pour la première fois de sa vie, il prit l'avion pour rejoindre Xian, l'ancienne Chang'An, capitale de l'Empire chinois, où le rejoignit le panchen-lama et sa suite de 200 personnes. Une initiation aux « progrès » de la « civilisation » les attendait puisque la délégation tibétaine prit le train, le « véhicule de feu », pour rejoindre Pékin où ils furent accueillis à la gare par une foule d'étudiants et d'écoliers de la Ligue de la jeunesse communiste qui, selon le protocole prévu, applaudissaient à tout rompre. En Chine communiste, où le souci de l'organisation est érigé en dogme, ces cérémonies officielles sont préparées avec le plus grand soin, aucune fausse note, aucune spontanéité n'étant permise. Le dalaï-lama et le panchen-lama furent tous deux reçus par Zhu De et Chou En-Lai. Plusieurs rencontres furent organisées entre le dalaï-lama et Mao Tsé-Toung. Selon certains témoignages, le dictateur chinois tomba réellement sous le charme de cet adolescent devenu roi des Tibétains sans l'avoir jamais voulu.

Mao tint des propos doucereux à l'égard du Tibet et du dalaï-lama. Il passa de longues heures à disserter des bienfaits du bouddhisme avec ce jeune homme timide aux allures empruntées. Le dalaï-lama crut qu'un modus vivendi restait possible avec le maître de la Chine communiste. Ce dernier fumait sans arrêt. Habillé sans recherche, l'empereur de la Chine rouge présentait déjà le visage d'un homme en mauvaise santé.

Le dalaï-lama m'a raconté ses rencontres avec Mao Tsé-Toung. « Il a constamment été gentil avec moi. J'avais par conséquent une sorte de respect envers lui, un authentique respect pour le président Mao. Sa façon de s'exprimer, sa façon d'expliquer les choses rendaient ce qu'il disait vraiment convaincant. Chou En-Lai n'était pas le même genre d'homme. Tout de suite, j'eus l'impression qu'il s'agissait de quelqu'un de dur. Quand il parlait, ses yeux tout le temps en mouvement, il avait l'air inflexible. Il était gentil mais cela paraissait artificiel. Tandis que le président Mao n'était pas comme cela. Vous pouviez lui témoigner de la confiance quand il conversait avec vous. Parfois nos discussions duraient des heures. »

Mao était-il sincère quand il parlait d'autonomie au Tibet ? « Une fois, nous nous étions rencontrés dans le cadre d'une réunion officielle autour d'une longue table. Je me tenais d'un côté de la table et le président Mao de l'autre, de telle façon que nous étions l'un en face de l'autre. J'avais à mes côtés le panchen-lama et quelques responsables tibétains. Il y avait avec Mao un certain nombre de dignitaires chinois. D'un côté de la table, entre nous tous, avaient pris place les deux généraux chinois qui commandaient les troupes stationnées au Tibet. A un moment donné, Mao a pointé son doigt sur les généraux et m'a dit : " J'ai envoyé ces généraux pour vous aider. S'ils ne se comportent pas selon vos souhaits, faites-le-moi savoir et je les retirerai ". »

A l'occasion d'une réunion des plus hauts dirigeants chinois, se souvient le dalaï-lama, il avait revu Mao et était assis juste à côté de lui. « Tandis que les discussions duraient, Mao s'est tourné vers moi et m'a dit : " Vous les Tibétains, vous êtes en ce moment très arriérés. Nous vous aidons. Vous allez vous développer au cours des vingt prochaines années. Et alors ce sera à votre tour de nous aider. Votre histoire est celle d'une grande nation. " De ces propos, il ressortait qu'il reconnaissait que nous étions une nation en tant que telle. Une autre fois encore, il a soudain demandé si nous Tibétains, nous avions oui ou non un drapeau. Je lui répondis que oui et il dit alors : “ Ce drapeau, vous devez le conserver. ” A une autre occasion il m'avait affirmé : “ Pour le moment, nous envoyons des Chinois pour vous permettre de vous développer. Une fois que vous serez développés, nous retirerons tous les Chinois. ” »

Le dalaï-lama se rappelle sa dernière entrevue avec Mao. Elle eut lieu de façon soudaine et inattendue, alors que le chef tibétain participait à une réunion du « comité permanent de l'Assemblée nationale populaire », l'organe dirigeant du parlement chinois. Un messager était venu dire au dalaï-lama que Mao voulait lui parler et l'attendait dans une salle. Tenzin Gyatso se fit excuser auprès de Liu Shaoqi qui présidait la séance et se dépêcha de rejoindre Mao. « Nous étions assis sur un canapé et, alors que nous parlions, il s'est brusquement rapproché. Il s'est penché vers moi et tout tranquillement me déclara : “ Vous savez, la religion est un poison. Elle est très dommageable pour le développement d'une nation. Tout d'abord elle constitue un obstacle pour le progrès matériel (dans un sens ce n'est pas faux) et deuxièmement elle affaiblit une race. Votre esprit est un peu celui d'un scientifique ; alors vous devez comprendre. La religion est un poison. ” Quel choc pour moi ! Je me suis immédiatement senti très mal à l'aise. J'ai compris tout de suite que ce qu'il venait de dire était très important. Je baissai la tête et je pris note mot pour mot de ce qu'il avait dit. »

Avant de se séparer, Mao Tsé-Toung conseilla au dalaï-lama de former quelques jeunes Tibétains aux communications radio afin que les deux dirigeants puissent rester en contact. « Je suis alors retourné au Tibet au cours de l'été 1955. Quelques mois plus tard, je crois que c'était au début de 1956, les premières informations faisant état d'une rébellion dans l'est du Tibet nous sont parvenues. Il y eut bientôt plus de rumeurs puis des histoires très tristes sur ce qui se passait là-bas. J'ai alors envoyé deux ou trois lettres à Mao, par des voies officielles et non officielles, pour expliquer ce qui se passait. Il n'y eut pas de réponses. Alors, les doutes se sont mis à surgir dans mon esprit. »

Sur le chemin du retour vers Lhassa, le dalaï-lama traversa les zones tibétaines de l'Amdo et retrouva son village de naissance. Il y constata déjà avec détresse une gigantesque avancée de l'influence chinoise. Les interlocuteurs tibétains qui lui étaient présentés répétaient tous, telles des machines bien huilées, qu'ils étaient désormais heureux grâce au président Mao Tsé-Toung et au Parti communiste chinois. Force était pour le dalaï-lama de réaliser que Pékin avait décidé d'imposer des « réformes » drastiques dans ces régions éloignées de Lhassa afin d'y jeter sans délai les bases du communisme déjà bien implanté dans le reste de la Chine.

L'étape suivante de l'intégration du Tibet fut la création, le 22 avril 1956, de la « Commisssion préparatoire de la Région autonome du Tibet », un organisme dont le but avoué était l'assimilation du Tibet et son intégration dans le moule administratif de la Chine. Les photographies de la cérémonie d'inauguration montrent le maréchal chinois Chen Yi sur la tribune d'honneur devant un portrait géant de Mao Tsé-Toung. De chaque côté du portrait de ce « dieu vivant » du communisme figuraient ceux du dalaï-lama et du panchen-lama, mais de dimensions plus réduites afin de marquer la supériorité du Grand Timonier. En toile de fond, un immense drapeau chinois. Dans la fosse, un orchestre de l'Armée populaire de libération joue l'hymne national chinois. Plus que jamais, le dalaï-lama et ses assistants faisaient figure de pantins ridicules.

Placée sous la présidence du dalaï-lama, cette Commission avait pour vice-présidents le panchen-lama et le général Zhang Guohua, chef des troupes chinoises au Tibet. Le secrétaire général était Ngapo Ngawang Jigme. Avec une majorité de trois Tibétains et un seul Chinois, ce comité pouvait apparaître comme une entité autonome. Mais le Parti communiste chinois avait soigneusement étudié sa composition de manière que des dissensions soient inévitables entre les partisans du dalaï-lama et les « collaborateurs » réunis autour de Ngapo Ngawang Jigme. Ce dernier avait d'ores et déjà pris ouvertement le parti de Pékin qui pouvait d'autre part manipuler sans difficulté le panchen-lama. Il s'avéra vite que la commission n'était qu'une courroie de transmission entre Pékin et Lhassa pour une mise en œuvre sans heurts de la sinisation du Tibet. Non seulement le dalaï-lama n'était plus un obstacle pour Pékin, mais il était devenu une caution, involontaire peut-être, mais vitale et dont la Chine se servait avec une grande adresse.

Marionnettes aux mains du gouvernement chinois, « Nous avions tout juste le droit de discuter de questions mineures, sans jamais pouvoir apporter de changements importants », explique de nos jours le dalaï-lama [13]. Le véritable organe de décision, le nerf du pouvoir à Lhassa, était désormais le Comité du Parti communiste chinois du Tibet, dirigé exclusivement par des Chinois de souche. Les structures politiques étaient à ce point fragiles au Tibet que tous les espoirs étaient permis à Pékin pour une digestion facile du Tibet. La clé du succès était de maîtriser le dalaï-lama. Une fois cette chose faite, la totalité du pouvoir tibétain serait paralysée. Un habile dosage de roueries, de menaces et de sourires parvint à le neutraliser assez vite. Des décennies après ces intrigues, le dieu-roi affirme que son premier souci avait toujours été de prévenir un bain de sang au Tibet. Les Chinois, dit-il, avaient clairement fait savoir qu'en cas d'insubordination, le Tibet serait pris par la force des armes et les rapports de force étaient tels que, dans cette éventualité, son peuple n'avait aucune chance de s'en sortir. Quant à l'aristocratie tibétaine, une bonne partie se laissa acheter et corrompre aisément.

A Pékin, le son de cloche est naturellement différent : « La Commission préparatoire de la Région autonome du Tibet a été créée en avril 1956 pour la mise en œuvre systématique de l'autonomie régionale. Un programme de construction de routes, d'usines, de fermes, d'hôpitaux et de développement du commerce fut mis en œuvre après une consultation approfondie avec des représentants au sommet de la société (tibétaine). La clique réactionnaire de ces couches sociales au Tibet conduite par le dalaï-lama feignit de se ranger à cet accord mais fit en sorte d'entraver continuellement sa mise en œuvre. Ils fomentèrent des troubles à Lhassa lors de la création de la Zone de Commandement Militaire du Tibet. Ils persécutèrent les paysans et bergers qui prirent part à ces programmes de construction et acceptèrent des prêts de l'État ou qui se soignèrent auprès des médecins Hans entrés au Tibet [14]. »

La rébellion des Khampas

A ce stade de son expérience de coexistence avec la Chine, le dalaï-lama avait déjà perdu tout espoir de parvenir à un compromis solide et durable. Les temples bouddhistes dans les zones chinoises qu'il avait visitées présentaient le spectacle affligeant de coquilles vides où subsistaient quelques vieux moines que la population fuyait comme la peste, de peur de mesures de répression s'ils étaient découverts dans des lieux aussi compromettants. Mais si, comme en Chine, la religion allait mourir au Tibet, n'en serait-il pas de même de la civilisation tibétaine ?

Dans les campagnes du Tibet, il connaissait maintenant la profondeur des haines qui se tissaient entre Tibétains et Chinois. « Chez les Tibétains, je voyais grandir l'amertume et la haine à l'égard des Chinois ; et chez ces derniers la dureté et la détermination nées de la peur et de l'incompréhension [15]. » A cette étape, le gouvernement de Pékin aurait encore pu rétablir la situation, éviter la confrontation et parvenir, peut-être, à siniser sans heurts un peuple pacifique en quelques dizaines d'années tout au plus. N'avait-il pas pour lui presque tout : la force militaire, une administration puissante et une idéologie à laquelle le peuple chinois, dans son écrasante majorité, croyait ? Mais pour arriver à ses fins, une qualité toutefois lui faisait défaut : la patience. Le maoïsme était tout le contraire. Les cadres chinois se montrèrent partout pressés d'achever leur besogne idéologique au Tibet. Un premier soulèvement éclata dans la région du Chamdo pendant l'hiver 1955-56. La guérilla organisée par les Khampas attaqua les positions chinoises avec une sauvagerie extrême. L'armée chinoise était en difficulté dans ces contreforts impénétrables de l'Himalaya où seuls les cavaliers Khampas pouvaient se mouvoir à leur gré.

Ce fut une initiative chinoise des plus malhabiles qui déclencha la révolte : des unités de l'Armée populaire de libération reçurent l'ordre dès 1955 de désarmer les Khampas et vider les monastères de leurs arsenaux. Pour les cadres communistes les plus zélés, désireux de se couvrir de gloire dans la construction du communisme au Tibet, il s'agissait aussi d'entamer sans tarder la destruction de la religion au Kham. On expliqua que la religion était un poison pour le peuple. On organisa des « thamzing », ces trop tristement célèbres « sessions de lutte » où les « masses » étaient conviées pour dénoncer les « crimes » des « oppresseurs » du peuple. Ces erreurs tactiques furent lourdes de conséquences. De tous temps, le bien le plus précieux du guerrier khampa était son fusil. Aussi leur réaction fut-elle immédiate : les appels aux armes essaimèrent dans les villages comme une traînée de poudre.

L'armée chinoise réussit de la sorte la performance d'unir contre elle une mosaïque de peuplades qui, de tous temps, s'étaient affrontées à travers le Kham et l'Amdo. Plusieurs dizaines de milliers de nomades Khampas se retrouvèrent ensemble dans un même élan : attaquer les forces chinoises partout où elles se trouvaient. Dans tout le Tibet oriental, brusquement en ébullition, les Khampas infligèrent des revers meurtriers aux Chinois. Pékin pria, mais sans succès, le dalaï-lama d'envoyer ses propres soldats pour mater la rébellion des Khampas, ces « chiens couchants de l'impérialisme » qui entravaient l'application des réformes « démocratiques ».

Phuntsog Wangyal était l'un de ces Tibétains qui prirent les armes contre les Chinois dans le Kham. Moine dans le monastère Dergé Gompa, près de la ville de Kanzé, il n'avait alors pas encore quinze ans : « Le Dergé Gompa avait été détruit deux fois déjà précédemment dans l'histoire dans des combats avec les Chinois. Il avait été brûlé et détruit. J'étais un jeune moine dans ce monastère qui n'était pas encore soumis à la réforme. Mais il y avait un grand nombre de " séances de lutte des classes " en cours dans la région. Nous étions conduits sur les lieux. Je n'avais pas été frappé moi-même mais on m'emmenait pour que je sois témoin de ces " séances de lutte des classes ". Au début de 1958, quelques-uns parmi nous avaient décidé de quitter le monastère et de se battre. Nous n'avions pas de fusils à cette époque, nous ne devions pas en posséder. Nous étions quatre-vingt-deux quand nous quittâmes le monastère, chacun d'entre nous à cheval, sauf un. Et nous n'avions que sept carabines et deux pistolets pour quatre-vingt-deux personnes.

« J'avais quatorze ans et demi. Quand nous nous battions, nous étions des braves. Ainsi lorsque nous avions atteint le fleuve Yangtsé, la frontière de la " région autonome ", nous avions déjà tous des armes. Certains parmi nous avaient des mitrailleuses. Prises sur les Chinois. Nous perdîmes beaucoup d'hommes. Le jour où nous atteignîmes Lhassa, nous n'étions plus que quarante sur les quatre-vingt-deux au départ. A notre arrivée en Inde, nous n'étions plus que sept! J'étais l'un de ces sept chanceux! J'étais si jeune que, lorsque je prenais dans mes mains la mitrailleuse, son poids me faisait basculer et tomber. C'était une guerre de guérilla. Nous attaquions en priorité les convois chinois. Les petits convois. Nous avons lancé trente-six attaques contre les Chinois. A chaque fois, les combats se déroulaient non pas dans les villages mais quand les Chinois faisaient étape sur la route pour faire le plein d'essence ou se restaurer. La route reliant le Sichuan à Lhassa était déjà ouverte. Nous tendions des embuscades contre des convois de cent personnes parfois. Au début, ces affrontements étaient indescriptibles. Nous n'avions aucun entraînement. Mais nous n'avions pas d'autre choix. Que pouvions-nous faire d'autre?

« Nous ne restions jamais sur les routes. Nous demeurions dans les montagnes et collines. Du sommet, nous observions l'ennemi. Parfois nous envoyions des paysans de la région en éclaireurs pour savoir le nombre des Chinois. Parfois nous nous déguisions en prenant les vêtements des populations locales pour aller voir nous-mêmes. Les gens dans les villages nous donnaient de la nourriture. Ils étaient eux-mêmes terrorisés par les Chinois et nous aidaient volontiers. A cette époque, le système des rations alimentaires n'avait pas encore été mis en place. Ils pouvaient donc nous nourrir sans que les Chinois puissent le remarquer. Après, avec les rations, ils purent contrôler presque chaque grain de céréales. De temps à autre, c'était eux qui nous tendaient des embuscades et nous devions nous diviser en deux groupes. Nous devions nous cacher et nous avions recours pour nous alimenter au " chomai ", une racine qui ressemble à une patate douce mais en plus petit. Il arrivait que nous n'ayons rien à manger pendant quinze jours. »

La rébellion des Khampas s'étendit à un tel degré qu'elle intéressa le gouvernement américain, alors ouvertement hostile à la Chine rouge. La guerre de Corée – un conflit particulièrement meurtrier – avait jeté de l'huile sur le feu dans les relations sino-américaines. Espérant pouvoir ouvrir, à peu de frais, un front déstabilisateur sur le flanc occidental de la Chine, la CIA mit sur pied l'une des opérations les plus invraisemblables qu'elle ait jamais organisées en Asie et qui répondait au nom de code « Garden ». Des centaines de résistants tibétains furent transportés dans le plus grand secret de l'Inde aux États-Unis où ils reçurent un entraînement accéléré. Washington voulait former une élite tibétaine susceptible de prendre la direction de la guérilla antichinoise. David Wise a été, en 1973, l'un des premiers journalistes américains à révéler les dessous de l'opération secrète. L'entraînement des résistants tibétains s'est déroulé sous la houlette de la CIA et de son directeur de l'époque Allen Dulles à Camp Hale, dans une vallée du Colorado, à 3 000 mètres d'altitude, à 25 kilomètres au nord de la bourgade de Leadville. Cette ancienne base militaire, qui avait servi à l'entraînement des troupes à ski de l'armée américaine pendant la Deuxième Guerre mondiale, présentait l'avantage d'offrir des conditions climatiques et topographiques aussi proches que possible de celles de l'Himalaya et loin des regards indiscrets à l'intérieur du territoire américain. Les résistants tibétains avaient été sélectionnés parmi ceux qui combattaient les forces chinoises et qui trouvaient refuge dans les pays himalayens limitrophes. L'objectif de la CIA était de leur enseigner les techniques de la guérilla, de les équiper d'armes modernes puis de les infiltrer à l'intérieur du Tibet. « Quelques-uns de ces gens ont été parachutés sur le Tibet; d'autres y sont entrés par voie terrestre. Un petit nombre en sont ressortis et ont pris contact avec la CIA », raconte David Wise. Mais, dit-il, si ces résistants pouvaient harceler les forces chinoises, ils n'étaient pas en mesure pour autant de libérer leur pays [16]. L'un des acteurs de cette opération controversée fut Gyalo Thondup, le propre frère aîné du dalaï-lama, qui s'est par la suite reconverti en homme d'affaires pacifique à Hong Kong, avant de renouer avec la politique à Dharamsala.

On apprit à ces hommes qui n'avaient jamais vu d'avions de leur vie les techniques du parachutage, l'emploi des armements lourds et l'utilisation des liaisons radio. Mais, alors que les appels à l'aide du Tibet n'avaient pas été entendus en 1950, à un moment où peut-être il était encore temps de modérer les ardeurs de la Chine, l'intervention de la CIA aux côtés des Khampas arriva trop tard pour être d'une quelconque efficacité. En revanche, le gouvernement chinois ne manqua pas de se servir de cette opération sans lendemain pour dénoncer avec une ardeur renouvelée, et, cette fois, avec quelque raison, la « collusion » entre les « séparatistes » tibétains et l'impérialisme étranger. L'aide américaine à la résistance tibétaine prit fin définitivement après la visite secrète qu'effectua à Pékin le secrétaire d'État Henry Kissinger, en juillet 1971, prélude au rapprochement sino-américain qui devait se concrétiser l'année suivante avec une visite officielle de Richard Nixon en Chine.

La CIA et l'opération « Garden »

Chime Namgyal, âgé d'une cinquantaine d'années, est un ancien membre de l'organisation secrète des résistants Khampas tibétains « Quatre Rivières et Six Montagnes ». Il faisait partie du dernier groupe de Tibétains qui participa à cet entraînement intensif dans une base secrète américaine dans le Colorado. Il a accepté de me raconter son histoire. Il s'agit du premier témoignage exclusif qu'il ait jamais donné à un étranger.

« Notre entraînement se déroula de mars 1962 à novembre 1964 [17] dans un endroit secret du Colorado qui ne figure pas sur les cartes. Notre groupe comptait 135 Tibétains. Nous avions quitté l'Inde pour les États-Unis à bord d'un quadrimoteur de l'US Air Force en survolant l'est du Pakistan. L'avion avait fait escale en Thaïlande puis au Japon avant de rejoindre les États-Unis. Les hublots de l'appareil étaient occultés et l'on ne nous disait pas où nous allions. Mais quand l'avion avait atterri la première fois, on nous donna pendant l'escale des boissons fraîches avec des pailles sur lesquelles il y avait une inscription : Bangkok. Quelques-uns parmi nous avaient des notions d'anglais et nous sûmes ainsi où nous avions atterri. Ensuite l'avion se posa au Japon dans la campagne, mais nous apercevions des panneaux en japonais.

« J'étais très content de participer à cette opération et j'étais impatient car, pour moi, c'était une façon de servir mon pays. Le but était de nous donner un entraînement militaire poussé comportant un enseignement sur les techniques de guérilla pour nous rendre opérationnels à l'intérieur du Tibet. Grâce à cet entraînement, nous espérions pouvoir créer un mouvement pour l'indépendance à l'intérieur du Tibet. L'opération avec la CIA avait commencé dès 1957. Je pense qu'un millier environ de Tibétains ont dû être entrainés aux États-Unis.

« Nous étions formés à l'usage de différents équipements ainsi qu'aux techniques du renseignement. Tout ceci dans le but de créer et diriger cette organisation au Tibet. On nous donna aussi un entraînement sur le renseignement à propos de la Chine de façon à pouvoir observer les manœuvres militaires des Chinois au Tibet. La vie n'était pas trop difficile. Nous avions le temps de dormir. Mais l'entraînement durait chaque jour de huit heures le matin jusqu'à cinq heures le soir. Tous nos instructeurs étaient des Américains qui s'exprimaient grâce à des interprètes tibétains. Naturellement, nous n'avions pas l'autorisation de quitter le camp.

« A la fin de cet entraînement, une partie d'entre nous ont été parachutés sur le territoire tibétain. D'autres, comme moi, devaient s'infiltrer à l'intérieur du Tibet par les voies terrestres. Au moment de notre entrée au Tibet, on ne nous donna qu'un pistolet pour tout armement. Nous étions très déçus. Nous avions reçu une formation si poussée pour ne recevoir qu'un pistolet ! Mais nous devions en fait dans un premier temps entrer au Tibet et constituer des groupes. Quand ce travail préliminaire serait achevé, nous devions obtenir des livraisons d'armes. Chaque groupe était constitué de cinq guérilleros. Chaque groupe possédait un émetteur-récepteur que chacun d'entre nous savait faire fonctionner. Sur nous, bien entendu, nous n'avions aucun papier qui aurait permis de nous identifier si nous étions arrêtés. Les livraisons arrivèrent effectivement plus tard. Je me trouvais alors à Pemakod, dans le sud du Tibet, au nord de l'Inde et non loin de la frontière avec la Birmanie. Je suis resté là-bas un an environ.

« L'essentiel de notre travail était de nouer des contacts avec la population afin de créer des réseaux de résistants. Plusieurs fois, l'occasion se présenta d'attaquer les positions chinoises. Mais nous n'en avions pas le droit. Le haut commandement l'interdisait, sur ordre de la partie indienne. Seuls ceux qui avaient été parachutés au Tibet pouvaient se battre contre les Chinois. Ceci me rendit furieux en fait, car je trouvais que mes connaissances n'étaient pas utilisées comme il fallait. C'est pourquoi j'ai mis fin à cette expérience au bout d'un an environ. Tous les obstacles venaient de l'Inde. Elle n'était intéressée que par la collecte d'informations à caractère militaire sur le dispositif chinois au Tibet et ne voulait pas que des affrontements entre Tibétains et Chinois provoquent de conflit frontalier.

« Cet état de choses était accepté par la partie américaine. Car l'ensemble de l'opération avait été élaboré par des représentants de trois pays : le Tibet, les États-Unis et l'Inde. Ceux qui avaient été parachutés se sont toutefois vaillamment battus, infligeant de lourdes pertes dans les rangs chinois. »

Avant de se joindre à l'opération « Garden », Chime Namgyal avait été l'un des tout premiers dans le Kham à prendre les armes contre les Chinois en 1958 dans son district d'origine à Tridu. Il n'avait alors que dix-sept ans. Il avoue avoir tué « un certain nombre de Chinois » jusqu'en 1962. « Les Khampas de mon district avaient fait cause commune avec un autre district contre les Chinois et, ensemble, ils ont totalement détruit 40 convois chinois pendant la seule année 1958, tuant quelque 700 Chinois. Parfois, nous tirions sans interruption de neuf heures du matin jusqu'à trois heures l'après-midi. Quand nous n'avions plus de munitions, nous donnions l'assaut au sabre. Les Chinois n'étaient pas très courageux car, quand ils nous voyaient arriver, ils décampaient immédiatement, abandonnant leurs armes sur place. »

« Mon esprit de combattant pour la liberté de mon pays est toujours aussi vivant et, si l'occasion se présente, je serai prêt à reprendre les armes », dit encore ce fier Khampa à qui l'on a confié les responsabilités de vice-président de l'Assemblée parlementaire du gouvernement tibétain en exil à Dharamsala.

Dès janvier 1956, le gouvernement chinois prit la décision de mater la rébellion par tous les moyens militaires disponibles. Pékin dépêcha en catastrophe 14 divisions dans le Kham, soit plus de 150 000 hommes. Malgré une résistance acharnée et après des combats effroyables, cette marée humaine vint à bout des Khampas. Les bombardements de l'aviation chinoise, équipée de bombardiers Ilyouchine I1-28 livrés par l'Union Soviétique, jetèrent une confusion totale dans les rangs des résistants et furent dévastateurs. Les Khampas qui n'avaient que leurs boîtes de charmes tibétains sur la poitrine pour se protéger de ces « boules de feu » qui pleuvaient du ciel, furent rapidement décimés.

Terreur et silence

Après avoir écrasé la révolte dans le sang, l'armée chinoise sema la terreur dans les monastères et les villages. Les témoignages sur les exactions commises entre 1956 et 1958 abondent. Les Chinois usèrent de la torture contre le clergé tibétain. Des moines furent brûlés vifs. Les réfugiés tibétains se souviennent d'avoir été témoins de scènes où des moines et des nonnes furent contraints de copuler en public devant les soldats chinois. De nombreux lamas furent déportés dans les camps de travail du Qinghai, réputés pour être les plus durs de Chine. On obligea des enfants à abattre leurs parents. L'armée chinoise usa d'une large panoplie de méthodes pour intimider les populations locales : des Tibétains furent crucifiés, enterrés vivants, décapités, démembrés. Des villages entiers furent rasés et rayés de la carte [18]. Mais la guérilla ne cessa pas pour autant dans le Kham. De telles horreurs ne firent en effet que resserrer les rangs des Khampas contre les Chinois. Des positions de l'Armée populaire de libération furent attaquées par la guérilla tibétaine jusque dans les années soixante-dix, bien après le début de la révolution culturelle.

Quelles étaient les répercussions à l'étranger de ces violences ? Quasi nulles. En 1956, le dalaï-lama fut invité en Inde pour les célébrations du 2 500e anniversaire de la naissance de Bouddha. Avant son départ, les représentants chinois à Lhassa, inquiets, ne manquèrent pas de lui faire la leçon. On pria le dalaï-lama de ne pas faire de déclarations sur la situation intérieure au Tibet qui puissent gêner le gouvernement « central ». Ses « protecteurs » chinois lui firent comprendre ce qui pouvait être dit aux journalistes en cas de questions embarrassantes. Le dalaï-lama, devenu entre-temps vice-président de l'Assemblée nationale populaire (fonction sans pouvoirs réels), devait comprendre que l'Inde était un pays truffé de réactionnaires en tout genre. Il lui était ainsi nécessaire de redoubler de prudence et, en bon « patriote chinois », de parvenir à convaincre tout interlocuteur étranger, journaliste ou diplomate, de la tolérance du Parti communiste chinois à l'égard de la religion à travers la Chine.

Le Tibet pouvait-il compter sur l'aide de l'Inde ? Nouvelle déception pour le dalaï-lama lorsqu'il rencontra Nehru à New Delhi. Le chef du gouvernement indien lui conseilla de continuer ses efforts en vue d'un compromis pacifique avec la Chine. L'Inde, expliqua le Premier ministre indien, n'avait pas les moyens d'aider le Tibet à s'affranchir de la tutelle chinoise. Ainsi, s'il ne parvenait pas à s'accommoder de la présence chinoise, le Tibet ne pourrait compter que sur ses propres forces. A Lhassa, couraient alors des rumeurs insistantes d'un soulèvement prochain de tout le Tibet dressé contre l'armée chinoise. Chou En-Lai, présent pour la même occasion dans la capitale indienne, recommanda à Tenzin Gyatso de rentrer au plus vite afin de désamorcer ces tentatives qui, ajouta-t-il sans équivoque, entraîneraient une répression immédiate et sans merci. Mao fit au même moment une nouvelle démonstration de son génie tactique. Comprenant que le Tibet devenait une poudrière, il accepta de faire un pas en arrière, appliquant en cela les techniques de l'art de la guerre du célèbre stratège de la Chine antique Sun Zi. Pendant la « guerre de libération » de la Chine, dans les années trente, Mao n'avait-il pas lui-même écrit : « Il est bien connu pourtant que comme dans un combat de boxe, le plus avisé recule souvent d'un pas, alors que son stupide adversaire fonce en avant et dès le début prodigue ses forces, si bien que finalement c'est souvent celui qui a reculé qui l'emporte » ?

Devant le risque d'embrasement général au Tibet, il devenait urgent de temporiser. Et puis, deux pas en avant, suivis d'un pas en arrière : le solde ne reste-t-il pas positif ? Puisque le peuple tibétain n'était pas encore prêt pour les réformes communistes, le gouvernement central à Pékin attendrait que la situation mûrisse, affirma Mao en février 1957. La Chine prit l'engagement formel de différer de six ans l'introduction des réformes au Tibet central. Mais qui donc au Tibet était encore dupe de ses intentions à long terme ? Mao n'offrait qu'une trêve.

Tandis que le Tibet oriental était à feu et à sang, l'année 1958 vit une montée continuelle des tensions à Lhassa et au Tibet central. Un flot incessant de réfugiés submergea Lhassa. Les résistants tibétains, essentiellement des Khampas, étaient maintenant plusieurs dizaines de milliers au Tibet central. Certains avancèrent le chiffre de 80 000, stationnés parfois à moins de 50 kilomètres de Lhassa et unis sous le commandement d'une nouvelle organisation baptisée « Armée nationale des volontaires pour la défense ». Les dernières entrevues entre le dalaï-lama et les représentants du gouvernement chinois furent stériles. La crise approchait, l'explosion devenait inévitable.

Le départ en exil du dalaï-lama

A Pékin, après un examen approfondi de la situation qui devenait critique à Lhassa, on jugea probablement venu le moment des décisions graves. La faction dure du gouvernement chinois estima que le peuple tibétain ne plierait jamais sans l'usage de la force. Les militaires chinois représentant Pékin à Lhassa s'exécutèrent. Le 1er mars 1959, le général Tan Guansan invita le dalaï-lama à assister à une représentation théâtrale à l'intérieur du camp militaire de l'Armée populaire de libération, zone entourée de murs de briques rouges et baptisée Silingpu. L'étrange invitation fut acceptée par le dalaï-lama qui fixa la date au 10 mars. Le 9 mars, se souvient le dalaï-lama, un émissaire chinois lui fit savoir sans ménagement qu'il devrait se présenter seul et sans armes, une bien curieuse demande puisqu'il était toujours escorté dans ses déplacements de 25 gardes du corps en armes. « Je veux que ceci soit clair pour vous; il n'y aura aucune de vos cérémonies habituelles; aucun de vos soldats ne doit vous accompagner comme ils le font quand vous vous rendez à la Commission préparatoire. Aucun soldat n'ira au-delà du Pont-de-Pierre (marquant la limite du camp militaire). Si vous insistez, deux ou trois gardes du corps pourront vous accompagner; mais il a été décidé une fois pour toutes qu'ils ne doivent pas être armés », annonça la partie chinoise [19].

Jamais auparavant le dalaï-lama ne s'était rendu dans ce camp militaire situé à trois kilomètres du Norbulinka, sa résidence d'été. De plus, les Chinois demandaient que le secret soit maintenu sur ces dispositions. Comment dès lors ne pas penser à un piège? N'allait-on pas s'emparer du dieu-roi pour en faire un otage? La folle rumeur fit le tour de Lhassa en quelques heures et jeta un profond désarroi. Les exemples étaient déjà nombreux de grands lamas tibétains qui, invités à des réceptions organisées par les Chinois, avaient disparu. Immédiatement, la population se rua vers le Norbulinka. Bientôt une foule de 30 000 Tibétains était massée aux portes de la résidence. Le peuple de Lhassa voulait empêcher le dalaï-lama de tomber dans ce piège grossier. Les clameurs parvenaient aux oreilles du dalaï-lama : « Je pouvais entendre les slogans de la foule : " Les Chinois hors du Tibet; le Tibet aux Tibétains. " Tous réclamaient la fin de l'occupation chinoise [20]. »

Le gouvernement chinois dénonce aujourd'hui cette version des faits. Selon Ngapo Ngawang Jigme, « la rébellion armée de 1959 au Tibet a été fomentée par des rumeurs sans fondement et des mensonges répandus par les aristocrates tibétains » [21]. Le dalaï-lama exprimant son désir de voir un spectacle des troupes artistiques de l'Armée populaire de libération, la partie chinoise avait proposé d'organiser cette « soirée culturelle » dans les jardins du Norbulinka. Mais le dalaï-lama aurait refusé et insisté pour se rendre dans le camp militaire. « Quand ce jour arriva, quelques personnes répandirent une rumeur selon laquelle le Dalai et ses principaux collaborateurs seraient arrêtés et placés dans un avion pour une destination à l'extérieur du Tibet. » Dans une autre déclaration, Ngapo Ngawang Jigme affirme que la rébellion de 1959 n'était pas issue de la politique du gouvernement chinois qui avait observé scrupuleusement les dix-sept points de l'accord de 1951 : « Au contraire, elle a été le fruit du complot d'un petit nombre de réactionnaires appartenant aux classes supérieures du Tibet [22]. »

Dans ses mémoires, Tenzin Gyatso explique qu'il informa le général Tan Guansan de l'impossibilité de se rendre à son invitation. L'officier chinois ne put contenir sa rage et entra dans une violente colère. Les émissaires du dalaï-lama se virent expliquer que la patience du gouvernement chinois avait maintenant atteint ses limites. Des mesures étaient désormais devenues nécessaires pour « écraser tous ces réactionnaires ». Le dalaï-lama et le Kashag prirent peur. Craignant une nouvelle fois que l'armée ne déclenche une répression sanglante, ils proposèrent une nouvelle date. Il s'ensuivit une correspondance entre le dalaï-lama et le général Tan Guansan dans laquelle Tenzin Gyatso affirma être retenu prisonnier dans le parc de Norbulinka contre sa volonté par des éléments qui cherchaient à « saboter l'amitié entre le Tibet et la Chine ».

Mais tout ceci ne visait qu'à gagner du temps car la décision de la fuite en exil du dalaï-lama était sur le point d'être prise. Le dalaï-lama apprit de Ngapo Ngawang Jigme l'intention des Chinois de prendre d'assaut le Norbulinka pour le « libérer ». L'artillerie chinoise – des canons lourds et des mitrailleuses – était déjà en batterie sur des hauteurs aux abords du parc. D'importants convois militaires se dirigeaient vers le Norbulinka. Il fallait donc faire vite. Le 16 mars, deux premiers obus tombèrent dans la résidence, mais sans faire de dommage. Pour ceux qui s'interrogeaient encore, il n'était plus permis de douter. Les dernières hésitations s'évanouirent. Les interprétations des historiens occidentaux diffèrent sur ces événements en fonction de récits parfois divergents des témoins oculaires. Pour la plupart, il ne fait guère de doute que le dalaï-lama prit la fuite de son propre gré sinon de sa propre initiative. Il l'affirme lui-même. Pour d'autres cependant, son esprit de conciliation avec les Chinois avait atteint un tel degré de faiblesse que les Khampas le crurent sur le point de « vendre » définitivement le Tibet sans offrir la moindre résistance. Ils auraient ainsi au dernier moment arraché le jeune homme des griffes chinoises qui s'apprêtaient à se refermer sur lui et l'auraient conduit sous bonne escorte, bon gré mal gré, vers un exil doré en Inde.

La fuite du dalaï-lama eut lieu dans la nuit du 16 au 17 mars 1959 dans le plus grand secret. Les Chinois ne surent rien de ce départ pendant plusieurs jours. « Un uniforme de soldat et un bonnet de fourrure avaient été préparés pour moi. Vers 21 heures 30, je quittai mes habits religieux pour m'en revêtir. Puis dans cet accoutrement inhabituel, je gagnai pour la dernière fois ma chambre de prières. Je pris place sur mon trône et j'ouvris le livre des enseignements du Bouddha qui était posé devant moi. Je le lus jusqu'à rencontrer un passage où le Bouddha recommande à ses disciples de se montrer courageux. Alors je refermai le livre, je bénis la chambre et j'éteignis les lumières. En sortant, mon esprit était libéré de toute émotion ; j'étais conscient du bruit de mes pas sur le sol de terre battue et du tic-tac de l'horloge dans le silence [23]. » Le dalaï-lama s'apprêtait à prendre le chemin de l'exil, partant pour l'une des épopées les plus insolites des temps modernes.

Accompagné de quelques membres de son cabinet et du parlement, de sa mère, sa sœur aînée, son frère cadet, ses deux tuteurs et quelque 400 soldats et résistants tibétains, le dalaï-lama mit deux semaines pour arriver en Inde après un exode à cheval, à pied, à dos de mule ou dans des canots faits de peaux de yacks. La caravane chemina à la vitesse moyenne de 30 kilomètres par jour dans les hauteurs enneigées du Tibet, traversant des cols à 6 000 mètres et manquant plusieurs fois de tomber sur des patrouilles chinoises. Si Tenzin Gyatso était resté seulement deux jours de plus, il serait probablement mort sous les bombardements chinois ou tombé aux mains de l'armée. Car le 20 mars vers 2 heures du matin, une pluie d'obus se mit à tomber sur les palais fragiles du Norbulinka.

« Ils commencèrent à tirer des quatre directions en

même temps sur le Norbulinka avec des mortiers et des canons. Boum! Boum! Cinq ou six mille personnes sont mortes cette nuit-là. » Tashi Gyaltsen, un modeste lama de 80 ans, réfugié aujourd'hui dans un monastère de Dharamsala, se souvient de ces journées d'horreur et de combats de rue. « Vers 4 heures du matin, ils commencèrent à tirer au canon sur le Potala », cette imposante résidence du dalaï-lama qui surplombe Lhassa. « Ce jour-là, les bombardements durèrent toute la journée. Du matin au soir, ils ont tiré sur le Potala, le monastère Ramoché et bien d'autres endroits de Lhassa. »

Nulle tristesse ni haine dans le regard de ce lama qui s'exprime d'une voix forte et résolue avec un grand sourire sur les lèvres, assis sur un coussin de brocart. Tandis qu'il décrit les toits d'or des monastères tibétains éventrés par les obus chinois, les maisons d'habitation incendiées et les innombrables cadavres qui jonchaient le sol au soir de ce 20 mars 1959, une clochette tinte doucement quelque part dans la cour intérieure du Tse Chok Ling, monastère paisible construit dans les années soixante par quelques dizaines de lamas tibétains, à flanc de montagne, à plus de 1 000 kilomètres du Tibet, dans la province indienne de l'Himachal Pradesh. Trente ans ont passé mais le souvenir de ces violences gratuites reste gravé dans la mémoire du vieillard au visage de bouddha.

« Les assaillants chinois s'étaient déguisés en Tibétains et il nous était parfois difficile de les reconnaître. Il y en avait partout. Quand leurs canons tonnaient, nous pouvions voir quelques secondes plus tard la poussière monter dans le ciel au point d'impact. Ils ont aussi tiré sur le monastère Drepung. Ils ont utilisé cinq canons pour bombarder le monastère par l'arrière. Le monastère Sera a été presque entièrement démoli. Tous les moines prirent la fuite. Vous savez, en raison des enseignements de notre religion bouddhiste, nous autres moines, nous n'avions jamais eu envie de nous battre. Notre religion est pacifique. Se battre ne m'était jamais venu à l'esprit. Nous croyons en Bouddha, au dalaï-lama. Nous n'avions jamais pensé à nous battre et à tuer. Nous n'aimions pas cela. Rien dans notre religion ne nous disait qu'il fallait nous battre et tuer. C'est la raison pour laquelle les Chinois ont pu venir au Tibet si facilement. Le dalaï-lama était trop jeune pour organiser la résistance. Peu à peu, ils sont arrivés, vêtus d'habits civils au début. Ils s'installaient à travers le Tibet en disant partout “ Nous allons vous aider. Nous ferons tout pour vous ”. Mais qu'ont-ils fait en vérité ? »

En 1959, ajoute le vieux lama, « les Chinois devenaient de plus en plus cruels. Plus rien ne semblait pouvoir arrêter leur volonté de destruction. Les rangs de l'armée grossissaient sans cesse et plus d'armes étaient introduites au Tibet. Les Tibétains dans la rue ne parlaient plus que de cette situation sans précédent. Depuis deux ans déjà nous savions qu'elle ne pouvait plus s'améliorer. Les Chinois disaient à leur arrivée qu'ils voulaient libérer le Tibet. Mais il s'agissait du contraire. Ils disaient que le Tibet était libre désormais, libre de la religion. Ils disaient que les droits civils étaient maintenant restaurés au Tibet ». Ce témoignage nous a été répété souvent par ceux qui ont vécu ces événements. Les Chinois ouvrirent en 1959 une blessure qui n'est pas cicatrisée plus de trente ans après.

L'insurrection de 1959

Lorsque les canons de l'armée chinoise se mirent à cracher le feu, toute la ville entra en un éclair en effervescence. Les combats meurtriers durèrent trois jours et trois nuits. Vingt mille Tibétains civils s'étaient rebellés contre une masse compacte de quelque 40 000 soldats chinois armés jusqu'aux dents. Malgré la détermination et le courage du désespoir des insurgés, le combat était trop inégal. Le 22 mars, les chars prirent position au milieu de la place du Barkhor, juste en face du temple Johkhang, en plein cœur de Lhassa. Des centaines de combattants tibétains tombèrent sous leur feu. Peu après, la voix de Ngapo Ngawang Jigme se fit entendre dans les haut-parleurs que la propagande chinoise avait disséminés à travers la ville. Il appelait les derniers rebelles à se rendre. Le gouvernement chinois, disait-il, avait conclu un accord avec les Tibétains. Il était de ce fait inutile de continuer la lutte et indispensable de rendre les armes.

Le même jour, l'artillerie chinoise prit pour cible le Ramoché, l'un des principaux sanctuaires de Lhassa. C'était le dernier à être pris sous les obus chinois. Le lama Tashi Palden, lui aussi réfugié à Dharamsala, se trouvait ce jour-là dans le Ramoché. Il m'a raconté ses souvenirs. « Ils ont tiré deux premiers obus au lever du jour. Puis plus rien pendant quelques minutes. Ils ajustaient leurs tirs. Les Chinois avaient depuis longtemps préparé leur artillerie. Ils avaient fait tous les calculs pour frapper les cibles le jour venu. Après ces premiers tirs, une pluie d'obus s'est abattue sur le Ramoché dans un bruit infernal. A la fin de la journée, j'ai vu cinquante à soixante cadavres dans les ruines du sanctuaire. Mais ce n'était pas fini. A un moment donné, les tirs ont cessé et les troupes chinoises sont venues voir.

« Tout près du Ramoché, il y avait trois policiers tibétains avec une mitrailleuse. L'un d'eux avait les deux jambes coupées par des éclats d'obus. Les Chinois s'approchaient des ruines du Ramoché. Un moine se mit à dire au policier : “ Tire maintenant ! ” “ Non, pas tout de suite, attendons un instant ! ” lui répondit le policier. Les Chinois étaient environ cinquante. Ils firent le tour des ruines et s'approchèrent encore. C'est alors que ce policier se mit à tirer. Ta-ta-ta-ta-ta. J'ai vu une bonne trentaine de Chinois morts. Nous étions très contents ! D'autant plus qu'après, nous avons découvert que parmi ces cadavres, il y avait celui d'un officier supérieur chinois.

« Le soir, les Chinois revinrent. Ils mirent le feu aux

ruines. Le bâtiment a brûlé pendant deux jours. Nous avons pris la fuite vers le centre de Lhassa. C'est alors que j'ai vu les chars dans les rues. Je me suis caché dans la maison d'un ami. Dehors, les Chinois procédaient à des milliers d'arrestations. Un nombre incalculable de Tibétains étaient arrêtés puis emmenés vers une destination inconnue, mains liées derrière le dos. Dans la rue, il y avait des morts partout. On ne pouvait pas les compter. A chaque pas, je pouvais voir des corps inertes. Des femmes, des enfants.

« Un jour, j'ai été fait prisonnier à mon tour et j'ai été conduit dans le parc du Norbulinka où se trouvaient des centaines d'autres prisonniers. Là, j'ai vu aussi les Chinois empiler les morts, puis déverser du kérosène sur ces tas et y mettre le feu. L'odeur était épouvantable. Le feu a duré trois jours. »

Quand le vacarme des armes cessa enfin, les Chinois comptèrent 4 000 prisonniers tibétains. Ils saisirent 8 000 armes légères et une centaine de mitrailleuses et mortiers ainsi que 10 millions de munitions. Une estimation chinoise fait état de 2 000 morts dans les rangs tibétains mais d'autres avancent le chiffre de 10 000 et même 20 000 morts pendant ces trois jours de carnage. Les blessés qui agonisaient au bord des rues étaient abandonnés sans soins. Des drapeaux chinois flottaient enfin sur les toits du Potala aux murs éventrés. Les troupes de Mao avaient eu raison des « séparatistes ».

Le temps des représailles était venu. L'armée fouilla systématiquement toutes les maisons des familles jugées « réactionnaires ». Leurs biens furent confisqués. Des exécutions sommaires furent organisées en public pour l'exemple tandis que nombre de lamas étaient, à leur tour, déportés dans ces sinistres camps de « réforme par le travail » de l'immense goulag chinois. Beaucoup d'autres durent partir pour participer aux travaux de construction de grands projets, tels que des centrales hydrauliques.

Des équipes spécialisées de la propagande chinoise entreprirent de filmer des scènes de fusillades qui étaient simulées par des Tibétains. Le but était de fournir une « preuve » de la participation des lamas à la rébellion pour, ensuite, faire avouer ceux qui refusaient de parler. Le gouvernement chinois diffusa des photos de lamas en train de déposer les armes. Tashi Palden affirme que ces documents sont des faux, réalisés lors de ces simulations sous la menace des armes.

En même temps, un inventaire des objets les plus précieux saisis dans les monastères et dans les maisons des familles « réactionnaires » était établi avec le plus grand soin. Les ornements et ustensiles en or et en argent furent emballés dans des sacs fermés et scellés à la cire puis expédiés vers Pékin. Les convois de camions qui transportaient vers la Chine les trésors du patrimoine culturel et religieux tibétain se succédèrent plusieurs années durant.

La chape de plomb de la présence chinoise au Tibet s'était abattue avec une violence extrême, faisant en quelques années des dizaines de milliers de morts de plus, selon les estimations les plus prudentes réalisées à partir des récits des réfugiés tibétains et des rares informations publiées dans la presse officielle chinoise. « Ils n'ont pas été seulement fusillés, mais battus à mort, crucifiés, brûlés vifs, noyés, mutilés, affamés, étranglés, pendus, ébouillantés, enterrés vivants, écartelés ou décapités », selon les termes du dalaï-lama [24]. Après avoir étudié de nombreux témoignages concordants, la Commission internationale des juristes estima dans son rapport officiel que la Chine perpétrait un génocide au Tibet. Mais au moment où cette catastrophe se produisait au Pays des Neiges, Tenzin Gyatso arrivait sain et sauf en Inde, nouvelle terre d'asile. 80 000 à 100 000 réfugiés tibétains le suivirent dans l'exil.

Sitôt qu'ils s'aperçurent de la fuite du dalaï-lama, les Chinois décidèrent d'annuler le sursis de six ans qu'ils avaient promis et d'appliquer immédiatement la totalité des réformes visant à communiser l'ensemble du territoire tibétain. Ce programme était pudiquement baptisé « réforme démocratique ». L'insurrection de 1959 « accéléra en fait l'extermination des puissances réactionnaires tibétaines et permit au Tibet de marcher sur une nouvelle voie socialiste et démocratique avancée », souligne une publication officielle chinoise [25]. Prophète en son pays, Mao Tsé-Toung n'avait-il pas annoncé dès le 6 avril 1952 : « Si les réactionnaires du Tibet osent déclencher une rébellion générale, les masses laborieuses là-bas achèveront la libération d'autant plus vite. Il n'y a aucun doute à ce propos. »

La « réforme démocratique » s'était fondée sur la collectivisation à outrance et à grande vitesse des campagnes du Tibet ainsi que sur la neutralisation de tous les monastères encore en activité. « Les millions de serfs se sont levés », explique une revue contrôlée par le Parti communiste chinois [26]. « La politique inhumaine d'oppression et l'exploitation économique des serfs les contraignaient à vivre comme des animaux. L'agriculture et l'élevage au Tibet stagnaient et étaient arriérés », tandis que la population vivait dans la maladie, les persécutions et la mort. « Le règne sauvage des exploiteurs des serfs tibétains n'a servi qu'à attiser les flammes de la haine parmi les serfs qui pouvaient se soulever à chaque instant avec une force violente. »

Le moment n'était-il donc pas enfin arrivé pour eux de briser leurs chaînes et se soulever contre la classe des réactionnaires? « Tandis que la rébellion était écrasée, les serfs demandaient que la réforme démocratique soit mise en œuvre », poursuit ce livre. Le gouvernement chinois procéda à l'expropriation des terres appartenant aux paysans aisés ainsi qu'aux monastères. Elles furent distribuées aux « masses laborieuses ». Toutes les dettes contractées auparavant furent annulées tandis que les « esclaves » recouvraient officiellement leur statut d'hommes libres. Cette « réforme démocratique » fut déclarée achevée en 1961. « La réforme démocratique a brisé le carcan du servage féodal et libéré les forces productives, dynamisant le développement de l'agriculture, de l'élevage et de l'artisanat. Plus tard, les serfs émancipés s'organisèrent et empruntèrent la route du socialisme », fut-il dit [27].

Ceci, affirme Israel Epstein, ne fut pas l'œuvre des Chinois seuls, car ils ont été aidés par les esclaves et les serfs du Tibet qui étaient prêts à renverser l'ancien régime. « Seuls les opprimés et les exploités peuvent exterminer les tyrannies anciennes et devenir à travers ce combat des hommes et des femmes libres, les maîtres de leur terre et de leur sort [28]. » La formule de Mao est restée célèbre : la révolution n'est pas une soirée de gala. Force est donc à Epstein d'admettre que « démolir l'ancien pour construire le nouveau » ne se fit pas sans violence : « Entre 1959 et 1965, ils lancèrent toute une série de mouvements de lutte », une litote désignant les séances d'humiliation publique infligées aux « ennemis du peuple ». Il s'agissait d'une étape nécessaire de la « lutte des classes » qui s'achevait trop souvent sur le terrain par la torture et la mort. Invariablement, la victime était battue, exécutée ou décidait de mettre elle-même fin à ses jours pour se soustraire à d'autres souffrances ou éviter de devoir dénoncer ses compagnons. Les cadres chinois spécialisés dans le « travail politique » firent un excellent travail, à tel point que Ngapo Ngawang Jigme put dès 1960 dire dans un rapport devant l'Assemblée nationale populaire : « La conscience de classe des larges masses des paysans et des bergers s'est grandement élevée. Ils chantent maintenant avec chaleur des louanges telles que : " le président Mao est le père des différentes nationalités de notre mère patrie. Il est plus près de nous que nos propres parents ". » Le panchen-lama y alla de son propre discours pour déclarer que la situation n'avait jamais été aussi bonne au Tibet.

Les techniques de ces « séances de lutte » et « meetings de critique » étaient déjà bien au point car elles avaient été préalablement expérimentées et rodées partout dans les campagnes chinoises dès les années cinquante à l'occasion des différentes étapes de la réforme agraire. Cette réforme avait inauguré une gigantesque opération de redistribution des terres aux paysans pauvres. Elle passait nécessairement par la dénonciation et l'élimination souvent physique des grands propriétaires terriens. Dans les villes, il s'agissait d'exercer la « dictature du peuple » sur ceux qui s'opposaient à l'inexorable marche en avant du socialisme et d'exposer à la vindicte populaire les réactionnaires, espions et « chiens couchants » de l'impérialisme et du capitalisme. Là également, les fidèles sujets de Mao Tsé-Toung pouvaient déjà faire valoir une certaine expérience. Au Tibet comme ailleurs, les scénarios étaient en gros les mêmes : la scène était jouée devant une foule « invitée » à assister au spectacle.

Avec le pain de la « grande marmite » égalitaire communiste, le régime offrait en prime des jeux. Un « tribunal populaire » composé de quelques commissaires politiques était installé sur une tribune officielle dont le rôle était d'arracher coûte que coûte une confession complète de l'accusé. Grâce, si besoin était, à l'aide « fraternelle » des représentants des « masses » parmi lesquelles avaient pris place quelques agitateurs professionnels. Les insultes, les menaces puis les brutalités avaient généralement raison de la victime au bout de quelques heures. Parfois quelques jours étaient nécessaires pour briser la volonté des plus endurcis. Les tortionnaires étaient suffisamment nombreux pour se relayer. Pour gagner du galon, l'on rivalisait dans la cruauté. La stratégie des cadres communistes chinois était, au Tibet comme ailleurs, de faire voler en éclats des ferments d'unité de la société traditionnelle : la cellule familiale et la religion. Au bout du compte, hormis les plus solides qui préférèrent le suicide, qui, dans ces conditions de terreur politique, n'était pas prêt à vendre ses amis, sa sœur ou son père?

En 1965, l'intégration administrative du Tibet à la Chine était déclarée achevée avec la création, le 1er septembre, de la « Région autonome du Tibet ». La presse chinoise salua l'avènement d'un paradis socialiste au Tibet. Voilà pour la propagande. Mais au-delà des mythes de la marche forcée et grandiose du socialisme libérateur au Tibet, qu'en était-il de la réalité avant l'arrivée des libérateurs dans ces villes, villages et campagnes perchés sur les hauteurs de l'Himalaya? Était-ce, comme l'affirme la Chine, un pays plongé dans l'esclavagisme le plus noir? D'autre part, le Tibet était-il alors un pays indépendant?

2

Enfer ou paradis?

La propagande chinoise a si bien fait les choses qu'en Occident, lorsque l'on évoque le Tibet d'autrefois, l'image première qui, bien souvent, vient à l'esprit est celle d'une société féodale de la pire espèce. De fait, gardons-nous de jugements trop rapides car, entre les mythes et la réalité, il nous est difficile de dresser une frontière précise. D'autant qu'il n'existe guère de compte-rendu sérieux et objectif à propos des structures religieuses, sociales et politiques du Tibet avant l'intervention chinoise. Pour la Chine, en tout cas, l'affaire est entendue : le Tibet vivait avant sa « libération » sous le joug d'un régime esclavagiste dépassant en cruauté les sociétés du Moyen Age en Occident. Comme bien d'autres puissances coloniales dans le monde au cours des siècles passés, le gouvernement de Pékin fonde une bonne partie de son argumentaire sur l'aide « fraternelle » que son armée et ses cadres communistes seraient venus apporter au peuple tibétain pour le sauver du servage et de l'esclavage. La langue de bois chinoise laisse aisément transparaître le non-dit : les Hans chinois étaient investis d'une mission civilisatrice chez des barbares ignorants. La Chine apportait chez un voisin (qui ne lui demandait rien) les lumières d'une civilisation nouvelle qui, sous le règne de Mao, prétendait même être devenue le phare de l'humanité tout entière.

Les Chinois n'ont guère nuancé leurs critiques de l'ancien Tibet depuis la fuite en exil du dalaï-lama.

Tant et si bien d'ailleurs que lorsque ce dernier propose d'instaurer le dialogue avec les autorités chinoises sur l'avenir du Tibet, le gouvernement chinois se hâte de l'accuser de chercher à restaurer un système féodal au Tibet. Pourtant les Tibétains en exil, à commencer par leur chef, ne cherchent plus à cacher les travers de l'ancienne société tibétaine. Ils admettent que des changements importants étaient devenus nécessaires dans une société figée sur elle-même. Il était impératif de sortir de l'isolement quasi total dans lequel le Tibet se trouvait avant 1950. Ces Tibétains tentent aujourd'hui, avec quelque succès, de bousculer les traditions afin de bâtir une authentique démocratie. Mais ils contestent et rejettent la version donnée par Pékin. Ils font en particulier valoir que le Tibet était, avant l'arrivée des Chinois, un pays qui n'avait jamais connu ni famine ni guerre à grande échelle. Tâchons de faire parler les uns et les autres sur ce sujet, à commencer par la Chine et ses laudateurs.

La féodalité tibétaine, entre mythes et réalités

Ngapo Ngawang Jigme nous explique, avec l'objectivité qu'on lui sait maintenant, ce qu'était, selon lui, le Tibet avant qu'il ne s'engage sur la voie radieuse du socialisme. « Dans l'ancien Tibet, les travailleurs vivaient sous l'écrasante domination du servage féodal. Les trois catégories de propriétaires de domaines, qui ne représentaient que 5 % de la population, détenaient la quasi-totalité des terres et la plus grande partie des troupeaux. Les serfs et la plupart des esclaves éleveurs n'avaient ni terres ni bêtes. Ils peinaient à longueur de journée, et cependant ne mangeaient pas à leur faim. On leur déniait toute liberté individuelle. L'exploitation et l'oppression étaient si accablantes que le développement des forces productives s'en trouvait entravé. D'où le marasme dans lequel stagnait la société tibétaine. L'ancien Tibet était un enfer pour les travailleurs. Si c'était un " paradis ", il ne l'était qu'aux yeux de l'infime minorité des propriétaires de serfs. Ce n'est qu'après la réforme démocratique effectuée sous la direction du Parti communiste chinois que les Tibétains se sont libérés du servage féodal et se sont engagés dans une voie radieuse [1]. »

S'agissant des droits de l'homme avant 1959, voici ce qu'affirme le gouvernement chinois : « Avant la réforme démocratique, le Tibet était un pays féodal où régnait le servage. La totalité des moyens de production étaient aux mains de moins de 5 % de la population, c'est-à-dire les dirigeants, les nobles et les monastères, soit les trois propriétaires terriens. La majorité des Tibétains étaient des esclaves ou des serfs. Considérés comme des biens privés par leurs propriétaires, ils étaient réduits à travailler jour et nuit, à être vendus, échangés ou placés en hypothèque. S'ils désobéissaient aux ordres ou faisaient quelque chose de mal, ils pouvaient être cruellement torturés ou même tués. Dans de telles conditions, la plupart des Tibétains ne pouvaient guère penser à leur liberté personnelle, sans parler des droits de l'homme [2]. »

Les mêmes horreurs ou presque sont décrites dans une autre publication officielle chinoise : les serfs se voyaient certes remettre 30 % de la superficie des terres, les moins fertiles bien entendu. Mais ils devaient en contrepartie verser à leurs maîtres des redevances en nature. Ils étaient en outre assujettis à la corvée, tant au profit de leurs maîtres que du gouvernement. Les serfs ne pouvaient, de ce fait, presque jamais assurer la subsistance de leurs familles et s'endettaient lourdement. La dette était un moyen de plus pour les riches de maintenir leur domination sur les pauvres. « Tous les propriétaires de serfs au Tibet, y compris le dalaï-lama, étaient des usuriers. Les propriétés seigneuriales, les monastères et les gouvernants à tous les niveaux possédaient leurs structures propres pour octroyer des prêts », souligne ce magazine [3].

La torture était une pratique courante au Tibet, si

l'on en croit ces revues et livres chinois. Alors que les seigneurs jouissaient des plaisirs les plus extravagants dans leurs demeures luxueuses, les méthodes les plus ignobles étaient utilisées pour châtier les serfs qui avaient fauté. On coupait des nez, on arrachait des yeux, on tranchait les membres des suppliciés. Il y avait pour cela des familles de bourreaux professionnels. A Lhassa, une trompe annonçait de temps à autre l'exécution publique d'un serf. La « fête » pouvait commencer : « Pour certains, on commençait par leur ouvrir les viscères. Ils étaient ensuite promenés à travers les rues du Barkor (au cœur de la ville) avant d'être exécutés. D'autres étaient attachés nus sur un morceau de cuivre chauffé au rouge et monté sur des roues. Ils étaient exhibés trois fois autour du Barkor avant d'être tués [4]. » Il existait aussi deux cachots infestés de scorpions à Lhassa, dont l'un dans le Potala, où étaient jetés ceux qui devaient mourir dans les souffrances les plus atroces.

La société tibétaine était divisée en trois classes et neuf grades, nous apprennent les « historiens » du Parti communiste chinois. Les nobles, les grands lamas et les dirigeants faisaient partie de la classe dite « supérieure ». Les moines et lamas ordinaires du clergé bouddhiste, les responsables d'un rang inférieur des instances gouvernementales et les agents des propriétaires terriens constituaient une classe « intermédiaire » ou « moyenne ». Les autres faisaient partie de la classe « inférieure ». A la différence des deux autres classes, ces derniers étaient passibles des punitions les plus sévères. « Les vies des " inférieurs " ne valaient pas plus cher qu'un fétu de paille. Ils n'avaient aucun droit de proclamer leur innocence s'ils étaient persécutés. Si un membre de la " classe inférieure " était le témoin du viol de sa femme ou de sa fille par un seigneur, ses yeux étaient arrachés [5]. »

Après avoir pris le contrôle du Tibet, le gouvernement chinois fit construire en un temps record, par une brigade de « travailleurs modèles », un « Musée de la Révolution tibétaine ». Symbole du nouveau régime au pouvoir à Lhassa, cette bâtisse sans grâce a été érigée juste en face du Potala qu'elle défiait de sa masse de béton : les « masses tibétaines » qui jamais n'avaient eu accès aux splendeurs du palais du dalaï-lama pouvaient librement contempler dans les salles de ce « Musée » les pages les plus glorieuses du soulèvement populaire contre les tyrans de l'ancien régime. Leur étaient également présentés les trésors des dalaï-lamas successifs dont les splendeurs n'auraient eu d'égal que celles qu'avaient amassées à la sueur du petit peuple les Tsars de l'ancienne Russie. On y montra aussi un temps un éventail d'instruments de torture qui auraient été utilisés sous l'ancien régime ainsi que des instruments de musique faits d'ossements humains prélevés, soulignait-on, non pas sur les cadavres de ceux qui étaient décédés de mort naturelle mais sur ceux de serfs assassinés par leurs maîtres.

Pendant la révolution culturelle, ce musée des horreurs devint une étape obligatoire pour tous les visiteurs étrangers, en particulier ceux du Tiers-Monde. Pendant cette période, les propagandistes chinois atteignirent des sommets dans l'hystérie contre l'ancien régime. Un montage audiovisuel et une exposition montraient ainsi un serf portant son maître aux yeux étincelants de haine sur un chemin de montagne en pleine tempête de neige, un moine enfermant dans une boîte un enfant épouvanté promis à quelque sacrifice religieux ou encore la peau d'enfants victimes de ces rites barbares. Le montage s'achevait par la révolte des serfs contre leurs oppresseurs. Une jeune Tibétaine y était montrée en train de dessiner une étoile rouge avec son propre sang sur un rocher pour exprimer les aspirations à la libération des serfs du Tibet ainsi que leur amour pour le président Mao et le Parti communiste chinois. Revenues à plus de retenue, il semble que les autorités chinoises aient maintenant fermé les portes de ces expositions de la honte au service de l'éducation des « masses »[6].

Mais le langage de Pékin recèle encore tant d'absurdités qui prêteraient à rire si le sujet n'était pas aussi grave. Comment ne pas citer ces quelques lignes d'Israël Epstein, notre champion toutes catégories de la défense servile du Tibet chinois, qui, s'essayant à l'ironie volontairement blessante et usant de références ouvertement méprisantes à l'égard des rites du tantrisme tibétain, explique que les bâtiments modernes construits par les bâtisseurs du socialisme dans les rues de Lhassa ne sont certes pas une preuve suffisante du progrès au Tibet : « Si l'impérialisme et non la révolution chinoise avait triomphé au Tibet, il aurait pu, lui aussi, orner l'horizon de Lhassa de quelque édifice élevé ; un hôtel à étages baptisé Shangri-la, géré par quelque grande chaîne internationale offrant, peut-être, des suites oxygénées avec vue sur le Potala pour ceux qui peuvent en payer la note. Il ne serait pas exagéré d'imaginer parmi les distractions proposées un Salon des Danses de la Réincarnation où trôneraient des statues des Bouddhas de la Passion aux bras multiples en train de s'adonner au rite du coït et que l'on dévoilerait chaque soir à minuit pour exciter les invités [7]. »

Han Suyin, écrivain de son état, est une autre fervente admiratrice de la Chine communiste. Tant et si bien d'ailleurs, qu'elle a su épouser avec une souplesse et une rapidité étonnantes tous les changements de la ligne du PC chinois. Mao vivant, elle faisait de lui un éloge sans nuance. Deng Xiaoping était-il réhabilité ? Elle devenait aussitôt son plus ardent supporter. Il est dès lors naturel que ses « témoignages » sur le Tibet chinois soient sujets à caution. Selon elle, pour comprendre dans quelle terreur les serfs et esclaves tibétains vivaient sous l'ancien régime, « vous devez retourner aux pages les plus noires de l'histoire de l'Europe au Moyen Age ». Les 626 plus hauts personnages du clergé tibétain auraient été propriétaires de 90 % de la totalité du Tibet. Grâce aux réformes introduites en 1959, « le Tibet a mis fin à des siècles de ténèbres et de terreur. Mais cette libération a été accomplie par les Tibétains eux-mêmes, les serfs et les esclaves qui désirent apporter leur contribution à la révolution » [8].

Mais sur le Tibet socialiste, Han Suyin ne tarit pas d'éloges. C'est ainsi que lorsqu'elle s'y promène en octobre 1975, « les policiers tibétains, dans les rues de Lhassa, ne sont pas armés. Pas de patrouilles, pas de couvre-feu. Tous les villages sont ouverts à tous ». Lorsqu'elle s'arrête pour photographier trois paysans tibétains dans les champs, « la joie, presque palpable, le bonheur confiant, sont plus évidents au Tibet qu'ailleurs, parce que ce peuple a été tellement opprimé, tellement exploité, et que ce souvenir cruel est encore tout proche ». Grâce à la clairvoyance du président Mao Tsé-Toung, « l'événement historique, ici, c'est donc la naissance d'une nouvelle classe, la classe ouvrière qui, d'après la théorie marxiste, est la classe dirigeante, à l'ère du socialisme. Aujourd'hui, remplaçant la terreur des dieux, un désir naît, une ambition nouvelle : devenir ouvrier! L'homme tibétain, je crois, rêve de machines ». Pour elle, que de chemin parcouru donc, puisque auparavant, « un pays comme le Tibet est demeuré dans l'obscurantisme le plus systématique, puisque tout y était expliqué par les démons, la magie, l'incantation et la terreur ». D'ailleurs, pour Han Suyin, la cause est entendue : « c'est le dispositif " terreur ", culte de l'horrible absolu, qui inspire la nausée, le dégoût que je ressens quand je pense au système théocratique [9] ».

Les témoins étrangers de l'ancienne société tibétaine sont rares. Mais les récits des Tibétains sur la période antérieure à 1950 commencent à s'accumuler. Tant et si bien que, peu à peu, il nous est possible de reconstituer une partie au moins du puzzle. Nulle personne honnête en mesure de savoir et, donc, en droit de porter un regard critique, ne contestera que le Tibet présentait, au milieu du XXe siècle encore, les aspects d'une société à bien des égards féodale. N'en était-il pas de même pour la Chine et tant d'autres nations en Asie ou dans le reste du monde ? Mais, tout d'abord, on ne saurait comprendre le Tibet sans l'éclairage du bouddhisme.

Le bouddhisme en lui-même est une philosophie de paix. Le disciple du bouddhisme cherche à s'affranchir de tout désir, le désir étant par essence source de souffrance (samsara). Le but recherché est le Nirvana, ou l'Illumination, la libération sublime du corps et de l'esprit. Selon les écritures de Arya Deva, éminent philosophe bouddhiste :

« *Les souffrances mentales tourmentent la partie supérieure,*
les souffrances physiques la partie inférieure.
Les souffrances mentales et physiques
consument ce monde éternellement. »

Pour les hommes qui atteignent le Nirvana, toute souffrance est anéantie. L'illumination suprême est celle de l'état de Bouddha. Elle mène à l'omniscience. Mais seule une minorité d'élus peuvent y prétendre. Pour les disciples du Petit véhicule (Hinayana), la recherche de l'illumination est une démarche individuelle. Le croyant cherche à se sauver seul de la souffrance. Pour les disciples du Grand véhicule (Mahayana), la recherche du Nirvana est une démarche collective servant tous les êtres humains. Devenir un Boddhisatva, ou un Bouddha de la compassion, sert la collectivité tout entière car ce bienheureux aide tous les êtres souffrants dans leur propre recherche de la délivrance. Une troisième école est le bouddhisme tantrique (Tantrayana) qui nécessite une discipline de l'esprit extrême pour atteindre la libération spirituelle voulue. Les méthodes, semblables à celles qui sont utilisées par les Yogi indiens, sont la concentration, la contemplation et la méditation, exercices mentaux difficiles qui exigent volonté et détermination.

Les Tibétains se sont largement inspirés du Mahayana

et du Tantrayana pour développer leur propre religion et propager le Dharma, l'enseignement de Bouddha. Plusieurs écoles bouddhistes ont rivalisé au cours des siècles au Tibet. Les deux principales sont celle des « Bonnets Jaunes » (Gelugpa), dont le chef spirituel est le dalaï-lama et celle des « Bonnets Rouges ». Au fur et à mesure de la propagation du bouddhisme à partir du XIIIe siècle, des milliers de monastères ont été construits pour devenir autant « d'Universités de la foi ». Centres religieux, mais aussi administratifs, ces citadelles fortifiées possédaient de grandes superficies de terres et vivaient du travail des paysans qui les travaillaient. Une stricte hiérarchie différenciait en son sein les Trapas (novices), les Lamas (maîtres de la foi), les Tulkous (réincarnations importantes dans le panthéon religieux tibétain) et les Rimpoche (littéralement « Précieux »). Au plus fort de l'âge d'or du bouddhisme tibétain, plusieurs centaines de milliers de moines peuplaient ces « gompas » près des villes ou, au contraire, perdus dans les vastes solitudes du Tibet. Des milliers d'autres moines itinérants n'appartenaient à aucun monastère et vivaient de la mendicité sur les chemins. D'autres avaient choisi la voie de l'ascétisme et menaient une existence retirée, loin de la société dans des caches perdues dans la montagne.

Alexandra David-Néel, cette voyageuse impénitente qui fut l'une des très rares Occidentales à parcourir le Tibet en tous sens au début de ce siècle, apporte un témoignage précieux sur le Tibet ancien. Elle souligne qu'une forme « bénigne » (le mot est le sien) d'esclavagisme existait encore dans ce pays dans les premières années du XXe siècle. Les « esclaves » devenaient généralement les domestiques des familles riches. Quant à la toute-puissante religion tibétaine, il nous apparaît patent que son emprise sur les humains prenait des proportions proches de l'obscurantisme.

Le paysan tibétain vivait dans un univers de croyances et de superstitions farfelues qui généraient des peurs irraisonnées. Il était courant qu'il ait recours aux services de magiciens, héritiers directs des survivances de la religion chamaniste « bön » qui existait au Tibet avant l'arrivée du bouddhisme au VIIIe siècle. La frontière entre bouddhisme tantrique et chamanisme était souvent floue, ce syncrétisme religieux devenant un ensemble bien commode où chacun pouvait puiser ce qui lui convenait. Des esprits maléfiques visitaient les humains. Les transes collectives étaient courantes. Pour les Tibétains, les maladies ne pouvaient avoir de causes naturelles. Elles étaient toutes l'œuvre d'esprits invisibles, venant d'autres mondes, qui rôdaient à la recherche des « souffles vitaux » qu'ils venaient voler aux êtres terrestres.

Il n'était pas rare que les objets sacrés soient faits d'os humains. Le chapelet rituel de certains lamas, le « Theu tréng », était constitué de cent huit boules, chacune découpée dans un crâne humain différent. L'illustre Parisienne nous raconte comment un jour, accompagnée de son fils adoptif, le lama Yongden, elle rencontra sur le chemin de Lhassa un ascète pèlerin qui demandait à partager le thé et qui, soudain, tira de dessous sa robe un singulier bol qui n'était autre qu'un demi-crâne humain !

Pour ne rien arranger, les familles paysannes étaient fréquemment endettées depuis longtemps et à perpétuité auprès des monastères ou des Gyalpos, ces seigneurs et roitelets locaux qui ne se déplaçaient jamais sans leur ombrelle portée par leurs serviteurs. Les corvées et les impôts engendraient dans certains cas détresse et désespoir. Une corruption tentaculaire touchait tous les échelons de la hiérarchie tibétaine. Lorsqu'un fonctionnaire tibétain, un Pönpo, se transportait dans le pays, l'usage voulait que les populations locales soient tenues de le nourrir, lui, sa suite, ses serviteurs et ses bêtes. A chacune de ses étapes, un cortège d'hommes et de femmes venaient lui remettre un montant déterminé, en nature et en argent, de présents prélevés sur leurs maigres possessions.

Alexandra David-Néel affirme cependant que le Tibet

était aussi et avant tout un pays de rires et de fêtes, de réjouissances et de festins. Un pays du plaisir de vivre où personne ne mourait jamais de faim, sinon dans les contrées les plus isolées, frappées par un climat particulièrement rude et inhospitalier. Un royaume de traditions et de spiritualité d'une richesse éblouissante.

Il ressort d'autres récits sur la vie quotidienne au Tibet que la femme tibétaine jouait un rôle de premier plan dans la société. Avant le mariage, ses relations avec les hommes étaient très libres. Les mariages arrangés existaient certes. Mais, si le prétendant ne lui convenait pas, la jeune fille restait libre de rejeter le choix qui lui était suggéré. Il lui était tout aussi loisible ensuite de divorcer en cas de mésentente. C'est elle qui, bien souvent, tenait les cordons de la bourse et régissait seule les affaires du foyer. Au Tibet, il n'était jamais question de pieds bandés comme le voulait la coutume en Chine dans les familles aristocrates. A la différence de sa sœur chinoise, qui restait confinée à longueur de journée dans le gynécée et ne pouvait guère espérer voir le monde extérieur plus de quelques fois dans l'année, la femme tibétaine pouvait librement sortir de chez elle. Il n'était pas question non plus au Tibet de visages cachés comme pour les femmes musulmanes. Longtemps, la tradition hindoue a exigé qu'une femme soit brûlée vive avec le corps de son mari lorsque l'infortune voulait qu'il meure avant elle. Rien de cela non plus au Tibet. De fait, le statut de la femme tibétaine était à ce point prédominant qu'aujourd'hui encore, bien des Tibétains disent avec humour que dans l'ancien Tibet, les hommes produisent l'effort et la femme l'intelligence, la communion des deux donnant d'excellents résultats.

Pour les humbles comme pour les riches, s'ils acceptaient la loi bouddhiste du Karma (l'écrasante majorité n'aurait jamais eu seulement l'idée de remettre en cause les lois de la réincarnation), il était dit que chaque être humain récolte dans sa vie présente ce qu'il a lui-même semé dans sa vie précédente. En vertu du même enseignement, il savait qu'il aurait à répondre dans sa vie future du bien et du mal qu'il avait commis dans son existence présente. Le respect du Karma produisait ainsi chez le croyant un sentiment de satisfaction pour le peu qu'il pouvait posséder. Une certaine résignation aussi peut-être. Les jalousies s'en trouvaient le plus souvent oblitérées.

Pour un esprit cartésien occidental, il est acquis que le bouddhisme tibétain a développé une société de privilèges. Les hauts lamas en étaient les premiers bénéficiaires. Ils préservaient jalousement leurs prérogatives et leur influence dans la société. Un exemple en est l'obligation faite aux écoles laïques ouvertes dans les années vingt à Lhassa, Shigatsé et Gyangtsé, de fermer leurs portes sur la demande expresse des monastères. Le XIIIe dalaï-lama, pensant qu'une éducation à l'anglaise serait profitable à son peuple, en avait lui-même demandé la création. Mais le clergé lamaïste était dans sa grande majorité énergiquement opposé à tout changement dans la vie quotidienne au Tibet ainsi que farouchement hostile aux influences venues de l'étranger. Il considérait que de telles écoles constituaient une menace pour la religion. « Les grands monastères avaient de tels pouvoirs qu'ils pouvaient parfois s'opposer avec succès même aux plans du dalaï-lama », explique Rinchen Dolma Taring, fille d'une famille de nobles tibétains qui s'est établie en Inde après 1959 [10].

Le dalaï-lama, entre tradition et modernité

Que disent les autres Tibétains libres de s'exprimer? J'ai demandé au dalaï-lama quelles étaient, selon lui, les défaillances du Tibet d'autrefois. Il n'a fait aucune difficulté pour répondre franchement. Il m'a tout d'abord expliqué comment lui, petit enfant couronné dalaï-lama, a été privé de liberté et maintenu dans ses palais du Potala, à l'écart du monde extérieur, alors que les autres enfants de son âge jouaient dans les rues et gardaient le bétail dans les pâturages. « Quand j'étais petit, il m'arrivait de penser que si j'avais été une personne ordinaire, j'aurais été plus heureux. Surtout pendant l'hiver. Car pendant l'hiver, je restais constamment, nuit et jour, dans une pièce du Potala, pendant à peu près cinq mois. Pour respecter la tradition, je devais effectuer une " retraite " et passer mon temps à réciter des mantras (incantations bouddhistes). La chambre dans laquelle je me trouvais était très sombre, très froide et infestée de rats! Il y régnait une odeur pestilentielle (le dalaï-lama rit à l'évocation de ces souvenirs). En fin de journée, au moment du coucher du soleil, je regardais dehors par la petite fenêtre. Une ombre s'étendait lentement sur le monastère Sera juste à côté. Alors, j'étais infiniment triste. En outre, mon tuteur, celui qui était devenu régent, avait une mine sévère. Il se tenait à mes côtés et restait toujours sévère. En face du Potala, je voyais tous les jours les villageois partir le matin aux champs avec leurs vaches. A la fin de la journée, les bergers rentraient chez eux. Ils paraissaient heureux et gais. Ils chantaient des mélopées que j'entendais distinctement. Peut-être étaient-ils jaloux de moi qui me trouvais là-haut, dans le Potala. Mais en réalité, ils ne savaient pas que le dalaï-lama aurait tant voulu se joindre à eux! »

Le Tibet était-il féodal? « Si vous considérez le système social et les différentes catégories de cette société, le Tibet appartenait à un système féodal. Cela semble très mauvais. Mais en réalité, de façon générale, la communauté tibétaine était à cette époque très paisible. Très heureuse. Les Chinois parlent de servage et de propriétaires terriens. En fait, les relations entre les propriétaires et leurs personnels étaient plutôt bonnes. Dans bien des cas, ces gens simples développaient un sentiment d'appartenance aux propriétaires terriens. Ils témoignaient alors une sorte de loyauté à leur égard. Quant aux propriétaires terriens, non seulement les civils mais aussi les monastères, certains possédaient un sens aigu de responsabilité pour leurs domestiques. »

« En ce qui concerne la politique, le système gouvernemental, poursuit le dalaï-lama, bien évidemment le système social était arriéré. Il devait changer. Mais, puisque l'environnement général était paisible et pacifique, je pense que ces changements devaient se faire progressivement. En ce qui concerne le système politique, il faisait également partie d'un système féodal. Le gouvernement tibétain était dirigé par le dalaï-lama depuis le Ve dalaï-lama. Mais là aussi, il n'y avait pas une urgence absolue de changements. Cela devait changer, mais les changements seraient venus d'eux-mêmes. La plus grande nécessité à cette époque, je pense, concernait la mise en place d'une éducation moderne. Apprendre et étudier dans un cadre éducationnel moderne et créer des écoles modernes ainsi que des moyens de communication avec le monde extérieur : voilà ce qui était urgent. Nous avions besoin de technologie. Avec toutes ces choses, les changements se seraient produits tout naturellement : une évolution.

« Le public, la communauté dans son ensemble, étaient très ignorants par manque d'éducation. L'une des indications les plus frappantes de l'ignorance incroyable qui régnait au Tibet était le fait que les Tibétains estimaient appartenir à la plus grande nation du monde ! Les Chinois pensaient de même, mais eux au moins avaient quelque raison de le croire. Mais en ce qui nous concerne, certainement pas ! Ne croyez-vous pas ? » Le dalaï-lama me regarde et, à cet instant, part d'un grand éclat de rire communicatif qui résonne plusieurs minutes dans les couloirs de sa résidence. Son secrétaire, Tenzin Geyche Tethong, rit de bon cœur aussi.

Tenzin Gyatso accepte volontiers de parler de la corruption dans la société tibétaine de l'époque. Je lui explique que, selon ce que j'ai pu comprendre à travers mes discussions avec des Tibétains, la corruption existait à tous les niveaux de la société tibétaine, y compris dans les monastères. Parfois, cette corruption tenait directement de coutumes à caractère féodal. Ainsi selon les croyances tibétaines, quand un lama important mourait, il s'agissait de trouver sa réincarnation : un enfant né au moment de la mort de son prédécesseur qui, une fois reconnu comme sa réincarnation, prendra tous ses titres. Sa découverte nécessitait un processus compliqué qui faisait appel à la divination et parfois aux oracles. Je ne veux pas remettre en cause ce qui relève exclusivement d'une croyance religieuse. Mais, au Tibet, les lamas importants exerçaient des pouvoirs religieux de même que parfois temporels non négligeables. Certes un esprit réincarné pouvait théoriquement naître dans n'importe quelle famille, même la plus humble. Mais il n'était pas si rare que, contre pots-de-vin divers, la sélection de sa réincarnation se fasse dans les mêmes grandes familles de l'aristocratie tibétaine, assurée ainsi de conserver ses prérogatives et sa fortune.

« La corruption, bien-sûr, existait, répond le dalaï-lama, tout comme elle existe dans toute société humaine – n'est-ce pas? Mais au Tibet, il y avait aussi des canaux que le peuple pouvait utiliser pour informer ceux qui étaient chargés de lutter contre la corruption. » Cette corruption, dans les monastères, était de deux ordres, ajoute-t-il. Certains, il est vrai, au lieu de se consacrer à la vie spirituelle de leurs ouailles, étaient à la recherche de fortunes matérielles, de prospérité et d'influence. Une autre forme de corruption dans ces universités du Dharma était plus pardonnable : pour maintenir les pratiques religieuses au niveau souhaité et pour éviter une vacance d'autorité trop longue, il arrivait que la recherche d'une réincarnation soit quelque peu expédiée, sans que l'on s'interroge trop sur l'authenticité de la réincarnation. Avant 1950, il existait en outre une forme de dégénérescence dans les monastères, souligne le dalaï-lama. Les règles bouddhistes n'étaient plus toujours observées avec la rigueur souhaitée, tant et si bien que les postes de responsabilité vacants étaient parfois confiés à des lamas proprement incompétents. Enfin, des lamas influents négligeaient leurs études monastiques pour se mettre à régir les affaires de leur famille, contrairement aux vœux qu'ils avaient prononcés. Dès qu'il prend la robe du moine, un trapa ou un lama tibétain doit au même moment couper ses liens avec sa famille et ses amis.

« Dans certains monastères, les fonctions de quelques lamas importants devenaient dans certains cas pareilles à celles d'un propriétaire terrien. Et non plus celles d'un foyer de vie spirituelle. Ceci était triste », soupire le dieu-roi des Tibétains. Cette situation était devenue à ce point intolérable d'ailleurs que, quelques années avant sa mort, dans les années vingt, le XIIIe dalaï-lama avait soumis les hauts lamas à un examen général pour tester les connaissances de chacun. Tous ceux qui ratèrent l'examen furent promptement démis de leurs fonctions.

Qu'en est-il aujourd'hui? Par la force des choses, la situation a beaucoup évolué. La société tibétaine en exil, en contact permanent avec des civilisations étrangères, a dû s'adapter et s'ouvrir. Pour celle qui était restée à l'intérieur du Tibet, le cas de figure n'est pas radicalement différent, tant la présence chinoise et les persécutions politiques ont profondément bouleversé l'ordre antérieur. Mais comment pour une religion si particulière s'adapter au monde moderne? Nombre d'intellectuels occidentaux curieux de la religion tibétaine estiment que le bouddhisme lamaïque est une philosophie de la vie ouverte sur la modernité qui permet une approche scientifique de l'humanité. Elle n'est plus aujourd'hui ni un archaïsme ni une entrave à la libération de l'homme ou à son intégration dans la société.

En ce qui me concerne, j'ai rencontré un certain nombre de Tibétains établis en Occident. Quelques-uns, une petite minorité, restent intraitables lorsqu'il s'agit de la pratique religieuse. Les superstitions, parfois, restent vivaces. Mais elles font rire les Tibétains plus jeunes. Elles sont même l'objet de bonnes parties de rigolades affectueuses. On m'a ainsi cité le cas d'une Tibétaine vivant à Paris, surnommée « La Tigresse », car elle s'était battue avec une énergie féroce contre les Chinois dans le Kham dans les années cinquante et soixante. Présente au mariage d'un Tibétain et d'une Française, elle évitait curieusement le centre de la pièce où ripaillaient les invités et faisait, à chaque fois qu'elle allait dans la cuisine, un détour compliqué en jetant de fréquents coups d'œil inquiets vers le sol. Intrigué, on l'interrogea sur les raisons de son comportement étrange. Elle répondit : « Eh bien! Voilà. Vous voyez cette ombre par terre : c'est celle de cet invité. Or il nous a apporté un faisan qu'il a lui-même tué. Il a fait couler le sang. Regardez son ombre. Elle est néfaste. Elle porte malheur. Un mauvais Karma! » La « Tigresse » avait peur d'une ombre!

Quant au dalaï-lama, sa place n'est-elle pas encore, à la fin du XXe siècle, celle d'un dignitaire religieux tout droit issu de l'époque médiévale? On s'adresse à lui sous le terme de « Sa Sainteté ». Il en est certes de même pour le pape et d'autres chefs religieux à travers le monde. Mais pour ses fidèles, il est la manifestation, sous des traits humains, de Chenresig, le Bouddha de la Compassion. Ses titres les plus usités par les Tibétains et les Bouddhistes de l'Himalaya pour le désigner sont « Le Joyau qui comble les désirs » (Yeshe Norbu), « La Présence » (Kundun), « Le Précieux Victorieux » (Gyalwa Rimpoche), « Le Plus haut » (Gongsa Chog). Son titre officiel est : « Le Vénérable Détenteur du Verbe Sacré, Cœur de Sagesse, l'Océan qui détient la Foi, le Commandeur des Trois Mondes, le Sans-égal » (Jetsun Ngawang Losang Yeshi Tenzin Gyatso Sisum Wangyur Tsungpa Nepai Dhe Palsangpo). Certains voient en lui le « Gardien du Pur Lotus » et le « Joyau de Plénitude ». Cette dévotion ne va-t-elle pas trop loin? Que fait le dalaï-lama pour engager son peuple sur le chemin de la modernité? Voici ce qu'il m'a dit à ce sujet :

« Oh oui ! Parfois ils expriment une dévotion inébranlable. Ils croient que je peux tout faire. Quand je les reçois en audience, il y en a qui viennent parce qu'ils sont malades. Ils arrivent avec de grands espoirs. Mais moi je leur dis toujours : " Vous devriez aller voir un médecin. " Il arrive qu'ils me demandent de souffler sur eux. Ils pensent que cela va les guérir. Parfois ça marche ! (Le dalaï-lama rit.) Mais parfois ça ne marche pas. Souvent, vraiment, ils attendent trop de moi. » Il opine du chef : oui, il est faux de croire qu'il a des pouvoirs surnaturels. Mais le dalaï-lama croit bien entendu à la réincarnation et explique qu'il possède des connaissances nettement plus étendues que les autres humains ainsi que certains pouvoirs spéciaux en raison de l'expérience accumulée au cours de ses vies antérieures. « C'est pour cela que parfois, c'est vrai, je parviens à soulager les souffrances. Parfois, quand je souffle sur eux, ça marche. Parfois, ils me présentent des petites bouteilles d'eau et me demandent de souffler dessus. Après, ils boivent l'eau et il arrive que cela ait un effet. Mais je ne suis pas une personne très extraordinaire. Juste un peu extraordinaire ! » De nouveau, le dalaï-lama rit. « C'est ainsi que je sais beaucoup de choses. Et pourtant j'étais assez paresseux quand j'étais petit. Quand je discute avec des scientifiques ou des experts, ils se rendent compte que mes connaissances ne sont pas inférieures aux leurs. Alors ils me congratulent. Je pense que c'est grâce à mes vies antérieures. »

Bouddhisme et science sont-ils compatibles ? Oui, certainement. Dans leur union harmonieuse réside d'ailleurs probablement la clé de la survie de la nation tibétaine. « Mon expérience et mes discussions avec des scientifiques me permettent de penser que dans certains domaines, il n'existe aucune contradiction entre le bouddhisme et les sciences. Dans d'autres, nous allons au-delà de la science et c'est une autre histoire. Mais, de façon générale, il n'y a pas de contradiction. Après tout, le bouddhisme n'est qu'un exercice de l'esprit. Des chercheurs effectuent actuellement des expériences avec les pratiques bouddhistes pour tenter de les expliquer. D'autre part, si des contradictions naissent, il faut trouver une solution. Ainsi, selon certaines écritures bouddhistes, le monde serait plat. Dans ces domaines, nous devons accepter les explications rationnelles de la science et rejeter les écritures. Bouddha lui-même a été très clair à ce sujet : " Vous ne devez accepter mon enseignement que par la pratique, par vos expériences personnelles. Quand vous êtes vous-même convaincus de sa véracité, alors seulement adoptez-le. " De la sorte, Bouddha en personne nous a donné le droit de le remettre en question et de nous livrer à des enquêtes. Ainsi, si nous constatons que la science apporte des preuves qui sont en contradiction avec les écritures, les écritures en question doivent être abandonnées. J'explique à mes fidèles que si les chercheurs peuvent, par leurs expériences, prouver que la réincarnation n'existe pas, théoriquement, nous devrons abandonner aussi ce concept ! »

Quelles sont les réactions de son auditoire quand il se livre à une telle révolution ? Nouveaux rires sonores. « A chaque fois que je visite un monastère, je dis aux lamas et au supérieur : " Nous devons introduire des cours sur les sciences, la philosophie occidentale et la psychologie occidentale. " Ces choses sont très importantes pour nous. Nous n'avons pas encore toutes les installations qu'il faudrait en Inde pour cela. Mais cela viendra. Je leur explique que plutôt que d'enseigner des philosophies mortes telles que les religions anciennes de l'Inde, nous devrions étudier les traditions vivantes : le christianisme, le judaïsme, l'islam, les sciences modernes. Surtout les sciences modernes. Il nous faut connaître les explications scientifiques sur le monde tel qu'il est. Mais parfois quelques-uns parmi les plus âgés de nos experts en religion sont très obstinés. Je me souviens du jour où, pour la première fois, un homme a posé le pied sur la lune. Ils n'étaient pas convaincus. Ils étaient sceptiques ! (Rires du dalaï-lama et de son secrétaire.) Alors, je me moque d'eux gentiment et je leur dis : " Peut-être quelques-uns d'entre vous auraient dû accompagner ces astronautes. De là-haut, sur la lune, vous auriez pu constater de vos propres yeux que la terre est ronde ! " »

Après avoir bien ri, Tenzin Gyatso me jette un regard espiègle et ajoute que le dalaï-lama lui-même est une création de l'homme. Le jour où les hommes n'auront plus besoin de lui, il cessera d'exister. La lignée des dalaï-lamas s'arrêtera. En attendant, l'actuel dalaï-lama veut provoquer une autre révolution dans les palais des monastères : il est devenu impératif, dit-il, de changer le mode de sélection des dalaï-lamas. Depuis le premier dalaï-lama, né en 1391, les règles sont immuables. Quand il meurt, les Tibétains partent à la recherche de sa réincarnation. Plus complexes encore que celles s'appliquant à un lama ordinaire, ces investigations peuvent durer des mois ou même des années avant que soit trouvé le bébé né au moment du décès de son « prédécesseur ». Pour ce faire, les lamas entrent en divination, consultent des oracles. L'enfant choisi comme réincarnation est censé reconnaître immédiatement les objets personnels du dalaï-lama précédent. Il en a été ainsi pour Tenzin Gyatso, né en 1935 dans le village de Tagtser, dans l'Amdo, au nord-est du Tibet, dans une famille simple de paysans. Il se trouve que Tenzin Gyatso est une chance pour son peuple : il est loin d'être sot et il veut réformer la société pour préparer sa survie. Mais si le choix du prochain dalaï-lama s'arrête sur un être stupide ? Et voilà le malheur sur tous les Tibétains !

« Je dis déjà depuis 1969 que l'institution du dalaï-lama peut continuer ou disparaître. Ceci dépendra des souhaits du peuple tibétain. Si elle continue, la question qui se pose est de savoir s'il faut ou non respecter la tradition ou choisir de nouvelles méthodes. Il y a plusieurs possibilités. L'une d'elles serait de choisir un lama qui a déjà fait ses preuves pour me remplacer. Pourquoi pas cette formule ? Une autre possibilité est de faire comme pour le pape. Quand il meurt, les plus grands maîtres spirituels, les plus qualifiés se réunissent et font leur choix. Si la première formule est adoptée, je choisirai mon successeur de mon vivant. Ce serait une bonne chose. Cela éviterait les querelles (le dalaï-lama se remet à rire). J'ai entendu dire qu'au Japon, le supérieur d'un monastère d'une secte bouddhiste Zen laisse un testament à sa mort qui désigne son successeur. Ceci fait que de son vivant, tous les candidats éventuels le servent de leur mieux! Mais quand je parle de tout cela aux autres lamas, ils sont parfois choqués et ils me disent : " Oh, vous ne devriez pas dire des choses pareilles. La succession du dalaï-lama doit se poursuivre comme cela a toujours été fait. " Mais, en ce qui me concerne, ils peuvent bien protester, je n'ai pas l'intention de me laisser faire. »

L'histoire sino-tibétaine, entre indépendance et interdépendance

Les convoitises chinoises sur la « Maison des trésors de l'Ouest » ne datent pas de 1949. Déjà bien avant la fondation de la République de Chine (1911), la dynastie des Qing (1644-1911) s'était mise à clamer avec plus ou moins de vigueur que le Tibet faisait partie intégrante de son territoire. Jusqu'en 1949, Pékin n'eut toutefois guère le loisir ni les moyens d'assumer cette souveraineté supposée sur le Pays des Neiges. Il faut savoir d'autre part que le Parti communiste chinois n'a pas toujours observé l'intransigeance qui est la sienne depuis 1950. Au lendemain de sa naissance en 1921, il déclarait à l'occasion de son premier congrès qu'il était nécessaire d'octroyer l'autonomie à la Mongolie, au Tibet et au Turkestan (Xinjiang) et de les transformer en « fédérations démocratiques ». Dans ce cadre, la Chine serait devenue une « République fédérale de Chine ». En 1928, le VIe congrès du PCC estimait que l'unification de la Chine ne pouvait se réaliser sans que soit reconnu le droit des peuples à l'autodétermination et à la séparation. En 1931, la formulation est encore plus explicite puisque le premier congrès des soviets de Chine et la constitution de la « République soviétique de Chine » proclament le droit fondamental des peuples à disposer d'eux-mêmes et celui des petites nations à se séparer et à se déclarer des États indépendants [11]. Mais, depuis que la République chinoise est devenue « populaire » avec la victoire des communistes en 1949, le pouvoir des armes a parlé et le PC chinois a radicalement changé de langage. Dès 1962, le projet de constitution présenté par Liu Shaoqi affirme que la République populaire de Chine est un État unitaire et multinational, toutes les régions et nationalités autonomes en constituant « des parties inséparables ».

Le gouvernement chinois déploie depuis une énergie féroce pour trouver dans l'histoire une légitimité à sa présence sur le Toit du monde. Les thèses de Pékin sont étonnantes de simplicité : le Tibet est formellement entré dans le giron chinois au XIIIe siècle pour ne plus jamais en sortir. L'indépendance du Tibet est une chimère inventée par les impérialistes étrangers dans le but d'affaiblir la Chine ainsi que par une poignée de Tibétains réactionnaires qui veulent y restaurer un régime féodal. Le gouvernement chinois a réponse à tout. Y compris pour ceux qui pourraient émettre des doutes sur l'interprétation de l'Histoire. C'est ainsi qu'en décembre 1989, l'agence Chine nouvelle annonçait au monde que des chercheurs avaient découvert en laboratoire des similitudes génétiques prouvant « scientifiquement » l'appartenance des Tibétains à la race Han de souche chinoise. Contre cette position chinoise, il est de très nombreux Tibétains, ceux qui sont en mesure de parler librement à l'étranger ou ceux qui osent le crier au péril de leur vie à l'intérieur du Tibet, pour qui leur pays a été et sera une nation indépendante. Pour eux, un jour le bon droit triomphera de l'injustice : les Chinois devront alors tous quitter le Tibet et les Tibétains seront à nouveau en paix chez eux. Cette controverse s'est ouverte sur une note tragique avec l'entrée de l'armée chinoise au Tibet. Elle ne sera jamais close sans un compromis durable entre Chinois et Tibétains. Elle est si sensible qu'elle déchaîne intolérance et violence chez les protagonistes du drame qui se joue. On ne peut guère parler paisiblement de ce sujet avec un Tibétain ou un Chinois. Pour ceux d'entre nous qui veulent comprendre, seule l'histoire est juge.

Une première difficulté lorsque l'on traite ce sujet est d'ordre sémantique. En effet, quelle signification pouvaient donc avoir autrefois les termes « indépendance », « souveraineté », « suzeraineté » au Tibet et en Chine ? Ces notions, inconnues en Asie, ont été importées au XIXe siècle avec l'arrivée des colons britanniques. Mais tentons d'aller plus loin.

Si, au hasard d'une rencontre, vous demandez à un Chinois d'expliquer en quoi le Tibet est chinois, généralement deux scénarios sont possibles. Votre interlocuteur est un citoyen ordinaire sans éducation. Il est à parier que vos questions le plongeront dans un embarras extrême. Car, vous le constaterez sans difficulté, le Tibet est bien le dernier de ses soucis et c'est une région sur laquelle il ne sait rien ou à peu près rien. « Oui, bien sûr le Tibet fait partie de la Chine. Les Tibétains forment l'une des minorités nationales de notre pays » : voici une réponse que vous pourrez obtenir si, outrepassant les règles de la politesse la plus élémentaire en Chine, vous insistez et continuez de questionner votre interlocuteur sur un sujet aussi délicat. On pourra aussi vous dire : « Le Tibet fait partie de la Chine depuis des siècles déjà. D'ailleurs, tous nos livres d'histoire le disent. » Sauf cas exceptionnel, vous n'irez guère plus loin et resterez sur votre soif de comprendre.

Mais, deuxième hypothèse, chanceux que vous êtes, voilà que vous avez rencontré le rayon de lumière dans le noir : vous parlez à quelqu'un qui a de lui-même déjà réfléchi à cette question et pour qui il est bien évident que les pages de l'histoire officielle chinoise consacrées au Tibet sont truffées de mensonges. Il arrive – encore rarement il est vrai, mais il ne s'agit déjà plus d'exceptions – d'entendre des intellectuels chinois remettre en question publiquement la tutelle de leur gouvernement sur le Tibet. Nombre d'étudiants chinois vous diront ainsi que le peuple tibétain a droit, tout comme les autres peuples du monde, à l'autodétermination et à la liberté. Les dissidents chinois ne sont plus les seuls à murmurer que le Tibet a droit à l'indépendance s'il la désire. Parmi les Chinois d'outremer, beaucoup s'opposent encore farouchement à l'idée d'un Tibet indépendant mais nombre d'autres admettent l'idée de l'autodétermination pour la population tibétaine.

Un soir d'août 1989, j'étais invité dans une famille d'intellectuels et d'artistes chinois installés à Paris. J'avais sauté sur l'occasion pour parler du Tibet et je discutais de cette question avec le père de famille, un historien d'une soixantaine d'années dont je ne peux préciser l'identité mais dont les travaux font autorité en Chine bien qu'il n'ait jamais été membre du Parti. Ce vieux monsieur, le visage tout parcheminé, était arrivé en France tout récemment, après le massacre du 4 juin sur la place Tian Anmen. A un certain stade de la discussion, je me lançai et lui demandai à brûle-pourpoint : « Tous comptes faits, peut-on dire que le Tibet fait partie de la Chine ou non ? » La réponse vint après quelques secondes de réflexion : « Vous savez, la réponse est claire : non. Le Tibet ne fait pas partie du sol historique de la Chine. L'histoire officielle, telle qu'elle est enseignée aux écoliers et aux étudiants et telle qu'elle est relatée dans la presse officielle affirme que le Tibet est une partie inaliénable de la Chine. A force de l'entendre, la population chinoise dans son ensemble a fini par le croire. Mais il suffit de considérer les faits. Aujourd'hui je suis en France. Mon esprit est dégagé de toutes pressions politiques. Je ne vous aurais jamais répondu de la même manière en Chine. Même si nous avions été seuls. »

Aux Chinois qui affirment avec véhémence que le Tibet fait partie de leur territoire depuis sept siècles, il me prend parfois l'envie de leur rappeler que, dans l'histoire de leur glorieux pays, il fut une période où les empereurs avaient une curieuse propension à traiter de pays vassal celui qui, pour une raison ou pour une autre, envoyait un ambassadeur ou un représentant à la cour. Devinrent ainsi étrangement des vassaux de la Chine l'Angleterre, le Vatican, les Pays-Bas, le Portugal, la Russie et plusieurs pays d'Asie!

Les maisons d'édition de Pékin n'en continuent pas moins de publier, non sans quelque maladresse, quantité d' « ouvrages de référence » destinés à éclairer la lanterne des « masses » chinoises ou du touriste étranger qui ne sait encore rien du Tibet. Outre les descriptions plus savoureuses les unes que les autres des miracles du communisme au Tibet, qu'écrivent donc ces austères serviteurs du Parti communiste chinois à propos du Tibet chinois dans l'histoire? Que disent, d'autre part, leurs contradicteurs, qu'ils soient tibétains ou occidentaux, pour étayer leurs thèses d'un Tibet indépendant?

Selon le gouvernement de Pékin, Hans et Tibétains établirent des relations « amicales » dès la dynastie des Sui (581-618), liens qui devaient connaître un développement énorme dans les siècles suivants. L'alliance entre la Chine et le Tibet eut pour symbole le mariage en 641 entre le roi tibétain Songtsen Gampo et la princesse chinoise Wencheng, offerte par Taizong, l'empereur de la dynastie chinoise des Tang. La promise arriva à Lhassa avec un grand nombre de livres en langue chinoise et en compagnie de nombreux experts en sciences, en médecine, en mathématiques. Déjà cette princesse apportait au Tibet la « civilisation ». De cette union, une publication chinoise, d'ordinaire très sérieuse, affirme fâcheusement qu'il naquit « de longues relations intimes entre les nationalités han et tibétaine [12] »!

Mais ce mariage avait-il vraiment une signification particulière? La plupart des récits historiques publiés en Chine populaire omettent curieusement de parler d'un autre mariage du même roi tibétain avec une princesse népalaise. Il se trouve d'ailleurs que Songtsen Gampo, l'unificateur du Tibet, n'eut pas moins de cinq épouses! D'autre part, les historiens de la cour impériale chinoise décrivaient le Tibet à cette époque comme l'une des puissances les plus éclatantes d'Asie, devenue la principale rivale de la Chine. Cette union tibéto-chinoise, si elle doit prouver quelque chose, montre le prestige du roi tibétain : la demande en mariage qu'il fit d'une princesse de la cour impériale chinoise dut être acceptée par le fils du ciel.

Le rayonnement du Tibet en Asie était d'ailleurs à ce point étendu au VIIIe siècle que les armées tibétaines réussirent en 763 à prendre Chang'An, la capitale de l'empire chinois (aujourd'hui Xian), autre épisode que les livres d'histoire chinois préfèrent généralement « oublier ». Tout juste la presse officielle chinoise admet-elle en termes vagues : « Dans les relations (entre la Chine et le Tibet), on a pu aussi constater parfois des conflits et même des guerres qui infligèrent le malheur aux peuples des deux nationalités qui désiraient ardemment vivre en bon voisinage et travailler en paix [13]. »

En réalité, alors que la Chine connaissait sous la dynastie des Tang (618-907) un âge d'or sur le plan culturel et artistique, l'empire tibétain des empereurs Trisong Detsen (755-797) et Tritsug Detsen Ralpachen (817-836) vivait son apogée militaire et manifestait son influence à travers le Pamir jusqu'aux portes des zones arabe et turque à l'ouest, au Turkestan au nord et au Népal au sud. Avec la Chine, dont une partie du territoire dans le Gansu et le Sichuan était passée sous domination tibétaine, un traité de paix fut signé en 821. Puis vint la période de gloire des conquérants mongols qui réussirent, à partir du XIIe siècle, à fonder l'un des plus grands empires que l'humanité ait jamais connus.

Les empereurs mongols, en particulier Gengis Khan (1167-1227), étendirent progressivement leur pouvoir sur l'empire Tangut au nord du Tibet, la Corée puis la Chine des Song. Cette dernière perd son indépendance en 1279. L'influence mongole s'étendit en Sibérie, sur l'Annam et le nord de la Birmanie. Le Tibet fit allégeance à la Mongolie au début du XIIIe siècle et lui donna le bouddhisme qui, sur le plateau tibétain, prit bientôt le dessus sur les rites chamanistes du Bön, la religion populaire tibétaine. C'est à cette époque que naquit une relation particulière entre les deux puissances, connue en tibétain sous le nom de « Chö-yön » et dont une traduction approximative serait « prêtre-patron ». En vertu de cette relation, le dalaï-lama, devenu gourou, c'est-à-dire maître spirituel, se faisait le guide de l'empereur de Chine en contrepartie d'une protection temporelle. Des liens similaires gouvernaient les relations entre le Tibet et la Mongolie au XIIIe siècle.

Pour les Tibétains, cette relation privilégiée constitua plus tard la base des liens qui rapprochèrent le Tibet et la Chine jusqu'au XXe siècle. Il ne s'agissait nullement de souveraineté territoriale ni de conquête militaire, mais d'un lien essentiellement spirituel. Le Tibet passa toutefois sous le contrôle de la cour mongole sous le règne de Kubilai Khan (1259-1294). Mais il regagna sa liberté en 1350, bien avant la Chine qui resta, elle, sous domination mongole dix-huit ans de plus. Tibétains et Mongols gardèrent cependant une profonde affinité religieuse que partagea, dans une certaine mesure, la dynastie chinoise des Yuan (1280-1367), mais plus guère la Chine de la dynastie des Ming (1368-1643).

L'étude de cette période de l'histoire est essentielle car c'est à l'invasion mongole de la Chine que les historiens du Parti communiste chinois font remonter l'intégration du Tibet à la « mère patrie » chinoise. « En 1271, Koubilai Khan réalisa la réunification de la

Chine et établit la dynastie des Yuan. Peu après, le gouvernement central (à Pékin) prit une série d'importantes mesures pour renforcer l'administration du Tibet » : et voilà comment le Tibet fut à tout jamais rattaché à la Chine, selon l'histoire vue de Pékin. Curieux artifice et étrange assimilation que de déclarer les Mongols chinois. Koubilai Khan a d'ailleurs été récemment promu au titre de « héros national » par le PC chinois. Il faut noter à cet égard que bien qu'ayant reconnu officiellement la souveraineté de la Mongolie extérieure en 1960, le régime de Pékin n'a jamais totalement abandonné l'idée que la totalité de la Mongolie fasse partie de la Chine [14].

La cour chinoise, est-il encore expliqué, créa des services de relais et des postes militaires au Tibet. L'administration céleste y installait ses mandarins. Elle y aurait notamment envoyé des forces armées et des « commissaires de pacification » pour « contrôler le gouvernement local » ainsi que le personnel administratif tibétain. Ces liens non seulement auraient subsisté mais se seraient encore renforcés sous les Ming. Il est souligné en particulier ceci : « Selon les statistiques établies par le ministère des Rites des Ming, dans les années 1450, chaque année, trois à quatre cents Tibétains se rendirent à Pékin pour offrir le tribut à l'empereur, et dans les années 1460, leur nombre atteignit de trois à quatre mille. »

De tout cela, rien ne figure dans les annales de l'histoire tibétaine, affirme le XIVe dalaï-lama. Pour les Tibétains en exil, cette présentation de l'histoire chinoise et tibétaine est truffée de mensonges et d'inventions. Au contraire, disent-ils, les relations sino-tibétaines se sont nettement distendues tout au long de la dynastie des Ming, la cour chinoise ne témoignant alors que peu d'intérêt pour le Tibet. Des liens spirituels étroits se sont en revanche tissés après la chute des Ming et l'avènement en Chine de la dynastie mandchoue des Qing (1644-1911). Ainsi l'empereur mandchou Shunzhi (1644-1661) lança-t-il la première invitation à un dalaï-lama à visiter la Chine. Alors que la Chine des Hans et le Tibet s'étaient ignorés pendant plusieurs siècles, Tibétains et Mandchous se témoignaient respect et curiosité.

Cette visite eut lieu en 1653. Il ne s'agissait pas, comme l'affirme l'histoire officielle de Chine populaire, d'un chef tibétain venant faire allégeance à l'empereur de Chine, d'un vassal venant mettre genou à terre dans le château de son seigneur. Nul désir pour le fils du ciel d'imposer à son hôte le kowtow, cette marque de déférence de l'humble au tout-puissant qui obligeait le visiteur, même étranger, à s'agenouiller trois fois et à se prosterner neuf fois devant l'empereur. Au contraire, symbole du rang accordé au dalaï-lama par la cour mandchoue, l'empereur se déplaça à sa rencontre en s'éloignant à vingt kilomètres de Pékin. Quand le dalaï-lama se présenta, l'empereur descendit de son trône pour lui souhaiter la bienvenue. Les deux souverains s'assirent ensemble pour boire le thé et discourir, se traitant l'un l'autre comme des égaux. En somme, une démonstration éclatante de la relation Chö-yön : celle qui existe entre un maître religieux et son disciple, le premier offrant la paix de l'esprit et le deuxième la protection temporelle.

En 1720, des soldats mandchous firent leur entrée dans Lhassa. Selon les Tibétains en exil, ces soldats vinrent à la fois pour expulser les occupants mongols et assurer la protection du VIIe dalaï-lama. Ils arrivèrent toutefois avec un contingent de cadres de l'administration impériale dont la tâche était de réorganiser l'administration tibétaine. Il s'ensuivit une période délicate qui, estime Pékin, apporte une preuve incontestable de la souveraineté chinoise sur le Tibet. Le nouveau gouvernement tibétain, conduit par le Kashag et les Kalons (ministres), était en effet placé sous le contrôle de deux représentants de la cour de Pékin, les « Ambans ». La cour mandchoue dépêcha en outre une garnison permanente à Lhassa qui, à certaines époques, dépassait un millier d'hommes.

La fonction de ces Ambans, rétorque Tenzin Gyatso, consistait en priorité à tenir l'empereur mandchou informé des événements au Tibet. Le dalaï-lama ajoute que pour la cour impériale de Pékin, il s'agissait de « superviser » la défense du Tibet et, en particulier, de tenir les Mongols à distance. Les Ambans chinois devinrent vers la fin du XVIIIe siècle des « conseillers » du Kashag, rappelant de temps à autre à leurs interlocuteurs tibétains les obligations temporelles du « protecteur » assis sur le trône à Pékin à l'égard de son protégé, le dalaï-lama et son peuple. Mais jamais il ne fut question pour eux de participer directement aux activités et aux décisions du Kashag.

Pour le gouvernement chinois actuel, en revanche, les représentants de la cour impériale chinoise eurent, à partir de 1793, des pouvoirs de décision très étendus. Ils avaient, avec le dalaï-lama et le panchen-lama, préséance absolue sur les Kalons qui devaient se soumettre à leurs ordres. Ils auraient eu également la haute main sur les affaires étrangères du Tibet. Les Kalons n'auraient pas eu le droit d'entretenir de correspondance privée avec les puissances étrangères et leur courrier en provenance de l'étranger aurait été soumis aux Ambans pour contrôle. Enfin, le choix des réincarnations des dalaï-lamas, panchen-lamas et lamas importants devait obligatoirement être entériné par l'empereur à Pékin.

Il n'est pas aisé pour un observateur étranger, deux siècles plus tard, de tracer une frontière nette entre indépendance et interdépendance. Quand, en 1792, l'empereur Qianlong (1736-1796) envoya ses troupes au Tibet pour en expulser les envahisseurs népalais, il semble établi que la politique étrangère tibétaine passa pour peu de temps sous le contrôle de Pékin. L'empereur mandchou parvint à imposer une série de profondes réformes administratives au Tibet. Il dicta sa loi sur les relations qu'entretenait le Tibet avec le monde extérieur. En particulier, pendant un siècle, le Pays des Neiges dut fermer ses portes aux Occidentaux. Dans les dernières années du règne de Qianlong, le Tibet a été, plus que jamais dans son histoire, sur le point de tomber entièrement dans l'orbite chinoise. A tel point d'ailleurs que la cour impériale chinoise se mit à frapper à Lhassa une monnaie en argent qui, sur ses deux faces, faisait explicitement référence en tibétain et en chinois à la cinquante-septième année du règne de Qianlong. Coïncidence curieuse : ces pièces sont virtuellement introuvables dans les milieux tibétains en exil.

Michael C. van Walt van Praag, conseiller du dalaï-lama et du Kashag en matière de droit international et, à ce titre, peu suspect de sympathies pro-chinoises, reconnaît de bonne grâce une « suprématie » de la Chine mandchoue sur le Tibet au cours de cette période. Mais, se dépêche-t-il d'ajouter, jamais le Tibet ne perdit les attributs de son indépendance. « D'un côté, l'empereur des Qing exerçait une vague suprématie que les autorités tibétaines admettaient. En outre, certains Ambans bénéficiaient d'une influence considérable à Lhassa en raison du prestige de l'empereur. D'un autre côté, les Tibétains ne se considéraient pas eux-mêmes comme dépendants de l'empereur et ne se soumettaient pas directement à son autorité. Ils se protégeaient jalousement de toute ingérence au Tibet du pouvoir des Ambans [15]. »

Sur cette période délicate mais déterminante des relations entre la Chine et le Tibet, Melvyn C. Godlstein apporte une opinion d'autant plus intéressante et précieuse pour nous que l'historien et ethnologue américain, spécialiste du Tibet, est nettement critique vis-à-vis du dalaï-lama et de ses partisans en Inde et ne peut guère être soupçonné d'être antichinois. Il est pourtant d'avis qu'au début du XVIIIe siècle, à l'apogée de la dynastie des Qing, « la suzeraineté de la Chine n'avait cependant jamais été formalisée, les droits et obligations des deux parties n'avaient pas été délimités dans des traités ou d'autres accords ». A cette date, « le Tibet était devenu un vague protectorat de la Chine, mais les officiels tibétains gouvernaient leur pays avec leurs propres lois et responsables », explique-t-il. Plus tard, « alors que le pouvoir mandchou s'érodait au cours du XVIIIe siècle et tandis que la Chine devint préoccupée par l'attaque de l'impérialisme occidental, son hégémonie sur le Tibet devint de plus en plus symbolique », ajoute l'historien [16].

La mort de Qianlong marqua l'amorce d'un profond déclin à Pékin et la fin d'un rôle de protecteur que la cour des Qing ne voulait ni ne pouvait plus assurer au Tibet. A partir de cette date, plus jamais l'armée impériale chinoise ne vint prêter main-forte au dalaï-lama quand son pays était attaqué par ses voisins, en particulier népalais. Les Ambans n'assurèrent bientôt plus qu'un rôle symbolique, tandis que les rangs du contingent chinois stationné à Lhassa fondirent pour rapidement ne plus regrouper qu'une centaine d'hommes, en majorité des métis nés au Tibet. L'autorité de Pékin au Tibet se transforma en une coquille vide, abandonnant aux Tibétains la totalité du pouvoir à Lhassa.

Le Tibet est devenu, à la fin du XIXe et au début du XXe siècle, l'enjeu des rivalités entre la Chine, la Grande-Bretagne et la Russie. Le XIIIe dalaï-lama, Thubten Gyatso (1876-1933), acheva de rompre avec la Chine en assumant, à partir de 1894, la totalité des pouvoirs spirituels et temporels du Tibet. Sous couvert d'une « mission commerciale », la Grande-Bretagne déclencha en 1904 un bref conflit dans le sud du Tibet. Une « escorte » de trois mille soldats parvint à Lhassa le 3 août. Pékin ne répondit pas aux appels à l'aide des Tibétains. Les historiens communistes chinois l'admettent et y voient un manquement grave aux obligations du gouvernement chinois pour la défense de « son » sol. « Un sentiment de doute naquit entre le gouvernement central et le gouvernement local du Tibet qui entraîna une détérioration plus grande des relations » entre Pékin et Lhassa, concèdent les historiens officiels de Pékin [17].

Les troupes tibétaines furent bousculées sans difficulté et le gouvernement britannique contraignit le Tibet à signer un traité, le 7 septembre. Fait significatif, cette « Convention de Lhassa » était purement bilatérale, Londres reconnaissant *de facto* le statut indépendant du Tibet. Le Tibet s'engageait à demander l'accord de la Grande-Bretagne avant de conclure un accord avec une autre puissance étrangère. Invité à contresigner cet accord qui ne reconnaissait à la Chine aucun droit de suzeraineté, le Bureau des affaires étrangères de la cour mandchoue refusa. Pékin protesta en déclarant : « Les Anglais ne devraient pas conclure de traité directement avec le Tibet car un tel accord vole à la Chine sa suzeraineté. »

Après de longues négociations, un texte de compromis sino-britannique fut finalement signé à Pékin, le 27 avril 1906. Ni le terme de souveraineté ni même celui de suzeraineté n'y sont employés au profit de la Chine. Cette dernière se voyait toutefois placée en dehors de la liste des pays étrangers avec lesquels le Tibet ne pouvait conclure d'accord sans le feu vert de Londres. Il était également reconnu à l'Empire du milieu son droit à préserver l'intégrité territoriale du Tibet. Un autre traité anglo-russe, signé le 31 août 1907, reconnaissait une suzeraineté chinoise sur le Tibet. Londres et Moscou s'engageaient à ne pas violer l'intégrité territoriale du Tibet et à ne pas s'ingérer dans ses affaires intérieures. Il était aussi interdit aux deux parties contractantes d'entrer en négociation avec le Tibet autrement que par l'intermédiaire du gouvernement chinois.

En juin 1909, après une visite orageuse du dalaï-lama à Pékin, la cour des Qing décida d'envoyer son armée au Tibet. Deux mille soldats du Sichuan envahirent Lhassa en février 1910. L'Amban Wen Zongyao promit que les troupes chinoises feraient preuve de la plus grande discipline. Mais, révèlent les historiens chinois, « après leur entrée à Lhassa, elles se livrèrent au pillage et plongèrent toute la ville dans le chaos »[18]. Il en résulta la fuite du dalaï-lama qui se réfugia en Inde.

Jamais les interventions des forces de Pékin au Tibet au cours des siècles ne s'étaient déroulées contre la volonté des autorités tibétaines. Celle de 1910 marquait la première agression militaire du pouvoir mandchou. Il n'eut pas le temps de s'installer à Lhassa, car la dynastie des Qing tomba en 1911 sous les coups de la Révolution chinoise. Pour le Tibet, c'était l'occasion de rompre tous les ponts avec Pékin et de proclamer son indépendance totale. Ce qu'il fit.

La première étape a été pour le gouvernement tibétain de prononcer l'expulsion de tous les résidents chinois, dont les Ambans, au cours de l'été 1912. Le dernier contingent chinois quitta la capitale tibétaine le 6 janvier 1913. Le 13 février, le dalaï-lama, revenu à Lhassa, déclara officiellement le Tibet pays indépendant et demanda que cette proclamation fût portée à la connaissance de la population à travers l'ensemble du territoire : « Nous sommes une petite nation, religieuse et indépendante. Pour nous adapter au reste du monde, nous devons défendre notre pays. Au regard des dernières invasions étrangères, il se peut que notre peuple soit confronté à certaines difficultés qu'il ne doit pas craindre. Pour sauvegarder et maintenir l'indépendance de notre pays, chacun d'entre nous doit travailler dur, avec ténacité [19]. »

Des lettres furent alors envoyées en Inde, en Grande-Bretagne et en Russie, appelant au soutien de l'étranger. Le 11 janvier 1913, le Tibet signa d'autre part un « traité d'amitié et d'alliance » avec la Mongolie qui venait elle-même de proclamer son indépendance en décembre 1911. Le dalaï-lama ordonna en outre l'introduction d'une monnaie et de timbres-poste propres au Tibet qui demeurèrent en usage jusqu'en 1959. Le Tibet avait aussi son drapeau.

A partir de 1911, le pays se mit à frapper une monnaie qui ne faisait plus aucune mention de la Chine mais portait la marque du « gouvernement du Tibet », en langue tibétaine exclusivement. Les premiers billets de banque tibétains étaient imprimés peu après, dans un premier temps numérotés à la main. Si le Tibet imprimait ses propres timbres-poste à partir de 1912, il ne faisait cependant pas partie de l'organisation postale internationale, ses timbres n'étant valables que sur son territoire. Une lettre envoyée à l'étranger devait ainsi être affranchie de timbres indiens à la frontière indienne.

Le Tibet allait obtenir un nouveau gage de son indépendance à partir du 13 octobre 1913 grâce à des négociations tripartites, à Simla, au nord de l'Inde, avec la Chine et la Grande-Bretagne, destinées à mettre fin aux hostilités le long de la frontière sino-tibétaine. Les trois délégations étaient dirigées par des représentants plénipotentiaires de leur gouvernement respectif. Le plénipotentiaire britannique, Sir Henry McMahon, proposa une médiation qui permettrait aux deux belligérants de ne pas perdre la face : la Chine s'engagerait à respecter l'entière « autonomie » du Tibet sur lequel elle conserverait une « suzeraineté ». Mais il n'était plus question de souveraineté. Le 27 avril 1914, un texte fut finalement paraphé.

La conférence de Simla divisait le Tibet en deux zones : le Tibet « intérieur », au nord, et « extérieur », au centre et au sud du plateau himalayen. La Chine pouvait continuer à exercer une certaine influence dans le Tibet intérieur mais devait s'abstenir de toute ingérence dans l'administration du Tibet extérieur. Un seul représentant chinois était autorisé à résider à Lhassa avec une escorte de trois cents hommes au maximum. La Grande-Bretagne, de son côté, était habilitée à traiter directement avec les autorités tibétaines de questions telles que celles des frontières et du commerce. L'envoyé de Pékin signa le document mais son gouvernement rejeta le traité dès le lendemain. Il continue aujourd'hui de le déclarer nul et non avenu.

Voici quelques lignes de l'histoire officielle chinoise consacrées à cet épisode : « En 1911, la révolution démocratique bourgeoise renversa la dynastie féodale décadente des Qing. Profitant de cette occasion où le gouvernement central de la Chine n'avait pas encore suffisamment de force pour administrer les régions éloignées, ces laquais (tibétains) des impérialistes britanniques commirent des actes de trahison envers le gouvernement central et de sabotage envers l'unité du pays. Ils expulsèrent les représentants du gouvernement central du Tibet, assassinèrent froidement un grand nombre de personnalités tibétaines connues pour leurs activités de sauvegarde de l'union de la patrie. »

Le dalaï-lama m'a présenté un élément supplémentaire qui, selon lui, donne une preuve irréfutable du statut de nation indépendante du Tibet avant 1950 : jamais dans son histoire le U-Tsang n'a versé un centime au gouvernement de Pékin au titre d'un quelconque impôt comme devaient obligatoirement le faire les provinces chinoises, ainsi que les zones assujetties à sa suzeraineté. « Quelques parties du Tibet qui étaient sous le contrôle administratif de la Chine ont payé un impôt. Mais le Tibet central, qui représente géographiquement la plus grande partie du Tibet, n'en a jamais payé. Pendant presque deux mille ans, il n'a jamais payé d'impôt. Je pense qu'il s'agit d'un signe clair », résume-t-il.

Dans son histoire, ajoute le dalaï-lama, le vaste Tibet a souffert de nombreuses querelles intestines qui ont été tout bénéfice pour la Chine. « Parfois, il existait de nombreux chefs tibétains, puisqu'il arrivait qu'il n'y ait pas d'autorité centrale. De ce fait, les lamas de telle ou telle région se précipitaient dans les bras de l'empereur chinois afin d'en obtenir une promotion, avec peut-être aussi à la clé quelques cadeaux ainsi que son soutien ! » Le dalaï-lama poursuit : « Mais au niveau du peuple tibétain, la totalité de la population se considérait comme une entité tibétaine et non chinoise. Une nation séparée. »

La Chine populaire peut aujourd'hui affirmer avec quelque justesse que le gouvernement du Kuomintang n'a jamais renoncé au principe de la souveraineté de la

Chine sur le Tibet, et ceci bien qu'il fût considérablement affaibli par des années de guerre avec le Japon puis par les combats contre les communistes. Mais le XIIIe dalaï-lama, avec tout autant de constance, puis, après sa mort en 1933, le régent et le gouvernement de Lhassa, ne cessèrent de déclarer le Tibet indépendant.

Le gouvernement tibétain annonça la création d'un ministère des Affaires étrangères en 1942. Pourquoi si tard? Cette lenteur du gouvernement tibétain à mettre sur pied une diplomatie active est une démonstration du manque d'expérience des administrateurs du Tibet dans les années où s'offrait à lui la meilleure chance, mais aussi la dernière avant l'arrivée de l'armée chinoise, de faire accepter son statut indépendant à l'étranger. Une mission commerciale du Tibet, dont les participants étaient porteurs de passeports tibétains, partit en 1947 en Inde puis aux État-Unis. Washington fit toutefois savoir qu'en accueillant la délégation, le gouvernement américain ne désirait pas remettre en cause la souveraineté de la Chine sur le Tibet. La mission se rendit l'année suivante en Grande-Bretagne où le gouvernement britannique lui réserva un accueil chaleureux.

Ce fut la dernière tentative majeure du gouvernement tibétain pour mettre sur pied une diplomatie active. L'Occident restait majoritairement hésitant devant une administration tibétaine inexpérimentée et déconcertante par son manque de sens politique. Déjà, il n'était plus temps pour le Tibet de sortir de son isolement. Car un ennemi formidable était massé à ses portes. Moins d'un an plus tard, Mao Tsé-Toung conduisait ses puissantes armées de combattants du communisme à la victoire sur l'Avenue de la Paix Éternelle (Chang An) au cœur de Pékin. Presque immédiatement, Radio Pékin annonçait : « Le Tibet fait partie du territoire chinois et aucune agression étrangère ne sera tolérée; le peuple tibétain est une partie indivisible du peuple chinois. Tout agresseur qui ne reconnaît pas ce point se brisera le crâne contre le poing de l'Armée populaire de libération. »

Quant à nous, nous ne prendrons pas parti dans la controverse sur la volonté d'indépendance de nombreux Tibétains. Nous laissons le lecteur seul juge au vu des faits historiques qui viennent d'être exposés. Nous ajouterons cependant que bien qu'aucun pays n'ait jamais reconnu officiellement de Tibet indépendant, il est clair qu'en 1911, il en avait virtuellement les principaux attributs. A tel point d'ailleurs qu'en dépit de la position officielle du gouvernement américain, un rapport secret de la CIA déclassifié au début de l'année 1992 admet le caractère indépendant du Tibet dans l'histoire : « Historiquement, le Tibet a été indépendant, un fait reconnu par les investigations menées en 1959 sur le statut légal du Tibet par la Commission Internationale des Juristes. Cet héritage d'indépendance ainsi que les sentiments puissants d'une identité nationale tibétaine ont contribué au potentiel de résistance des Tibétains. » Quant à Fosco Maraini, il relève que les deux peuples chinois et tibétain « partagent indubitablement de lointaines racines préhistoriques » mais que « pendant les quinze siècles environ d'histoire tibétaine que nous connaissons, à l'exception de certains moments particuliers, la distance (entre ces peuples) ne fera que s'accroître, sur le plan culturel et religieux bien plus encore que sur le plan politique ». Pour le célèbre expert italien du Tibet, « on arrivera ainsi à la situation actuelle où deux peuples d'aspect et de langue pourtant assez semblables ne se ressemblent en rien dans leur façon de penser, de concevoir la vie et le monde, bref, dans tout ce qui constitue le patrimoine spirituel le plus précieux d'un groupe humain, d'une ethnie, d'une nation [20] ».

3

La furie maoïste

La répression du soulèvement de 1959 avait produit des effets dévastateurs. Mais le pire était encore à venir. Le Tibet devait connaître les heures les plus sombres de son histoire pendant la « Grande révolution culturelle prolétarienne ». Elle a été déclenchée en 1966 par Mao Tsé-Toung qui, contesté et menacé d'être mis en minorité au sein du comité central du Parti communiste, se servit de la jeunesse chinoise pour reconquérir un pouvoir qui lui échappait. L'histoire des dix années de troubles qui ont suivi est celle de l'apogée d'une furie destructrice dont le Tibet a atrocement souffert, plus que toute partie de la Chine, et ceci jusqu'à bien après la mort, en septembre 1976, du « Grand Timonier ». Car si la Révolution culturelle fut un ouragan destructeur pour la Chine, pour le Tibet, elle a pris la forme d'une guerre totale menée contre un peuple et une civilisation. Le choc a été si violent que le Tibet et son peuple ne se remettront peut-être jamais des horreurs subies. Les effets de la terreur maoïste sont encore nettement perceptibles plus de quinze ans après la disparition de Mao Tsé-Toung. Les gardes rouges, parfois des gamins d'une quinzaine d'années, qui se sont lancés par milliers à l'assaut de la religion et des traditions tibétaines ont bien failli immoler à jamais le Tibet, victime d'une idéologie de folie meurtrière.

Interrogez vos amis et connaissances, qu'ils soient chinois ou tibétains, sur la révolution culturelle : vous constaterez immanquablement des réactions de profond dégoût chez votre interlocuteur. La plupart du temps, il aura vécu ou vu quelque histoire particulièrement horrible qu'il se fera un devoir ou un plaisir de vous narrer jusqu'au moindre détail, pour peu qu'il n'y ait pas de témoin gênant. Il n'est probablement pas un seul citadin chinois de plus de quarante ans qui n'ait pas souffert à un titre ou un autre de la révolution culturelle. Combien de fois n'ai-je pas été, volontairement ou non, pris à témoin par un Chinois désirant raconter par le menu des atrocités vécues par sa famille pendant cette période. Souvent dans ce cas, quand il s'agit d'un Chinois, l'exposé des souvenirs les plus douloureux est entrecoupé de grands rires sonores, expression d'une gêne ou de l'embarras chez les Chinois...

Il n'y a pas tant de franchise dans les déclarations des dirigeants du Parti communiste ou du gouvernement chinois non plus que dans les pages de leurs organes de presse officiels. Le comité central du parti et à sa tête le bureau politique, seuls autorisés à définir les orientations politiques de la Chine, se sont certes livrés depuis 1978 à une réévaluation prudente de l'œuvre de Mao Tsé-Toung. Il est aujourd'hui partiellement critiqué pour avoir commis des « erreurs graves » au soir de sa vie. Le gouvernement de Pékin admet que la révolution culturelle a été pour la Chine une « grande catastrophe nationale » qui a plongé tout le pays dans le chaos et lui a fait perdre un temps précieux sur la route déjà si tortueuse et difficile de son développement économique. Le Parti fait cependant preuve d'une pudeur extraordinaire quand il s'agit de reconnaître explicitement l'étendue du désastre. Ceci est tout particulièrement notable pour ce qui concerne le Tibet et les autres zones peuplées de « minorités ethniques » non chinoises. Les médias officiels chinois n'ont jamais publié que des rapports très fragmentaires sur les exactions commises pendant la Révolution culturelle. En dehors de quelques discours usant d'une langue de bois affligeante, très peu de commentaires précis ont été faits sur les persécutions et les destructions en Chine et au Tibet. Le procès public de Mao et de la Révolution culturelle reste à faire en Chine. Il permettrait d'exorciser une fois pour toutes les démons qui hantent encore les allées du pouvoir à Pékin et dans les provinces, sans parler du Tibet.

Le régime de Deng Xiaoping a condamné à mort Jiang Qing, la veuve de Mao, une peine d'ailleurs précipitamment commuée en réclusion à perpétuité. Car en Chine, à de très rares exceptions près, les dirigeants disgraciés, même pour les pires erreurs, ne connaissent jamais le sort du petit peuple. Le régime, dans sa mansuétude infinie, leur réserve des prisons dorées. Bien qu'ils en aient été les victimes, Deng Xiaoping et ses alliés n'ont ainsi jamais voulu éliminer le maoïsme. Ils savaient trop bien qu'une telle entreprise avait toutes les chances de démolir à jamais ce qui reste d'influence et d'autorité du Parti communiste dans le pays et de scier à la base leur propre pouvoir. Leur volonté de maintenir secrètes les pages les plus sombres de la révolution culturelle les poussa à museler ceux qui, nombreux en Chine, intellectuels et historiens, ont voulu établir la vérité. Ces derniers se sont tous cassé les dents sur la censure. Ainsi en 1987, le célèbre théoricien Yan Jiaqi – malgré le soutien alors du secrétaire général du parti Zhao Ziyang – a-t-il été contraint de limiter aux seuls cadres supérieurs du parti la diffusion de son livre qui retrace avec minutie les événements survenus entre 1966 et 1976. Yan Jiaqi s'est réfugié en France après le massacre du 4 juin 1989.

Tandis que tout un peuple demandait au lendemain de la révolution culturelle que l'honneur de son pays soit enfin lavé de l'ignominie, le gouvernement chinois adopte une approche faussement pudique. Les dirigeants chinois n'ont jamais renié totalement ni Mao Tsé-Toung, ni son idéologie, ni même son œuvre. « Nous ne ferons jamais à Mao Tsé-Toung ce qu'a fait

Khrouchtchev à Staline », a déclaré Deng Xiaoping en 1980 à la journaliste italienne Oriana Fallaci. Le portrait du président Mao, avait-il ajouté, ornera à tout jamais le fronton de la porte de la Cité interdite qui domine la place Tian Anmen, le cœur politique de la Chine populaire au centre de Pékin. Sa pensée, avait encore souligné le vieux dictateur, restera l'un des quatre piliers de l'idéologie officielle de la Chine avec le marxisme-léninisme aux côtés de la « dictature démocratique du peuple », de la prééminence du Parti communiste et de la voie socialiste. Après le 4 juin 1989, des pans entiers de la pensée Mao Tsé-Toung ont été remis à l'honneur dans les domaines économique, social, politique, artistique et littéraire. D'autre part, depuis plus de dix ans le Parti communiste chinois soutient, contre vents et marées, que toutes les provinces et régions de Chine ont été logées à la même enseigne pendant la Révolution culturelle, y compris le Tibet. Cette thèse est contredite par tous les témoignages sérieux.

Avant 1966, l'intégration à marche forcée

Les violences et les destructions maoïstes n'ont certes pas attendu la Révolution culturelle pour s'abattre sur le Tibet. Tandis que la Chine vivait ses dernières années d'euphorie dix ans après l'accession à son indépendance et avant de connaître les famines issues de la catastrophe du « Grand bond en avant », tandis que des centaines de millions de Chinois avaient retrouvé leur dignité et étaient encore, pour une bonne part, portés par un authentique idéal égalitaire qu'avait su leur insuffler Mao Tsé-Toung, les violences systématiques et à grande échelle ont commencé dès 1959 au Tibet, immédiatement après l'écrasement du soulèvement tibétain dans les rues de Lhassa. Le dalaï-lama étant désormais réfugié en exil en Inde et la politique de coexistence pacifique mise en pièces, toute idée de séduction du peuple tibétain devenait caduque. Pour Mao Tsé-Toung, le moment était venu de faire usage de la force brutale afin d'imposer une intégration totale et rapide du Tibet dans le giron chinois. C'est ainsi que, dès 1959, les autorités chinoises se livrèrent à des purges énergiques et massives pour décapiter la hiérarchie religieuse et l'aristocratie tibétaines, pour anéantir toute velléité de contestation et isoler les « masses » tibétaines afin de mieux les contrôler. Il s'agissait de détruire une « ancienne société » pour laisser la place à la « nouvelle société ». Les sinistres « thamzing » se multiplièrent à travers le Tibet central, l'Amdo et le Kham.

Ces deux dernières provinces tibétaines furent, quant à elles, purement et simplement coupées de l'administration du Tibet et rattachées à « l'intérieur de la Chine ». La moitié environ de la superficie du Tibet était intégrée dans les provinces chinoises du Yunnan, du Sichuan, du Gansu et du Qinghai. S'agissant de l'Amdo tibétain, son intégration à la Chine avait certes partiellement été entamée en 1928 par les autorités nationalistes de la République de Chine lors de la création de la nouvelle province du Qinghai. Mais désormais, d'un coup de crayon sur la carte de Chine, le poids démographique, économique et politique du Tibet était brusquement réduit de plus de moitié. Le Tibet ne comptait plus que deux millions d'habitants. Les trois à quatre autres millions disparaissaient, noyés dans les populations chinoises des provinces limitrophes. Aujourd'hui, vous pouvez consulter toutes les cartes officielles de la République populaire de Chine, vous n'y trouverez jamais plus les noms du Kham et de l'Amdo.

Tous ceux qui détenaient une quelconque autorité dans les villes et les villages de l'Amdo et du Kham furent les cibles des arrivants communistes chinois. L'Armée populaire de libération se livra à des rafles gigantesques dans les monastères et à d'innombrables « visites » dans les maisons des Tibétains figurant sur leurs listes noires. Au fur et à mesure des purges politiques, les camps de « réforme par le travail » des confins chinois se remplirent avec les arrivages ininterrompus de « contre-révolutionnaires », « réactionnaires », « espions », « ennemis de classe » et « mauvais éléments », parmi lesquels les Tibétains trouvèrent une place de choix.

Les plus durs des camps chinois ont été installés dans le Qinghai et le Gansu dont les étendues arides et désolées étaient transformées en un gigantesque goulag. Cet univers concentrationnaire chinois demeure aujourd'hui encore une énigme. Aucun journaliste occidental n'a jamais pu visiter ces camps où ont vécu, et souvent moururent, des millions de forçats devenus une main-d'œuvre gratuite et utilisable à volonté par le gouvernement. Selon le témoignage d'un survivant tibétain, quelque 70 000 Tibétains ont été incarcérés dans les camps installés au nord de Lanzhou, la capitale du Gansu, pendant les seules années de 1959 à 1961. Trente-cinq mille d'entre eux seraient morts de faim. Dans ces camps de la mort, les Tibétains, pourtant des forces de la nature, ont été rapidement réduits à l'état de squelettes. Ils en venaient à manger leurs vêtements et les objets de cuir, bribe après bribe, pour les faire durer le plus longtemps possible. Les plus heureux trouvaient des vers, des insectes et des feuilles d'arbres [1].

En même temps, les premiers monastères étaient fermés. D'autres étaient détruits. Les autorités chinoises reconnaissent aujourd'hui que ces destructions ont commencé bien avant la révolution culturelle, contrairement à ce qu'elles ont longtemps affirmé, puisque M. Buchung Tsering, vice-président de la « Région autonome du Tibet », a expliqué lors d'une conférence de presse le 17 juillet 1987 qu'à la veille de la révolution culturelle en 1966, il n'y avait plus que 550 monastères encore en activité dans la « Région autonome », contre 2 700 en 1959. M. Buchung a révélé qu'en 1959, 114 000 moines habitaient les monastères de la « Région autonome », mais qu'il n'y en avait plus que 6 900 en 1966 [2]. Ces destructions n'ont pas épargné les autres zones d'influence tibétaines dans le Kham et l'Amdo. Dans cette dernière région, le monastère Labrang, traditionnellement l'un des six monastères les plus sacrés de la secte des Bonnets Jaunes, fondé en 1709 dans l'Amdo. Situé à plus de 1 000 kilomètres de Lhassa, le Labrang abritait plus de 3 000 moines avant les années cinquante. Il contrôlait une cinquantaine de monastères plus petits dans une vaste zone géographique qui s'étendait jusqu'à Pékin. Il a été fermé dès 1956 sur ordre du gouvernement chinois. Tous ses moines étaient arrêtés ou renvoyés dans leurs villages d'origine. En novembre 1960, la réforme agraire était déclarée achevée au Tibet. Les terres prises aux « seigneurs », « agents des seigneurs » et aux « paysans et nomades riches » avaient été redistribuées aux paysans pauvres et aux mendiants. Deux cent mille titres de propriété ornés d'un portrait de Mao Tsé-Toung et de drapeaux rouges étaient remis aux nouveaux propriétaires socialistes.

Tout ceci fit dire au panchen-lama en décembre 1960, dans son rapport devant l'Assemblée nationale populaire à Pékin, que le Tibet marchait désormais avec courage et ardeur sur la route radieuse et grandiose tracée par Mao Tsé-Toung. « En bref, une situation merveilleuse règne actuellement au Tibet. Des scènes de prospérité, de travail et de production s'offrent au regard partout dans tous les coins des campagnes et des villes. Voici la tendance principale de notre travail au Tibet », crut-il pouvoir s'aventurer à dire [3]. En vérité, une immense famine faisait mourir des millions de Chinois entre 1959 et 1961. Ces « trois années noires », résultat de l'échec retentissant du « Grand bond en avant », s'étaient soldées au Tibet aussi par la mort de dizaines de milliers de victimes. Mais, considérant la pénurie catastrophique en Chine, le Pays des Neiges était soudain devenu un grenier à blé inespéré, bien que loin d'être inépuisable, pour les populations chinoises de « l'intérieur ». Les témoignages les plus effroyables abondent dans la communauté tibétaine en exil sur cette disette qui, au Tibet, dura jusqu'en 1963. Si des mères en étaient réduites à mélanger leur sang à l'eau pour nourrir leurs enfants, on peut s'imaginer le sort qui était réservé aux prisonniers tibétains dans les camps de travail. Jean Pasqualini, l'un des survivants du goulag chinois, a fourni l'un des premiers témoignages sur les camps de travail de Chine. Il raconte, dans son livre *Prisonnier de Mao*, comment, cent fois, il avait failli mourir de faim et comment, un jour de décembre 1960, puisqu'il n'y avait plus assez de nourriture pour suffire aux besoins de tout le monde en Chine, les prisonniers s'étaient vu remettre leur nouvel « aliment de remplacement » : de la pâte à papier[4] !

Ironie de l'histoire : au moment même où le panchen-lama prononçait son discours optimiste sur le Tibet, l'armée chinoise prenait d'assaut son monastère, le Tashilunpo, à Shigatsé. Le Tashilunpo avait été l'un des rares à avoir encore échappé à la poigne de fer des « réformes démocratiques ». Les dirigeants chinois avaient jusque-là réalisé quelques efforts pour ménager le panchen-lama. A la différence du dalaï-lama, n'avait-il pas fait acte de soumission au pouvoir communiste dans les termes les plus clairs? Ne représentait-il pas un allié précieux pour le succès de la politique d'assimilation conduite au Tibet? La trêve était brisée le jour où l'Armée populaire de libération investissait le Tashilunpo et arrêtait ses 4 000 moines. Ils furent accusés de complot contre l'État chinois. Quelques-uns furent exécutés, d'autres déportés dans les camps de travail où ils rejoignirent tant d'autres lamas tibétains. Quant au Tashilunpo, l'armée y entamait de graves destructions.

Ce sont probablement ces raisons qui ont poussé le panchen-lama à renier la politique de collaboration qu'il avait adoptée. Il commit un premier « crime » à la fin de 1961 : celui de critiquer, dans des termes extrêmement voilés pourtant, la politique de Mao Tsé-Toung. Épouvanté par les scènes de famine et les destructions massives dans les temples et monastères au Tibet, il avait pris sa plus belle plume pour rédiger une lettre de 70 000 caractères qu'il adressa au « Grand Timonier » en personne. Naïvement, il lui demandait de corriger les excès perpétrés dans les villes et les campagnes tibétaines. Il implorait aussi le dictateur chinois de mettre en œuvre, enfin, les conditions de l'autonomie que Pékin avait promise au Tibet. Mao n'apprécia pas du tout. Le panchen-lama a révélé, lors d'une conférence de presse, en 1988 à Pékin, que sa lettre avait marqué le début de sa disgrâce. En 1964, il se hasardait pourtant à une autre « erreur », infiniment plus grave celle-là : la dénonciation publique de son alliance avec la direction chinoise. Il avait parlé devant une foule de 10 000 Tibétains réunis devant le Jokhang, à l'occasion du Monlam Chenmo, le Festival de la Grande Prière. Le Monlam Chenmo, la plus grande fête religieuse tibétaine, avait lieu une fois par an et durait deux semaines environ. Les Chinois lui avaient instamment demandé de dénoncer le dalaï-lama. Mais au lieu de cela, le panchen-lama s'était mis à crier d'une voix forte et résolue son soutien au dieu-roi tibétain et à l'indépendance du Tibet.

« Aujourd'hui, alors que nous sommes réunis ici, il me faut exprimer ma conviction que le Tibet regagnera bientôt son indépendance et que Sa Sainteté retournera sur le Trône d'Or. Vive le dalaï-lama [5] ! » Immédiatement, le gouvernement chinois le plaçait en résidence surveillée. Son procès, en août 1964, dura près de trois semaines, en présence d'une assemblée de cadres communistes haineux. Il fut physiquement brutalisé et insulté, accusé d'avoir fomenté une révolte armée. Puis, il disparut totalement, de même que sa famille et son proche entourage. A partir de décembre, il était classé dans la catégorie des « réactionnaires » par le gouvernement de Pékin. Chou En-Lai lui-même s'était mis à lui coller la même étiquette. Le panchen-lama ne devait plus reparaître en public jusqu'à la fin de la Révolution culturelle. Il passa quinze ans en prison ou en résidence surveillée à Pékin.

La dernière étape de l'intégration administrative du Tibet à la Chine a été, le 9 septembre 1965, la création officielle de la « Région autonome du Tibet ». Son président n'était autre que Ngapo Ngawang Jigme. Il était désormais le dernier collaborateur pro-chinois important de l'ancienne direction tibétaine. La Commission de travail du Parti communiste chinois du Tibet était rebaptisée Comité régional du Parti communiste chinois de la Région autonome du Tibet. Le général Zhang Guohua était nommé Premier secrétaire de cet organisme composé exclusivement d'une direction chinoise et seul organe de pouvoir réel au Tibet. Dans un discours inaugural de la Région autonome du Tibet, le général Zhang Guohua prononça ces mots : « Ceci représente une grande victoire pour la politique d'autonomie régionale du Parti. L'autonomie régionale fait partie de la dictature démocratique du peuple. En ce qui concerne le Tibet, ceci veut dire que la classe laborieuse, les paysans et les nomades ainsi que les autres travailleurs, les éléments patriotes et tous ceux qui soutiennent le socialisme, se sont tous ralliés sous la direction du Parti, pour établir une autonomie régionale démocratique et populaire. Elle impose la dictature sur la classe des possédants, les possédants réactionnaires et leurs agents, les contre-révolutionnaires qui s'opposent à la révolution socialiste et sabotent la construction du socialisme, aux éléments qui ont pris part à la rébellion et aux autres mauvais éléments. La création formelle de la Région Autonome du Tibet signifie la poursuite de la consolidation du pouvoir populaire [6]. »

Le tocsin de la Révolution culturelle

Le « tocsin de la Grande révolution culturelle prolétarienne » se mit à sonner à travers la Chine à partir du

8 mai 1966, date à laquelle le *Quotidien de l'Armée* lança un appel à faire « Feu sur la ligne noire antiparti et antisocialiste ». Pour les nouveaux idéologues radicaux proches de Mao Tsé-Toung qui avaient pris les rênes des destinées de la Chine rouge, il s'agissait de raser totalement la pensée, la culture, les coutumes et traditions anciennes pour laisser la place à une immense lame de fond révolutionnaire. Le 1er juin 1966, le *Quotidien du Peuple* donne le ton : « En quelques mois, des millions et des millions d'ouvriers, de paysans et de soldats ainsi que la grande masse des cadres et des intellectuels révolutionnaires, répondant à l'appel au combat, lancé par le Comité central du Parti et le Président Mao Tsé-Toung, et armés de la pensée de celui-ci, ont balayé un grand nombre de génies malfaisants qui s'étaient implantés dans les positions idéologiques et culturelles. Avec la rapidité et la puissance de l'ouragan et de la tempête, ils ont brisé les fers imposés pendant tant d'années par les classes exploitantes et ont complètement mis en déroute et rabattu l'arrogance des " spécialistes ", " savants ", " autorités " et " maîtres à penser " bourgeois [7]. »

Le signal de départ de la révolution culturelle était donné par la onzième session du VIIIe comité central du Parti. Réuni du 1er au 12 août, il lançait un appel à combattre les « éléments engagés sur la voie capitaliste », dont certains s'étaient infiltrés dans le parti à tous les échelons de sa direction. Il fallait les écraser sans répit. Il était en même temps indispensable de combattre les coutumes héritées de l'ancienne société. Pour le Parti, il convenait également de renforcer la « gauche » et d'isoler la « droite » dans le but d'unir 95 % des cadres et activistes « bons » ou prêts à corriger leurs erreurs. Le 18 août, un million de gardes rouges, le *Petit livre rouge* à la main, défilèrent dans un ordre impeccable devant leur idole Mao Tsé-Toung sur la place Tian Anmen. Ce fut un spectacle d'exaltation et de frénésie quasi religieux. Un million de Chinois fanatisés hurlaient de joie, versaient des larmes de bonheur et entonnaient l'hymne à leur dieu.

« *L'Orient est rouge*
« *Le soleil se lève*
« *En Chine Mao Tsé-Toung est apparu.*
« *Le président Mao*
« *Aime le peuple*
« *Il est notre guide.* »

A Pékin, les violences commencèrent dès le 20 août. Les gardes rouges, chauffés à blanc par l'atmosphère d'hystérie qui s'était installée dans la capitale, s'attaquèrent à tous ceux qui étaient soupçonnés de s'opposer au parti ou qui, à leurs yeux, étaient les survivants de la classe des bourgeois. Portant fièrement le portrait de Mao, des équipes de gardes rouges qui s'étaient formées spontanément sillonnèrent les rues de la capitale chinoise pour traquer chez elles leurs victimes. Des meurtres abominables ont été commis. Des vieillards étaient traînés hors de chez eux pour être « jugés » par des tribunaux « populaires » en public dans la rue. Frappés pendant des heures par ces adolescents devenus fous, beaucoup de ces personnes âgées succombèrent. D'autres se suicidèrent. Des gardes rouges, le torse bombé de fierté, se promenaient à travers Pékin, montrant fièrement la main encore rouge du sang de leur victime et proclamant : « Je viens d'éduquer un opposant à la révolution culturelle! »

Les enfants étaient entraînés par leurs camarades plus âgés sur les lieux de ces brutalités. Au nom de la campagne contre les « quatre vieilleries » (idéologie, culture, habitudes et coutumes du passé) et pour débarrasser la Chine de cinq mille ans de féodalité, des milliers de maisons étaient mises à sac. Les gardes rouges détruisirent avec rage et frénésie tout ce qui pouvait évoquer un passé banni. Les photographies, livres et objets personnels étaient confisqués. Les œuvres d'art saccagées. Les animaux domestiques sauvagement tués devant les regards épouvantés d'enfants éperdus d'incompréhension.

On brisa des pianos, des mobiliers anciens, des reliques culturelles sans prix. Les églises de Pékin encore ouvertes étaient fermées, tout comme les temples bouddhistes et les lieux de culte taoïste. Ces édifices bientôt devaient être presque tous dévastés de fond en comble. Les traditions chinoises étaient purement et simplement déclarées abolies. En particulier les fêtes du mariage, les échanges de vœux pour le Nouvel An et les cérémonies funéraires. Les étudiants aux cheveux trop longs étaient rasés d'autorité. Les cimetières où reposaient les restes d'étrangers étaient profanés. Les meurtres et les persécutions durèrent plus d'une semaine dans la capitale chinoise.

Mais tandis que Mao s'entourait progressivement d'un culte de la personnalité effréné, ces scènes d'apocalypse se répétèrent dans un crescendo d'abomination à travers la Chine pendant des mois. A Shanghai, bastion des dirigeants les plus radicaux des factions maoïstes, la terreur rouge des nouveaux soldats de Mao dépassa de loin dans l'horreur ce que Pékin avait connu. En 1967, des affrontements extrêmement violents ont eu lieu un peu partout en Chine entre les « Comités révolutionnaires » d'une part et l'armée ou les ouvriers. Dans certains cas, des incidents firent plus de mille morts et blessés dans une seule usine. Les factions rivales se qualifiaient mutuellement de « réactionnaires », s'arrogaient le titre de « révolutionnaires » avant de s'entre-tuer avec conviction. Partout, aux quatre coins de la Chine, les jeunes gardes rouges venaient s'en prendre au pouvoir local afin de pourfendre ceux qui, pour un oui ou pour un non, étaient jugés infidèles au président Mao et qui entravaient la révolution.

Avec les mois qui passaient, la Chine tombait peu à peu dans l'anarchie. En 1968, les « Comités révolutionnaires » menaçaient à ce point le Parti communiste de désintégration complète que Mao Tsé-Toung envoya l'armée mater dans le sang les ardeurs des gardes rouges que Pékin jugeait désormais inutiles et dangereux. Mao n'avait plus besoin de ces jeunes naïfs. Ceux qui avaient permis à Mao de reprendre le pouvoir étaient brusquement trahis par leur maître. L'armée se livrait à un nettoyage en règle dans des dizaines de villes de Chine. Il y eu des milliers de morts. La Rivière des Perles, dans la province méridionale du Guangdong, charria pendant des semaines des monceaux de cadavres jusqu'aux plages de Hong Kong. La Chine maoïste livrait chaque jour un témoignage concret de la boucherie de l'autre côté du rideau de bambou.

Le bilan en vies humaines de la Révolution culturelle, cette gigantesque mystification qui fit tant d'adeptes en Occident, dépasse selon les estimations les plus prudentes 500 000 personnes. Victimes mortes sous la torture physique et morale, sommairement exécutées, ou qui ont préféré se suicider. Il faut y ajouter ces centaines de milliers d'intellectuels, de peintres, de poètes, de musiciens et de jeunes pour qui la vie n'allait plus jamais être la même. Un héritage culturel de cinq mille ans avait été broyé, souillé, détruit, perdu. A la mort de Mao Tsé-Toung, la Chine était un immense pays sinistré qui venait de connaître une guerre civile atroce, un peuple hagard qui ne pensait qu'à chasser de sa mémoire des scènes abominables.

Comparé à l'empereur Qin Shihuang qui, au IIe siècle avant J.-C., a été le premier unificateur de l'empire chinois mais qui ordonna aussi que fussent mis à mort bon nombre d'intellectuels et que fussent brûlés tous les livres classiques, Mao Tsé-Toung dit un jour : « Eh bien, qu'est-ce qu'il avait de si remarquable, Qin Shihuang? Il n'a exécuté que 460 lettrés. Nous, nous en avons exécuté 46 000! C'est ce que j'ai répondu à certains démocrates : vous croyez nous injurier en nous traitant de Qin Shihuang, mais vous faites erreur, nous avons cent fois dépassé Qin Shihuang! Vous nous traitez de Qin Shihuang, vous nous traitez de despotes. Nous nous reconnaissons bien volontiers ces qualités, nous déplorons seulement que vous restiez tellement en deçà de la vérité qu'il faille que nous venions nous-mêmes compléter votre propos [8] ! » Certains experts qui ont étudié l'histoire de la Chine entre 1949 et 1976 estiment à plus de vingt millions le nombre des Chinois morts du maoïsme, exécutés dans les camps de travail, les prisons ou les « tribunaux populaires », morts de faim lors des diverses vagues de famine ou qui ont préféré mettre eux-mêmes fin à leurs jours.

Harry Wu Hongda, détenu pendant dix-neuf ans dans le goulag chinois, a estimé à « un minimum de 50 millions » le nombre des personnes emprisonnées dans les camps de réforme par le travail chinois au cours des quarante dernières années et à entre 12 et 16 millions le nombre des détenus qui y séjourneraient à l'heure actuelle [9]. Dans son ouvrage de référence consacré à l'univers carcéral chinois, *Chine, l'archipel oublié,* le sinologue Jean-Luc Domenach souligne que « des dizaines de millions de Chinois ont été enfermés dans l'archipel, dans des conditions souvent terribles, depuis 1949, et des millions s'y trouvent encore ». Il propose une fourchette de 4 à 5,7 millions de détenus dans les années 1985 à 1988, contre 9,6 millions vers 1955. S'agissant du « Pays des Neiges », l'expert français ajoute : « On peut penser que les détenus étaient encore plusieurs dizaines de milliers au Tibet à la fin des années quatre-vingt. Au total, il est très probable que le nombre des incarcérations effectuées au Tibet depuis la fin des années cinquante a dépassé le chiffre de 300 000 [10]. » Jean-Luc Domenach ajoute : « les témoignages ne laissent aucun doute. L'un d'eux estime que, de 1956 à 1959, 65 000 Tibétains ont été tués et 200 000 internés ».

La version de Pékin

La révolution culturelle a constitué « la plus monstrueuse entreprise d'obscurantisme jamais menée à bien par quelque tyran que ce soit », soulignait Etiemble [11]. Comment cette déferlante d'une idéologie assassine a-t-elle touché le Tibet et comment le Pays des Neiges a-t-il failli disparaître dans la tourmente ? Pour le plus fidèle allié tibétain du gouvernement chinois, Ngapo Ngawang Jigme, « la “ Révolution culturelle ” entraîna toute la Chine dans un abîme de souffrances. Le Tibet a été pris dans un mouvement qui compromit brutalement les résultats prometteurs acquis. Le principe (prôné par les modérés chinois) “ Tenir compte des conditions concrètes du Tibet ” a été condamné comme traduisant une attitude de renoncement, tandis que celui du “ Développement graduel du Tibet ” était accusé de préparer la restauration du capitalisme. Le respect de l'identité nationale et de la religion tibétaines, la pratique du front uni pour rallier la population au socialisme ont été stupidement abandonnés. Les personnalités religieuses et les patriotes issus des classes aisées de l'ancienne société tibétaine étaient transformés en monstres et en démons. Les monastères considérés comme des vestiges de superstitions périmées, ont souvent été détruits. Après 1969 surtout, on imposa la commune populaire au Tibet sans considération de productivité. Ces décisions ont gravement compromis l'enthousiasme des paysans et des pasteurs tibétains, et se sont traduits par une régression de la production, source d'une dégradation du niveau de vie de la population » [12].

Ngapo n'est jamais allé plus loin dans la dénonciation de ces années de cauchemar. Il a concédé toutefois que le peuple tibétain murmurait souvent : « Nous détestons les deux bouts », cette expression signifiant les deux extrêmes que constituent, l'un, l'ancien régime et, l'autre, la Révolution culturelle et les communes populaires. Ces mots représentent la limite de la remise en cause chinoise de la Révolution culturelle.

A propos de la Révolution culturelle au Tibet, voici ce que nous apprennent différentes publications officielles, toutes placées sous le contrôle direct du département de la propagande du Parti communiste chinois : « Durant les dix années de la " Révolution culturelle " (1966-76), toute activité religieuse normale a été interdite, et de nombreux temples et monastères ont été fermés ou détruits. Cette catastrophe, qui a frappé tout le pays, a été ressentie avec d'autant plus d'acuité au Tibet que la quasi-totalité de la population pratiquait le bouddhisme [13]. » « Au cours de la " Révolution culturelle " de 1966 à 1976, en raison des erreurs " gauchistes ", la politique à l'égard de la religion du Parti communiste chinois a été bousculée. Beaucoup de temples et de monastères au Tibet ont subi des dommages graves. Mais ce problème n'était pas propre au Tibet. Les temples et les monastères dans d'autres parties de la Chine ont souffert aussi. Maintenant, la catastrophe est terminée, et la politique du Parti à propos de la liberté religieuse est appliquée [14]. »

La maison d'édition chinoise *New World Press* est encore plus allusive : « Après la libération, et en particulier après les réformes démocratiques, le Tibet a avancé à grands bonds. Bien que le Tibet ait souffert, tout comme la totalité de la Chine, des dix années désastreuses de la " Révolution culturelle ", il s'est continuellement développé plus rapidement que l'ancien Tibet. Des réussites brillantes ont été accomplies au cours des vingt dernières années, surtout depuis 1980. » Il n'est rien dit d'autre dans les trois ouvrages officiels que nous venons de citer, bien qu'ils soient censés chacun donner à leurs lecteurs une présentation complète du Tibet contemporain. Le cataclysme de la Révolution culturelle est évacué en quelques lignes et noyé dans une prose tout entière dédiée aux progrès colossaux réalisés depuis 1950.

La totalité des médias officiels de Chine populaire certifient que le Tibet et les autres régions habitées par des minorités ethniques n'ont pas souffert plus que le reste de la Chine pendant la Révolution culturelle. Voici par exemple ce que dit un ouvrage traitant de toutes les minorités ethniques de Chine : « La période de dix ans de chaos, généralement connue sous le nom de " Révolution culturelle ", a représenté un désastre pour toutes les nationalités de Chine, les peuples minoritaires et la majorité des Hans inclus. Tout comme les peuples minoritaires, les croyants parmi les Hans se sont vu interdire la pratique des activités religieuses et ont été l'objet de restrictions sévères en ce qui concerne leur habillement. Les hommes hans étaient obligés de porter des tuniques chinoises ternes couleur grise, bleue ou verte, tandis que les femmes hans étaient punies si elles portaient des jupes. Ainsi, les peuples minoritaires et les Hans ont partagé le même sort pendant la " Révolution culturelle ". Les bouleversements de cette période ne sont pas dus à des conflits nationalistes, mais à deux cliques contre-révolutionnaires dirigées par Lin Biao et Jiang Qing qui ont mené leurs attaques contre les peuples de toutes les nationalités [15]. »

A nous donc de rétablir une vue plus juste, car il est établi que ces déclarations constituent une falsification de l'histoire. Ces mensonges deviennent même une insulte à l'histoire sous la plume d'Israel Epstein. Dans ses très rares références à la Révolution culturelle, il affirme ceci : « Sur le " Toit du monde ", comme partout ailleurs en Chine, les distorsions de la décennie au cours de laquelle la " Bande des Quatre " a commis ses déprédations, et les effets de l'ultra-gauchisme qu'elle a nourri et soutenu, ont eu leurs effets négatifs. Quelques-uns d'entre eux, par exemple dans le domaine de l'éducation, s'inscrivaient dans une situation générale. D'autres, concernant des questions nationales et religieuses, étaient liés aux problèmes locaux. Mais au Tibet, grâce à l'attention directe de Mao Tsé-Toung et de Chou En-Lai, à la relative solidité et la continuité des organes du pouvoir dans la région et à l'éloignement qui l'a tenu à l'écart de l'étendue des dégâts, ces effets ont généralement été moindres que dans les autres régions autonomes du pays [16]. » La fidélité maoïste d'Israel Epstein n'est jamais prise en défaut puisqu'il est impossible de trouver aucune autre remise en cause de la Révolution culturelle dans les 566 pages de son livre sur le Tibet. Partout ailleurs, il s'agit de louanges du régime chinois ou d'imprécations à l'égard de la religion et des traditions du Tibet, le tout étant agrémenté de photographies de jeunes Tibétains en extase sous les drapeaux rouges communistes ou d'ouvriers modèles tendus dans l'effort, le regard dirigé vers un avenir forcément radieux.

Rendons justice au régime chinois : il a tout de même su générer de nombreux critiques et détracteurs. Gageons qu'ils seraient innombrables s'ils pouvaient s'exprimer librement. Dans le concert d'éloges, la plupart des voix dissonantes ont été aussitôt muselées. Mais d'autres ont pu se faire entendre avant d'être réduites au silence. Comme nous le verrons plus loin, le panchen-lama a établi, peu avant sa mort, un bilan sans concession des heures noires du communisme au Tibet. Quant à l'ancien secrétaire général du Parti communiste, Hu Yaobang, mort en disgrâce en avril 1989, il a fait preuve d'un réel courage. Ce petit homme nerveux que j'ai eu plusieurs fois l'occasion de rencontrer lorsqu'il attendait ses hôtes de marque étrangers et avec qui j'ai eu l'occasion d'échanger quelques propos de temps à autre, a été le seul dans l'aréopage politique chinois à jamais avoir osé formuler une autocritique au nom du parti et du gouvernement chinois sur les erreurs commises au Tibet. Beaucoup de ses pairs à Pékin ne le lui pardonnèrent jamais. Quand il a été limogé en janvier 1987, dans le sillage d'une première grande vague de contestation estudiantine, sa critique de la politique chinoise au Tibet a été citée comme l'un des exemples de son « laxisme idéologique ».

Les crimes des gardes rouges

Les régions habitées par des minorités ethniques étaient potentiellement les plus vulnérables à la tourmente dévastatrice qui se levait en Chine. Plus que les zones peuplées de Hans chinois de souche, elles avaient en effet maintenu des coutumes et des identités culturelles propres qui, à Pékin, étaient perçues comme réactionnaires. Parlant souvent une langue différente du chinois et parfois ouvertement hostiles à l'arrivée des colons chinois, elles étaient en outre toujours suspectes de velléités séparatistes. Ainsi, dans le Turkestan chinois rebaptisé Xinjiang, région habitée en majorité d'ethnies musulmanes, les gardes rouges se sont empressés de détruire les mosquées. Pour mieux faire perdre tout crédit à la religion, ils forcèrent les croyants à élever et à manger des porcs. Parmi ces bastions des « quatre vieilleries » dans la « Chine nouvelle » de Mao, le Tibet figurait, tout naturellement, en première ligne. En effet, aux yeux des idéologues de Mao Tsé-Toung, c'était au Tibet que subsistaient les croyances et coutumes les plus archaïques. En un mot : le Tibet était encore loin d'être complètement « libéré ». Les premières équipes de gardes rouges étaient parvenues à Lhassa dès juillet 1966. La Révolution culturelle éclata en août au Tibet. Son lancement officiel fut entériné à Lhassa par une « réunion de soutien » à la onzième session du VIIe comité central qui venait de se tenir à Pékin. Elle avait signalé l'ouverture officielle pour toute la Chine de la chasse aux éléments « engagés sur la voie capitaliste ».

Le sanctuaire du Jokhang et celui du Ramoché au centre de Lhassa furent les premières cibles des gardes rouges. Ribhur Trulku, un lama qui a trouvé refuge à Dharamsala il y a quelques années, a vécu ces journées de mise à sac du Jokhang. « C'était le vingtième jour du sixième mois de 1966 sur le calendrier tibétain (6 août 1966). Plusieurs centaines de gardes rouges chinois et tibétains de dix-huit ou vingt ans ont soudainement envahi le Jokhang, accompagnés de cadres chinois. Dans le Jokhang, il y avait plusieurs centaines de chapelles. Seulement deux ont été épargnées. Toutes les autres ont été entièrement pillées et souillées. La totalité des statues, textes sacrés et objets rituels ont été saccagés ou emportés. Nous étions plusieurs centaines de lamas et de geshes (savants dans l'étude du Dharma) à regarder ce spectacle et nous étions tous en larmes. Les gardes rouges hurlaient des slogans sous le regard des cadres chinois qui étaient venus observer tout ceci. Seule la statue de Cakyamuni, à l'entrée du Jokhang, a échappé aux gardes rouges, car elle avait été apportée par la princesse chinoise Wan Cheng à l'occasion de son mariage avec Songtsen Gampo et elle symbolisait les liens entre la Chine et le Tibet. Les destructions durèrent près d'une semaine. Après quoi, le Jokhang a été transformé en baraquement pour les soldats chinois. Dans un coin du Jokhang, ils installèrent des toilettes et l'on pouvait les voir uriner sur le sol. Une autre partie du Jokhang était transformée en abattoir pour les animaux. »

Pendant cinq jours, la foule des gardes rouges avait entretenu un grand feu dans lequel étaient jetées toutes les reliques qu'ils trouvaient. Après 1959, on avait transformé le Jokhang en entrepôt pour y stocker les trésors tibétains provenant des monastères environnants, le résultat des pillages des Chinois. Des pièces rares du patrimoine tibétain ont été réduites en cendres. Le « bouddha de la compassion infinie », Tcheren-zig, le protecteur du Tibet qui se présente sous la forme d'une grande statue à onze têtes et mille bras, avait volé en éclats sous les coups des gardes rouges. Ces derniers, leur travail achevé au Jokhang et au Ramoché, s'en prirent ensuite aux trésors du Norbulinka, le Parc des Joyaux, dont tous les palais furent l'un après l'autre minutieusement dévalisés. Il en resta des amoncellements de statues détruites, de bouddhas décapités, de figurines brisées en mille morceaux. Puis le mouvement de lutte contre « les quatre vieilleries » se répandit à travers tout le reste de la capitale tibétaine. Seul le palais du Potala et treize autres lieux de culte du Tibet restèrent fermés aux gardes rouges, protégés par des cordons de l'armée sur l'ordre du Premier ministre Chou En-Lai. C'est en tout cas ce qu'affirment aujourd'hui le gouvernement chinois et quelques historiens occidentaux qui prêtent à Chou En-Lai une volonté, à l'époque, de protéger les plus importants monuments culturels de Chine tels que la Cité Interdite à Pékin.

Dans Lhassa, les plaques des rues étaient arrachées et remplacées par de nouvelles aux noms révolutionnaires. Partout dans les maisons, les gardes rouges s'en prenaient aux images du Bouddha et aux autels bouddhiques. Des dizaines de milliers de photographies de Mao étaient, en revanche, diligemment distribuées. Tous les bureaux et habitations de Lhassa en étaient ornés, tandis que d'immenses bannières à la gloire de la Révolution culturelle étaient installées sur le Potala et aux endroits stratégiques de Lhassa. Partout en Chine, les gardes rouges s'attaquaient aux dirigeants du parti pour vilipender ceux qui, selon eux, s'opposaient au président Mao et à la révolution. Toute la Chine était agitée de ces luttes acharnées pour le pouvoir.

Jusqu'à l'automne, les dirigeants du Comité du Parti communiste du Tibet réussirent à maîtriser les initiatives des gardes rouges. En décembre 1966, les rangs des gardes rouges avaient considérablement grossi. Un jour, une cinquantaine de groupes de gardes rouges se sentirent assez forts pour annoncer, sur les ondes de Radio Lhassa, leur prise du pouvoir prochaine et accuser le général Zhang Guohua et ses alliés de trahir la révolution. Le général chinois quitta précipitamment le Tibet où il ne revint qu'en octobre 1967. Les gardes rouges rebelles réussirent à s'emparer du *Quotidien du Tibet* en mars 1967. En avril, leurs rangs grossirent singulièrement avec l'arrivée de 8 000 gardes rouges supplémentaires venus de l'intérieur de la Chine. Ils étaient alors au moins 20 000 jeunes, farouchement déterminés à déloger les « traîtres » des organes du pouvoir à Lhassa. Bientôt, des combats de rues commencèrent entre factions rivales dans la capitale tibétaine puis, à partir de l'automne, dans les autres grandes villes tibétaines de Shigatsé, Gyantsé et Nagchuka. Les combats les plus violents à Lhassa eurent lieu en janvier 1968 et causèrent la mort de centaines de personnes.

Les désordres continuèrent à prendre de l'ampleur à travers tout le Tibet au point que les communications furent paralysées dans toute la région à partir de fin janvier. Dans les rangs de l'armée aussi, des unités entières faisaient défection pour l'une ou l'autre des factions de gardes rouges en présence. De nouveau, la famine avait fait son apparition dans certaines zones du Tibet. Avec le Xinjiang, le Tibet était la bonne dernière des vingt-neuf provinces, régions et municipalités de Chine à se doter, enfin, en septembre 1968, d'un Comité de la Révolution culturelle. Le gouvernement central était parvenu à trouver un compromis fragile entre les deux tendances opposées. Il va sans dire que les Chinois présents au Tibet pâtirent de ces excès. Plusieurs milliers peut-être périrent dans les combats. De nombreux autres furent arrêtés et torturés. Mais y avait-il commune mesure avec les souffrances endurées par les Tibétains, totalement étrangers du reste à ces rivalités idéologiques?

Ribhur Trulku a, pour sa part, été soumis à trente-cinq « séances de lutte » devant des attroupements qui pouvaient réunir entre trente et quatre cents personnes. Agé de plus de soixante-dix ans, il me raconte ses souvenirs d'une voix calme, sans jamais se départir de son sourire. « Pendant les thamzings, je devais porter un long chapeau pointu. Je devais aussi porter ma robe de moine afin de bien montrer à la foule ma condition mauvaise. On me collait encore toutes sortes de badges et ustensiles religieux sur ma robe pour me ridiculiser. J'ai été promené deux fois à travers le marché de Lhassa, au son des trompettes et des gongs, sous les quolibets des gardes rouges. Le thamzing avait lieu généralement le soir entre huit heures et onze heures, après le travail. Dans la journée, je devais travailler : je participais à des travaux de construction et cassais des pierres. Mon accusateur était naturellement un Chinois. Son nom est Guo Xianzhi. Je m'en souviens parfaitement bien. Il était à la tête du district de Lhassa où j'habitais. Il m'accusait d'avoir des liens secrets avec le dalaï-lama, d'avoir des contacts avec les " réactionnaires étrangers " et de chercher à créer un mouvement pour l'indépendance du Tibet. Je devais apparaître devant le public, mes mains posées sur le sol et la tête baissée. On commençait alors à me battre et à me critiquer. Un jour, on me donna un coup de crosse de fusil si violent sur mon oreille droite que depuis je n'entends plus très bien. Quand j'étais battu, je ne voyais jamais que les jambes de mes agresseurs. En fait, j'ai été l'un des lamas de Lhassa qui a le moins souffert. La preuve en est que je suis encore là aujourd'hui pour témoigner. Jamais pourtant je n'ai douté de ma foi. Elle m'a aidé à supporter ces humiliations et ces souffrances. Et puis, nous pensions qu'une telle situation ne pouvait durer. Que le dalaï-lama ferait quelque chose de son exil afin que le Tibet redevienne libre. »

Ribhur Trulku est devenu un Rimpoche, c'est-à-dire un « précieux », un titre honorifique donné aux lamas les plus savants et les plus méritants. Nourrit-il de la haine à l'égard des Chinois? Ou bien leur témoigne-t-il de la compassion comme le demande l'enseignement de Bouddha? « Évidemment je les hais. Après avoir vécu une période aussi dure, comment pourrais-je ne pas les détester? La compassion n'entre pas en ligne de compte. Ils ont détruit notre culture et notre civilisation. Ils ne peuvent pas échapper à notre haine. Il n'est pas question de compassion à leur égard. Après 1979, la Chine a élaboré une politique de libéralisation et les Chinois ont essayé de nous séduire par des belles paroles et en nous donnant des salaires plus élevés. Mais tout ceci est peine perdue. Car les Tibétains ne se laisseront plus tromper une deuxième fois. En fait, j'ai préféré quitter le Tibet car ma haine devenait insupportable dans mon cœur. »

En 1966, toutes les pratiques religieuses sans exception étaient bientôt déclarées rigoureusement interdites. Il en alla de même pour les festivals tibétains et les fêtes populaires. Même les chants traditionnels tibétains étaient mis à l'index. Ceux surpris en train de prier étaient soumis à des châtiments exemplaires. Les gardes rouges remplacèrent tous les drapeaux de prières tibétains dans les villages, le long des routes et au sommet des cols par des drapeaux rouges. Des dizaines de milliers de *Petit livre rouge* du président Mao étaient distribués aux « masses ». Selon l'agence *Chine Nouvelle,* il s'en était tiré au total 740 millions d'exemplaires à travers la Chine à la date de fin 1968. Des portraits de Mao étaient installés partout dans les villes, au bord des axes routiers, dans les villages, les bureaux et les usines. Chaque foyer devait, au risque d'ennuis graves, en installer au moins un chez lui. Big Brother avait pris place dans chaque famille.

Les nattes que portaient les femmes et les hommes au Tibet furent baptisées « sales nattes noires de l'esclavage » et étaient coupées d'autorité. Comme dans le reste de la Chine, les animaux domestiques ont été promptement immolés. Le port des habits chinois, c'est-à-dire une veste et un pantalon de coton bleu, gris ou vert uniforme, était déclaré obligatoire. Mais la pénurie de tissus était telle que beaucoup de Tibétains continuèrent à porter leurs costumes traditionnels. Des dizaines de milliers de Tibétains ont été arrêtés, parfois plusieurs fois de suite à tour de rôle par l'un ou l'autre des camps en présence. Souvent, sitôt relâché par l'un d'eux, un Tibétain était immédiatement molesté par l'autre qui alors faisait preuve d'un zèle redoublé pour le soumettre aux traitements les plus inhumains. Bon nombre de ces malheureux disparurent pour ne jamais revenir. Les Tibétains de « mauvaise origine sociale », c'est-à-dire issus de familles de propriétaires terriens ou d'aristocrates étaient immanquablement soumis aux persécutions des gardes rouges.

Au fur et à mesure que les combats entre les deux factions des gardes rouges chinois s'intensifiaient, les punitions infligées aux Tibétains devenaient de plus en plus féroces. Elles étaient administrées au hasard des pulsions de violence de leurs chefs. Selon des témoignages de Tibétains en exil, des gardes rouges violèrent nombre de Tibétaines, parfois des enfants. Des femmes étaient déshabillées et contraintes de se tenir debout sur des lacs gelés. Les scènes de brutalités et de tortures en public devenaient monnaie courante à travers le plateau tibétain. On coupait les mains, les oreilles, le nez, la langue des victimes. Les suppliciés devaient parfois creuser leur propre tombe avant d'être exécutés. Alors qu'elle joua un rôle pacificateur ailleurs en Chine pendant ces années sombres, au Tibet l'armée chinoise prêta souvent main-forte aux exactions des gardes rouges.

Cette frénésie a laissé des empreintes profondes dans les mémoires de ceux qui étaient à l'époque des petits enfants. Un élève du village des enfants tibétains de Dharamsala m'a relaté un souvenir d'enfance à Lhassa, au début de la Révolution culturelle. Il n'avait que cinq ou six ans, mais il n'a pas oublié. « Ce jour-là, je jouais avec d'autres enfants. J'avais trouvé une photographie dans la rue et je l'avais ramenée à la maison. C'était une photographie de Mao avec une croix rouge dessus. Je ne savais pas ce que signifiait cette croix rouge et je voulais le demander à mes parents. Je la montrai donc à ma grand-mère. Mais dès qu'elle l'aperçut, elle fut aussitôt prise d'épouvante! Elle me demanda de la remettre tout de suite exactement à l'endroit où je l'avais trouvée. Je l'avais donc remise là où je l'avais découverte, dans un trou dans un mur. Plus tard, une petite fille l'a trouvée à son tour. Elle a été punie. Quelqu'un l'avait vue avec cette photo dans les mains et on l'accusa d'avoir dessiné la croix rouge. Elle a été punie avec sévérité. En fait, je me souviens. Ils organisèrent une réunion, une " session de lutte ". Ils firent venir les parents de la gamine. Elle était déjà grande.

Plus grande que nous, moi et mes camarades. Elle a été châtiée pour l'exemple. Ils l'ont battue devant tout le monde. J'étais encore trop petit pour vraiment faire attention à tout ceci. Mais je m'en souviens très bien ! »

Une civilisation assassinée

Outre ces monstruosités que le gouvernement chinois n'a jamais avouées, les gardes rouges chinois commirent au Tibet un autre forfait que la Chine a eu beaucoup plus de difficultés encore à nier et dissimuler au monde après la mort de Mao Tsé-Toung. Les sbires du dictateur entreprirent à partir de 1966 la destruction systématique, méthodique, calculée, planifiée et totale de la civilisation tibétaine. L'une des priorités de cette entreprise a tout naturellement été l'éradication des monastères, tenus comme étant les foyers par excellence de la contre-révolution. Le Tibet en comptait environ 6 000 avant 1959. Une bonne partie d'entre eux étaient déjà détruits, sérieusement endommagés ou fermés en 1966. Ceux qui avaient survécu furent virtuellement tous détruits. Cette opération commença en septembre 1967, un an après le début de la Révolution culturelle. Pour la mener à bien, les gardes rouges avaient à leur disposition les listes des trésors du Tibet que les Chinois n'avaient pas encore eu le temps de piller et de transporter à Pékin.

Les objets d'art qui contenaient de l'or, de l'argent ou des pierres précieuses, ainsi que les thankas les plus anciens, ont été dans certains cas épargnés et jetés dans des sacs, placés sous scellés puis envoyés vers la capitale chinoise. En 1983, profitant d'un vent de libéralisation, une équipe tibétaine se rendit à Pékin pour retrouver une partie de ses trésors. Elle découvrit plus de vingt-six tonnes de reliques religieuses du Tibet entreposées dans la Cité Interdite au cœur de Pékin ! Ces statues et objets de culte ont été emballés dans 163 caisses de bois et transportés au Tibet sur leurs lieux d'origine. Six autres tonnes de reliques tibétaines ont été trouvées dans les salles du Temple de Confucius (Kongzi Miao) à Pékin. Elles aussi retournèrent au Tibet dans une centaine de caisses. Au total, la mission fut en mesure de recouvrer 13 537 statues qui furent expédiées au Tibet dans 600 caisses [17].

Ceci ne représente toutefois qu'une petite partie de ce qui fut volé ou brisé. Ribhur Trulku, chef de cette mission tibétaine, raconte que la majorité des reliques tibétaines ont été détruites. Les objets et statues en or ou en argent pur ont tout simplement disparu. Ceux en cuivre, en étain ou constitués d'autres métaux, ont été vendus à des fonderies de Shanghai, du Sichuan, de Taiyuan, de Pékin ou d'ailleurs. La fonderie Shiyou Qingru (Fonderie du Métal Précieux) située à cinq kilomètres à l'est de Pékin avait ainsi, à elle seule, acheté 600 tonnes d'objets en métal pillés dans les temples et monastères du Tibet [18]. La fonte des trésors tibétains ne prit fin qu'en 1973, lorsque Li Xiannian et Ulanfu, deux hauts dirigeants chinois, en eurent connaissance.

Beaucoup d'autres objets rituels et textes sacrés ont été brûlés dans de gigantesques autodafés allumés aux abords des monastères. Ce furent autant de réjouissances auxquelles les gardes rouges conviaient les « masses ». Les matériaux des sanctuaires et monastères étaient réutilisés pour la construction de toilettes publiques, d'étables ou pour le revêtement des rues. Il s'agissait non seulement de désacraliser, mais d'humilier. De faire prendre à la religion des traits aussi vils que possible. De la sorte, les écritures sacrées du Dharma étaient proposées sous forme de papier hygiénique. Une fois les monastères et sanctuaires vidés, les Tibétains ont été contraints, sous la menace des fusils, de participer physiquement à la démolition des monastères. Cette tâche était laborieuse tant les bâtiments étaient solides. Pour les plus résistants de ces édifices aux murs épais, les gardes rouges eurent recours à la dynamite et à l'artillerie. Les témoignages abondent : dans certains cas, on fit même appel aux bombardements aériens. En l'espace de quelques mois, il ne resta bientôt plus que des toits effondrés, des murs éclatés, des tôles distordues, des amas de pierres, des masses informes et méconnaissables. Ce qui restait de ces monastères et temples rappelait étrangement ces cités occidentales, bombardées et rasées pendant la Deuxième Guerre mondiale : des villes fantômes sans vie.

Le Ganden, l'un des plus grands des monastères du Tibet où vivaient plusieurs milliers de trapas et de lamas, situé à une quarantaine de kilomètres de Lhassa, n'était bientôt plus qu'un tas de ruines fumantes. Ribhur Trulku raconte : « Avant, il y avait des milliers de monastères au Tibet. La plupart ont été détruits avant et après 1959. Les Chinois pensaient qu'ils étaient les centres de la vie culturelle du Tibet, qu'ils abritaient les résistants tibétains et qu'ils entravaient la marche du socialisme. Ils en avaient laissé quelques-uns debout avant la Révolution culturelle, de façon à pouvoir affirmer que la liberté religieuse existait au Tibet. Cela faisait partie de leur tactique. Mais tous les monastères auxquels ils n'avaient pas encore touché ont, à leur tour, subi le même sort pendant la Révolution culturelle. L'un des exemples les plus frappants est le Ganden. Sa démolition a commencé le troisième jour du septième mois de 1966 sur le calendrier tibétain (19 août 1966). Ils ont commencé par la grande salle où se réunissent les lamas. Ils ont ensuite détruit, l'une après l'autre, toutes les habitations des moines. Pour aller plus vite, ils ont utilisé de la dynamite. Ils ont introduit des bâtons de dynamite dans les murs des bâtiments et ont tout fait sauter. Ensuite, des équipes ont fini l'anéantissement du Ganden à la pioche. Les villageois réussirent à cacher la statue de Tsongkhapa. C'était la seule qui n'avait pas été démolie. Tout le reste a été entièrement rasé. Tout ce qui était précieux avait été préalablement enlevé et transporté dans des camions à Lhassa puis en Chine. La destruction du Ganden a repris en 1969. Les matériaux de construction du Ganden ont été distribués tout autour. A ce moment-là, on peut dire qu'il ne restait virtuellement plus rien du Ganden. »

Le scénario a globalement été le même pour les autres monastères et lamasseries du Tibet. Avec eux, disparaissaient des siècles d'architecture tibétaine. Pour les Tibétains, inutile de dire que ce fut un choc insoutenable. Pour le patrimoine de l'humanité tout entière, cette perte est probablement difficile à quantifier, mais assurément inestimable. Le Tibet était devenu un effroyable spectacle de désolations et de destructions. Le pays du Shangri La était, malgré lui, plongé dans les convulsions d'une âpre lutte idéologique qui lui était fondamentalement étrangère. Le pays des dieux n'était plus qu'une succession à l'infini d'images de peur et de mort.

Mais malgré la terreur politique, militaire et policière, et en dépit des enseignements du bouddhisme lamaïque qui interdit tout acte de violence, nombreux ont été les Tibétains qui continuèrent à se battre contre les « Gya Mi », les Chinois en langue tibétaine, ces petits hommes venus des plaines au Tibet sans y avoir été invités. Au cœur des ténèbres de la Révolution culturelle, les actes d'héroïsme et de désespoir étaient légion. Peu certes trouvèrent un écho en dehors des frontières de la Chine. Car elle était maintenant fermée comme une huître sur le monde extérieur. Épisodiquement, à la fin des années soixante et au début des années soixante-dix, l'agence *Chine Nouvelle* faisait état de « rebelles tibétains » commettant « sabotages », « actes criminels » et « activités séparatistes » à travers les vastes solitudes du Tibet et jusqu'au cœur même de Lhassa. Dans la capitale tibétaine apparaissaient de temps à autre des affiches demandant l'indépendance pour le Tibet et la mise à mort de Mao. Ceci au mépris d'un impressionnant dispositif militaire et policier.

Parmi les témoignages parvenus en Occident, l'un d'eux relate un incident à Lhassa entre des jeunes Tibétains et des soldats chinois qui, le 7 juin 1968, fit une douzaine de morts et une cinquantaine de blessés dans le Jokhang. Appelée en renfort, l'armée avait ouvert le feu directement sur des « rebelles » désarmés. Cachées dans les hauteurs de l'Himalaya, des troupes de guerriers tibétains, le plus souvent des Khampas, parvenaient à se réorganiser pour lancer des opérations de guérilla contre un ennemi mille fois plus fort en nombre et en armes. Les combats se poursuivaient en 1972 dans soixante des soixante et onze districts de la « Région autonome du Tibet ».

Singulier retournement de situation : Jigme Ngapo, le propre fils de Ngawang Ngapo Jigme, a aujourd'hui ouvertement renié la politique chinoise au Tibet que son père sert avec zèle depuis 1950. Résidant aux États-Unis, il a, avec d'autres, contribué à faire la lumière sur des épisodes jusque-là peu connus de la Révolution culturelle au Tibet. Son témoignage permet en particulier d'en savoir plus à propos de la résistance des Tibétains à la fin des années soixante, à une époque où toute la Chine était encore plongée dans la terreur et, considérant le danger encouru, où toute résistance devenait un acte d'héroïsme. Il a révélé récemment qu'en 1969 un mouvement de révolte avait réuni plus de 1 000 Tibétains dans le district de Nyimu, dans la banlieue ouest de Lhassa. Conduits par une nonne, les émeutiers avaient pris d'assaut un poste de police. L'armée, envoyée sur les lieux, n'avait pas réussi à mater les rebelles qui étaient parvenus à prendre la fuite dans les montagnes. Capturés finalement, ils avaient été traînés à Lhassa pour y être « jugés » et exécutés.

De nombreuses arrestations avaient eu lieu après cette rébellion. Nombre de Tibétains furent jetés en prison ou envoyés dans les camps de travail déjà à la limite de leurs capacités d'accueil. « Toutes les prisons et tous les camps de travail furent remplis, explique-t-il. On sait peu de chose sur la rébellion de 1969, même en Chine. Après 1959 et 1969, une large majorité de familles (dont celles vivant dans le Qinghai, le

Gansu, le Yunnan et le Sichuan), qu'elles soient composées d'aristocrates ou de serfs, de lamas ou de laïcs, presque chacune d'entre elles a perdu un ou deux de ses membres. Ou bien en avaient-elles un en prison, sous surveillance, ou encore réfugié à l'étranger. Si vous prenez en compte toutes les personnes qui ont souffert pendant la Révolution culturelle, on peut dire que chaque famille en comptait plusieurs », dit encore Jigme Ngapo [19].

A partir de 1970, les autorités chinoises avaient déclenché une nouvelle campagne pour éliminer ces foyers de rébellion renaissants. La propagande de Pékin se déchaîna contre le dalaï-lama, comparé à « un bandit et traître », ou à « un boucher aux mains ensanglantées qui a vécu de la chair du peuple ». La police et l'armée au Tibet s'en prenaient aux « traîtres, conspirateurs, saboteurs, criminels » et autres « mauvais éléments ». De nombreuses exécutions avaient lieu en public devant les « masses » pour l'exemple. Les prisons de Lhassa se remplirent un peu plus encore.

Comme si ces années d'épreuves ne suffisaient pas, un autre fléau devait encore s'abattre sur le peuple tibétain meurtri. Ce drame avait déjà été joué partout ailleurs en Chine : il s'agissait de la création dans les campagnes des fameuses « communes populaires » de Mao Tsé-Toung. Elles étaient la clé de voûte du programme de collectivisation totale de l'agriculture et de l'élevage. La terre, le bétail, l'outillage étaient retirés aux ruraux et devenaient propriété collective de la commune populaire qui devenait la nouvelle entité administrative maoïste. Chaque commune populaire était divisée en brigades de production. Les exploitations familiales et les lopins privés étaient abolis. Présentées par les cadres chinois comme des « ponts d'or menant au paradis socialiste » et officialisées en Chine à partir de 1958, les communes populaires avaient déjà été installées çà et là dans le Kham et l'Amdo en voie de sinisation. Les conséquences de ces expériences étaient revenues aux oreilles de la population à

Lhassa : chez les Tibétains, par nature individualistes et jaloux de leur liberté, en particulier chez les nomades, les communes populaires déclenchèrent immédiatement des sentiments de profonde révulsion. Les communes populaires apparurent comme autant de prisons et camps de travail.

La commune populaire était, en théorie, plurifonctionnelle, à vocation économique, administrative, sociale et éducative. Comme partout en Chine, elle était en même temps, pour les maoïstes chinois, un moyen de contrôle redoutable de la population rurale. La cellule familiale était détruite, tout comme les structures de pouvoir des villages. Le seul maître absolu restait le Parti communiste et ses cadres. Les paysans tibétains y perdirent en même temps leur liberté de mouvement. Pour tout déplacement en dehors de la zone d'habitation et de travail une autorisation spéciale était devenue nécessaire. Les communes populaires pouvaient regrouper en Chine jusqu'à cinq mille villages et hameaux. Au Tibet, elles étaient plus petites et réunissaient d'ordinaire 100 à 200 familles. Il y en avait déjà plus de mille au cours de l'été 1970. L'armée était envoyée dans les régions où la résistance à la communisation des terres était la plus vive. La collectivisation des campagnes tibétaines était virtuellement achevée en décembre 1975, date à laquelle le nombre des communes populaires s'élevait à presque 2 000, réparties dans la quasi-totalité des districts du Tibet central (U-Tsang).

Une journée de travail dans une commune populaire tibétaine commençait, comme en Chine, par les sons stridents de « L'Orient est rouge », diffusé dès avant le lever du jour par les haut-parleurs de la commune. Pour des raisons politiques, le Tibet vivait depuis 1959 à la même heure que la Chine. Si bien que lorsque le soleil brillait à Pékin, il faisait encore nuit noire au Pays des Neiges. Le soir venu, après les heures d'un labeur rendu à dessein éreintant dans les champs, venaient les séances d'études politiques quotidiennes.

Il était interdit de s'y soustraire. Toute vie privée devenait difficile puisque les individus étaient pris en charge du matin au soir par le comité du parti de la commune. Les repas de midi se prenaient dans les champs ou dans des cantines collectives. Pour échapper au contrôle politique et au lavage de cerveau, il ne restait que les rares moments, le soir, autour de la table familiale, avant le coucher.

Sitôt les communes populaires installées, les cadres chinois imposèrent partout au Tibet la culture du blé. Les Tibétains, de tous temps, cultivaient l'orge, mieux adaptée aux sols fragiles du plateau himalayen. L'encadrement chinois ordonna, en outre, que les récoltes deviennent annuelles. Au Tibet, l'habitude était d'alterner années de friche et années de récolte, afin de laisser aux sols le répit nécessaire pour se reconstituer. Il résulta des décisions chinoises des sols rapidement épuisés, des récoltes exécrables et une baisse en chute libre de la production de céréales. Le grenier à grains qu'était traditionnellement le Tibet avant 1950 se vida complètement en l'espace de quelques années. Ces erreurs provoquèrent de nouvelles famines sévères dans certains endroits du Tibet. Cette situation était encore aggravée par les préparatifs de guerre dans lesquels la Chine s'était engagée à partir de la fin des années soixante. Mao et son gouvernement estimaient à cette époque qu'une troisième guerre mondiale était devenue inévitable. La Chine étant entourée presque exclusivement de pays hostiles, avec en tête de liste la puissante Union soviétique et tous ses alliés, Mao pensa qu'il n'avait plus de temps à perdre pour s'y préparer activement. L'armée chinoise était déclarée prioritaire dans la distribution de céréales, y compris au Tibet où le gouvernement avait stationné plusieurs centaines de milliers de soldats le long des frontières avec l'Inde.

Le tableau de la Révolution culturelle serait incomplet sans la mention d'un autre facteur révélateur des intentions chinoises au Tibet : l'envoi de dizaines de milliers de colons chinois sur l'ordre du gouvernement central à Pékin. Dans les années soixante, les Chinois étaient déjà nombreux dans le Kham et l'Amdo. Mais au Tibet central, hormis l'armée chinoise, les cadres chinois étaient encore relativement peu nombreux. L'immigration massive des Chinois a véritablement commencé à partir de 1975. A partir de cette date, leurs rangs n'ont cessé de grossir très rapidement. Leur nombre atteignit le chiffre de 96 000 en 1982, selon les résultats d'un recensement officiel réalisé à travers la Chine. Ce chiffre ne tenait compte que des Chinois régulièrement inscrits sur les listes du gouvernement. Il faut y ajouter les épouses, les enfants et le reste de leurs familles venus les rejoindre sur le Toit du monde. A Lhassa, pour une population de 50 000 Tibétains environ, il y eut bientôt plus de 100 000 Chinois. L'on construisit pour leur usage exclusif une ville nouvelle chinoise, sorte d'excroissance de béton difforme et sans caractère qui côtoie depuis la ville tibétaine.

Pour l'ensemble du Tibet central, ce ne serait pas moins de quelque 600 000 Chinois qui sont venus s'installer entre 1975 et 1980, selon les chiffres du « gouvernement en exil » tibétain. Les effectifs de l'Armée populaire de libération sont bien entendu tenus secrets par les autorités chinoises et ne sont, de ce fait, jamais comptabilisés dans les statistiques gouvernementales. Les forces chinoises au Tibet ont été considérablement renforcées à la suite du conflit sino-indien de 1962. Les évaluations des experts varient considérablement à propos du nombre des soldats chinois stationnés au Tibet. Ces évaluations varient généralement entre 200 000 et 500 000, répartis au Tibet central, dans le Kham et l'Amdo. Ainsi, alors qu'en 1912 il n'y avait plus un seul Chinois au Tibet central après l'expulsion par le gouvernement tibétain des derniers Ambans, en 1980 il y avait une moyenne d'au moins un Chinois pour trois Tibétains au cœur du Tibet. Cette proportion est bien plus grande encore dans l'Amdo et le Kham. Dans certaines zones, les Tibétains sont devenus largement minoritaires.

Après dix années de Révolution culturelle, qui donc au Tibet pouvait encore entretenir le moindre doute sur la signification réelle du paradis socialiste promis par le Parti communiste chinois ? En 1976, apparemment sans craindre les ricanements de ses compatriotes tibétains, Ngapo Ngawang Jigme fit cependant à sa manière le bilan de ces années de haine et de cruauté : « J'ai plus de soixante ans maintenant et je n'ai jamais vu le peuple tibétain aussi heureux, dans de meilleures dispositions et si ferme dans sa détermination... Même nos ennemis doivent le reconnaître. C'est une chose rare dans le monde pour un peuple de passer d'une société féodale de servage extrêmement arriérée à une société socialiste avancée en seulement un quart de siècle comme cela a été le cas au Tibet [20]. » A l'heure où le monde communiste craque de toutes parts et où l'idéal est bel et bien mort, une telle rhétorique peut faire sourire. Hélas, ce langage est toujours d'actualité dans la bouche des octogénaires qui dirigent la Chine.

Un million de morts ?

En 1980, quatre ans après la fin de la Révolution culturelle, Thubten Jigme Norbu, le frère aîné du dalaï-lama, retournait au Tibet en compagnie d'une mission d'inspection envoyée par Tenzin Gyatso à l'invitation du gouvernement chinois. Atterré par ce qu'il vit, il raconte les émotions ressenties à la vue des destructions massives. « Quand j'avais quitté le pays, il y avait de nombreux monastères bouddhistes, des couvents et des temples. Le monastère du Ganden, autrefois le troisième plus grand du pays avec près de 3 000 moines, était complètement éliminé. Le monastère du Drepung, le plus grand du Tibet avec une population de 10 000 âmes, est maintenant une ville fantôme. Les Chinois nous ont dit qu'il y avait 200 moines, mais je n'en ai vu que six ou sept dans des robes de moines. Le monastère Sera, lui aussi, était virtuellement détruit. Il n'y a plus aujourd'hui que quelques moines qui y vivent. Tous les monastères tibétains sont en ruine ou en semi-ruine. » Le Potala était intact à la fin de la Révolution culturelle mais bien des objets ont disparu, remplacés par des copies.

Retourné dans son village d'origine, près du monastère du Kumbum dans l'Amdo, aujourd'hui rebaptisé Taersi par les Chinois, Thubten Jigme Norbu n'y entendit que des histoires infiniment tristes sur les dévastations infligées aux membres de sa famille pendant la Révolution culturelle. « Quand je leur posais des questions sur leur vie maintenant, ils ne faisaient que pleurer, sans prononcer aucune parole. D'autres m'ont dit comment leurs familles et leurs amis ont été tués, emprisonnés, envoyés dans des camps de travail, mutilés ou rendus infirmes. Certains ont été battus si sévèrement et si souvent avec des bâtons qu'ils en ont perdu l'ouïe ou la vue. D'autres encore avaient leur corps plié et tordu à force d'avoir été contraints de tirer de lourdes charges comme des animaux. Beaucoup ont été forcés d'apparaître dans des endroits publics tandis que les gens étaient contraints de leur arracher les cheveux lors de “ séances de lutte ” (thamzing). Des milliers sont morts de faim, incapables de survivre avec les vers, les déchets, les os de chiens morts et la nourriture pour les cochons que la faim les poussait à manger. Ils m'ont dit qu'en 1959-60, tous les hommes ont été arrêtés, mis dans des camions et envoyés dans les camps de travail ; que les seules personnes que vous pouviez voir étaient des femmes, des enfants et des vieux. »

D'autre part, ajoute-t-il, le Tibet qui, autrefois, était le paradis des chèvres, des antilopes, des cerfs, des ours, des yaks et des chevaux sauvages, avait perdu la plus grande partie de sa faune, sans parler des destructions écologiques. Des forêts entières avaient été rasées. Les sols fragiles étaient épuisés. Quant à l'éducation, hormis quelques privilégiés, les enfants n'avaient pas été scolarisés depuis trente ans. La petite minorité qui savait lire et écrire ne connaissait que la langue chinoise. Beaucoup parmi les compatriotes que rencontrait Thubten Jigme Norbu lui soufflaient à l'oreille « Ne crois jamais les Chinois, jamais! » ou encore « Dis au dalaï-lama de ne pas revenir! ». Les Chinois ont l'audace de dire qu'ils ont libéré le Tibet d'une société féodale et que les Tibétains ont toujours été chinois. Les Tibétains ne sont pas et n'ont jamais été chinois. « Le Tibet est aujourd'hui plus que jamais occupé, déclare encore le frère du dalaï-lama. Bien que le pays soit blessé sur le plan social et économique, ces Tibétains ne sont pas vaincus dans leurs cœurs et ne sont pas plus devenus Chinois [21]. »

En l'absence de chiffres vérifiables, il semble évident pour un observateur étranger que des centaines de milliers de Tibétains ont disparu, victimes de mort non naturelle, pendant la Révolution culturelle. Le dalaï-lama et les Tibétains en exil estiment à plus d'un million le nombre de leurs compatriotes morts entre 1950 et 1976 du fait de la politique chinoise conduite au Tibet. Un Tibétain sur cinq ou six serait ainsi mort de mort non naturelle pendant ces vingt-six années. Selon des statistiques du Bureau de l'information du « Gouvernement en exil » du dalaï-lama à Dharamsala publiées récemment, 173 221 Tibétains seraient morts en prison ou dans les camps de travail entre 1950 et 1983, 92 731 auraient péri sous la torture, 156 758 auraient été exécutés, 432 705 auraient été tués dans les combats livrés par la résistance aux Chinois, 342 970 auraient succombé à la famine et 9 002 se seraient suicidés. Bilan total : 1 207 387 morts pendant ces trente-trois premières années de présence chinoise au Tibet central (U-Tsang), au Kham et dans l'Amdo. Au vu de ces statistiques, le dalaï-lama et son entourage accusent la Chine d'avoir commis un génocide au Tibet. Ce bilan est bien entendu contesté par le gouvernement chinois qui, le jugeant ridicule, affirme qu'un million seulement de Tibétains vivaient au Tibet central en 1950 contre près de deux millions aujourd'hui. Jamais, toutefois, Pékin ne comptabilise les Tibétains du Kham et de l'Amdo. Jamais non plus, il n'a publié son propre bilan des victimes tibétaines de la Révolution culturelle.

A se pencher sur ces événements, il apparaîtra à bien des observateurs que Mao Tsé-Toung crut peut-être que ces coups donnés au Tibet lui seraient fatals. La question tibétaine aurait du même coup disparu une fois pour toutes. Mais il est clair, près de quinze ans après sa mort, que cette analyse était un mauvais calcul. Car s'il a été facile pour les troupes aguerries de Mao de balayer l'armée tibétaine et d'envahir le Tibet en 1950, ni les « réformes démocratiques » à partir de 1959, ni le « Grand bond en avant » de 1959 à 1962, ni encore la Révolution culturelle jusqu'en 1976 n'ont réussi à venir à bout du Pays des Neiges. Mao put certes un temps se vanter d'avoir annexé le Tibet dans une indifférence internationale quasi complète. Mais il ne réussit ni à conquérir ni à domestiquer et encore moins à soumettre le peuple tibétain.

Car non seulement l'âme du peuple tibétain n'était pas morte le jour où le « Grand timonier » rendit son dernier soupir, mais elle était plus forte que jamais. Les massacres et les destructions sauvages des gardes rouges avaient fait l'union sacrée entre tous les Tibétains, qu'ils soient de Lhassa, du Kham ou de l'Amdo. Alors que le Tibet était, avant 1949, déchiré par des querelles intestines constantes entre clans, sectes religieuses et petits seigneurs locaux, jamais dans son histoire récente le peuple tibétain ne s'était retrouvé plus soudé qu'à la fin des années soixante-dix. Croyant assassiner le bouddhisme lamaïque et l'identité culturelle du Tibet, Mao Tsé-Toung avait obtenu un résultat exactement inverse. Là où une politique chinoise de coopération pacifique avec un Tibet authentiquement autonome aurait peut-être eu une chance réelle de parvenir à vaincre des traditions profondément enracinées et à assimiler enfin le peuple tibétain dans « la grande famille chinoise », les violences gratuites de la Révolution culturelle ont jeté les bases d'un profond et durable réveil du nationalisme tibétain.

II

NUAGES
SUR LE TOIT DU MONDE

1

Le renouveau du nationalisme

Sitôt Mao Tsé-Toung mort et son corps embaumé déposé dans son cercueil de verre au sein du « monument aux héros du peuple », au centre de la place Tian Anmen à Pékin, la Chine amorça un virage idéologique radical. Le dictateur disparu et la « Bande des quatre » sous les verrous, il fallut bien pour la nouvelle direction communiste tirer les leçons de la faillite du maoïsme : la Chine était un vaste pays de misère, isolé sur la scène internationale. Le plus grand pays du tiers-monde, qui avait espéré éclairer l'humanité d'une doctrine mégalomaniaque, constatait la banqueroute d'un système moribond. Non seulement la Chine ne rayonnait plus au-delà de ses frontières, mais elle était désormais tournée en dérision par bon nombre de ses anciens admirateurs. Il est vrai que le bilan était effrayant !

Trente ans après la fondation de la République populaire, un Chinois sur trois au moins ne savait toujours ni lire, ni écrire et 800 millions de paysans restaient plongés dans une pauvreté extrême. Dans certaines zones de l'Anhui ou du Gansu, deux des provinces les plus arriérées du pays, les Chinois mouraient de faim, victimes de disettes tenaces. La puissante Chine rouge dont rêvait Mao, lui qui s'était tant gaussé du « tigre de papier américain », n'était elle-même restée qu'un dragon de pacotille.

D'autre part, les premiers témoignages sur le goulag chinois avaient enfin levé le voile en Occident sur les atrocités du système concentrationnaire chinois. Il n'avait rien à envier à celui de l'Union soviétique. Les « honorables visiteurs » étrangers et autres dupes des organisations chinoises pour « l'amitié entre les peuples » se laissaient désormais moins facilement prendre aux pièges grossiers de la propagande chinoise, tandis que les observateurs occidentaux, même les mieux disposés à l'égard de Pékin, adoptaient un ton critique et dénonçaient les massacres de l'ère Mao Tsé-Toung. Quant aux maoïstes et autres chantres du « Grand Timonier » dans nos pays, ils étaient rouges de honte et rangeaient précipitamment leurs stylos et leurs slogans, révisant en catastrophe un prosélytisme révolutionnaire qui sonnait creux.

Devant une telle déroute, il était évident qu'une révision radicale de la ligne du parti s'imposait. Il ne fut certes jamais question à Pékin d'abandonner le marxisme. En 1979, le vieil économiste Chen Yun avait déjà senti le danger d'une trop grande libéralisation : « Les masses veulent soulever le couvercle de la chaudière. Une fois ce couvercle levé, nous risquons de perdre le pouvoir. » Pour le pouvoir, il s'agissait de réformer le communisme, afin qu'il puisse survivre dans un monde de concurrence âpre et de course au « progrès ». En décembre 1978, le « Troisième plénum du comité central » entérinait à Pékin la victoire de l'aile réformiste du parti, dirigée par Deng Xiaoping, fraîchement réhabilité de ses disgrâces politiques.

La Chine change de cap

La Chine tout entière apprit un beau matin dans les pages du *Quotidien du Peuple* que l'Orient n'avait plus cette couleur rouge sang que Mao lui avait donnée. La priorité, expliquait-on, n'était plus à la lutte des classes ou à la chasse aux contre-révolutionnaires, mais à la réalisation d'un programme des « Quatre modernisations » qui devait concentrer ses efforts sur, par importance décroissante, l'agriculture, l'industrie, les sciences et techniques et la défense nationale. Le nouveau credo politique que devaient reprendre en chœur les millions de cadres disciplinés du parti était « Réforme économique » et « Politique d'ouverture ».

La propagande abandonna à leur triste sort les ouvriers modèles du maoïsme qu'elle avait autrefois portés aux nues, pour d'un seul coup glorifier des « familles à 10 000 yuans ». Gloire à ces nouveaux héros du « socialisme aux couleurs de la Chine ». Dans les villages, ils parvenaient à s'enrichir rapidement. La recette était simple : mobilisés pour la communauté dans les campagnes collectivisées, ces paysans travaillaient le moins possible. Mais sitôt que des lopins de terre leur étaient rendus, ils se mettaient à l'ouvrage d'arrache-pied. Les communes populaires ne furent bientôt plus qu'un mauvais souvenir, le gouvernement remettant à l'honneur les exploitations familiales. Dans tous les journaux, sur toutes les radios locales, il s'agissait à présent de « briser le bol de riz en fer » de l'ère maoïste qui garantissait un revenu égal à tous, quels que soient le travail fourni et les compétences. L'égalitarisme maoïste avait vécu. Vivent les inégalités dengistes ! Le résultat ne se fit pas attendre : la production de céréales enregistra une hausse spectaculaire et passa de 300 millions de tonnes par an dans les années soixante-dix à 407 millions de tonnes en 1984, niveau record encore inégalé cinq ans plus tard. Les Chinois pouvaient de nouveau manger à leur faim.

Dans les villes, même scénario à partir d'octobre 1984 avec le lancement d'un ambitieux « programme de réformes urbaines ». Son concepteur, Chen Yizi, s'est réfugié en France après le massacre du 4 juin 1989. « La grande marmite commune » dans les usines était remplacée par un système de primes aux travailleurs les plus performants. La Chine communiste légalisa le secteur privé, symbole par excellence de l'exploitation de l'homme par l'homme clouée au pilori pendant les années de règne de Mao. De 300 000 en 1976, année de la mort de Mao, le nombre des « travailleurs privés », ces artisans et commerçants établis à leur propre compte, passa à plus de vingt millions en 1988 ! Dans certaines régions, des « patrons » dirigeaient maintenant des usines privées de plus de 1 000 employés. Toute la Chine était saisie d'une fièvre nouvelle : la course à l'argent. Le travail des enfants, ou plus exactement l'exploitation des enfants, faisait à nouveau partie du paysage dans les villes industrielles de la Chine Nouvelle. La corruption, qui était devenue plus rare et était punie de mort pendant la Révolution culturelle, étendait ses tentacules dans tous les rouages de la société. Une nouvelle classe de « gaogan zidi » (fils de hauts cadres) s'installait aux commandes de la Chine. Une jeunesse dorée se promenait en motocyclette de luxe sous le regard envieux des gens de la rue.

L'Occident, qui autrefois n'avait guère hésité à se pâmer devant Mao Tsé-Toung, ne tarda pas à multiplier ses vibrants éloges pour le « petit Deng ». Ce dernier, comblé d'aise lorsqu'il était couronné « homme de l'année » par quelques magazines occidentaux, répétait à l'envi son dicton magique : « Qu'importe que le chat soit noir ou blanc, pourvu qu'il attrape la souris. » Dans les médias capitalistes, on parlait avec emphase d'une nouvelle révolution économique en Chine. Quelques esprits crédules crurent que la Chine était devenue un pays démocratique. D'autres prédisaient un retour du capitalisme. Mais en réalité, quelle gloire ou quel courage pour un capitaine de navire qui jette pardessus bord une politique qui avait cent fois fait la preuve de sa nuisance absolue ? La Chine devait changer de cap. Elle n'avait plus le choix.

Pour les milieux intellectuels et artistiques chinois, la « politique d'ouverture » représentait toutefois une embellie durable dans un ciel de plomb. Cela en dépit de plusieurs campagnes de « lutte contre la pollution spirituelle » ou de « lutte contre la libéralisation bourgeoise » que le régime ne put s'empêcher de lancer.

Car plusieurs fois la situation avait menacé de lui échapper. Mais jamais en vingt ans le débat d'idées n'avait été aussi audacieux et « libre » dans les médias officiels et dans les universités. Certes, le pouvoir n'hésita jamais à jeter en prison ses opposants politiques qu'il estimait dangereux. Wei Jingsheng, le plus connu d'entre eux, a été l'un des premiers à payer le prix de la remise en cause de la légitimité de Deng Xiaoping lors du « Printemps de Pékin ». Pour avoir réclamé une « cinquième modernisation » – la démocratie –, il est depuis 1979 au secret dans un cachot où il serait devenu fou. Il avait à l'époque une petite amie tibétaine, Mriyame Phuntsok Degi, la fille d'un haut cadre du Tibet chinois. Elle a depuis émigré et vit à Munich. Bien d'autres dissidents ont été incarcérés après des procès politiques expéditifs.

Sur le plan religieux, le gouvernement chinois proclama que la liberté de croyance, garantie par la Constitution, serait respectée. Le prosélytisme restait étroitement surveillé. Mais de nombreux temples bouddhistes, de nombreuses mosquées, de multiples églises étaient rouverts dans les villes. La Constitution chinoise de 1982 garantit formellement la liberté de croyance. L'article 36 lui est entièrement consacré en ces termes : « Les citoyens de la République populaire de Chine bénéficient de la liberté de croyance religieuse. Aucun organe de l'État, aucune organisation publique et aucun individu ne forcera les citoyens à croire en une religion ou à abandonner sa foi en une religion et ne se livrera à la discrimination contre les citoyens qui croient ou ne croient pas en une religion. L'État protège les activités religieuses légitimes. Personne ne peut utiliser la religion pour se livrer à des activités contre-révolutionnaires, à des activités qui troublent l'ordre public, portent atteinte à la santé des citoyens ou entravent le système d'éducation de l'État. »

« Les communistes chinois sont athées mais ils ne s'opposent pas à ce que les autres aient des croyances religieuses. Ils ne sont pas pour l'abolition des religions par la force », affirme Pékin [1]. Par rapport à l'ère maoïste, il s'agissait, là aussi, d'un changement de tactique. L'objectif restait le même, car il serait naïf de croire que le Parti communiste chinois ne travaille plus à la disparition de toutes les religions. Celles-ci restent pour lui l'expression de superstitions néfastes qui entravent la « libération » et l'intégration de l'individu dans une société socialiste matérialiste. Mais, constatant que la force pure n'en vient pas à bout, les nouveaux idéologues chinois pensèrent que ces religions disparaîtraient d'elles-mêmes sans qu'il soit besoin de leur livrer combat, au fur et à mesure du progrès économique et social. L'évolution dans les pays industrialisés leur donne raison.

Ainsi, globalement, la période 1979-1989 a constitué un répit salutaire et une période de renaissance pour un peuple traumatisé. Pendant dix ans, la nouvelle ligne de réformes et d'ouverture permit à un milliard d'hommes et de femmes de panser leurs blessures, de reprendre goût à la vie, de mesurer aussi à quel point leur pays était pauvre et de découvrir un monde extérieur que, dans leur très large majorité, ils n'avaient jamais imaginé. La Chine avait, dans le même temps, réalisé un pas de géant : enfin elle touchait du doigt l'étendue de son retard économique. Il était dès lors permis d'espérer.

Hu Yaobang pleure de honte

Pour le Tibet, que signifièrent ces dix années de réformes économiques? Elles commencèrent par une autocritique chinoise en règle à propos des erreurs dramatiques commises au Pays des Neiges. Ce fut l'œuvre du secrétaire général du Parti communiste Hu Yaobang, à l'occasion d'une mémorable tournée d'inspection en 1980. Jamais un haut dirigeant communiste chinois ne fut plus franc que lui devant la tragédie tibétaine. Il y eut chez cet homme vif, intelligent et, peut-être, honnête, une réel courage à oser dire tout haut ce que les autres préféraient taire à Pékin. Jigme Ngapo, témoin privilégié des débats internes derrière les paravents du pouvoir dans la capitale chinoise, se souvient de la réaction de Hu Yaobang et de son second, le vice-Premier ministre Wan Li, quand ils découvrirent avec épouvante dans quelle détresse le Tibet était plongé. « Quand Hu Yaobang et Wan Li se rendirent au Tibet, ce qui les choqua le plus fut la pauvreté. Cela vous sautait à la figure. La Chine avait consacré beaucoup d'efforts depuis trente ans et investi plusieurs milliards (de yuans), mais le peuple tibétain et le Tibet se trouvaient encore dans une situation de pauvreté écrasante. Il n'y avait à ce moment-là pas un seul bâtiment moderne dans Lhassa. Hu Yaobang a pleuré. " Le gouvernement central a dépensé plusieurs milliards au Tibet, comment les avez-vous dépensés? Les avez-vous jetés dans la rivière Tsangpo? " Il se rendit compte que l'économie du Tibet, loin d'être autarcique comme auparavant, était tombée dans l'extrême opposé : elle était totalement dépendante du continent chinois. » Cité par le professeur Wang Yao, chef du Département Tibet à l'Institut central des minorités de Chine et ancien conseiller de Hu Yaobang lors de cette visite, ce dernier aurait encore dit ceci : « Nous pensons que notre parti a laissé tomber ces gens. Nous nous sentons très mal. Nous avons travaillé pendant près de trente ans, mais la vie du peuple tibétain n'est pas sensiblement améliorée. Ne devons-nous pas être blâmés? [2] » Ces déclarations, dont la véracité ne peut guère être mise en doute, paraissent bien traduire une condamnation en bonne et due forme et en bloc, par le chef du PC chinois lui-même, de toute la politique du gouvernement chinois menée au Tibet après 1950.

« Tous les biens de consommation devaient être importés, même la nourriture, ajoute Jigme Ngapo. Le Tibet exportait quelques minéraux, des herbes médicinales et du bois. Si les livraisons du continent avaient été interrompues, l'économie du Tibet aurait été paralysée et se serait effondrée. Hu Yaobang a dit quelque chose que personne n'avait jamais osé dire en Chine : " Ceci, c'est le colonialisme à l'état pur. " Il réalisa que le Tibet avait souffert de grands dommages : qu'ils soient moines ou laïques, les Tibétains portaient tous de profondes blessures et les relations entre Hans et Tibétains étaient très tendues. Partout où il se rendit, Hu Yaobang critiqua les cadres Hans et fit l'éloge des Tibétains pour leur longue histoire, leur culture riche et leur civilisation très développée ainsi que pour leur ardeur, leur intelligence et leur courage [3]. »

Le premier résultat de sa visite fut le limogeage du secrétaire du comité régional du Parti communiste Ren Rong, remplacé par Yin Fatang, un responsable militaire en poste au Tibet depuis 1950. Hu Yaobang fit adopter un train de mesures drastiques dans l'espoir qu'elles parviendraient à faire revivre un Tibet sinistré : les paysans et les nomades tibétains étaient exemptés d'impôts pour une durée de trois ans ; 85 % des cadres chinois devaient quitter la région ; l'autonomie du Tibet devait être renforcée. « Si la politique du gouvernement central n'est pas en accord avec la réalité du Tibet, le Tibet a alors le droit de refuser, de la rejeter ou de la réviser », déclara Hu Yaobang. Immédiatement, de nombreux cadres chinois installés au Tibet critiquèrent ces décisions et écrivirent à Pékin pour se plaindre des initiatives d'un chef du parti qui, selon eux, se trouvait assurément dans l'erreur. « Hu Yaobang était un libéral, franc et sincère. Il reconnaissait les erreurs. Sa politique nouvelle a adouci la tension et probablement évité une autre confrontation ethnique de grande échelle. Si l'on considère les intérêts à long terme de la Chine, les décisions politiques de Hu Yaobang étaient judicieuses », estime Jigme Ngapo.

La démographie, arme secrète chinoise

Mais bien qu'il existât à Pékin des dirigeants chinois mieux disposés à l'égard du Tibet et plus au fait de ses réalités, la Chine n'avait certainement pas dans l'idée d'abandonner la souveraineté qu'elle revendique sur ces terres. D'autre part, l'application des ordres de Hu Yaobang se heurta aux résistances opiniâtres de ces cadres chinois, trop nombreux, que l'on qualifie dans le jargon officiel de « chauvins grand-Han ». L'une au moins des mesures décidées par Hu Yaobang non seulement n'aboutit à rien de positif mais produisit l'exact contraire de ce qui était souhaité. Le retrait de 85 % des cadres chinois fut violemment combattu. Très vite, l'on n'en parla plus à Pékin. En vérité, sur place, le nombre des immigrants chinois continua de croître encore plus vite, grâce en particulier à la distribution de primes sur les salaires attribuées à ceux qui acceptaient de s'y rendre. Les primes d'encouragement étaient nécessaires. Les salaires des cadres chinois au Tibet sont souvent triples de ceux qui sont versés « à l'intérieur » de la Chine. Car il n'est probablement pas de Chinois qui parte de gaieté de cœur au Tibet et il n'est pas un endroit en Chine où il ne se sente plus éloigné de son « guxiang », son pays natal, pour qui les Chinois conservent jusqu'à leur mort des sentiments particuliers. L'appât d'un gain facile fit venir dans ces contrées inhospitalières d'autres Chinois encore. Des corps de métier entiers changèrent de mains dans les villes du Tibet : de nombreux magasins et échoppes d'artisans tenus par des Tibétains durent fermer leurs portes en raison de cette concurrence imprévue.

Les derniers chiffres du Bureau de l'information du « Gouvernement en exil » du dalaï-lama font état de 7,5 millions de Chinois installés au Tibet central et dans les anciennes zones tibétaines rattachées au Qinghai, au Gansu, au Sichuan et au Yunnan. Il y aurait jusqu'à deux millions de Chinois au Tibet central (U-

Tsang), au moins 2,5 millions dans l'Amdo et trois millions dans le Kham, contre respectivement 1,9 million, 0,8 million et 3,3 millions de Tibétains. Voici les conclusions de cet organisme : « Le transfert de Chinois au Tibet atteint des proportions alarmantes. On peut très réellement craindre que si l'actuelle politique chinoise est couronnée de succès – et tout indique qu'elle le sera – les Tibétains ne soient réduits à n'être qu'une petite minorité insignifiante dans leur propre pays, comme cela s'est déjà passé pour les Mandchous (35 Chinois pour un Mandchou), les peuples turcs (3 Chinois pour un Turc), et les Mongols (5 Chinois pour un Mongol). Le but de cette politique est de " résoudre " par la force les revendications territoriales de la Chine sur le Tibet par un transfert massif et irréversible de la population [4]. »

Tout ceci n'est que billevesées sans fondement aucun, répond le gouvernement chinois. « La réalité est que des groupes de Hans éduqués et entraînés sur le plan technique vont travailler au Tibet pour contribuer au développement de l'économie et de la culture locales. Mais en raison du climat sur ces hauteurs et des réactions dues à l'altitude, la plupart de ces gens y vont à tour de rôle. Généralement ils retournent dans les provinces intérieures après un travail de quelques années au Tibet [5]. » Selon Pékin, qui cite les résultats de son quatrième recensement national effectué en juin et juillet 1990, le Tibet central (région autonome du Tibet) aurait alors compté 2,196 millions d'habitants, dont seulement 81 217 Hans, soit 3,7 % de la population totale [6]. Selon ce recensement, les Hans auraient représenté à cette date 91,96 % des 1 133 682 501 Chinois et les « minorités nationales », essentiellement musulmanes et tibétaines, 8,04 %. Ces chiffres font apparaître une hausse sensible de la population tibétaine et de la présence des Hans, puisque des statistiques officielles antérieures du gouvernement chinois faisaient état de 73 000 Hans et d'une population totale de 2,024 millions d'habitants au Tibet central fin 1986. A cette date, il y aurait eu 1 786 544 Tibétains dans la « région autonome », 922 024 dans la province du Sichuan, 754 254 dans celle du Qinghai, 304 540 dans celle du Gansu et 95 915 dans la province du Yunnan. Au total, selon les chiffres de Pékin, la population tibétaine répartie dans l'ensemble de la Chine n'aurait pas cessé de progresser, passant de 2 501 174 en 1964 à 3 847 875 en 1982 et à 3 863 277 en 1986 et à 4 593 330 selon le recensement de 1990.

S'agissant de la présence chinoise, les observateurs attentifs relèveront toutefois que les statistiques concernant les colons chinois ne s'appliquent qu'au Tibet central et non aux anciennes provinces du Kham et de l'Amdo où ils constituent désormais souvent une majorité écrasante par rapport aux Tibétains. D'autre part, une fois de plus, les statistiques chinoises ne prennent pas en compte les soldats chinois stationnés au Tibet et qui seraient, selon les estimations les plus récentes, au moins 300 000. Selon mon estimé confrère Jasper Becker, qui cite un « rapport secret » du gouvernement chinois datant de juillet 1990, les effectifs totaux de l'armée chinoise au Tibet, y compris ceux de la police armée seraient « à peine supérieurs à 40 000 hommes », contre 240 000 hommes stationnés par l'Inde de l'autre côté de la frontière. Alors que l'armée indienne disposerait de trois corps d'armée, de neuf divisions, de 24 brigades, de 11 unités aéroportées, de 400 avions et de 90 chars dans les zones frontalières avec la Chine, celle-ci n'aurait, pour défendre le territoire chinois contre la menace indienne, que deux brigades d'infanterie de montagne, 13 régiments de construction et 65 unités de police armée. Seul un régiment d'infanterie motorisée serait installé à Lhassa [7]. J'ai, pour ma part, quelque raison de croire que ce document, bien que probablement authentique, sous-estime largement le dispositif militaire chinois réel. D'abord, il ne semble concerner que la « région autonome du Tibet », sans prendre en compte les vastes zones tibétaines des provinces limitrophes. D'autre part, je suis d'avis que même un rapport dit « secret », préparé pour la visite au Tibet du secrétaire-général du PC chinois Jiang Zemin et du chef de l'État-major de l'Armée populaire de libération Chi Haotian, ne saurait révéler les chiffres véritables qui ne sont sans doute connus que d'un nombre extrêmement limité de dirigeants chinois. Ne sont pas pris en compte non plus les commerçants, artisans, restaurateurs et autres négociants chinois qui partent de leur propre initiative et pour leur propre compte au Tibet. Ils y sont déjà très nombreux. On peut enfin penser que le nombre des cadres chinois envoyés par le gouvernement au Tibet est largement sous-estimé et ne comprend pas leurs familles. Enfin, alors que le « gouvernement » tibétain du dalaï-lama recense six millions de Tibétains, la Chine n'en compte que 4 593 330. Où sont passés les 1 406 670 Tibétains qui manquent à l'appel? Gageons que Pékin et Dharamsala ont tous deux des raisons de publier des chiffres très en retrait sur la réalité ou, au contraire, généreusement gonflés.

Quant à l'autonomie du Tibet dont avait parlé Hu Yaobang, relève Jigme Ngapo, elle est restée lettre morte : « Des cadres tibétains ont été promus, mais pour les tâches quotidiennes, car les cadres Hans restaient les maîtres. Cette situation ne peut pas changer et ne changera pas car l'autonomie n'a pas de substance. Il n'y a pas de différence notable entre une " Région autonome " et une province du continent. » D'autre part, en ce qui concerne le droit de veto des décisions du gouvernement central, « je me demande si Hu Yaobang n'a pas dit ceci sous le coup de l'émotion. Qui oserait opposer son veto? ». L'exemption d'impôts est probablement l'expérience la plus réussie. Elle a été reconduite pour deux ans à l'issue des trois premières années. Il aurait cependant fallu beaucoup plus que cette mesure d'incitation financière trop modeste pour redresser la barre au Tibet où le gouffre existant avec le niveau de vie du continent chinois a continué de se creuser après 1979. En tout état de cause, il est permis de craindre que les zones peuplées par des ethnies minoritaires ne deviennent toutes un jour, une à une, un vase d'expansion pour la démographie chinoise. C'est ainsi que s'agissant du Xinjiang, le *China Daily* a annoncé le 5 décembre 1992 que la région de Kashgar avait été choisie par les autorités de Pékin pour le relogement de presque 500 000 personnes qui devront être déplacées du fait de la mise en œuvre d'un immense projet de barrage connu sous le nom de « barrage des Trois Gorges » qui, une fois construit sur le fleuve Yangtsé, inondera de larges étendues dans la province du Hubei dans le centre de la Chine. Si ce projet est définitivement adopté, précise le quotidien officiel chinois, 100 000 Chinois seraient immédiatement relogés dans la préfecture de Kashgar qui, à terme, serait en mesure d'en accueillir 480 000. Nul doute qu'un tel transfert de population risquerait de déstabiliser profondément une région où, comme nous l'avons vu, l'afflux de Chinois Hans a déjà été considérable depuis les années cinquante.

Premières négociations avec le dalaï-lama

La politique d'ouverture au Tibet se traduisit aussi par l'amorce d'un dialogue entre les autorités chinoises et l'entourage du dalaï-lama. Dès 1978, un émissaire de Deng Xiaoping rencontrait à Hong Kong Gyalo Thondup, frère aîné du dalaï-lama. L'envoyé expliquait que Deng Xiaoping voulait tourner la page sur vingt ans de défiance et renouer une coopération rompue depuis l'insurrection de 1959. Gyalo Thondup, invité à Pékin, y rencontra le vieux patriarche qui en profita pour admettre que des « erreurs » avaient été commises au Tibet. Il offrit au dalaï-lama de revenir dans la « mère patrie » pour contribuer au développement du Tibet et de l'ensemble de la République populaire de Chine. Sous-entendu déjà : il devait abandonner toute idée d'un Tibet indépendant.

Consulté sur l'opportunité de nouer un dialogue avec la Chine, le dalaï-lama donna son accord et proposa aux autorités chinoises l'envoi de missions préparatoires tibétaines. Une première délégation, conduite par son autre frère Lobsang Samten, se rendit au Tibet en janvier 1979. Quatre délégations au total étaient prévues. Leur tâche était de dresser un bilan de la situation du Tibet. La première reçut un accueil chargé d'émotion partout où elle passa. Des foules énormes de Tibétains se précipitaient à leur rencontre sur la route, dans les villages et les villes. Les scènes d'hystérie étaient quotidiennes, plongeant les accompagnateurs chinois dans le plus grand désarroi. Des Tibétains en pleurs demandaient quand le dalaï-lama serait de retour. D'autres, au contraire, l'invitaient à ne pas revenir se jeter dans les griffes chinoises.

Une deuxième délégation visita le Tibet en mai 1980. Son passage à Lhassa créa un tel tumulte et le souvenir de 1959 hantait à tel point les esprits surchauffés que les autorités chinoises prirent peur et décidèrent d'interrompre son séjour. La troisième délégation, présente au même moment au Tibet, dut elle aussi plier bagage. Une quatrième délégation tibétaine alla à Pékin en 1982. Composée de trois membres importants du cabinet du dalaï-lama, elle avait pour objectif de défricher le terrain avec ses interlocuteurs chinois dans le but d'ouvrir la voie à de vraies négociations. Ce fut un échec sur toute la ligne. Il en a été de même pour une cinquième délégation qui séjourna à Pékin en 1984.

Les Chinois étaient-ils vraiment sincères? Ou cherchaient-ils seulement à gagner du temps? Étaient-ils prêts à de réelles concessions? Ou espéraient-ils pouvoir faire revenir le dalaï-lama en Chine pour ensuite le neutraliser de la même manière qu'avant 1959? Lodi Gyaltsen Gyari, qui a été pendant plusieurs années « ministre des Affaires étrangères » du cabinet du dalaï-lama à la fin des années quatre-vingt, faisait partie de ces deux dernières missions. Il m'a raconté en octobre

1988, chez lui, à Dharamsala, les circonstances de ces visites à Pékin.

« Après avoir effectué deux voyages, voici mon impression : qu'ils aient vraiment eu une idée concrète à offrir ou bien qu'ils se soient trouvés dans une situation difficile pour des raisons de politique intérieure, les Chinois en réalité n'étaient pas en mesure de formuler une politique. Ou bien est-ce qu'ils n'en avaient jamais eu l'intention ? Ils ne faisaient que jouer une sorte de jeu dans lequel ils essayaient de nous plonger pour une période de temps pendant laquelle ils auraient pu continuer leur politique d'invasion démographique au Tibet. Celle-ci, nous pensons qu'elle représente malheureusement pour les Chinois une solution finale au problème tibétain. »

Lors de ces deux voyages, les chefs de la délégation chinoise étaient Xi Zhongxun, membre du bureau politique du PCC, Yang Jingren et Wu Jinghua. Ce dernier devint peu après le nouveau chef du parti au Tibet. La délégation tibétaine se sentit trompée et utilisée par les Chinois qui avaient fait usage avec habileté de leurs médias pour créer des impressions fausses auprès de la population tibétaine et chinoise sur le sens de ces visites. Lors du deuxième voyage, alors que rien n'avait été préalablement discuté sur la présence de journalistes aux entretiens, la délégation tibétaine se retrouva un beau jour poussée dans une salle de réunion où l'attendait une meute de journalistes chinois. Tombée dans un piège, la délégation tibétaine était filmée aux côtés de la délégation chinoise. Celle-ci expliqua aux journalistes que le gouvernement à Pékin faisait preuve de mansuétude en permettant au dalaï-lama de revenir : en effet, si dorénavant le dalaï-lama se comportait bien, le gouvernement lui accorderait même la fonction de vice-président de l'Assemblée Nationale Populaire.

Cela, se souvient Lodi Gyaltsen Gyari, « donna naturellement l'impression à tous ceux qui nous regardaient que, premièrement, rien d'autre ne figurait dans notre agenda de discussions que le retour du dalaï-lama et, deuxièmement, que les Chinois nous faisaient la leçon comme à de petits enfants : " Vous savez, si vous vous tenez bien, si vous ne faites pas les mêmes bêtises qu'autrefois, nous vous autoriserons à revenir. " »

Le Tibet ouvert au tourisme

En même temps que Pékin sondait les possibilités d'un terrain d'entente avec le dalaï-lama, le gouvernement chinois adoptait une autre mesure majeure qui allait avoir des conséquences incalculables que le gouvernement chinois n'avait sans doute pas mesurées et auxquelles il ne s'attendait pas : les portes du Tibet grandes ouvertes au tourisme occidental. Depuis 1950, à de très rares exceptions près, seule une poignée de conseillers soviétiques et d'« amis de la Chine » inoffensifs avait pu s'aventurer au Tibet chinois. A partir de 1981, Lhassa était déclarée zone ouverte aux touristes. Il ne fallait qu'un « Certificat de route » (Luxingzheng) pour pouvoir acheter son billet d'avion pour Lhassa. Plusieurs centaines de chanceux se précipitèrent au Tibet, payant à prix d'or un voyage organisé et dûment cornaqué.

Leur nombre augmenta très rapidement pour atteindre 43 000 en 1987. Pour cette seule année, la Chine en retira 130 millions de yuans (35 millions de dollars). Dans les bureaux de la compagnie chinoise du tourisme à Lhassa, la Luxingshe, on se mit à tracer de belles courbes exponentielles sur les perspectives qu'offrait le tourisme pour le Trésor chinois. En 1985, le responsable du tourisme au Tibet, un Han, m'a expliqué que, selon les prévisions officielles, les touristes occidentaux devaient atteindre le chiffre fabuleux de 500 000 par an en 1990 ! A Lhassa et Shigatsé et dans quelques autres villes, on se mettait fébrilement au travail pour construire en temps record des hôtels d'un luxe inouï selon les normes tibétaines. On faisait venir des équipes d'ouvriers de Chine pour ériger l'« Hôtel de Lhassa », un bâtiment de très grand standing, édifié en face du « Palais de la Culture des Ouvriers ». Faut-il souligner que son architecture ne rappelle en rien le Tibet ? En outre, et ce n'est certainement pas le fait du hasard, ses concepteurs chinois se sont arrangés pour qu'aucune des chambres ne donne sur le Potala ! Ils ont, en revanche, prévu une salle de thé baptisée « Rambo Bar » ornée d'une affiche de Sylvester Stallone.

Afin de satisfaire les besoins en exotisme de ces « amis étrangers », on redoublait d'efforts pour faire avancer le programme de restauration de quelques monastères et temples. On s'appliquait à badigeonner de neuf les façades et colonnades de bâtiments remis sur pied tant bien que mal. Les salles désespérément vides de ces endroits autrefois sacrés étaient ornées de bouddhas de plâtre tout neufs. Ces nouveaux sites touristiques prenaient immanquablement une allure factice. Le gouvernement chinois affirme avoir puisé à ce jour plus de 43 millions de yuans dans les caisses de l'État pour la reconstruction et la restauration de plus de 1 400 monastères et sanctuaires. Selon lui, à partir de 1989, l'État chinois a en outre décidé d'affecter par étapes 40 millions de yuans à la réparation du Potala [8]. De fait, trop heureux de pouvoir contribuer à la réhabilitation de leur patrimoine, les Tibétains donnèrent beaucoup d'argent aussi. Les artistes tibétains se proposèrent qui pour redessiner des fresques, qui pour redorer des toits.

Les Chinois, pour la plupart, ont beau se gratter la tête, ils n'arrivent pas à comprendre pourquoi et comment le Tibet fait tant rêver les Occidentaux, pourquoi il éveille chez eux tant d'émotions. Mais puisque c'est ainsi, s'est-on dit à Pékin, eh bien, que le Tibet devienne la nouvelle Mecque des touristes fortunés du monde entier ! Et que ces Américains bedonnants et ces Américaines suralimentées viennent donc dépenser leurs précieuses devises au Tibet !

On peut aussi soupçonner d'autres espérances chez les stratèges chinois : certains savent fort bien qu'une telle invasion touristique au Tibet finira tôt ou tard par avoir raison des traditions tibétaines. Là où les violences de la Révolution culturelle ont échoué lamentablement, le tourisme de masse réussira. Quel pays au monde demeure intact lorsque des hordes de centaines de milliers de touristes foulent son sol? Bien souvent sans le moindre respect pour ses traditions et ses coutumes. Le pouvoir de l'argent et l'attrait du matérialisme occidental, pensèrent les décideurs chinois, finiront bien par corroder une société, même la plus rebelle. La Chine, et elle n'est pas à blâmer pour cela, fait payer très cher les voyagistes occidentaux dont les prospectus vantent les « merveilles du Tibet éternel » et les « trésors du Toit du monde ». Un voyage en Chine comportant quelques journées au Tibet est rarement facturé à moins de 20 000 francs.

Aux États-Unis, en France ou en Allemagne, le Tibet est devenu à la mode. Parfois, ces touristes payent de leur vie leur voyage au Shangri La. Pour les personnes âgées, un long voyage en avion suivi d'un séjour sur le plateau tibétain, sans transition entre leur salon douillet de Paris ou de New York et les rigueurs tibétaines, à plus de 3 700 mètres d'altitude, représente un effort physique qu'elles ne sont pas toujours capables de supporter. Chaque été, les avions chinois rapportent à Pékin les cercueils de ceux dont le cœur a lâché.

A partir de 1985, le Tibet devint accessible aussi aux touristes individuels. Peu à peu, d'autres cités du Tibet étaient placées sur la liste des villes ouvertes de Chine populaire. Le Tibet devint l'une des destinations favorites pour le flot ininterrompu de ces jeunes qui parcourent le monde, sac au dos, à la recherche d'expériences nouvelles. Les chemins de Kathmandou menaient désormais à Lhassa. Munis ou non d'autorisations, ces intrépides gaillards et jeunes femmes s'aventurèrent, seuls, partout, jusque dans les coins les plus reculés du Tibet, sillonnant parfois pendant plu-

1. L'ancien Tibet : cérémonie religieuse au monastère de Tashi-Lhunpo à Shigatsé.

2. L'intégration : dans les années cinquante, Mao Tsé-Toung en compagnie du dalaï-lama (à droite, portant des lunettes) et du panchen-lama, les deux dirigeants religieux du Tibet.

3. 1950-1951, l'invasion chinoise : des camions militaires montant au front.

4. Propagande chinoise : à Lhassa, la foule se réjouit de l'achèvement de la route reliant la capitale du Tibet au Qinghai, province chinoise. Le désenclavement du Tibet a été l'un des premiers objectifs stratégiques de l'Armée populaire de libération dans les années cinquante. Construite à 3 000 mètres d'altitude moyenne, la route est longue de 2 255 kilomètres.

5. Casquette sur la tête, Chen Yi, chef de la délégation du gouvernement de Pékin, inspecte les troupes au Tibet, avec à sa droite, portant des lunettes, le dalaï-lama et à sa gauche le panchen-lama.

6. En 1959 toujours, après la fuite du dalaï-lama en Inde, le gouvernement de Pékin exige des Tibétains qu'ils reconnaissent le panchen-lama, rallié à la Chine, comme seul chef spirituel.
En arrière-plan, le palais du Potala où résidait le dalaï-lama à Lhassa.

7. Propagande chinoise : avril 1959, les lamas se rendent et déposent leurs armes après l'échec sanglant du soulèvement anti-chinois de Lhassa. Selon certains témoignages, cette photo serait un montage, les lamas ayant été obligés de jouer la scène sous la surveillance des militaires chinois.

8 et 9. 1er octobre 1987 : émeutes anti-chinoises à Lhassa. Principale cible des manifestants : le poste de police.

10. Ce lama, Jampa Tenzin, est porté en triomphe par la foule lors de la manifestation d'octobre 1987. Bravant le danger, il s'était porté au secours d'autres lamas détenus dans un poste de police en feu. Brûlé sur une partie de son corps, il fut le héros de cette journée. Ce même lama a été retrouvé mort dans le temple Jokhang en 1992, une cordelette autour de son cou. La police a conclu au suicide mais à Lhassa, d'autres sources affirment qu'il a été éliminé par la police secrète.

11. Sentinelle de la police armée chinoise postée avec sa mitrailleuse sur un toit dominant la place du Barkhor dans le quartier tibétain de Lhassa. La mitrailleuse est pointée sur l'entrée du temple Jokhang. C'est de là que sont parties plusieurs manifestations à Lhassa depuis 1987. Ces sentinelles sont restées en faction jour et nuit entre mars 1989 et juillet 1991. Depuis, la surveillance est moins visible mais n'en est pas moins efficace.

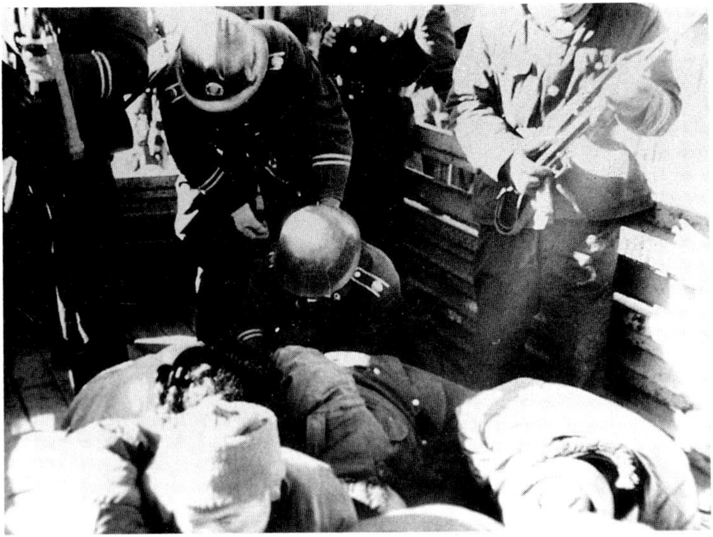

12. Des manifestants tibétains sont conduits de force sur le plateau arrière d'un camion de la police armée chinoise à la suite de la manifestation du 10 décembre 1988. Ils seront plus tard conduits dans les prisons de Lhassa.

© Les amis du Tibet

13. Lhassa a été secouée par des manifestations à répétition et parfois sanglantes depuis 1987. Bien que la surveillance policière soit désormais très étroite et malgré un dispositif militaire écrasant, la contestation continue.

14. Arrestation d'un civil tibétain lors des manifestations de mars 1989 à Lhassa. Des dizaines de Tibétains ont été arrêtés lors de ces manifestations réprimées dans le sang à la suite desquelles le gouvernement chinois avait imposé la loi martiale à Lhassa.

15. Les troupes de l'armée populaire de la libération défilent dans les rues de Lhassa en mars 1989 à la suite de plusieurs journées de manifestations sanglantes contre la présence chinoise au Tibet. Cette démonstration de force visait à intimider la population et décourager les contestataires.

16. Les chars de l'armée populaire de libération prennent place dans les rues de Lhassa, devant le Potala, à la suite des manifestations de mars 1989. Pékin entendait prouver aux manifestants tibétains que le rapport de force ne pouvait guère s'inverser en leur faveur.

17. Rare cliché présentant un défilé de chars devant le Potala en mars 1989, symbole de l'ordre nouveau imposé par l'armée populaire de libération contre l'ordre ancien que suggère l'ancienne demeure du dalaï-lama.

sieurs mois d'affilée et dans la plus parfaite illégalité des villages où l'on n'avait jamais vu de Blancs. Passé les premiers moments d'étonnement extrême de part et d'autre, l'accueil des Tibétains fut exceptionnellement chaleureux. Très naturellement et très vite, des liens se sont tissés entre ces étrangers bienvenus et la population locale. Au vu des destructions massives au Tibet, comment, pour un Occidental normalement constitué, ne pas se prendre de sympathie pour le peuple tibétain?

Autant les voyages organisés au Tibet ne permettent guère que des impressions fugaces, autant le voyage individuel autorise une relation vraie avec les Tibétains. Pour la première fois, deux peuples qui ne se connaissaient pas, l'un occidental et l'autre tibétain, se regardaient au fond des yeux. Dans les salles obscures des sanctuaires et des monastères, à l'abri des oreilles indiscrètes, les lamas prenaient grand plaisir à faire à ces visiteurs un exposé complet de la situation au Tibet. Leur version était bien évidemment radicalement différente de celle que fournissent obligeamment les prospectus de l'administration touristique chinoise. Pour cultiver ces contacts précieux, les moinillons tibétains se mirent par centaines à l'étude de l'anglais.

Dans les maisons particulières aussi, on racontait, assis autour d'un bol de thé au beurre de yack, l'intolérable omniprésence des Chinois. Quel voyageur occidental, pour peu qu'il ne soit pas absolument sourd, n'a pas entendu cette phrase « Chinese no good! ». Les voyageurs les plus curieux réunirent des témoignages de première main, inestimables, sur trente années d'une histoire si mouvementée. Trouvant pour la première fois depuis 1950 un public attentif et volontiers sympathisant, les Tibétains, pour peu qu'il n'y eût pas de témoin chinois, se mirent à exprimer sans retenue souffrances et espoirs. Aux journalistes occidentaux, bien qu'ils soient toujours l'objet d'une surveillance étroite de leurs chaperons chinois, les Tibétains faisaient parvenir des messages sur les violations des droits de l'homme. Vous serriez la main d'un Tibétain qui en profitait pour vous glisser, ni vu ni connu, une petite boule de papier, à la barbe des officiels chinois.

Après des décennies d'isolement total, le peuple tibétain avait trouvé des témoins et une tribune. Ces visiteurs leur donnaient confiance. Pour la première fois aussi, la tragédie tibétaine trouvait un écho puissant dans la presse occidentale. Quant à la Chine, elle comprenait, mais trop tard, que l'ouverture du Tibet se retournait contre elle.

La religion renaît de ses cendres

La nouvelle politique de plus grande tolérance religieuse adoptée en 1979 a été appliquée au Tibet aussi. Il serait toutefois hâtif, sinon totalement erroné, de parler de « liberté religieuse », une expression qu'aime à employer le gouvernement chinois pour abuser l'opinion internationale. Les dirigeants du Parti communiste chinois n'ont certainement pas abandonné l'idée d'éliminer toutes les religions, l'opium du peuple. La lecture de la presse officielle chinoise est édifiante : « Selon le marxisme, la religion repose sur un système idéologique fondé sur l'idéalisme. Il est catégoriquement opposé à la science et au matérialisme dialectique. » « Elle ne peut être abolie d'un seul coup. Affaiblir son influence nécessitera une éducation patiente, méticuleuse et répétée. La religion ne pourra pas être complètement abolie avant que soit atteint un certain niveau dans le développement de la société communiste [9]. » Les règles du jeu sont donc parfaitement claires !

Avec le programme de reconstruction et de restauration des principaux monastères du Tibet, le Pays des Neiges a retrouvé un semblant de vie religieuse. Les descriptions des médias de Chine veulent convaincre que tout est presque comme avant : « On peut voir partout des volutes de fumée d'encens s'échapper en spirale des monastères. Les lampes à beurre devant les statues bouddhistes brûlent nuit et jour. Il y a continuellement des flots de fidèles qui marchent autour des monastères et se prosternent dans les rues pour prier. La plupart des familles tibétaines possèdent des niches pour les statues de Bouddha et les rouleaux de sūtras sont ouvertement montrés. »« La Chine applique une politique de liberté religieuse. Les lamaïstes tibétains peuvent exercer librement leurs activités religieuses. Ils peuvent installer des autels chez eux ou créer des halls pour chanter les sūtras et prier tous les jours. Ils peuvent aussi aller dans les monastères partout pour prier et donner des offrandes. La célébration des diverses activités religieuses est aussi permise. » Selon Pékin, il y aurait plus de 34 000 moines dans les monastères tibétains, les plus jeunes n'ayant que seize ans [10].

Il est incontestable que les autorités chinoises ont, à partir de 1979, notablement desserré le carcan idéologique et policier. Lâchant légèrement la bride, les cadres chinois pensèrent pouvoir contrôler ce processus de relative libéralisation. C'était compter sans l'engouement des Tibétains pour leur religion et leur soif de spiritualité. La religion était restée un ferment culturel. Vingt années de présence chinoise n'avaient guère entamé leur foi. Sitôt le changement de politique effectif, des centaines de milliers de Tibétains, jeunes et vieux, intellectuels et manuels, paysans et citadins, nomades et sédentaires, retournèrent à des pratiques qui, pour nous, paraissent venues tout droit du fond des âges.

A Lhassa, devant le Jokhang – la « Maison des Dieux » –, je me suis posé bien des questions à la vue du spectacle extraordinaire de ces foules de pèlerins qui, pendant des heures, se prosternent avec une énergie et une dévotion indescriptibles. En bon croyant, il faut porter ses mains jointes successivement sur le sommet du crâne, devant le visage, sur le cœur, puis il faut s'étaler à plat ventre, de tout son long, les bras en avant, jusqu'à ce que le front touche le sol. Pour ceux qui restent debout, les moulins à prières tournent sans arrêt et les bouches articulent sans fin des « Om Mani Padme Hum » – « Gloire au Bouddha ». La journée durant, certains pèlerins effectuent en se prosternant le circuit du « Petit Barkhor » autour du Jokhang, ou même du « Grand Barkhor » qui fait le tour de Lhassa. Sur des kilomètres, ils se prosternent, se couchent dans la poussière, se relèvent, puis, inlassablement, les genoux et les coudes en sang, le rosaire serré dans la main, recommencent les mêmes gestes. Des paysans venus de loin, à pied, portent sur leur poitrine des « boîtes à charmes », des reliquaires et des amulettes sacrées de toutes sortes qui sont censés les protéger contre l'adversité. Foi aveugle? Fanatisme? Survivances de la féodalité? Je laisse les réponses à d'autres. Ceci prouve en tout cas que la greffe socialiste n'a pas pris au Tibet.

Comme avant 1950, beaucoup de Tibétains se saignent de nouveau aux quatre veines pour les dons en argent et en beurre de yack déposés dans les monastères. Certaines familles se ruinent dans l'achat du beurre qui sert à alimenter les milliers de lampes à beurre que l'on voit briller dans les lieux de culte du Tibet. Avant les émeutes de 1987 et 1988, les monastères étaient dans une certaine mesure redevenus les universités de la religion qu'ils étaient avant 1959. Mais à une échelle toutefois infiniment moindre, ne serait-ce que par leur population. Jamais le gouvernement chinois n'a autorisé l'enrôlement libre des novices. Le nombre des lamas et trapas n'atteint pas un dixième de celui qu'il était avant 1959. Mais en dépit de la surveillance chinoise, les moines se remettaient à l'étude du Dharma. De nouveau l'on pouvait assister à ces séances de joutes oratoires de centaines de lamas qui, pour contrôler l'étendue de leurs connaissances théologiques, s'interrogent l'un l'autre à tour de rôle dans une ambiance d'émulation tranquille.

Lorsque le panchen-lama a été autorisé à retourner

au Tibet en 1982, pour la première fois depuis 1964, ses apparitions en public provoquèrent des scènes de dévotion hallucinantes. En août 1985, lors de son deuxième séjour à Lhassa, j'ai vu des Tibétains se mettre subitement à trembler et entrer dans une sorte de transe à la seule vue du chef religieux engoncé dans sa robe brune ornée de brocart doré. Dès son arrivée, la nouvelle avait fait le tour de la ville. Lorsque la population apprit que, le lendemain, il bénirait les fidèles dans le Jokhang, une interminable queue se forma dans la nuit. Elle atteignait des kilomètres au petit matin, sous le regard nerveux de la police chinoise armée de matraques électriques. Le panchen-lama avait eu beau accepter de collaborer avec la Chine, son aura religieuse au Tibet était intacte.

Partout aussi l'on était à la recherche de photos du dalaï-lama. Il suffisait qu'un étranger apparaisse quelque part dans un village pour qu'aussitôt une nuée de gamins l'entoure et que résonne une phrase apprise par cœur : « Dalaï-lama picture, dalaï-lama picture. » Offrez-en une à un lama, et le voilà qui la porte au sommet de son crâne, puis sur ses lèvres, le visage soudain transfiguré par un bonheur extatique. La photo de Tenzin Gyatso orne chaque autel de chaque monastère et sanctuaire. Celles du panchen-lama et des autres lamas importants du panthéon religieux tibétain sont systématiquement placées au second plan. Pour les dirigeants chinois qui pouvaient nourrir quelques doutes, il fallut vite se rendre à l'évidence : le prestige du dalaï-lama n'avait été en rien entamé par vingt ans de communisme. Au contraire : son absence l'avait comme magnifié auprès de son peuple. Les attaques verbales du Parti communiste et de ses dirigeants à son égard n'avaient pas même réussi à égratigner le personnage. Il était et il est le dieu-roi de tous les Tibétains. Beaucoup de ses sujets contestent le bien-fondé de ses ouvertures récentes en direction de la Chine. Mais il n'est probablement pas un seul Tibétain qui ne lui témoigne un respect infini. Cela aussi fait ressortir l'échec cuisant de l'entreprise de lobotomie idéologique que le gouvernement chinois a tentée au Tibet.

La renaissance de la religion au Tibet était l'expression d'un autre phénomène que Pékin ne comprit pleinement que trop tard : elle traduisait un très profond renouveau du nationalisme tibétain. Jamais, semble-t-il, la direction communiste chinoise n'a été en mesure de comprendre la puissance de cette fibre nationaliste qui fait vibrer les cœurs des Tibétains. Le mépris, la superbe qu'affichent tant de cadres chinois, leur incapacité absolue de comprendre l'âme de ce peuple préparaient une nouvelle catastrophe.

Au sein de la faction modérée du Parti communiste qui avait pris le pouvoir après 1978, il y eut assurément des dirigeants chinois parmi les plus éclairés qui auraient voulu restaurer la confiance entre les peuples chinois et tibétain. Certains espéraient un compromis historique. Mais sur place au Tibet, un encadrement chinois obstinément fermé à ces idées rendit cette mission impossible. Le gouvernement de Pékin a plus d'une fois critiqué les « survivances des influences gauchistes » au Tibet, une expression qui, dans la langue de bois communiste, désigne ces cadres promus pendant la Révolution culturelle et qui, loin de Pékin, restent obstinément accrochés à leurs fonctions dans le parti et le gouvernement local du Tibet. Les purges opérées après 1979 en Chine pour en éliminer les cadres trop nostalgiques du maoïsme n'ont guère touché le Tibet. Le calme apparent à Lhassa annonçait la tempête et la Chine ne le savait pas.

L'explosion antichinoise de 1987

Premier acte : le 21 septembre 1987, une visite de dix jours du dalaï-lama aux États-Unis prit un relief tout particulier. L'accueil au Congrès américain montra à l'évidence la réussite de l'offensive de charme menée par les milieux tibétains. Pour la première fois invité à cette tribune prestigieuse, le dalaï-lama y prononça un discours capital proposant le dialogue et la modération. Il s'agissait d'un « Plan de paix en cinq points » :

1/ La transformation du Tibet en une zone de paix. Le Tibet bouddhiste renouerait avec sa tradition pacifique et jouerait à nouveau un rôle d'État tampon séparant les grandes puissances régionales.

2/ L'abandon par la Chine de sa politique de transferts de populations chinoises au Tibet.

3/ Le respect des droits de l'homme et des libertés au Tibet. Le gouvernement chinois devrait pour cela libérer les milliers de prisonniers politiques et religieux. Le peuple tibétain devait être libre de déterminer lui-même son avenir dans un esprit d'ouverture et de réconciliation.

4/ La restauration et la protection de l'environnement naturel du Tibet et l'abandon par la Chine de son programme d'installation d'armes nucléaires et de stockage de déchets nucléaires au Tibet.

5/ L'ouverture de négociations franches sur le statut futur du Tibet et les relations entre les peuples tibétain et chinois.

Huit membres du Congrès américain déclarèrent officiellement leur soutien personnel à l'initiative du dalaï-lama et envoyèrent une lettre pour appuyer sa démarche auprès du Premier ministre chinois Zhao Ziyang. Le succès sans précédent de la tournée du dalaï-lama aux États-Unis plaça le gouvernement chinois dans une fureur extrême. Il accusait le Congrès américain d'« ingérences flagrantes » dans les affaires intérieures de la Chine. Le ministère chinois des Affaires étrangères produisit une déclaration kilométrique où il manifestait ses « regrets » et son « profond mécontentement » de ce que le gouvernement américain n'avait pas empêché le dalaï-lama de se livrer à des « activités politiques » sur le territoire des États-Unis.

Deuxième acte : le 24 septembre 1987, le gouvernement chinois organisait un procès public monstre à Lhassa. 15 000 Tibétains étaient conduits dans le stade

Triyue Trang de Lhassa pour assister à la condamnation de huit Tibétains à des peines de prison. Deux autres étaient condamnés à mort. L'un, Kelsang Tashi, était immédiatement exécuté d'une balle dans la nuque. Un autre, Sonam Gyaltsen, était exécuté de la même façon deux jours plus tard. Pékin affirme que les deux suppliciés étaient des meurtriers. Les Tibétains en exil soutiennent que ces deux hommes ont payé de leur vie leur engagement pour l'indépendance du Tibet. Les procès publics dans les stades sont une tradition du régime communiste chinois pour lequel ce procédé relève d'une éducation populaire efficace. Certains Tibétains pensent que ce procès a constitué en réalité la réponse du gouvernement chinois à la visite du dalaï-lama aux États-Unis. Beaucoup y voient le signal du début de la révolte qui couvait.

Troisième acte : fin septembre 1987, des affiches apparaissent sur les murs des bâtiments officiels et des maisons de Lhassa. Selon plusieurs témoignages crédibles, elles ont été posées par des étrangers. Elles reproduisent une résolution adoptée le 16 juin 1987 par la Sous-Commission des Droits de l'Homme de la Chambre des représentants américaine. Elles accusent la Chine de violations des droits de l'homme au Tibet. En particulier, la Chine est tenue pour responsable de la mort d'un million de Tibétains depuis 1950.

Dénouement : six jours seulement après le discours du dalaï-lama à Washington et trois jours après le procès, Lhassa a été le théâtre d'un événement qui prit les autorités chinoises par totale surprise. En cette matinée d'un dimanche ensoleillé, il était dix heures et des dizaines de touristes occidentaux visitaient paisiblement la ville. Nombre d'entre eux contemplaient les trésors du Jokhang. Sur la place qui fait face au Jokhang, au cœur du vieux Lhassa, des centaines de pèlerins étaient comme à l'accoutumée réunis, venus de tous les horizons du Tibet en bus, en camion, à cheval ou à pied. Soudain, vingt-six lamas se mettent à courir dans leurs longues robes marron autour du sanctuaire, portant à bout de bras le drapeau bleu, rouge, blanc et jaune du Tibet libre. Ce drapeau montre deux lions rugissants devant trois pics enneigés (symbolisant le U-Tsang, le Kham et l'Amdo) et la Roue de la Loi du bouddhisme lamaïque. Devant une foule abasourdie, ils commencent à hurler : « Le Tibet veut l'indépendance ! », « Chinois, quittez le Tibet ! ». Le petit groupe fait cinq fois le tour du Barkhor autour du Jokhang puis se rend vers le siège du « gouvernement populaire » de la « Région autonome du Tibet ». Le tout avait pris moins d'une heure.

Les premiers instants d'hésitation passés, la police intervint et procéda à l'arrestation des manifestants. L'agence officielle *Chine Nouvelle* qui, d'ordinaire, ne faisait pas mention des incidents inter-ethniques en Chine, rendit compte de ces événements deux jours plus tard. De mémoire de Tibétain, jamais tel fait ne s'était produit à Lhassa depuis la fin de la Révolution culturelle. Le lendemain, Ngapo Ngawang Jigme, en sa qualité de vice-président de l'Assemblée Nationale Populaire, expliqua que « les fauteurs de troubles constituent un groupe isolé et ne bénéficient pas du soutien du peuple ». Il fallait une certaine dose de courage à ces quelques Tibétains pour oser défier ainsi au grand jour la puissante Chine et crier leur soif d'indépendance. Cette petite poignée de manifestants devait être parfaitement consciente du châtiment exemplaire auquel ils s'exposaient en commettant ce que Pékin assimile à une trahison. Mais cette première alerte annonçait une explosion de violence autrement plus formidable.

Il ne fallut pas une semaine pour que les dirigeants de Pékin, encore mal remis de ce premier affront, subissent un coup beaucoup plus puissant. Le 1er octobre 1987, la Chine fêtait le trente-huitième anniversaire de la fondation de la République populaire. A Pékin régnait ce jour-là une douce quiétude, car, fête nationale, le 1er octobre est aussi un jour chômé. Depuis 1949, ce jour est traditionnellement l'occasion pour les cadres du régime de ripailler aux frais de l'État et de se congratuler mutuellement pour les pas de géant réalisés sur la voie du socialisme. Ce 1er octobre 1987 allait toutefois devenir un cauchemar à Pékin. Ce fut, par contraste, un jour de grande joie à Lhassa. Dès le matin, le téléphone rouge qui relie en permanence le sommet de la direction chinoise aux divers organes du pouvoir à travers la Chine, se mit à sonner sans interruption.

Dans la matinée, vers neuf heures, plusieurs centaines de Tibétains s'étaient, comme de coutume, réunis sur la place du Jokhang. Comme chaque jour, des pèlerins cheminaient autour du temple, récitant mille fois le « Om Mani Padme Um ». Il y avait quelques lamas dans leurs robes pourpres. Les mendiants aussi étaient là, crasseux, répandant une odeur nauséabonde, la peau grêlée de quelque maladie incurable. Il y avait aussi un grand nombre d'Occidentaux. Les témoignages de ces derniers sont concordants. Tout d'un coup, une quarantaine de lamas sortirent en trombe du Jokhang, portant chacun un petit drapeau du Tibet nationaliste et hurlant des slogans hostiles à la présence chinoise au Tibet. Ils entreprirent de faire le tour du sanctuaire en criant : « Le Tibet est une nation libre et indépendante ! » La réaction de la police fut cette fois-ci quasi immédiate. Au bout de quelques minutes, la plupart des manifestants étaient traînés à l'intérieur du poste de police voisin, un bâtiment de trois étages qui surplombe la place pour mieux la surveiller en permanence.

Une grande clameur jaillit de la foule. Bientôt plusieurs milliers de Tibétains se regroupaient devant l'entrée du poste de police. Une pluie de pierres s'abattit sur cet édifice autour duquel plus d'une centaine de policiers arrivèrent très rapidement en renfort, une cinquantaine armés de mitraillettes AK-47. Cet engin est une copie chinoise du modèle soviétique, produite dans les arsenaux chinois et exportée à travers le monde. Au Tibet, l'ordre public n'est pas confié à la police ordinaire mais à la police armée. Ce sont des unités spéciales paramilitaires chargées de la protection des bâtiments officiels, des ambassades et des résidences des étrangers. La confrontation dura plusieurs heures. La tension montait, mais il n'était pas question pour les forces de l'ordre de libérer les manifestants.

Dehors, la police armée faisait face à la foule devant l'entrée du bâtiment, les deux camps hostiles séparés par quelques mètres à peine. La police chinoise avait devant elle des milliers d'hommes, de femmes et d'enfants qui criaient leur haine des Chinois. Une haine exacerbée par les nouvelles arrestations. Une haine qui ne pouvait plus être contenue. Les enfants jetaient des pierres sur ces hommes casqués. A un moment donné, un gamin tibétain d'une douzaine d'années réussit à s'emparer d'un fusil qu'un policier avait abandonné dans sa fuite. Le saisissant par le canon, le bambin en frappa le sol jusqu'à ce que la crosse de bois éclate en morceaux. Les policiers ne firent pas un geste, pétrifiés par cette scène invraisemblable. Mais, le visage décomposé par la peur, ils sentaient l'émeute venir. En guise de protection, ils installèrent une dizaine de véhicules autour du bâtiment.

Les Tibétains y mirent le feu. Quelques minutes plus tard, d'épais nuages de fumée noire montaient vers le ciel. Peu après, le poste de police prit feu à son tour. Bientôt de longues flammes s'échappaient des fenêtres. Les forces de l'ordre se mirent à brandir leurs mitraillettes. Puis le bruit des armes automatiques retentit sur la place. D'abord des coups de semonce tirés ostensiblement au-dessus des têtes. C'est un policier installé sur le toit du poste qui, muni d'un pistolet, tira les premiers coups de feu directement dans la foule. Il s'appliquait à viser des cibles vivantes. Puis les tirs de mitraillettes devinrent à leur tour des tirs tendus, directement vers les Tibétains. Plusieurs tombèrent sur le sol et le sang se mit à couler.

Plusieurs lamas et laïques tibétains détenus dans le poste de police en flammes s'échappèrent par les fenêtres. Quelques-uns furent abattus comme des lapins. « J'ai vu trois morts devant le temple. L'un était un jeune garçon touché dans le dos, un autre un homme touché au cœur et un troisième est mort de blessures à la tête », déclara William Kerr, un voyageur originaire de Buffalo (État de New York). « J'ai vu un homme allongé par terre avec une partie du crâne éclatée et du sang qui coulait de sa tête », affirme Lars Pettersson, un voyageur suédois originaire de Kristnehamn. Leon Schadeberg de Londres indique qu'un autre Tibétain paraissant une quinzaine d'années avait été touché d'une balle dans la tête et était mort sur le chemin de l'hôpital : « Il est mort alors que je le regardais. Du sang coulait à flots de sa bouche. » « Une femme s'est approchée de moi et me conduisit dans une ruelle voisine. Elle me dit en chinois qu'une personne avait été touchée et agonisait et qu'elle voulait que je prenne une photo. L'homme était sur une charrette. Il avait vingt-cinq ans et présentait une blessure à la poitrine. Il vomissait du sang en grandes quantités par le nez et la bouche. La foule s'écarta et me permit de prendre une photo de l'homme alors qu'il mourait. J'en ai pris plusieurs. C'était assez pour moi », déclara un autre témoin.

Quand le carnage commença, le tumulte devint énorme aux abords du Jokhang. Le vacarme des détonations des armes chinoises sema la panique dans les rangs des Tibétains, dont une partie s'enfuit. Mais d'autres restèrent sur place malgré le danger. Des Tibétains rossèrent copieusement des policiers en civil installés sur le toit du Jokhang qui filmaient la scène à l'aide de caméras vidéo. Leur équipement fut immédiatement détruit. La foule se saisit du corps d'un Tibétain mort et l'installa sur une planche qu'ils tinrent au-dessus de leurs têtes. Ils chargèrent la police qui leur céda le passage. De nombreux Tibétains prirent à témoin les étrangers, les invitant à prendre des photos et à informer le monde de ces événements. « Nous nous battons contre les Chinois », dit l'un deux à une touriste ouest-allemande. « Beaucoup de Tibétains nous ont dit qu'ils étaient heureux de ce qui se passait », souligna un autre touriste. Des Tibétains s'en prirent à des civils chinois dans les magasins aux alentours. L'émeute gagna la totalité de la partie tibétaine de la ville. Les jets de pierres continuèrent pendant plusieurs heures, empêchant les pompiers de s'approcher du poste de police en feu dont le toit s'effondra vers une heure de l'après-midi dans un grand fracas qui déchaîna les applaudissements de la foule. Il continua de brûler toute la nuit.

Le frère du jeune Tibétain mort sur la place du Jokhang s'appelle Sonam Tseten. Il est aujourd'hui réfugié au village des enfants tibétains (Tibetan Children Village) à Dharamsala. Le jour où je l'ai rencontré dans son école, je m'adressais à un enfant qui, les yeux baissés, était intimidé par la présence d'un étranger. Il était encore vêtu de sa veste et de son pantalon chinois élimés jusqu'à la corde. L'interview était particulièrement difficile car il était encore choqué, m'expliquait son directeur.

– Quel est ton nom ?
– Je m'appelle Sonam Tseten.
– Quel âge as-tu ?
– Onze ans.
– Quand es-tu arrivé ici ?
– En 1987. Je ne me souviens plus quel mois.
– Peux-tu me décrire ce qui s'est passé le jour où ton frère a été tué ?
– J'ai vu tous les moines du monastère Sera qui arrivaient. Beaucoup étaient venus. Peut-être 200.

Sonam Tseten s'interrompt. Dehors, on entend distinctement ses camarades de classe qui jouent dans la cour pendant l'interclasse.

– Sais-tu que ton frère a été touché par une balle et a été tué ?
– Oui, je le sais.
– Comment cela s'est-il passé ?

– Tout cela s'est passé pendant la manifestation. Mon frère participait aussi à la manifestation. Un camarade de mon frère se battait avec les Chinois. Ils se battaient, ils se donnaient des coups. Mon frère a essayé d'empêcher son ami de se battre avec les Chinois. C'est alors que sa tête a été touchée. Il est mort presque tout de suite.

– Quel âge avait-il?

– Mon frère Khasel avait environ dix-huit ans.

– As-tu toi aussi jeté des pierres?

– Je me trouvais avec mon propre groupe. Nous manifestions aussi. J'ai aperçu une motocyclette et nous y avons mis le feu. L'un de nous avait des allumettes. Quelques-uns parmi nous prirent de l'essence dans le réservoir de la moto et nous y avons mis le feu. Nous étions six ou sept. Les Chinois étaient alors occupés car ils essayaient de mettre fin à la manifestation. La moto avait été abandonnée.

– Pourquoi aviez-vous fait cela?

– Les camarades plus âgés avaient dit que tout ce qui appartient aux Chinois devait être brûlé. Alors nous avons mis le feu à la moto.

– Tu penses que vous avez bien fait?

Sonam ne sait pas quoi répondre.

– Qu'est-il arrivé à ton frère quand il a été touché?

– Il est mort presque tout de suite. Il avait été touché à la tête. Nous l'avons placé sur un brancard et nous l'avons emmené pour qu'il soit incinéré. Les Chinois ne se sont pas opposés à cela.

– Que ressens-tu quand tu penses à ces événements?

– Je me sens triste.

– Où sont tes parents?

– Au Tibet.

– Ont-ils reçu des excuses pour cela?

– Non, ils n'en ont pas reçu.

– Es-tu heureux ici?

Sonam ne répond pas mais hoche la tête en signe d'assentiment.

– Que veux-tu faire quand tu seras grand?

– Je veux devenir moine.
– Que fait ton père à Lhassa ? Reçois-tu des lettres de lui ?
– Il est paysan. Je ne reçois pas de courrier de lui.
– As-tu des frères et des sœurs ?
– Oui, j'ai un frère à Bir (près de Dharamsala). Il a plus de vingt ans. Il est arrivé, il y a quelques années. Il vient parfois ici pour me voir. Je l'aime beaucoup.
– Qu'apprends-tu ici ?
– J'apprends la langue tibétaine, l'anglais, les mathématiques, les sciences.
– Qui t'a emmené ici ?
– Mon père m'a emmené à Khassa (ville frontière avec le Népal). Nous avons alors rencontré des Népalais qui m'ont habillé en Népalais et ils m'ont emmené au Népal. J'ai un oncle au Népal. Il m'a amené ici. A la fin de l'année dernière.
– Est-ce que tu hais les Chinois ?
– Oui. Je les déteste.
– Veux-tu te venger ?
– Oui.

Le jour même de l'émeute, les autorités chinoises coupèrent presque toutes les liaisons téléphoniques et télex reliant Lhassa à Pékin. S'informer sur la situation dans la capitale tibétaine devint d'autant plus compliqué pour les correspondants à Pékin. C'était là le but recherché. Plusieurs journalistes avaient toutefois réussi à rejoindre Lhassa dès le lendemain. En dépit des témoignages qui se multipliaient, le gouvernement chinois commença par nier énergiquement que la police eût jamais ouvert le feu sur la foule. L'agence *Chine Nouvelle* affirma deux jours après l'émeute que les manifestants tibétains avaient « arraché des armes à la police » puis avaient ouvert le feu sur elle. Un peu plus tard, un porte-parole chinois du gouvernement local, contacté au téléphone, admettait que « quelques policiers qui ne savaient pas se servir de leurs armes ont pu faire partir des coups de feu » en direction des manifestants. Mais, ajoutait-il, la consigne avait été de tirer en l'air. Dans la nuit de vendredi à samedi, les murs de Lhassa étaient recouverts d'affiches annonçant : « Vingt personnes sont mortes, mais il en faudra beaucoup plus ! » Ou encore : « Saisissons notre chance. Chinois, retournez en Chine ! » Dans une nouvelle version officielle des faits, l'agence *Chine Nouvelle* expliqua plus tard que « quelques coups de feu ont été entendus dans la confusion ». L'émeute, était-il expliqué, avait été « fomentée et préparée » par les partisans du dalaï-lama. « L'émeute est considérée comme un résultat direct des activités du dalaï-lama visant à diviser la patrie. » L'agence ajoutait qu'avant le début des événements : « Quelques émeutiers ont parcouru les ruelles, frappé aux portes des maisons et crié : " Le dalaï-lama rend son indépendance au Tibet et nous devons tous le suivre. Ceux qui refuseront de se joindre à la manifestation verront leur maison détruite. " »

Le héros du jour fut le lama Jampa Tenzin. Les actes de courage du moine de 49 ans l'ont rendu célèbre : bravant l'incendie qui y faisait rage, il n'avait pas hésité à se précipiter à l'intérieur du poste de police pour secourir ses compatriotes détenus à l'intérieur. Plus tard, gravement brûlé à plusieurs endroits du corps, il était porté en triomphe par la foule à travers Lhassa. Sa photo, qui le montre le poing levé en signe de victoire, de larges morceaux de peau brûlée pendant le long de son bras, a fait le tour du monde. Ce même moine, arrêté puis libéré quelques mois plus tard à la demande expresse du panchen-lama, est mort dans des circonstances étranges dans la nuit du 22 février 1992. Selon la police locale, il aurait été retrouvé mort dans son lit, dans sa chambre du temple Jokhang, une fine cordelette passée autour de son cou et attachée à un pied de son lit. La police a conclu au suicide. Selon d'autres sources, la thèse du suicide est impossible et Jampa Tenzin, qui n'avait jamais renié ses idées et qui continuait de contacter les touristes étrangers chaque fois que cela était possible pour les informer de la situation au Tibet, aurait été purement et simplement assassiné par la police locale [11].

Le gouvernement chinois a publié un bilan de six morts, tous des policiers. Le bilan des témoins occidentaux fait état de treize morts, six policiers chinois et sept Tibétains, ainsi que des dizaines de blessés. La plupart des blessés tibétains refusèrent de se rendre dans les hôpitaux, craignant une arrestation immédiate. Les journalistes occidentaux qui avaient réussi à parvenir, le vendredi et le samedi, jusqu'à Lhassa après l'émeute ont vu des dizaines de Tibétains achever de détruire et de piller le poste de police incendié. Lundi, malgré un couvre-feu imposé la nuit par les autorités et une surveillance très sévère de la police, les principaux monastères de Lhassa, dont le Sera, le Drepung et le Ganden, réussirent à faire parvenir aux journalistes étrangers un appel à l'ONU : « Les Chinois ont établi un règne de violence dans notre pays et nous voulons qu'ils quittent le Tibet. Nous demandons aux Nations unies et à tous les pays du monde de soutenir notre juste cause. Nous souffrons. Nous, Tibétains, reconnaîtrons toujours le dalaï-lama comme notre chef. Nous espérons que ceux qui veulent le respect des droits de l'homme viendront voir le Tibet par eux-mêmes. » D'autres affiches appelaient la population à « continuer la lutte ». Lundi, le *China Daily*, quotidien officiel en anglais publié à Pékin, continuait ses attaques contre le dalaï-lama et affirmait que le bain de sang de Lhassa avait suscité « le dégoût du peuple tibétain et la condamnation des autorités chinoises locales ». « Malgré le pardon et les conseils bien intentionnés que le gouvernement chinois lui a fait parvenir, le dalaï-lama s'est fait l'avocat de l'indépendance du Tibet. Son entreprise est vouée à l'échec », poursuivait le journal. Le même jour, le porte-parole du Parti communiste chinois Wu Xingtang accusait des étrangers de soutenir les partisans de l'indépendance du Tibet.

Une fois de plus, le gouvernement chinois avait été complètement pris de court. A Chengdu, au lendemain de l'émeute, j'ai interrogé le directeur du Bureau des affaires tibétaines de la ville, Gesan Namjie. Il m'a révélé que ni le secrétaire du Parti communiste du Tibet ni le gouverneur du Tibet ne se trouvaient à Lhassa le jour du désastre. Wu Jinghua, secrétaire du parti, véritable homme fort du Tibet, était à Pékin depuis septembre pour participer à la préparation d'un congrès du parti. Quant à Doje Cering, gouverneur et représentant du gouvernement sur le haut plateau himalayen, il était en traitement dans un hôpital militaire de Pékin depuis deux mois. De nombreux autres cadres importants à Lhassa étaient aussi rentrés « à l'intérieur » à l'occasion du trente-huitième anniversaire de la fondation de la Chine populaire. Cette paralysie au sommet du pouvoir à Lhassa devint une catastrophe lorsque ceux qui étaient restés durent gérer la crise.

Gesan Namjie, bien que tibétain, ne fut pas long à me déclarer que les émeutiers étaient tous des « contre-révolutionnaires » contre lesquels le gouvernement chinois avait le devoir d'appliquer la « lutte des classes ». Onze ans après la mort de Mao Tsé-Toung, voilà que resurgissait un langage politique que beaucoup croyaient enterré à jamais. « La lutte des classes existe encore en Chine dans certaines situations. Dans un cas comme celui-ci, nous devons l'appliquer contre une minorité de séparatistes au Tibet qui tentent de diviser le pays. Ce sont des contre-révolutionnaires ! »

Cinq jours après l'émeute, j'ai vu dans l'avion qui relie Pékin à Lhassa via Chengdu deux importants cadres du Département de l'Information du ministère chinois des Affaires étrangères, dont Liu Rucai, un responsable important chargé du travail politique. Ils me déclarèrent qu'ils se rendaient à Lhassa pour « comprendre la situation ». La compagnie aérienne chinoise, la CAAC, reçut quant à elle dès lundi l'ordre de ne plus vendre de billets aux étrangers pour Lhassa. « Cela, c'est pour vous empêcher de diffuser des informations sur le Tibet », me déclara une employée de la

CAAC. Les Occidentaux qui étaient restés sur place entendirent pendant plusieurs nuits de suite les sirènes de la police retentir dans les rues du Lhassa tibétain, tandis que dans la partie chinoise de la ville, les magasins fermaient plus tôt que d'habitude. Les Chinois, terrorisés, se calfeutraient chez eux dès la nuit tombée. Les rafles dans la ville tibétaine avaient lieu entre minuit et deux heures du matin. Des camionnettes sans immatriculation s'arrêtaient devant le domicile des familles tibétaines et repartaient emmenant des Tibétains vers une destination inconnue. La police, disait-on, possédait des listes de noms et des photos des Tibétains recherchés ou suspectés d'avoir pris part aux manifestations.

Deux avions transportant chacun une centaine de policiers et d'officiers arrivèrent à l'aéroport de Lhassa le dimanche. Un autre encore atterrit le lundi. Le même jour, une équipe de télévision canadienne a vu un convoi de douze camions transportant des unités de la police armée sur la route menant de l'aéroport à Lhassa. Une trentaine de policiers en civil avaient pris position sur le toit du Jokhang dès le lendemain de l'émeute tandis que des colonnes de la police armée s'installaient à proximité immédiate des grands monastères. Des policiers casqués et armés étaient visibles sur les toits des bâtiments voisins de la place, prêts à intervenir à la première alerte. Plusieurs dizaines de policiers érigèrent des barricades devant le Drepung, le Sera et le Ganden dont ils interdisaient l'accès. En même temps, des « équipes de travail » composées de policiers en civil et de cadres chinois s'installaient à l'intérieur des monastères. Un long travail de « rééducation » des moines commençait. La chasse aux meneurs continuait. A partir du début de la semaine suivante, des camionnettes équipées de haut-parleurs sillonnèrent les rues de Lhassa à longueur de journée. Elles diffusaient des appels à « renforcer l'unité de la patrie » et à « dénoncer les séparatistes ». A l'aéroport de Gonggar, la police armée, bien visible, surveillait de près les voyageurs qui quittaient le Tibet. Elle avait également pris place à la sortie de Lhassa sur les grands axes routiers qui étaient tous fermés, sauf celui menant à l'aéroport.

Malgré cet impressionnant dispositif de répression, une nouvelle manifestation eut lieu le 6 octobre 1987. Une soixantaine de moines du Drepung, vêtus d'habits civils pour tromper la vigilance de la police, étaient partis dans l'après-midi en direction du centre ville dans l'espoir de rejoindre le siège du gouvernement local pour demander la libération des lamas emprisonnés. Une trentaine étaient arrêtés à l'entrée de la ville, devant le Palais de la culture des ouvriers. Des Occidentaux ont été témoins des brutalités dont ils ont été victimes. La police les frappa à coups de crosse et de gourdins. Jetés sur des camions, ils furent tous emmenés. Les autres parvinrent devant le bâtiment du gouvernement où étaient stationnés une dizaine de camions militaires ainsi que des policiers armés de mitraillettes. Tous ont été battus et arrêtés. Le 8 octobre, ordre fut donné aux quatorze correspondants de la presse occidentale présents à Lhassa de quitter le Tibet sous quarante-huit heures. M. Yu Wuzhen, directeur du Bureau des affaires étrangères de la « Région autonome du Tibet », accusa les journalistes d'avoir violé l'article 16 d'un règlement qui régit le travail des correspondants étrangers en Chine. Cet article exige de tout journaliste étranger qu'il informe au moins dix jours à l'avance les autorités locales en Chine de tout déplacement en dehors de Pékin. Jamais depuis des années, et j'en suis témoin, le gouvernement chinois n'avait évoqué ces règlements. Il était clair que l'on voulait se débarrasser de témoins gênants. N'est-il pas, en effet, de tradition en Chine de « battre le chien derrière une porte close » (guanmen dagou)?

La police donna jusqu'au 15 octobre aux Tibétains qui avaient pris part aux manifestations pour se livrer spontanément. La clémence leur était promise. Toute la rigueur de la loi était réservée aux autres. Le 8 octobre, le Népal annonça que la Chine venait de fermer la frontière. Le même jour, la Thaïlande expliquait qu'elle avait refusé un visa d'entrée au dalaï-lama qui devait participer à un symposium sur le bouddhisme, tout en jurant qu'elle ne cédait pas aux pressions chinoises.

Le 12 octobre, l'agence *Nouvelles de Chine* (Zhongguo Xinwen), concurrente de l'agence *Chine Nouvelle*, publia sa version « officielle » des événements. En voici un passage : « Au cours des troubles du 1er octobre, 11 appareils de photo et trois caméras vidéo ont été brisés et détruits, 11 véhicules et quatre motocyclettes ont été incendiés et détruits et 27 véhicules ont été brisés et endommagés. Les pertes directes sont estimées à plus de deux millions de yuans. Au cours des troubles, quelque 350 policiers ont été blessés par des jets de pierres. Neuf ont été grièvement blessés et six ont été tués. Une personne responsable de la région autonome a expliqué : " Une poignée de personnes a incité les masses, ignorantes de la vérité, à diviser la mère patrie, en coordination avec le dalaï-lama qui commandait de loin. Leur complot ne réussira jamais. " »

Singulier bilan que celui qui fait passer les pertes matérielles avant celles en vies humaines ! Peut-être faut-il y voir le symbole du prix qu'attache le régime communiste chinois à la personne humaine ? Ce bilan ne souffle mot des victimes tibétaines.

Le 16 octobre 1987, Deng Xiaoping aborda pour la première fois publiquement les événements du Tibet : « Le dalaï-lama et quelques membres du Congrès américain ont créé quelques petits problèmes pour nous ; mais cela n'affectera pas notre situation globale qui est bonne. Au contraire, cela a mis au jour leur ignorance et leur arrogance et cela a fait la lumière sur leur vraie nature. » Quelques jours plus tôt, le dalaï-lama avait de son côté exprimé sa tristesse. Il avait toutefois ajouté : « Je suis heureux que le gouvernement chinois ait trouvé en moi un bouc émissaire pour les manifestations du peuple tibétain, tout comme ils ont condamné la « Bande des Quatre » pour la folie et le chaos au cours de la « Révolution culturelle ». J'en appelle à toutes les organisations des droits de l'homme pour qu'elles persuadent le gouvernement chinois de mettre fin aux exécutions et pour qu'elles libèrent ceux qui sont emprisonnés. »

Trois semaines plus tard avait lieu à Pékin le XIIIe congrès du PC chinois. Un congrès est l'une des étapes les plus importantes dans la vie d'un Parti communiste. Ce XIIIe congrès était vital pour la frange réformiste du régime conduite par le numéro un du parti Zhao Ziyang. Dans la féroce lutte pour le pouvoir qui agite le PC chinois depuis sa naissance, elle comptait l'utiliser pour triompher enfin, une fois pour toutes, du camp des conservateurs orthodoxes opposés aux réformes. La balance avait penché en faveur des orthodoxes en janvier 1987 avec la disgrâce humiliante de Hu Yaobang, chef du parti, évincé du pouvoir sous la pression des conservateurs. Il avait fait les frais d'une gigantesque vague de contestation dans les universités du pays en décembre 1986. Les émeutes au Tibet venaient consolider encore les positions des derniers fossiles vivants de la révolution. Ces derniers pouvaient, en effet, faire valoir que seules les réformes et la politique d'ouverture étaient responsables du chaos au Tibet. Ces événements, outre les répercussions négatives pour l'image de la Chine à l'étranger, ne donnaient-ils pas un exemple déplorable aux autres minorités de Chine?

Le peu d'informations qui ont filtré dans les coulisses du pouvoir à Pékin laissent à penser que la crise à Lhassa a effectivement provoqué un vif débat au sein du comité central et du bureau politique du PCC. En apparence, les réformateurs sortirent victorieux du congrès. Fin octobre vit le départ à la retraite d'un certain nombre des nostalgiques du maoïsme pur et dur. La politique d'ouverture de la Chine était réaffirmée avec force, tout comme celle des réformes. Mais un acte difficilement réparable avait été commis à Lhassa.

Les tirs à la mitraillette sur la foule resteront dans l'histoire comme un douloureux symbole de l'incompréhension de deux peuples.

1988, Lhassa à feu et à sang

Fidèle à l'héritage de l'administration céleste, la bureaucratie communiste de Chine possède un goût prononcé pour les réunions, les « kaihui ». Elles sont multiples, interminables et, sauf exception, inutiles. Elles constituent l'essentiel du travail d'un cadre chinois moyen. Supprimez les « kaihui » et son univers bascule. On peut imaginer le nombre de réunions que les événements de Lhassa provoquèrent à Pékin. Toujours est-il qu'après de longues hésitations, le gouvernement donna son accord, début 1988, pour que fût organisé à Lhassa le Monlam Chenmo. Le Festival de la Grande Prière tibétain dure habituellement onze jours, après les fêtes du nouvel an lunaire sur le calendrier tibétain. Il s'agit de la plus importante fête religieuse du Tibet. Le Monlam Chenmo est célébré depuis 1409. Interdit dans les années soixante, il avait été pour la première fois autorisé en 1987. En 1988, Pékin espérait utiliser un festival réussi pour faire oublier ce qui s'était passé. La Chine voulait présenter au monde un Tibet pacifié et normalisé. Pékin espérait redorer son blason.

Toutes les dispositions avaient été prises pour prévenir une nouvelle fièvre nationaliste. Le 15 février, l'Association du Bouddhisme de Chine, un organisme contrôlé par les autorités à Pékin, mettait en garde la population tibétaine : « Pendant cette période, les insultes et les bagarres doivent cesser et les gens doivent se traiter avec respect pour que la lumière du bouddhisme brille du sommet du monde. » A partir de la mi-février, des milliers de pèlerins arrivaient à Lhassa. Ils étaient 20 000 le 15 février 1988. Mais le calme n'était qu'apparent dans les rues. De nombreux fidèles avaient été refoulés à l'entrée de Lhassa, en particulier les Khampas, toujours numéro un sur la liste des suspects.

Tous les véhicules qui circulaient à Lhassa devaient être munis de laissez-passer. Des unités spéciales anti-émeutes avaient été acheminées depuis des semaines. Plusieurs étaient en place dans les bâtiments aux abords du Jokhang. Selon certaines sources, il y avait plus de 6 000 policiers sur le pied de guerre. Les policiers en civil et les indicateurs étaient partout. Un système d'alerte, équipé de matériels de transmission sophistiqués et de caméras vidéo, était opérationnel jour et nuit sur le toit d'un édifice surplombant la place du Jokhang où des guetteurs étaient en permanence sur le qui-vive. Dans les monastères, les « équipes de travail » avaient tenu d'innombrables réunions pour « éduquer » les moines sur l'histoire du Tibet, le patriotisme et les dangers du séparatisme. D'autre part, l'accès au Tibet était depuis octobre 1987 devenu beaucoup plus difficile aux touristes occidentaux et virtuellement impossible aux journalistes accrédités à Pékin.

Fin février, le gouvernement chinois pensait que le Monlam Chenmo serait une réussite, puisqu'il se permit le luxe d'inviter cinq journalistes occidentaux pour assister au bon déroulement des célébrations qui avaient commencé depuis quelques jours. Faisaient partie de ces heureux élus un correspondant de l'*Agence France-Presse*, deux de l'agence *Reuter* et un du quotidien *Los Angeles Times*. Arrivé à Chengdu dans l'espoir de bénéficier, moi aussi, de cette « bienveillance » inattendue afin de me rendre également à Lhassa pour le compte de mon agence, je dus constater, après des heures de négociation avec les autorités locales, que j'étais un hôte indésirable au Tibet.

Jusqu'à la veille de la fin du Monlam Chenmo, tout s'était bien passé. Le gouvernement se congratulait déjà. Tout se passait si bien d'ailleurs que quatre des cinq journalistes avaient plié bagage. Leurs rédactions estimaient, à tort, qu'il ne se passerait rien. Le 5 mars, il ne restait plus qu'un correspondant de l'AFP, Patrick Lescot. Celui du *Los Angeles Times* avait quitté la ville le jour même, au petit matin. Quelques heures plus tard, Lhassa était à feu et à sang.

Samedi 5 mars 1988, vers 9 h 50, plusieurs centaines de lamas se trouvaient rassemblés sur le parvis du Jokhang, transformé en un océan de couleur pourpre et dorée. 25 000 fidèles avaient pris place devant le sanctuaire. Pour cette dernière journée du Monlam Chenmo, seule restait au programme la cérémonie d'« accueil du bouddha Chamba », le « bouddha du futur », dont la statue de bois était promenée par quelques lamas autour du Jokhang. La journée devait s'achever par une course de chevaux et des danses. Mais les lamas en avaient décidé autrement. Brusquement, dans le brouhaha des prières, plusieurs dizaines de poings fermés se levèrent dans les rangs des lamas les plus jeunes. Ils s'emparèrent des micros que tenaient les responsables officiels de la cérémonie. Toute la place retentit d'un cri poussé par des centaines de poitrines : « Liberté pour le Tibet! Liberté pour le Tibet! Liberté pour le Tibet! Indépendance pour le Tibet! Indépendance pour le Tibet! Indépendance pour le Tibet! A bas l'oppression chinoise! A bas l'oppression chinoise! A bas l'oppression chinoise! Vive le dalaï-lama! Vive le dalaï-lama! Vive le dalaï-lama! »

Ces lamas se savaient pourtant filmés par les services de sécurité chinois. Ils savaient qu'ils n'auraient aucun moyen de leur échapper. Ils savaient le combat qu'ils livraient bien trop inégal. Ils savaient Lhassa entourée par six camps militaires et une armée entraînée qui pouvait écraser sans difficulté tout mouvement de révolte, si héroïque qu'il fût.

Bientôt une pluie de pierres s'abattait sur les forces de l'ordre, tellement visibles près du temple. Quelques minutes plus tard, plusieurs centaines de lamas se mettaient en mouvement autour du sanctuaire. Aussitôt, des milliers de Tibétains les rejoignaient et entonnaient des chants nationalistes. Des lamas installés sur le toit du Jokhang firent tomber une grêle de pierres sur les véhicules de la police armée et sur une station mobile de la télévision de Lhassa qui retransmettait en direct le Monlam Chenmo. Plus rien ne pouvait arrêter cet élan désespéré. Vingt minutes plus tard, une dizaine de véhicules de la police arrivaient. Il fallut une dizaine de minutes encore pour que 2 000 membres de la police armée, équipés de casques, de boucliers et de matraques, prennent position tout autour de la place puis dégagent l'esplanade par des tirs de grenades lacrymogènes. Une centaine de lamas étaient emmenés à bord de camions. Peu après midi, les forces de l'ordre localisaient le correspondant de l'AFP qui était sommé de regagner son hôtel d'où il ne put plus sortir pendant plusieurs heures. Lhassa était déjà isolé du monde. Les lignes téléphoniques et de télex étaient toutes coupées.

Peu après commencèrent à retentir les tirs caractéristiques des armes automatiques. Les autorités avaient tenté de l'éviter car, le matin, les policiers ne portaient pas d'armes. 6 000 Tibétains affrontèrent la police pendant tout le reste de l'après-midi. De nombreux magasins tenus par des Chinois furent pillés et incendiés. Les manifestants s'en prirent avec une rage toute particulière au siège du Bureau du Tibet de l'Association du Bouddhisme de Chine ainsi qu'à un poste de police. De nombreux policiers furent battus et lynchés.

Laissons le soin à l'agence *Nouvelles de Chine* de nous décrire les événements. Son récit ne manque pas de candeur : « Ces fauteurs de troubles hystériques criaient : “ Détruisons tout ce qui appartient aux communistes ! ” Les lamas et la foule, extrêmement féroces, couraient pour prendre le contrôle des points stratégiques autour du Jokhang dans l'espoir de pouvoir attaquer à coups de pierres les policiers qui ne portaient pas d'armes. »

« Dans la soirée du 5 mars, un certain nombre de

voyous ont pris d'assaut le restaurant " Juleyuan " (palais du bonheur) sur la rue de Pékin Est et sortirent dans la rue toutes les tables et chaises qui furent brûlées. Ces voyous détruisirent toutes les installations dans le restaurant. » Bien d'autres restaurants et magasins tenus par des Chinois subirent le même sort. Quand les émeutiers commencèrent à retourner les voitures et à y mettre le feu, ils criaient : « Cassons tout ce qui appartient au Parti communiste chinois et aux Hans », expliqua de son côté le *Quotidien du Peuple*.

La presse officielle chinoise, qui d'ordinaire ne tarissait pas d'éloges sur l'amitié fraternelle et indéfectible entre les « minorités nationales » de Chine, cherchait à jeter le discrédit sur les émeutiers. Mais le PC chinois avait-il songé que ces descriptions permettaient à la population Han de mesurer, pour la première fois, à quel point elle est détestée par un grand nombre de Tibétains?

Le soir, Lhassa résonnait encore des claquements secs des AK-47. Toute la partie tibétaine de la ville s'était soulevée contre les Chinois. Ici, un jeune lama d'une vingtaine d'années au milieu de la foule saisit une pierre et la lance de toutes ses forces dans le dos d'un policier en civil qui tentait de fuir. Là, un autre moine, plus jeune encore, lance un projectile sur les forces de l'ordre puis s'écroule, une balle entre les deux yeux. Trois témoins ont vu un policier en civil braquer un pistolet et tirer sur l'adolescent. Jeunes et vieux dans les rues participèrent à ces scènes insurrectionnelles, aidés par les femmes qui faisaient provision de pierres. Loin d'être isolés comme l'affirme Pékin, les lamas étaient activement soutenus par des milliers de Tibétains. Le matin, lorsque la police donna l'assaut contre le Jokhang pour arrêter les lamas, la population installa des échelles sur l'arrière du temple pour leur permettre de s'échapper.

Les hurlements des sirènes dans la ville étaient encore audibles à plusieurs kilomètres du centre à deux heures du matin, le dimanche. Quelques heures plus tard, le correspondant de l'AFP était conduit sous escorte à l'aéroport de Gonggar et expulsé vers Pékin. Lhassa avait connu plus de seize heures d'affrontements sanglants.

Les Tibétains ont dénombré huit morts. Le bilan définitif du gouvernement chinois est de un policier mort et 309 autres blessés, dont 29 grièvement. Pas un mot n'est dit sur les victimes tibétaines. Le 4 avril 1988, lors d'une conférence de presse, le panchen-lama faisait preuve d'un peu plus de franchise et annonçait cinq morts, dont un policier, et 330 policiers blessés. L'émeute, dit-il, « a tout d'abord été organisée par une centaine de lamas qui ont plus tard été rejoints par plusieurs milliers de personnes. Si l'on prend en compte les curieux, le nombre atteint presque 10 000 ».

Dimanche 6 mars 1988, Radio Lhassa annonçait : « Quelques éléments séparatistes ont présenté un horrible spectacle (...). Cette petite minorité de séparatistes a commis de nouveaux crimes contre le peuple et l'ensemble de la région. Leur spectacle, organisé en plein jour, a exposé un peu plus leurs noirs desseins et leur but criminel, tentant en vain de diviser la mère patrie et de saboter l'unité nationale (...). Les faits ont prouvé une nouvelle fois que les forces du mal ne peuvent pas réussir. »

Lundi, le *Quotidien du Peuple* publiait une description de la manière dont le policier avait été tué, précipité dans le vide du haut d'un bâtiment. Un collègue de ce malheureux racontait la scène. Ces lignes, lues avec avidité par des millions de lecteurs chinois, parlent d'elles-mêmes de la violence du ressentiment antichinois dans la population tibétaine : « D'abord ils se sont contentés de nous jeter des pierres. J'en ai reçu plusieurs au visage », explique Yang Yucheng de son lit d'hôpital. Alors qu'il se cachait dans un cabinet de toilette, « ils ont cassé la porte et se sont mis à nous assaillir à coups de pierres et de bâton. Ils nous ont enlevé nos casques. Un jeune m'a donné plusieurs coups de couteau sur le visage et dans le dos. Les autres ne cessaient pas de nous lancer des pierres et de nous frapper avec des bâtons. Ils ont voulu me jeter par la fenêtre du bâtiment mais je me suis accroché de toutes mes forces au cadre de la fenêtre. Mon chef Yuan, le chef de l'escouade, était déjà blessé aux deux mains. Il n'a pas pu résister et a été jeté par la fenêtre par quatre ou cinq personnes ». Le policier mourut peu après son arrivée à l'hôpital, malgré les soins intensifs qui lui furent prodigués, précise le *Quotidien du Peuple*.

Lundi également, l'agence *Chine Nouvelle* lançait un appel à une sévérité exemplaire contre les émeutiers et donnait une indication sur la nervosité régnant au sein des instances dirigeantes du parti : les dirigeants « sont d'avis que le gouvernement populaire a exercé trop de retenue et montré trop de patience et de tolérance envers ces gens ».

Le 10 mars, le panchen-lama parla sur les ondes de Radio Lhassa : « Si le Tibet devient indépendant, cela apportera immanquablement de grandes calamités au peuple tibétain en raison des divisions et des troubles qui se produiront certainement au Tibet. Pour cette raison, demander " l'indépendance du Tibet " est un acte de trahison à l'égard de la grande mère patrie, qui sabote l'unité entre les nationalités fraternelles et qui porte tort aux intérêts fondamentaux du peuple tibétain. » Il ajoutait qu'il n'abandonnerait jamais ses « quatre amours » : l'amour du Parti communiste chinois, l'amour de la mère patrie, l'amour de la nationalité tibétaine et, enfin, l'amour de sa religion.

Dès le lendemain de l'émeute, la police déclenchait une nouvelle opération de rafles nocturnes. Plusieurs centaines de Tibétains étaient emmenés vers les prisons de Lhassa pour y être « interrogés », sous la torture, affirment de nombreux Tibétains. En quelques jours, entre 300 et plus d'un millier de Tibétains ont été jetés en prison, selon les estimations occidentales. Le panchen-lama parla le 4 avril 1988 de 200 arrestations. Le même jour, Ngapo Ngawang Jigme indiqua que les meurtriers du policier « seraient condamnés à la peine capitale en accord avec la loi ». Le 1er mai, le « gouvernement tibétain en exil » affirmait que 2 500 arrestations avaient eu lieu. Et pourtant, fait extraordinaire, malgré la peur qui s'était installée dans la ville, une quinzaine de nonnes tibétaines manifestèrent à nouveau, le 17 avril, devant le Jokhang en criant « Vive le dalaï-lama ! », « Fraternité ». Conscientes du sort qui les attendait, elles avaient apporté avec elles un baluchon. Elles furent immédiatement arrêtées.

Généralement, la justice chinoise est plutôt prompte à juger et exécuter les délinquants. Mais à Lhassa, pendant plusieurs mois, elle n'osa pas ouvrir le procès des meurtriers du policier. L'atmosphère était si lourde que l'on craignait de mettre le feu aux poudres. Le 19 janvier 1989, enfin, le tribunal de Lhassa rendait les sentences. Elles étaient extraordinairement clémentes. Lobsang Tenzin, reconnu coupable d'avoir précipité dans le vide le policier Yuan Shisheng, était condamné à mort mais avec un sursis probatoire de deux ans. Sonam Wangdu, reconnu coupable de complicité, était condamné à la réclusion à perpétuité.

Lobsang Tenzin, un ancien étudiant de l'Université du Tibet, aurait été longtemps détenu dans la prison de Drapchi et aurait été placé au secret pendant 18 mois dans une petite cellule humide, enchaîné par les mains et les pieds. Sa santé serait très précaire du fait des mauvais traitements reçus. A l'issue de sa période de mise au secret, il aurait été l'un des deux prisonniers politiques qui avaient tenté de remettre une lettre de protestation contre les actes de torture à l'ambassadeur des États-Unis James Lilley lorsque ce dernier avait pu visiter la prison le 31 mars ou le 1er avril 1991. Cette lettre avait été précipitamment retirée des mains de l'ambassadeur, tandis que Lobsang Tenzin aurait depuis été transféré dans la prison de Powo Dzong Nyingtri. Quant à Sonam Wangdu, il se trouverait, selon des informations datant de février 1992, dans un état proche de la mort du fait des tortures subies dans la prison de Drapchi [12]. Vingt-cinq autres Tibétains étaient condamnés à des peines de trois à quinze ans de prison. Trois autres reconnus coupables de « petits délits » étaient purement et simplement acquittés. Le pouvoir cherchait le compromis avec les Tibétains et avec le dalaï-lama. L'aile modérée du parti avait réussi encore à imposer ses vues. Autre geste d'apaisement : vers la fin de l'automne, Hu Jintao, l'un des cadets de l'équipe dirigeante à Pékin et l'un des plus ouverts au dialogue, remplaçait Wu Jinghua à la tête du comité du parti du Tibet. Cependant, à Lhassa, l'atmosphère n'était plus au compromis, mais à la froide détermination.

La Chine perd la face

Début décembre 1988, Pékin s'était activement préparé à la commémoration de la déclaration des droits de l'homme aux Nations unies. Jamais encore la Chine communiste n'avait marqué cet anniversaire qui tombe le 10 décembre. Elle était, cette fois, décidée à le faire avec un maximum d'éclat. Depuis une semaine, la presse abondait en articles sur les engagements de la Chine pour le respect des droits de l'homme. Il s'agissait, une fois de plus, d'un désir à Pékin de restaurer une meilleure image à l'étranger. Accordons-leur le bénéfice du doute : pour quelques responsables chinois, les plus modérés, il pouvait aussi s'agir d'une authentique volonté de faire progresser les choses dans un domaine où tout ou presque restait à faire. Mais les indépendantistes tibétains avaient décidé de ruiner ces plans et d'infliger une énorme claque au gouvernement chinois.

Depuis quelques semaines, des drapeaux et des tracts en faveur de l'indépendance du Tibet faisaient leur apparition presque tous les matins sur les murs de la ville, collés le plus haut possible afin de retarder leur enlèvement. Les murs de l'Université du Tibet à Lhassa étaient recouverts, plusieurs jours de suite, début décembre, de caricatures à la craie critiquant les cadres chinois venus au Tibet aux seules fins de s'enrichir. L'une d'elles présentait un cadre chinois obèse dont les effets personnels étaient si lourds qu'ils devaient être soulevés par une grue. Ce dessin était accompagné de la légende suivante : « Maigre à l'arrivée, mais gras au départ! »

Ce samedi matin du 10 décembre 1988, il était un peu moins de onze heures : quelques dizaines de lamas sortent brusquement de leurs robes des drapeaux nationalistes tibétains devant la foule des fidèles rassemblés. Ces hommes savent qu'ils commettent un suicide. Sitôt le signal de la manifestation donné, il ne fallut guère que quelques minutes à quelques centaines de policiers des unités anti-émeutes pour former un carré et prendre position à 20 mètres des manifestants. Le premier rang des policiers casqués, armés de AK-47 et de pistolets, une dizaine environ, se mit à courir en direction des manifestants. Puis, arrivés à quelques mètres, ils mirent en joue les cibles vivantes toutes proches et, sans sommation, ouvrirent le feu. Les armes crépitèrent pendant quelques minutes. En face, plusieurs Tibétains tombèrent. Christa Meindersma, une Hollandaise de vingt-six ans, interprète pour une équipe de la Croix-Rouge suisse, qui se trouvait à une trentaine de mètres, fut touchée à l'épaule. Dès les premiers coups de feu, la population affolée se mit à courir dans toutes les directions. Mais les forces de l'ordre durent refluer car, malgré la panique et les mouvements de foule, toute la place s'était mise à les bombarder de pierres. Deux heures plus tard, les tirs de grenades lacrymogènes continuaient encore dans les rues voisines de la place pour disperser la foule.

Les tirs de la police ont fait ce jour-là jusqu'à douze morts et des dizaines de blessés. Selon l'agence *Chine Nouvelle*, les policiers à Lhassa avaient été « contraints de tirer des coups de semonce lorsque les semeurs de troubles, refusant d'écouter les appels au calme, lancèrent des pierres et des bouteilles ». Faux, affirment tous les témoins étrangers et tibétains. La police chinoise a, en réalité, tiré sur une foule désarmée et pacifique.

Le 17 décembre 1988, au Club de la Presse de Hong Kong, en compagnie de Christa Meindersma et d'un journaliste free-lance britannique, Ron Schwartz, professeur de sociologie dans une université américaine, raconta ce qu'il avait vu à Lhassa : « Le 10 décembre, nous trois, ainsi que beaucoup d'autres étrangers à Lhassa, nous avons vu un groupe de manifestants désarmés, pacifiques, qui portaient un drapeau et qui marchaient dans les rues de Lhassa puis dans la zone du Barkhor. Nous les avons vus abattus sans qu'ils se soient livrés à des provocations et, selon nous, sans raison. Le regard dans les yeux de ces jeunes gens qui marchaient avec ce drapeau était un mélange d'une peur indescriptible et d'une énorme détermination. Ils savaient ce qu'ils allaient faire et ils savaient ce qui allait leur arriver. Ils savaient quelque chose que nous ne savions pas. Aucun d'entre nous, Occidentaux présents à Lhassa à ce moment-là, n'aurait pu imaginer ce que nous avons vu. »

Christa Meindersma avait passé quatorze mois au Tibet au moment de la tragédie du 10 décembre. Son témoignage est important : « Ces jeunes moines ont pour la plupart entre vingt et vingt-cinq ans. Ils se battent contre ce qu'ils ont connu jusqu'à présent. Ils n'ont jamais connu le régime avant 1959. Ils ne tentent pas de restaurer quelque chose. Ils essaient de combattre les violations de leurs droits fondamentaux, de leurs libertés fondamentales. Ils vivent dans une peur permanente pour les choses qu'ils disent ou pour les choses qu'ils font. Ils peuvent être jetés en prison ; ils peuvent être torturés. Et je pense que nous en sommes arrivés au point où non seulement les moines mais aussi le peuple tibétain ont compris qu'il n'y a pas de véritable amélioration de la situation et que toutes les choses que le gouvernement chinois couche sur le papier ne sont que mensonges. Ainsi, il existe une incroyable solidarité, une urgence incroyable. Je crois que le peuple tibétain sent maintenant qu'il est sur le point d'être complètement éliminé par les Chinois et qu'il doit faire quelque chose pour montrer au monde qu'il est prêt à mourir pour se défendre. »

Bien que sous le choc, la population tibétaine se rendit pendant plusieurs jours sur les lieux du drame où les flaques de sang étaient encore visibles. Elle y déposa des bougies, des drapeaux de prières et des écharpes de soie blanche, les hadas tibétains traditionnels. Des Tibétains en larmes récitaient des prières appelant « le protecteur du Tibet » (le dalaï-lama) à bouter les « barbares venus de l'Est » hors du Pays des Neiges. Les étrangers étaient confinés dans leurs chambres d'hôtel, attendant leur expulsion.

L'énumération n'est pas close : le 19 décembre 1988, à Pékin, soixante-dix étudiants tibétains de l'Institut central des minorités ont manifesté dans les environs de la place Tian Anmen aux cris de : « Ils ont tué nos camarades. » A Lhassa, la terreur n'avait toujours pas réussi à décourager : le 30 décembre, plus de 500 étudiants tibétains, ignorant un décret interdisant désormais toute manifestation, défilèrent à leur tour jusqu'au siège du gouvernement régional pour demander « une solution pacifique au problème tibétain ». Leurs banderoles condamnaient la « tuerie de sang-froid » du 10 décembre. La police ne fit rien ce jour-là. Preuve que la dissidence tibétaine était loin encore d'être écrasée : le 7 février 1989, un drapeau nationaliste tibétain a flotté pendant plusieurs heures sur le toit du Jokhang, pour la première fois depuis trente ans. La police ne bougea pas. En fin de journée, le pied de la hampe du drapeau était recouvert d'écharpes blanches. Le 20 février encore, des drapeaux nationalistes et des tracts apparurent en seize endroits différents aux abords du Jokhang. Il n'y eut pas, cette année-là, de Monlam Chenmo. Mais il y eut d'autres émeutes...

La loi martiale à Lhassa

Le dernier chapitre de la rébellion tibétaine a été de loin le plus sanglant depuis la fin de la Révolution culturelle et le plus lourd de conséquences puisqu'il a conduit la Chine à décréter la loi martiale à Lhassa. Depuis, un mur du silence entoure le Tibet. Cette dernière émeute a commencé le 5 mars 1989 et s'est déroulée selon un processus désormais classique pour une population incapable de supporter plus longtemps une domination qu'elle juge colonialiste. Encore une fois, par centaines, des lamas et des habitants de Lhassa ont osé défier l'ordre chinois aux cris de « Indépendance pour le Tibet! » sur les marches du temple Jokhang. Par milliers, ils s'en sont pris aux bâtiments du Parti communiste et du gouvernement local, aux véhicules de la police et aux magasins tenus par des Chinois. Cette nouvelle éruption de désespoir a été noyée dans le sang. Le gouvernement chinois avait réussi à maintenir la quasi-totalité des journalistes étrangers à l'écart. Mais ces violences tragiques ne se sont pas déroulées sans témoins. Quelque deux cents étrangers étaient présents à Lhassa. Plusieurs dizaines d'entre eux ont vu les scènes qui suivent. Leurs récits sont convergents : de nouveau, la police chinoise n'a pas hésité à ouvrir le feu, sans sommation, directement sur une foule désarmée. De nouveau, des hommes, des femmes et des enfants ont été abattus sans sommation dans les rues de Lhassa. Cette fois, les autorités de Pékin ne cherchèrent même pas à dissimuler leur tuerie : « La police a été obligée de tirer, car aucun autre moyen ne permettait d'arrêter les émeutiers », annonçait l'agence *Chine Nouvelle.* Est-il aveu officiel plus explicite de la détermination d'un peuple de lutter jusqu'au bout et de la non moins froide volonté d'un État de l'écraser par tous les moyens?

Le dimanche 5 mars, dix Tibétains et un policier étaient morts et plus de 100 autres blessés, selon le bilan de Pékin. Beaucoup plus, selon les témoins. Dans la soirée, les rues étaient encore jonchées de cadavres. Lundi, Lhassa connaissait une deuxième journée de terreur. Dans la journée, Radio Lhassa diffusait cet avertissement : « Les émeutiers ne se préparent certainement pas à une issue heureuse. Cela a été régulièrement prouvé par l'histoire et la réalité. Comment la rébellion conduite par les réactionnaires tibétains a-t-elle fini en 1959 ? Et qu'en est-il de différentes émeutes dans le passé ? Est-ce que leur issue n'a pas été assez claire ? Si les séparatistes osent continuer à se dresser contre la volonté du peuple, causer des troubles, déclencher des émeutes et s'engager dans des bagarres, des destructions, des pillages et des incendies, le poing de fer de la dictature démocratique du peuple va assurément leur porter un coup écrasant ! »

Pour la deuxième journée consécutive, la police chinoise devait ouvrir le feu sur les émeutiers et faire de nouveaux morts et blessés. Les combats se sont déroulés dans la soirée dans le quartier tibétain. Toute la journée, des milliers de Tibétains, portant des drapeaux nationalistes, avaient manifesté par groupes de plusieurs centaines à travers toute la ville au cœur de laquelle ils avaient érigé des barricades. L'agence *Nouvelles de Chine* a affirmé que des émeutiers ont été vus des armes à la main. Aucune source indépendante ne l'a jamais confirmé. Le bâtiment de la Banque de Chine de Lhassa a été pris d'assaut et partiellement détruit, tout comme quatre postes de police et d'autres bâtiments officiels. Jasper Backer, correspondant du quotidien britannique *The Guardian*, cite l'exemple d'un Tibétain, armé seulement d'une pierre, faisant face à un camion rempli d'hommes en armes. Des résidents chinois de Lhassa, dont des musulmans, ont été lapidés, des magasins et restaurants incendiés, mais jamais pillés. « Beaucoup d'étrangers ont vu des Chinois en sang ce jour-là. J'ai vu un Chinois dans une allée avec une énorme entaille derrière la tête », souligne Chris Helm, un Américain de vingt-neuf ans. Un touriste chinois de Hong Kong, ignorant qu'il y avait une émeute à Lhassa et qui venait d'arriver, a connu la frayeur de sa vie dans la rue de Pékin, tenue par les émeutiers. « Il marchait dans la rue de Pékin, à la recherche de l'hôtel Yak et était obligé de brandir une photo du dalaï-lama » afin de ne pas être pris pour un citoyen de la Chine populaire, raconta Zumi Picrelli, une Américaine de trente-neuf ans. Dans la nuit de lundi à mardi, juste après minuit, la police chinoise déclenchait une gigantesque chasse à l'homme. Des Occidentaux résidant dans des petites auberges tibétaines purent entendre les policiers frapper aux portes des maisons des Tibétains à coups de crosse, puis le bruit des coups et des cris. Des Tibétains affirment qu'à plusieurs reprises les policiers ouvrirent le feu à la mitraillette sur les habitants, sitôt entrés dans les maisons, tuant enfants et parents.

Mardi 7 mars 1989, Lhassa vivait une troisième journée quasi insurrectionnelle. De nombreux Chinois étaient vus en train de plier bagage pour quitter la ville dans un affolement et un désordre indicibles à l'approche du trentième anniversaire du soulèvement antichinois de 1959. A minuit, dans la nuit de mardi à mercredi, le gouvernement chinois décidait une mesure sans précédent, même aux heures les plus tendues de 1959 et de la Révolution culturelle : la loi martiale à Lhassa. Décidée et signée par le Premier ministre Li Peng pour une durée non précisée, la loi martiale a été annoncée par le gouverneur du Tibet Doje Cering. Elle était accompagnée d'un couvre-feu officiel et des dispositions suivantes :

– interdiction des meetings, défilés, grèves, pétitions et rassemblements de toutes sortes ;

– toute personne désirant pénétrer dans la zone sujette à la loi martiale devait être munie d'une autorisation spéciale ;

– toute arme et munition possédée illégalement serait immédiatement confisquée ;

– les services de sécurité étaient autorisés à fouiller

tout suspect ou tout lieu susceptible d'abriter des « criminels »;

– les forces de l'ordre étaient autorisées à arrêter sur-le-champ tout « fauteur de troubles » et à prendre « toute mesure appropriée » contre ceux qui opposeraient une résistance.

Le jour même, le *Quotidien du Peuple* soulignait à Pékin que les indépendantistes tibétains « préparaient une nouvelle grande manifestation dans les jours à venir » dans le but de « régler leur compte une fois pour toutes aux partisans du gouvernement communiste ». Mercredi, Lhassa vivait en état de siège. Sur le coup de minuit, dans la nuit de mardi à mercredi, des milliers de soldats en tenue de combat (2 000 selon Pékin) faisaient leur entrée dans la ville et prenaient position aux abords des sites stratégiques, tels que grandes intersections et bâtiments abritant les organes du pouvoir. Des haut-parleurs installés sur les toits des véhicules militaires annonçaient à pleine puissance les mesures prévues par la loi martiale tandis que retentissait partout dans la ville le bruit des sirènes.

Téléphonant depuis Lhassa, un voyageur français, Jacques Launey, 27 ans, a raconté la scène qu'il a vue au petit matin : « Les soldats sont partout. Je peux en voir au moins une centaine. Il n'y a que quelques enfants qui jouent dans la rue et des cyclistes qui passent de temps en temps devant les restes calcinés et encore fumants des boutiques et restaurants chinois détruits par les Tibétains. » Voici ce qu'annonçait dans une dépêche « urgente » l'agence *Nouvelles de Chine*, mercredi 8 mars 1989 : « A présent, les soldats et la police armée sont à leur poste partout dans la ville. Les soldats sont équipés de pistolets, de tommy guns, de mitraillettes, de lance-roquettes et d'équipements de transmission sans fil, gardant jour et nuit cette ville qui se trouve sur le point le plus élevé du monde et où les températures peuvent changer d'un extrême à l'autre en moins de 24 heures. L'armée a pour ordre de rester à Lhassa jusqu'à ce que la loi martiale soit levée. »

Les scènes d'arrestations étaient partout ostensibles. Elles donnaient lieu au désespoir, les femmes poussant des hurlements et insultant les soldats. La population tibétaine, terrorisée, se terrait dans les maisons. Des dizaines de jeeps et de camions de l'armée, certains équipés de mitrailleuses lourdes, sillonnaient les rues de Lhassa. Jeudi, un correspondant de l'AFP, qui tentait sans succès de rejoindre Lhassa, était témoin de la scène suivante à un point de contrôle à sept kilomètres de la ville. Un homme, aux cheveux noirs bouclés, portait une veste chinoise de coton bleu. Après lui avoir tordu le bras derrière le dos, de jeunes soldats de l'Armée populaire de libération lui lièrent les mains. Un officier le frappa avec la crosse de son fusil. D'autres soldats le firent tomber sur l'asphalte et lui lièrent les pieds. D'autres encore le bousculèrent du pied. L'homme avait l'air plus choqué qu'effrayé. Il fut ensuite jeté à l'arrière d'une jeep. Personne ne saura pourquoi il a été interpellé à ce barrage tenu par une vingtaine de soldats armés de mitraillettes AK-47. Ces derniers, bronzés et bien nourris, ne paraissaient pas affectés par l'altitude. Les trois jours de rébellion avaient laissé sur le sol entre 50 et 60 cadavres et des centaines de blessés. Dans Lhassa, des centaines de Tibétains étaient traînés vers la prison de Gutsa et d'autres lieux de détention.

Vers trois heures du matin le 8 mars, la police chinoise faisait irruption dans les hôtels où résidaient les Occidentaux qui eurent quarante-huit heures pour quitter la ville. Désormais un nouvau décret fixe les conditions du séjour des étrangers : ils doivent être munis d'une « autorisation spéciale » et être obligatoirement accompagnés d'un guide officiel, y compris les invités du gouvernement chinois.

A partir du jeudi 9 mars, la propagande chinoise a accusé le dalaï-lama : « La clique du Dalai ne parviendra jamais à diviser la Chine et à nuire à l'unité nationale », déclarait Li Zhaoxing, porte-parole du ministère des Affaires étrangères. Selon un bilan officiel, toujours aussi précis, les rebelles avaient attaqué, endommagé ou détruit « 24 unités du gouvernement » (bureaux de l'administration), 99 magasins et restaurants privés, plus de 20 véhicules et des dizaines de bicyclettes. L'Inde s'était, la veille, déclarée « préoccupée » mais avait aussitôt réaffirmé que, pour elle, le Tibet faisait partie intégrante du territoire de la Chine. Londres faisait part de sa « vive inquiétude » tandis que Washington « déplorait » la violence et l'usage des armes par la police chinoise.

Quant au dalaï-lama, il déclarait depuis Dharamsala : « Aucune répression, même brutale et violente, ne peut étouffer la voix de la liberté et de la justice. » Face à ces violences commises de part et d'autre, Tenzin Gyatso continuait de prêcher la modération : « Pour les Tibétains, s'engager sur le chemin de la lutte armée serait suicidaire. Il serait très facile aux Chinois de riposter avec brutalité. Même sous le feu des mitrailleuses, les manifestants ne doivent jamais prendre les armes, car une telle attitude est beaucoup plus difficile à maîtriser par Pékin. Je crains fort que Lhassa n'en vienne à ressembler à un abattoir. » Mais ce discours n'avait déjà plus d'incidence sur le cours des événements car Pékin avait pris sa décision : refermer brutalement les portes du Tibet. Le 10 mars 1989, le *Quotidien du Peuple* estimait qu'un « choc nécessaire » avait été infligé au Tibet, admettant cependant que « certains Tibétains ne comprennent toujours pas ce choc nécessaire et [que] quelques-uns s'y opposent ». A Hong Kong, la presse chinoise condamnait les rebelles tibétains. « Les Tibétains sont des Chinois, pas des étrangers! », titrait le *Xin Wanbao* le 8 mars : « Personne ne permettra à l'Écosse de se séparer du Royaume-Uni de la même façon que personne n'accordera l'indépendance à la Californie. Il s'agit d'un principe. Tout gouvernement d'un État souverain est autorisé à prendre toutes les mesures qu'il juge nécessaires pour supprimer les activités qui divisent son pays. Dès lors, il n'est nul besoin pour Londres et Washington d'exprimer leurs regrets.

Les regrets qu'ils ont exprimés sont des regrets très regrettables! »

Quant aux médias de Chine Populaire, ils reprirent des accents lugubres bien familiers pour ceux qui ont connu la Révolution culturelle. Ainsi Radio Lhassa, le 11 mars : « Depuis la libération, les forces séparatistes en Chine et à l'étranger n'ont pas cessé un seul jour leurs activités criminelles visant à restaurer l'ancien Tibet. Mais n'ont-elles pas finalement été réduites en morceaux? A l'avenir, le Parti communiste chinois continuera inébranlablement de conduire les peuples de toutes les nationalités au Tibet afin qu'ils continuent d'avancer sur la voie socialiste de l'unité, de la civilisation et de la prospérité. Le Parti communiste chinois conduira les peuples de toutes les nationalités au Tibet à infliger des coups dévastateurs à quiconque ose entraver l'avance du peuple tibétain et s'engager dans le séparatisme ou dans des tentatives pour restaurer l'ancien régime (...). Nous avons l'Armée populaire de libération conquérante, invincible et héroïque ainsi que la police armée du peuple qui sont loyales à la mère patrie et au peuple. Ils sèment la terreur dans les rangs séparatistes. Avec l'armée populaire, le peuple a tout. » Le 10 mars 1989, jour anniversaire du soulèvement de 1959, l'agence *Chine Nouvelle* écrivait : « Au cours des derniers jours, les gens ont téléphoné les uns après les autres au comité du Parti communiste et au gouvernement populaire de la Région Autonome du Tibet pour exprimer la satisfaction de la population à l'égard de l'armée en faction. Des lettres éperdues de reconnaissance ont été communiquées par l'intermédiaire de divers canaux aux officiers et aux hommes de troupe qui sont de faction. »

Fin mars, le général Zhang Shaosong, commissaire politique de la « Région Autonome du Tibet », faisait état de « plus de 600 victimes » tombées au cours de vingt et un « incidents » survenus à Lhassa depuis l'automne 1987, bilan présenté devant l'Assemblée nationale populaire de Chine qui offre un sérieux contraste avec celui, officiel, de vingt-huit morts et d'un nombre indéterminé de blessés. Après dix ans d'une ère de tolérance, au fur et à mesure que Lhassa se vidait de ses derniers étrangers, une nouvelle fois le Tibet sombrait brusquement dans la nuit. A la mi-septembre, le gouvernement chinois a évoqué l'arrestation de neuf nonnes qui ont crié des slogans pour l'indépendance. Les autorités affirment qu'elles sont encore vivantes.

En octobre 1989, Guy Dinmore, correspondant de l'agence *Reuter* à Pékin, a pu se rendre à Lhassa. Son séjour dans la capitale tibétaine a permis de lever un coin du secret qui entoure la situation présente. Expulsé trois fois du Tibet depuis 1987, il était le premier journaliste étranger autorisé par le ministère chinois des Affaires étrangères à visiter le Tibet. Un porte-parole du Bureau régional de la sécurité publique (police), Wang Naiwen, lui a révélé que plus de 400 Tibétains auraient été arrêtés après les émeutes de mars 1989 : 63 Tibétains et une vingtaine de nonnes tibétaines ont été envoyés sans jugement dans les camps de travail pour une durée allant jusqu'à trois ans. Quelque 320 Tibétains auraient été libérés et quatre autres attendraient de passer en jugement. Ce porte-parole a exclu la levée de la loi martiale dans un avenir prévisible et reconnu que, sans la présence de l'armée, la police ne pourrait « probablement pas » maîtriser la situation à Lhassa [13].

Un nationaliste tibétain, de même qu'une source du Bureau de la sécurité publique, interrogés discrètement par ce journaliste, ont toutefois estimé à plus de 1 000 le nombre des Tibétains qui sont incarcérés dans les trois principales prisons de Lhassa. Ce Tibétain a montré à Guy Dinmore les traces laissées sur son corps par la torture et lui a déclaré : « Ils m'ont torturé avec un bâton électrique pour m'arracher les noms de ceux qui ont dirigé les manifestations. » La population de Lhassa n'est pas pour autant intimidée au point de ne plus parler car, quand le journaliste a visité le monastère Sera, avec la compagnie obligatoire de son guide officiel, les lamas n'ont pas hésité à lui faire part du nombre de moines arrêtés. Ils n'ont pas plus hésité à lui témoigner leur joie à propos de la remise du Prix Nobel de la Paix au dalaï-lama, au grand déplaisir du guide.

L'exercice de la loi martiale est autrement plus sévère à Lhassa qu'elle a pu l'être à Pékin après le massacre de juin 1989. Un universitaire occidental en Chine n'a-t-il pas comparé celle de Pékin à « un pique-nique dominical »? Elle n'a toutefois pas réussi non plus à mettre un terme à l'expression de l'hostilité des Tibétains à la présence chinoise puisque de nombreuses manifestations avaient encore lieu à l'automne 1989. Le 25 septembre 1989, le *Quotidien du Tibet* annonçait la condamnation de cinq nonnes à des peines de « rééducation par le travail ». « Elles ont crié d'une manière hystérique et frénétique " Indépendance pour le Tibet " ainsi que d'autres slogans réactionnaires », expliquait le journal. Il est possible que des troubles se soient produits aussi dans la région tibétaine de Aba dans le Sichuan car depuis la fin de l'été 1989 des commissaires politiques de l'armée chinoise ont été dépêchés dans les monastères tibétains et les lamasseries afin d'y renforcer « l'esprit patriotique » par le biais d'une éducation militaire [14].

Tian Anmen, 4 juin 1989

Au vu de la sauvagerie employée par l'armée chinoise pour écraser dans le sang, devant les caméras du monde entier, la vague de contestation étudiante, le 4 juin 1989, sur la place Tian Anmen, on peut imaginer les méthodes employées au Tibet pour décapiter sans témoins la dissidence. Des millions d'Occidentaux, abusés par le miroir déformant de la propagande, étaient à des années-lumière de saisir la nature du régime chinois jusqu'à ce que se produise cette tragédie dont l'un des résultats salutaires à l'étranger a été de montrer sous leur vrai jour quelques gérontes prêts à commettre les pires crimes pour se maintenir au pouvoir. D'autre part, à considérer l'énorme campagne de désinformation entreprise après le massacre du 4 juin 1989 par le gouvernement chinois dans toute la Chine et à l'étranger, dans le but de mystifier les gouvernements crédules et de discréditer auprès des « masses » rurales et citadines les étudiants et les ouvriers qui demandaient plus de démocratie, on peut dès lors raisonnablement mettre en doute la véracité de toutes les informations publiées par Pékin à propos du Tibet.

Ainsi, tout comme il a affirmé que la police armée n'a jamais tiré directement sur les manifestants tibétains à Lhassa, le gouvernement chinois affirme que personne n'est mort sur la place Tian Anmen, le 4 juin 1989, et qu'au total seulement 300 citoyens et policiers chinois ont perdu la vie lors des « troubles ». Mais tous les témoins, nombreux, sont unanimes : des centaines et probablement 1 000 à 3 000 Chinois sont morts à Pékin dans la nuit du 3 au 4 juin, sous les balles des mitrailleuses et mitraillettes ou sous les chenilles des chars de l'Armée populaire de libération. Des chars qui venaient d'écraser des étudiants ou des soldats refusant d'ouvrir le feu ont fait marche arrière pour achever ceux qui bougeaient encore. Outre les exécutions publiques perpétrées pour l'exemple, d'autres ouvriers et dissidents chinois ont été mis à mort en secret pendant l'été 1989 près du pont Marco Polo (Lugouqiao), traditionnel champ d'exécutions dans la banlieue de Pékin. Des milliers de Chinois ont été arrêtés. Beaucoup ont disparu. Les intellectuels laissés en liberté sont muselés ou tenus de participer à la campagne de « lutte contre la libéralisation bourgeoise ». La répression engagée le 4 juin 1989 a pendant plusieurs années sonné le glas de la politique d'ouverture que Deng Xiaoping voulait mettre en œuvre depuis 1979. Elle est une profonde humiliation pour tout un peuple entouré de voisins qui, pour la plupart, se développent.

Les termes employés par la propagande chinoise pour les événements sanglants de Lhassa et Pékin, tous deux sous le régime de la loi martiale, présentent des similitudes affligeantes pour les plumitifs du régime. Les milliers de manifestants tibétains ont été décrits par la presse communiste chinoise comme « une petite poignée de séparatistes cherchant à détruire l'unité de la mère patrie ». Les centaines de milliers de contestataires chinois se sont vu décerner le qualificatif de « petite minorité de criminels cherchant à renverser le Parti communiste chinois ». De la même manière, les protestataires tibétains à Lhassa et chinois sur la place Tian Anmen ont collectivement été promus au rang de « contre-révolutionnaires ». Ces manifestations pacifiques à Lhassa et à Pékin sont devenues, dans le langage du gouvernement chinois, des « actes de sabotage qui ont troublé l'ordre public » et « menacé la stabilité du pays ». A Lhassa comme à Pékin, les manifestants ont été accusés par le régime chinois d'être des « hooligans », des « bandits » engagés dans « les pillages, les vols et les attaques contre des citoyens innocents ». Si l'on en croit la prose des médias officiels, « la grande majorité des Tibétains sont résolument opposés » au mouvement dissident tibétain, tout comme à Pékin « la grande majorité du peuple est farouchement opposée » au mouvement pour plus de démocratie de la jeunesse chinoise. A Lhassa et Pékin, la police et l'armée ont « glorieusement mis fin » aux agissements des rebelles, respectivement en mars et en juin 1989. Dans les deux cas, l'armée aurait cependant fait preuve de retenue et de discipline. A Pékin comme à Lhassa, le gouvernement chinois a toutefois averti que la « lutte » menée contre ces mouvements n'était pas finie.

Tout cela soulève une question angoissante et lancinante : à Pékin, il reste beaucoup d'étrangers et des journalistes pour tenter de savoir ce qui s'y passe. Mais à Lhassa ? Que s'est-il passé dans la capitale tibétaine après l'imposition de la loi martiale ? En dépit des moyens de répression et de surveillance plus sophistiqués installés au Tibet et en particulier à l'intérieur des monastères, les manifestations se sont poursuivies en 1991 et 1992. En tout plus de 40 manifestations se seraient produites à Lhassa entre 1987 et mi-1992. Ainsi au cours du seul mois de mai 1992, Lhassa a été secoué par au moins quatre manifestations en faveur de l'indépendance. Plusieurs manifestants, des moines et des nonnes, ont été immédiatement appréhendés [15]. Douze nonnes auraient été appréhendées le 15 juin 1992 lors d'une autre manifestation à Lhassa [16]. Il apparaît en outre que la dissidence tibétaine ait désormais essaimé à travers une bonne partie du Tibet. Elle a notamment touché la préfecture autonome tibétaine de Aba (Ngapa) dans le Sichuan et dans une autre zone tibétaine à Tongren dans le Qinghai à partir de 1989 où plusieurs condamnations ont été prononcées [17]. Le gouverneur du Tibet Gyaltsen Norbu a d'ailleurs reconnu l'existence de cette dissidence rurale lorsque, dans un discours prononcé en janvier 1992, il a accusé les activistes indépendantistes de « tenter en vain de chercher un soutien dans leurs activités séparatistes dans les zones rurales et pastorales », invitant en même temps le parti communiste à « lancer une lutte contre les séparatistes dans les zones rurales et pastorales [18] ». Des dizaines de moines auraient depuis été arrêtés en dehors de Lhassa.

A l'évidence, la dissidence tibétaine n'est pas prête d'être réduite au silence. On ne peut qu'espérer que les quelques esprits ouverts au dialogue à Pékin parviendront un jour à faire triompher leurs idées sur celles de caciques d'un autre âge qui ont perdu le contact avec la réalité du monde moderne. Car au Tibet tout comme à Pékin et ailleurs en Chine, la violence d'État, les tortures derrière les murs des prisons et les exécutions ne résoudront rien. Au contraire, elles précipiteront des changements politiques beaucoup plus définitifs après la chute du régime actuel. Pour ce qui est du Tibet, il est à parier qu'à moins d'un compromis politique durable et solide avec le peuple tibétain qui lui accorderait un statut de très large autonomie ou, solution extrême, à moins d'un génocide complet et rapide qui ferait disparaître toute la nation tibétaine, la Chine ne pourra jamais faire vivre une politique d'ouverture qui lui est indispensable pour se sortir du sous-développement économique, social et politique dans lequel elle est restée empêtrée.

Au Xinjiang aussi

Dans la « Région Autonome du Xinjiang », l'ancien Turkestan chinois à l'extrême nord-ouest de la Chine, la colère gronde aussi parfois. La cohabitation des ethnies musulmanes avec les Hans athées se montre difficile. Les peuples du Xinjiang forment une mosaïque d'ethnies qui, comme au Tibet, résistent encore aux avancées de la sinisation. Les Ouighoures sont les plus nombreux avec quelque six millions d'habitants, soit 46 % de la population totale de cette région frontalière avec le Pakistan, l'Inde, l'Afghanistan, le Kazakhstan, la Russie et la Mongolie extérieure. A peu près un million de Kazakhs (nomades d'ascendance turque) vivent aussi au Xinjiang, principalement dans le Nord, au pied des monts Tianshan, dans les vallées de Yili et au sud de la chaîne des monts Altai. On dénombre encore 120 000 Kirkgizes près de la ville de Kashgar, 633 000 Huis (musulmans chinois), 265 000 Tajiks dans les monts du Pamir, 12 000 Uzbeks dans le bassin du Tarim et quelques milliers de Tatars dans le Nord.

Les Chinois Hans ne représentaient que 6 % de la population du Xinjiang en 1949. La proportion était, à la fin des années quatre-vingt, de 36 % ! Les Hans sont déjà majoritaires dans quelques grandes villes du Xinjiang, dont Urumqi, la capitale. Les populations non chinoises du Xinjiang ont été pendant plusieurs années exemptées de la politique de contrôle des naissances en usage dans la plus grande partie de la Chine depuis 1979 et qui rend obligatoire l'enfant unique par couple. Mais, depuis le 1er juillet 1988, un règlement limite, là aussi, le nombre des enfants des couples urbains à deux au maximum, et à trois pour les couples habitant dans les zones rurales. Le but recherché est officiellement « de contrôler une croissance démographique excessive dans la région et d'augmenter la qualité des nouveau-nés »[19]. De nombreux témoignages tendent à montrer que ce règlement a provoqué un très vif mécontentement dans la population.

Depuis sa « libération » en 1949, les mouvements de colère antichinoise ont été nombreux au Xinjiang, longtemps l'objet des convoitises russes puis soviétiques. La dissidence kazakh s'était en particulier manifestée en 1962, peu après la rupture entre la Chine et l'Union soviétique, lorsque 60 000 Kazakhs de la zone de Yili ont trouvé refuge en URSS. Au début des années quatre-vingt, des paysans déclenchèrent une rébellion armée contre la présence chinoise dans le chef-lieu de Payzawat. Des unités de l'armée chinoise furent mises à contribution pour mater le soulèvement et firent de nombreux morts. En 1981, Kashgar a été paralysé par des émeutes antichinoises. Les incidents de ce genre ne sont presque jamais rapportés dans la presse chinoise. La plupart ne sont ainsi jamais connus du monde extérieur s'ils n'ont pas de témoins occidentaux. Les plus récents laissent penser que non seulement les relations avec les arrivants chinois sont loin d'être apaisées, mais que le sentiment nationaliste demeure très présent. Au point qu'une partie de la population continue de militer pour l'indépendance du Xinjiang.

Le 2 janvier 1986, 2 000 à 3 000 étudiants musulmans ont manifesté dans les rues de Urumqi pour demander l'arrêt des essais nucléaires dans le Xinjiang. Le 15 juin 1988, 600 étudiants Ouighoures ont manifesté à leur tour à Urumqi contre l'obligation qui leur est faite de loger ensemble dans les dortoirs avec les étudiants Hans. Des incidents beaucoup plus graves se sont produits dans la zone de Yili au début de l'été 1988. Les informations sur ces événements sont rares et peu précises. Il semble toutefois, selon des sources bien placées à Pékin, que la police chinoise, travaillant grâce à des informations offertes par les services secrets soviétiques, ait procédé à un certain nombre d'arrestations dans les rangs de dissidents Kazakhs qui, réunis dans des organisations clandestines, agissaient des deux côtés de la frontière, en territoire chinois et soviétique. Dès juillet 1988, la presse officielle laissait transparaître une grande inquiétude à Pékin.

Le 19 juillet. Radio Urumqi a diffusé un discours alarmiste de Wang Enmao, président de la Commission des Conseillers du Xinjiang et qui fut longtemps l'homme fort de Pékin dans la région : « Certains disent que ceux qui s'opposent aux Hans sont des héros et ceux qui recherchent une unité étroite avec les Hans sont des traîtres. Cette façon de voir est non seulement absurde mais très réactionnaire. Bien entendu, il n'y a que peu, très peu de gens qui sont de cet avis (...). Y a-t-il des gens qui sont contre les Hans et qui veulent qu'ils rentrent à l'intérieur (de la Chine) ? Oui, il y en a, mais pas beaucoup. Seulement un petit nombre, un tout petit nombre. Les Hans sont contre ces gens-là et les Ouighoures, tout comme les autres minorités nationales, sont contre eux aussi. Ces gens sabotent la solidarité nationale et sont contre les intérêts fondamentaux des peuples de toutes les nationalités (...). Il est vraiment réactionnaire, très réactionnaire de dire que les minorités nationales sont des esclaves depuis trente ans et plus. »

Radio Urumqi rendait compte, le 22 août 1988, d'une « visite d'inspection » de Janabil, secrétaire adjoint du Comité du parti communiste du Xinjiang, dans la zone de Yili qui s'étend sur 750 kilomètres le long de la frontière avec l'ex-URSS. Il souligna notamment ceci : « Tout en passant en revue cette situation bonne, il nous faut aussi sobrement réaliser qu'un petit nombre de personnes à l'intérieur du pays et à l'étranger, animées de buts cachés, sabotent délibérément la solidarité nationale dans le dessein de diviser l'unité de la mère patrie et ruiner la situation politique de stabilité et d'unité dans la région. Nous devons y attacher une grande importance. » Le 1er septembre 1988, le *Quotidien du Xinjiang* consacra un commentaire à la situation économique et aux réformes au Xinjiang qui, affirme-t-il, ont le soutien « de tout le pays, y compris le peuple de toutes les nationalités du Xinjiang ». « Toutefois, il existe un très petit nombre de personnes qui font grand bruit à propos de l'exploitation des ressources du Xinjiang, grommellent en disant que le pétrole du Xinjiang coule en direction de l'est et que son coton est emmené ailleurs, qu'une grande quantité de marchandises quittent le Xinjiang mais que bien peu y arrivent. Ils suggèrent même que soit interdite l'exportation des ressources du Xinjiang. Leurs idées sont extrêmement erronées », poursuivait le journal. 27 milliards 359 millions de yuans de subventions ont été alloués par le gouvernement central au Xinjiang entre 1950 et 1987, était-il précisé.

Le 25 octobre 1988, le même Wang Enmao faisait état dans le quotidien de Shanghai *Baokan Wenzhai* d'organisations secrètes établies à l'étranger recherchant l'indépendance du Xinjiang où elles enverraient des espions afin d'y renverser la présence chinoise en commettant des actes de sabotage et de « séparatisme ». Sept organisations clandestines étaient identifiées, dont un « Comité National de Sauvetage du Turkestan Oriental », un « Front Révolutionnaire du Turkestan Oriental » et une « Alliance Islamique Mondiale ».

Autre expression d'une sensibilité à fleur de peau des musulmans de Chine : le 12 mai 1989, à Pékin, plusieurs milliers de jeunes musulmans ont défilé dans les rues aux cris de « Punissez le Rushdie chinois » pour protester contre la publication d'un livre qui, selon eux, calomniait le Coran. Le 16 mai, ce fut au tour de plus de 30 000 musulmans de manifester à Xian (nord de la Chine). Le livre en question, *Habitudes sexuelles*, décrit les coutumes et pratiques religieuses de l'Islam dans des termes audacieux : les mosquées, par exemple, y sont comparées à des pénis en érection. L'ouvrage a été interdit dès le 14 mai 1989. Toutes les copies de ce livre « blasphématoire » ont été saisies et brûlées. Selon des voyageurs occidentaux, des incidents plus graves se sont produits début avril 1990 à Aktouche, une cité au nord de la ville de Kashgar située sur l'ancienne Route de la soie. Ces affrontements ethniques avec les forces de l'ordre auraient fait au moins soixante morts civils et huit policiers. Les autorités chinoises ont reconnu l'existence de troubles puisque la télévision régionale du Xinjiang a confirmé que quinze civils, six policiers et un fonctionnaire musulman ont été tués les 5 et 6 avril dans « une rébellion contre-révolutionnaire armée » à Baren, une autre cité à 75 kilomètres au sud de Kashgar [20]. Aktouche et Baren sont toutes deux situées dans la préfecture « autonome » Kirghize de Kizilsu, à la frontière de l'ancienne république soviétique de Kirghizie. Le grand vétéran de la cause de l'ancien Turkestan Oriental s'appelle Yusuf Isa Alptekin. Ancien secrétaire général de la « République autonome du Turkestan Oriental » et âgé aujourd'hui de plus de 90 ans, il réside en exil à Istanbul depuis 1954. Bien que continuant de condamner régulièrement les excès de la présence chinoise au Xinjiang, le chef des nationalistes du Turkestan a adopté la nationalité turque et est loin d'exercer la même aura sur les ethnies turques et musulmanes de Chine que le dalaï-lama sur les Tibétains.

2

Domination et décomposition

A moins d'une guerre particulièrement meurtrière qui mettrait la Chine à genoux, il est difficile d'imaginer les autorités chinoises renonçant spontanément à la souveraineté qu'elles proclament sur le Tibet, tant il constitue un territoire stratégique. Au regard de l'équilibre géopolitique mondial, quel gouvernement chinois, communiste ou non, abandonnerait le Tibet sans y être contraint par la force ? On n'a jamais vu un pays se séparer volontiers des espaces qu'il a conquis et il est vain d'attendre d'un État, quel qu'il soit, un geste gratuit qui se fonderait sur les seules motivations de la générosité ou de l'humanitarisme. De plus, un gouvernement chinois qui prendrait une telle décision s'exposerait au risque d'être accusé un jour de haute trahison par une faction rivale. Le gouvernement nationaliste de Taiwan, l'île au sud du continent chinois où se sont réfugiées en 1949 les forces du Kuomintang fidèles au général Chiang Kai-shek, déclare d'ailleurs, avec la même vigueur que le régime communiste de Pékin, que le Tibet est une partie intégrante et inaliénable du territoire sacré de la Chine.

S'agissant des autorités de Taiwan, l'atmosphère politique a considérablement évolué au cours de ces dernières années dans cette île qui se dirige désormais à grands pas vers une authentique démocratie. Taiwan constitue d'ores et déjà un modèle de démocratie pour l'ensemble du monde chinois, y compris pour Singapour et Hong Kong. Il est dès lors permis de penser que la politique du Kuomintang concernant le Tibet évoluera dans un avenir proche. En juin 1992, le porte-parole du gouvernement Jason Hu m'a expliqué que le jour où une formule nouvelle devra être discutée à propos du Tibet, « il est clair que rien ne pourrait être imposé aux Tibétains ». En avril 1993, après des années de silence, le gouvernement de Taiwan a formellement invité le dalaï-lama à se rendre en visite dans l'île. Par la voix du président de la commission d'État des affaires mongoles et tibétaines John Chang, il a précisé qu'il n'y avait aucune condition attachée à cette visite, en particulier celle de devoir renoncer publiquement à l'idée d'indépendance pour le Tibet. Les autorités de Taipei ont ajouté qu'elles respectaient les cinq propositions de paix du dirigeant tibétain. D'autre part, les Tibétains peuvent d'ores et déjà compter sur le soutien explicite du Parti Progressiste Démocratique de Taiwan qui représente environ le tiers des électeurs de l'île et milite lui-même ouvertement pour l'indépendance de Taiwan. Son secrétaire général chargé des relations internationales, madame Yang Huang May-sing, m'a dit sans détours que son parti « est en faveur de l'autodétermination des Tibétains » et « soutient l'idée d'un Tibet indépendant ».

De l'exemple de Taiwan, on voit bien qu'à moyen et à long terme, si la Chine se démocratise véritablement et si tant est que le Tibet ne soit pas alors déjà totalement sinisé, une profonde évolution des mentalités permettra, peut-être, une remise en cause du statut du Tibet, dans le cadre, par exemple, d'une grande « Fédération chinoise » qui engloberait la chine continentale, Hong Kong et Taiwan. Les dissidents chinois réfugiés en France et aux États-Unis depuis le massacre du 4 juin 1989 ont formé une sorte de gouvernement en exil à qui ils donnent le nom de « Fédération pour la Démocratie en Chine ». Son président de l'époque, Yan Jiaqi, a annoncé fin septembre 1989 que, lorsque la Chine se serait débarrassée de la « clique » communiste actuellement au pouvoir à Pékin, le Tibet pourrait se fondre dans une « Fédération » dont les statuts exacts restent à définir. Cette proposition n'est pas très éloignée de celle du dalaï-lama qui se prononce en faveur d'une « Confédération » incluant la Chine et le Tibet.

Mais pourquoi cette intransigeance obstinée à Pékin ? Jetons un coup d'œil sur une carte * : le Tibet constitue pour la Chine un territoire stratégique de même qu'une zone d'expansion particulièrement importante sur les plans économique, démographique et militaire. Aussi poursuit-elle inlassablement, ces dernières années, sa politique d'intégration du Tibet. Plus discrète et sournoise, elle n'en est pas moins redoutable que celle, brutale, de Mao Tsé-Toung. A contempler les brèches déjà percées dans la société tibétaine, cette politique de sinisation « en douceur » menace de faire du Tibet un vulgaire musée avant trente ans. Certains y voient un colonialisme musclé traditionnel. D'autres un expansionnisme grossier. Pour de nombreux Tibétains, la nouvelle politique chinoise depuis 1979 présente toutes les caractéristiques d'un génocide, une « solution finale » qui prévoit l'assimilation ou la disparition complète du peuple tibétain. D'autre part, sur le plan économique, s'il fallait faire un bilan de quarante ans de marxisme chinois au Tibet, il se solderait par un désastre sur toute la ligne. Le Tibet d'aujourd'hui reste en effet, et de loin, plus arriéré que toute province ou région de Chine : le quart monde dans un pays du tiers monde. Malgré les descriptions idylliques que nous propose la propagande chinoise, il reste à prouver que la population tibétaine vit mieux aujourd'hui qu'avant l'arrivée de l'armée chinoise.

Le paradis perdu

Enjeu des rivalités des grandes puissances dans la région, le Tibet est situé sur la chaîne de l'Himalaya où se trouvent les quatorze pics du monde dépassant

* Cf. pages 15-17 du présent ouvrage.

8 000 mètres, dont le mont Everest, le Chomolangma en tibétain, plus haut sommet de la planète avec 8 848 mètres. Les monts Kunlun et Kailas s'étendent respectivement au nord et à l'ouest du Tibet, les premiers bordant la frontière avec le Pakistan. Le mont Kailas est la montagne la plus sacrée des hindouistes et des bouddhistes. Pour les premiers, il est le trône de Shiva et mène à l'illumination; pour les seconds, il est le centre de l'univers et le protecteur du Tibet. Pour les fidèles qui en font le tour – un pèlerinage de 52 kilomètres –, huit tours permettent d'effacer une vie de péchés tandis que 108 révolutions conduisent au nirvana.

La « Région Autonome du Tibet », amputée au début des années soixante de plus de la moitié de son territoire ethnique rattachée aux provinces chinoises, s'étend encore sur une superficie de 1,2 million de kilomètres carrés, soit plus de deux fois la France, à une altitude moyenne de plus de 4 000 mètres. Le Tibet possède une frontière commune avec la Birmanie, l'Inde, le Népal et le Bouthan, ainsi qu'avec les provinces et régions chinoises du Sichuan, Yunnan, Qinghai et Xinjiang. Il borde d'anciens royaumes qui, rattachés à l'administration indienne, ont perdu leur souveraineté, sinon même leur identité. Il en va ainsi du Sikkim, du Mustang, du Ladakh et du Zanskar.

Le Tibet et l'Himalaya constituent un formidable réservoir d'eau pour toute l'Asie du Sud et ses centaines de millions d'habitants. Le Brahmapoutre – en tibétain Yarlung Tsangpo – trouve sa source dans les glaciers des sommets tibétains. Il chemine sur 2 057 kilomètres à travers les hautes terres tibétaines avant d'arroser, et souvent d'inonder, les vallées et plaines de Chine, du Bangladesh et de l'Inde. L'Indus aussi prend sa source au Tibet. Il traverse le Pakistan du nord au sud. Le Gange, fleuve sacré de l'Inde, puise sa source dans l'Himalaya. L'Irrawaddy qui traverse la Birmanie, le Mékong qui irrigue le Laos, la Thaïlande et le Cambodge, ainsi que le Yang-tsé-kiang, l'un des plus grands fleuves du monde, naissent dans le Kham tibétain, dans l'extrémité orientale de la chaîne himalayenne. Le Fleuve Jaune (Huang He), l'autre plus grand fleuve de Chine, prend sa source dans le nord du plateau tibétain.

Du haut de la forteresse naturelle que constitue le plateau tibétain, l'armée chinoise s'est taillé une position privilégiée de commandement qui contrôle de vastes territoires. Protégée par cette barrière colossale longue de plus de 2 500 kilomètres, la Chine se retrouve ainsi d'autant mieux à l'abri des ambitions territoriales qu'ont pu ou que pourraient nourrir des voisins potentiellement ou ouvertement hostiles, telles l'Inde et la Russie. Outre plusieurs centaines de milliers de soldats stationnés au Tibet, dans l'Amdo et le Kham, la Chine y a, selon diverses sources, progressivement installé un réseau dense de bases souterraines, de gigantesques dépôts de munitions et de vivres ainsi que de longs tunnels de communication, creusés dans la montagne au cours des années avec l'aide d'une main-d'œuvre gratuite et abondante. Ces installations sont, pour une bonne part, difficilement décelables par les satellites espions occidentaux.

Faisant appel à des soldats exclusivement chinois, l'armée chinoise aurait, d'autre part, construit dans le plus grand secret des bases de lancement de missiles nucléaires. Ce travail de fourmis a pris des années d'efforts épuisants à des altitudes que les Chinois supportent mal. La Chine a fait exploser sa première bombe atomique en 1964, réalisant une entrée triomphale dans le club encore restreint des puissances nucléaires, derrière les États-Unis, l'ex-URSS, la Grande-Bretagne et la France. Devenu, avec les fusées et les satellites, le fleuron des centres de recherches militaires et la fierté du peuple chinois, le secteur nucléaire a été tenu à l'écart des bouleversements politiques intérieurs sur l'intervention de Mao Tsé-Toung et Chou En-Lai, et ce tout au long de la Révolution culturelle. Demeuré une priorité absolue pour la Chine qui, par cette force de frappe crédible, espère garantir son indépendance vis-à-vis des super-grands américain et soviétique, le nucléaire militaire n'a jamais été affecté par les restrictions budgétaires appliquées presque chaque année dans l'armée depuis 1979.

Selon le Bureau d'information du « gouvernement en exil » tibétain, les services de renseignements indiens et ceux de Taiwan, la Chine a installé au moins cinq bases de missiles nucléaires au Tibet. Elles se trouvent à Kongpo Nyatri, Powo Tamo, Rudok, Golmud et Nagchuka. Selon certaines sources, ce dernier site, à 240 kilomètres au nord de Lhassa, serait même devenu depuis 1976 la plus importante base nucléaire de Chine populaire. Une affirmation difficilement vérifiable. Mais des réfugiés tibétains affirment que la zone autour de Nagchuka a été entièrement vidée de toute population tibétaine. Elle reste strictement interdite d'accès aux Tibétains et civils chinois. Seraient entreposés dans ces différentes bases au Tibet au moins huit missiles nucléaires intercontinentaux (ICBM), soixante-dix missiles de portée moyenne (MRBM) et vingt de portée intermédiaire (IRMB). Ces missiles, du haut de ce sanctuaire inviolable, visent en priorité les territoires indien et russe dont les villes et centres industriels principaux sont à leur portée. Compte non tenu de quelques pistes secondaires, seraient également aménagés au Tibet au moins dix-sept stations radars et quatorze aéroports à usage exclusivement militaire. Seul l'aéroport de Gonggar, à 80 kilomètres au sud-est de Lhassa, est ouvert au trafic civil. Pour toutes ces raisons probablement, le survol de la majeure partie du Tibet reste interdit aux compagnies aériennes civiles internationales.

Récemment, le quotidien de l'Armée populaire de libération a mentionné des manœuvres qui auraient duré dix jours en août 1988 au Tibet pour assurer « une défense chimique tous azimuts en zone de haute altitude » afin de « tester des équipements qui viennent d'être mis au point ». Ces manœuvres « ont grandement renforcé les mesures de coordination pour la défense chimique », fut-il précisé [1]. A la même époque, Pékin annonçait des exercices de parachutage au Tibet : « Une unité chinoise aérotransportée a effectué un excellent travail de parachutage et de survie sur le plateau du Qinghai et du Tibet. Les résultats de cet entraînement indiquent que cette unité est virtuellement capable d'effectuer des atterrissages en parachute sur les hautes terres », a-t-il été expliqué [2].

Les Tibétains en exil accusent aussi la Chine de se livrer à des essais nucléaires et de stocker des déchets nucléaires au Tibet. La Chine, cela va de soi, dément en vrac. « La Chine n'a jamais déployé d'armes nucléaires ni enterré de déchets nucléaires au Tibet. L'environnement naturel au Tibet n'a pas souffert de la pollution nucléaire », déclare le gouvernement de Pékin [3]. Les experts occidentaux soulignent, quant à eux, que le plus grand terrain d'expérimentation nucléaire connu de Chine se trouve au beau milieu des immensités désertiques au Xinjiang, à Lop Nor. C'est dans cette base restée secrète qu'ont eu lieu un bon nombre des essais nucléaires chinois depuis 1964. Au milieu des années quatre-vingt, l'Allemagne fédérale et la Chine avaient entamé des négociations portant sur le nucléaire à usage strictement civil. La partie chinoise avait un temps proposé un moyen de financement original pour les éventuels achats de technologies et matériels pour centrales nucléaires : le stockage des déchets nucléaires ouest-allemands dans le sous-sol chinois dans des zones faiblement habitées à l'ouest du pays. Le gouvernement de Bonn et la société ouest-allemande MBB, après étude, durent rejeter l'offre, craignant le scandale et des réactions violentes de la part des « Verts » dont l'influence politique ne cesse de croître en RFA.

En novembre 1990, le Japon et la Chine ont cependant conclu un accord pour la conception en commun de systèmes de stockage des déchets nucléaires hautement radio-actifs. Cet accord, signé entre le Forum Industriel Nucléaire du Japon et le gouvernement chinois, prévoit que les deux parties travailleront en commun dans le domaine de l'évaluation de la sûreté des équipements pouvant être utilisés dans le stockage des déchets provenant des centrales nucléaires [4]. Rien n'a toutefois été dit des sites éventuels de stockage.

En avril 1993, l'organisation International Campaign for Tibet basée à Washington a publié le premier rapport circonstancié sur la question des déchets nucléaires au Tibet. Sur la foi de deux missions et de nombreux témoignages, l'organisation révèle l'existence d'une « cité nucléaire » baptisée « La neuvième académie » et installée sur le plateau tibétain. Les chercheurs de cette cité secrète auraient mis au point les premières bombes atomiques chinoises. Cette enquête fait également état de trois sites où seraient déployées des installations nucléaires à usage militaire et rapporte des cas de maladies et de décès de Tibétains à proximité de mines d'uranium. D'autre part, la question ne se limite pas, bien entendu, aux déchets nucléaires. Il existe aussi une menace pour le Tibet de devenir la poubelle des pays industrialisés. En mars 1992, la presse américaine a ainsi fait état d'un accord entre la ville de Baltimore et un courtier californien prévoyant l'envoi au Tibet de 20 000 tonnes de déchets urbains contre le paiement de 1,4 million de dollars. Ce marché aurait fait suite à un autre accord conclu entre le gouvernement de la « Région autonome du Tibet » et un intermédiaire chinois, le Hainan Sunlitt Group, partenaire du courtier californien, pour le stockage au Tibet de jusqu'à 1,5 million de tonnes de déchets urbains en provenance des États-Unis [5].

Parmi les dernières terres vierges du globe, l'Himalaya et le Tibet abritent une faune et une flore extraordinaires : 5 760 variétés de plantes y sont recensées. Parmi les animaux sauvages, l'on trouve, pour ne citer qu'eux, l'Entelle (singe himalayen), le Bouc tibétain, le Léopard des neiges, l'Antilope du Tibet, la Chèvre pashmina qui produit la laine cachemire, les délicates Grues à cou noir, les Yacks, le Gypaète barbu, l'un des plus grands rapaces du monde, qui peut voler sans difficulté à 6 000 ou 7 000 mètres d'altitude, l'Aigle des steppes qui monte lui jusqu'à 9 000 mètres, le Kiang, sorte de croisement entre l'âne et le cheval, différentes variétés d'ours, le Daim musqué, le Bharal, animal tenant à la fois du mouton et de la chèvre sauvage, et le Dzong, un yack sauvage à poils noirs. La végétation tibétaine et himalayenne est tour à tour luxuriante dans les vallées bien arrosées puis désolée aux limites des neiges éternelles, vers 5 000 mètres. Quelques-unes des plus grandes forêts vierges du monde sont situées au Tibet, poumon de notre vieille terre. Ce sont, avec les forêts de Mongolie et de Mandchourie, les plus grandes de Chine. Les seules forêts du Tibet central (U-Tsang) s'étendent sur 6 320 000 hectares, selon des relevés récents du gouvernement chinois.

Le Tibet possède plus de mille cinq cents lacs aux eaux parmi les plus pures et transparentes du globe. Enfin, le sous-sol tibétain est extrêmement riche en minéraux, dont le cuivre, l'uranium, le chrome, le tungstène, l'or, l'argent, le plomb, le lithium, le borax, la barytine, le soufre, des sulfures et divers graphites d'une pureté exceptionnelle. Les gisements connus du Tibet en lithium représenteraient la moitié des réserves mondiales. Les gisements d'uranium et de borax seraient, eux, les plus importants du monde. La presse chinoise fait état de l'existence de huit mines d'or en activité dans le Qinghai (Amdo), deux situées dans les districts de Madoi et Baima, dans le pays des Golog. Le lavage de la poussière d'or dans ces mines rapporterait « des fortunes » aux exploitants [6]. Selon les chiffres officiels chinois, la production d'or aurait atteint 177 kilogrammes dans le Qinghai (Amdo) en 1991, en hausse de 73 % par rapport à 1990 [7]. De fait, l'extraction minière semble bien battre son plein au Tibet et dans les zones ethniques tibétaines. Selon une enquête des autorités en exil de Dharamsala, 100 000 tonnes de minerais divers auraient été extraits du sol de la seule « Région autonome du Tibet » en

1990, dont 70 000 tonnes de minerai de chrome. Au total, 500 000 tonnes de minerai de chrome auraient été extraites entre 1979 et 1989, l'objectif pour les années 90 étant de 90 000 tonnes/an [8]. S'agissant de l'uranium, les géologues chinois auraient découvert des gisements importants dans la « Région autonome du Tibet », dans la « préfecture autonome tibétaine de Aba (Ngapa) » dans le Sichuan (Kham), dans le « district autonome tibétain de Tianzhu (Pari) » dans la province du Gansu (Amdo) et dans le bassin de Qaidam dans la province du Qinghai. Plusieurs gisements seraient d'ores et déjà exploités [9]. Bien qu'elle utilise une main-d'œuvre gratuite (les prisonniers des camps de travail) dans les mines du Tibet, la Chine n'a pas encore les moyens techniques d'exploiter ces gisements comme elle le voudrait. Mais elle compte bien le faire un jour, si besoin est avec l'aide de la technologie et des capitaux de l'Occident. Les ressources hydrauliques, géothermiques et solaires sont, elles aussi, considérables. Les ressources hydroélectriques du Yarlung Zangpo à lui seul sont estimées par le gouvernement chinois à 110 milliards de kW, montant juste inférieur à celui du Yangtsé, le plus grand fleuve de Chine. Plus de trois cents geysers ont été recensés au Tibet.

L'Himalaya et le Pays des Neiges offrent les paysages parmi les plus saisissants du monde. Ce joyau naturel fait partie du patrimoine écologique de l'humanité tout entière. Il ne doit pas devenir une nouvelle poubelle de la « civilisation ». Mais son écosystème, intact il y a encore vingt ans, est aujourd'hui gravement menacé. Les dommages sont, pour certains, déjà irrémédiables. Sait-on que plusieurs espèces d'animaux que nous avons citées sont déjà menacées d'extinction prochaine? Outre les animaux abattus en masse à la mitrailleuse par l'Armée populaire de libération dans les années soixante et soixante-dix, bien d'autres disparaissent en raison de la dégradation de leur environnement naturel et des tueries occasionnées par les braconniers. Les forêts sont, quant à elles, une à une dépecées, tant au Tibet qu'au Népal. Des flancs entiers de montagnes sont rasés; ici pour laisser la place à des cultures en terrasse, là simplement pour le bois, véhiculé vers les vallées où il est vendu, quand il n'est pas abandonné sur place, faute de moyens de transport. Ainsi ont déjà disparu ces forêts touffues qu'avaient trouvées avec ravissement au pied de l'Everest Sir Edmund Hillary et son sherpa Tenzing Norgay, les premiers hommes à avoir conquis ce sommet magique en 1953.

Quelle est la situation de la déforestation au Tibet? Cette question est trop préoccupante pour ne pas s'y arrêter un instant encore. Le Sommet de la Terre de Rio de Janeiro du 3 au 14 juin 1992 a été l'occasion pour les autorités tibétaines en exil à Dharamsala de préparer un important dossier faisant le point sur la situation de l'écosystème du Tibet. Ce document, « Tibet : Environment and Development Issues 1992 », est partiellement fondé sur des statistiques officielles chinoises. Selon ce rapport, plus de 40 % des forêts vierges situées au Tibet et dans les zones d'influence tibétaines du Kham et de l'Amdo (Sichuan, Yunnan, Qinghai et Gansu) ont été coupées depuis les années cinquante. C'est ainsi que les surfaces recouvertes de forêts sont passées de 25,2 millions d'hectares en 1950, soit 9 % de la totalité du territoire considéré, à 13,57 millions d'hectares en 1985, soit 5 % du territoire. La plupart de ces forêts de conifères, pour beaucoup bicentenaires, sont situées à l'est du plateau tibétain le long des vallées du Fleuve Jaune, du Yangtsé, du Mekong, de la Salouène et du Brahmapoutre. Ces coupes auraient produit 2,99 milliards de m^3 de bois, faisant ainsi disparaître 46 % de la totalité du stock disponible dans ces zones en 1950. Transporté vers l'intérieur de la Chine et souvent exporté, ce bois aurait rapporté la coquette somme de 54 milliards de dollars au gouvernement chinois. Depuis 1985, ces coupes ont continué. Le seul frein était l'accès difficile à ces forêts, mais des routes nouvelles sont construites, en particulier dans les zones de Kongpo et Pawo Tamo qui étaient encore relativement épargnées dans la « Région autonome du Tibet » où plus de 20 000 soldats de l'Armée populaire de libération et de prisonniers tibétains seraient maintenant employés à un travail de coupe intensif [10]. Rarement compensée par des plantations nouvelles, cette déforestation provoque la disparition d'une grande partie de la faune du Tibet (dont certaines espèces menacées d'extinction dans le monde), une érosion accélérée des sols, des glissements de terrains et l'engorgement progressif des fleuves par les sédiments, en particulier le Fleuve Jaune, le Yangtsé et le Bhramapoutre, contribuant ainsi à aggraver les inondations meurtrières dans la région, y compris en Inde et au Bengladesh [11]. Pour Bradley Rowe, spécialiste britannique de l'écologie du Tibet et membre de la Royal Geographic Society, compte tenu des coupes effectuées depuis 1985, 70 % des forêts du Tibet des provinces voisines du Sichuan et du Yunnan ont désormais été détruites [12].

Pendant des décennies, les autorités chinoises sont restées absolument indifférentes à la pollution industrielle et aux dégâts écologiques. Résultat : bien des villes chinoises sont devenues, à l'image des centres industriels de l'Occident dans les années cinquante, des mégalopoles invivables. L'air y est irrespirable, l'eau y véhicule germes et bactéries mortels et les cités-dortoirs, monstres de béton, y génèrent la criminalité. Les taux de mortalité par cancer y sont si élevés et le cadre de vie est devenu si désespérant qu'enfin, depuis quelques années, la Chine prend peu à peu conscience de l'avenir inquiétant qu'elle prépare pour les générations futures. La Chine est pauvre : priorité reste donc donnée au développement industriel, ce qui augure mal de la société chinoise de demain. Mais la presse officielle commence à publier des articles alarmants. Des règlements antipollution restreignent la marge de manœuvre des industries les plus polluantes. Nous sommes très loin pourtant des efforts réalisés au

Japon, en Corée du Sud ou ailleurs dans les pays occidentaux pour la protection de la nature. L'immense Chine continue de polluer sur une telle échelle que, de l'avis de nombreux spécialistes, le monde entier paiera ces erreurs dans quelques décennies.

En ce qui concerne le Tibet, le silence est, à de rares exceptions près, de rigueur. Le *Quotidien du Peuple* a toutefois publié fin 1988 un court article qui en dit long sur les destructions massives des forêts du Tibet : « La forêt vierge tibétaine est l'une des mieux préservées parmi les forêts de notre pays. Mais, à notre honte, depuis dix ans, cette forêt aussi a été victime de graves sabotages des suites de coupes anarchiques et d'incendies. Quiconque contemple la forêt au Tibet peut voir que de larges étendues ont disparu. Tous ceux qui aiment le patrimoine de notre pays en éprouveront des regrets. Je me suis rendu dans le chef-lieu de Mi où le bois était entassé partout. Qu'il s'agisse de fermes forestières d'État ou privées, toutes se livraient à la coupe des arbres. Même les jeunes arbres étaient coupés pour la vente. Le gaspillage est énorme. Un grand nombre de grands arbres étaient abandonnés sur le sol, faute de pouvoir être transportés. La forêt dans le sud du chef-lieu a été entièrement rasée. Plusieurs dizaines d'incendies ont lieu au Tibet chaque année. Des dizaines de milliers d'hectares sont ainsi perdus. Nous espérons que les départements concernés prendront des mesures énergiques pour protéger les ressources de la forêt du Tibet [13]. »

Quant aux lacs du Tibet, certains sont menacés du même sort que ceux du Xinjiang et du Qinghai voisins. Un article du *China Daily*, quotidien officiel de langue anglaise, donne une idée de leur situation catastrophique. Le plus grand lac de Chine, le Kokonor, autrefois situé dans la zone d'influence tibétaine, rebaptisé par la Chine Lac Qinghai, a vu ses eaux baisser de 10,8 centimètres par an. Son niveau a en réalité chuté de 3,2 mètres depuis 1949. Tel lac du Xinjiang est déjà devenu un lit de sel. Dans cette région où les transferts de populations chinoises ont été très rapides depuis quarante ans, les zones cultivées ont plus que triplé. Ce facteur, conjugué à une explosion démographique et des besoins en irrigation en hausse vertigineuse, représente pour ces lacs un danger désormais immédiat [14].

L'un de ces lacs est tout particulièrement menacé. Il s'agit du Yamdrok Tso, le troisième plus grand lac du Tibet à environ 120 kilomètres au sud de Lhassa. S'étendant sur 800 kilomètres carrés à quelque 4 400 mètres d'altitude, ses eaux doivent bientôt servir pour alimenter une station hydroélectrique dont la construction a commencé en mai 1992. Les ingénieurs chinois ont conçu un plan qui prévoit le percement d'un tunnel de six kilomètres dans la montagne qui le sépare du fleuve Yarlung Tsangpo. Une fois percé, ce tunnel permettra aux eaux du lac d'alimenter 846 mètres plus bas une pompe de 15 000 kilowatts et, d'ici l'an 2000, six générateurs d'une capacité totale de 90 mégawatts. Selon les autorités chinoises, une partie de l'eau serait pompée pour être à nouveau déversée dans le lac pendant les heures creuses et la baisse du niveau du lac serait limitée à 7,6 cm par an. De nombreux Tibétains sont cependant alarmés par la perspective d'eaux boueuses déversées dans ce lac aux eaux si pures et par les dégâts sur l'environnement que ne manquera pas de provoquer ce projet herculéen dont l'un des plus grands opposants était le panchen-lama avant sa mort. Pékin a récemment reconnu qu'un détachement spécial de 1 500 hommes de la police armée était nécessaire pour garder le site des travaux [15].

Le tourisme de masse a, de son côté, contaminé les zones les plus difficiles d'accès dans l'Himalaya. Il laisse derrière lui une pollution qui, dans certains endroits, atteint des proportions consternantes. Les projets de la Chine au Tibet en ce qui concerne le tourisme sont, on le sait, mégalomaniaques. Ils sont momentanément mis en veilleuse, depuis fin 1987, en raison des troubles à Lhassa. Le Népal, qui accueillait

10 000 touristes par an en 1960, en voit arriver 250 000 annuellement depuis la fin des années quatre-vingt. Le gouvernement népalais prévoit de quadrupler ce chiffre d'ici l'an 2000. Ces touristes, inévitablement, transforment les économies locales et érodent, lentement mais sûrement, des traditions millénaires fragilisées. Il est à parier qu'elles ne survivront pas au choc du « modernisme », à défaut de celui de la « modernité ».

Quart monde du tiers monde

Quand il se rendit en visite officielle en France fin 1987, le président chinois de l'époque, Li Xiannian, a été plusieurs fois interrogé sur la situation au Tibet. L'opinion publique française était profondément sensibilisée par les émeutes à Lhassa et leur répression brutale. S'exprimant de sa voix chevrotante, l'octogénaire, exaspéré, répondit sans sourciller qu'avant l'arrivée de l'armée chinoise, le Tibet n'était peuplé que de barbares. Les Tibétains n'étaient-ils pas dans leur immense majorité des serfs au service des seigneurs et dignitaires religieux? Le Tibet ne se trouvait-il pas encore en plein Moyen Âge? La Chine, confrontée à cette situation, n'avait-elle pas un devoir d'intervention? Les Occidentaux, insista-t-il, devraient y regarder à deux fois avant de critiquer la Chine. Celle-ci n'a eu au Tibet qu'une seule mission grandiose : apporter la « Civilisation ». Li Xiannian, l'un des membres les plus conservateurs de l'appareil du PC chinois, aperçut-il seulement les sourires gênés de ses interlocuteurs français? Chez eux, de tels propos évoquaient immanquablement l'Algérie française. Ou, plus près du Tibet, l'Indochine.

Les arguments de Pékin sont, sur le fond et la forme, ignobles. Mais en Chine, ils sont restés pratiquement identiques dans leur formulation depuis 1950. Ils prennent un relief d'autant plus cru si un caractère curieux se prend à étudier de plus près les progrès économiques que le Tibet est supposé avoir réalisés en quarante années de quête inlassable de « civilisation socialiste ». Au vu du bilan, tout esprit libre ne peut qu'être saisi de stupeur. Car si les Chinois figurent parmi les êtres humains les plus pauvres du monde, les Tibétains sont, dans ce cas, les derniers des oubliés du développement, les reclus de la terre. Le Tibet est bien le quart monde du tiers monde.

Il existe déjà un abîme de différences entre la Chine dite « populaire » et la plupart de ses voisins. En Chine, entre 70 et 100 millions de ruraux vivent encore en dessous du seuil de pauvreté avec moins de 200 yuans de revenus annuels (300 francs), selon des chiffres du gouvernement chinois. Parmi ces défavorisés, plus de 10 millions sont des minorités ethniques, a révélé M. Ren Yinong, l'un des hauts cadres de la Commission nationale chinoise des affaires des minorités nationales. Ces gens, explique-t-il, vivent encore au bord de la sous-alimentation [16]. Yan Mingfu, ancien responsable pour les minorités ethniques au sein du Comité central du PCC, précise qu'en réalité 33 millions de personnes appartenant aux groupes ethniques minoritaires vivent encore en dessous du seuil de pauvreté. Illettrés pour la plupart, leur alimentation est insuffisante et ils ont des problèmes pour se loger et se vêtir, selon la définition chinoise du seuil de pauvreté [17]. Le panchen-lama a fourni une information supplémentaire : le revenu annuel moyen pour l'ensemble du Tibet n'est en fait que de 300 yuans par habitant [18] !

Faut-il souligner que les touristes occidentaux qui se rendent en voyage organisé en Chine et qui sont logés dans les plus beaux palaces du pays ne verront jamais ces poches de pauvreté extrême ? Elles sont difficiles d'accès et restent à l'écart des chemins balisés du tourisme.

A l'échelle du développement économique national, la Chine reste proche de l'Inde. Au Japon, pays anéanti pendant la Deuxième Guerre mondiale, le produit national brut (PNB) par habitant dépasse allégrement

23 500 dollars. A Taiwan, île pourtant gouvernée par les « réactionnaires » du Kuomintang, il se hisse à plus de 7 500 dollars. En Corée du Sud, il est supérieur à 5 000 dollars. A Hong Kong, il frise 11 000 dollars [19]. Comment alors expliquer autrement que par la faillite d'un système le fait qu'en Chine le PNB annuel par habitant stagne autour de 400 à 500 dollars? L'objectif cher à Deng Xiaoping est de le porter à 1 000 dollars en l'an 2000. Excellent! Mais même dans le cas où ce rêve se réalise, où en seront alors les pays voisins? Les explications embarrassées des dirigeants chinois sont toujours les mêmes : la Chine est un pays immense, difficile à gérer et victime de catastrophes naturelles. Soit. Mais la rentabilité dans les entreprises chinoises reste l'une des plus affligeantes du monde. Le seul rouage de l'économie nationale faisant preuve de dynamisme est le secteur privé. Cela dit, si l'on compare les niveaux de vie du Tibet à ceux des pays nouvellement industrialisés ou en voie d'industrialisation de la région Asie-Pacifique, l'abîme devient gouffre sans fond! La comparaison devient une insulte au bon sens et l'analyse proprement infamante pour Pékin.

Les famines créées par les mouvements politiques du maoïsme ont peut-être enfin disparu du paysage tibétain. Mais les inégalités ne cessent de se creuser entre le Tibet et le reste de la Chine. Le gouvernement chinois affirme qu'il a injecté plus de 12 milliards de yuans d'aide financière au Tibet entre 1952 et 1986. La part du gouvernement chinois dans les investissements pour les projets de constructions de base aurait atteint 3,43 milliards de yuans entre 1952 et 1987. Il faut encore ajouter 5,91 milliards de yuans que le gouvernement « central » aurait alloués au Tibet entre 1979 et 1986 sous forme de programmes d'assistance divers [20]. Mais, comme l'a fait Hu Yaobang en 1980, on peut raisonnablement se demander où sont passés ces capitaux. Grâce à la nette libéralisation et aux mesures de décollectivisation dans le domaine agricole entreprises depuis 1979, la production a sensiblement augmenté ces dernières années pour atteindre 467 000 tonnes de céréales en 1987, soit un ratio annuel de 233 kilogrammes de céréales par habitant et par an. En 1990, la production céréalière aurait atteint un record de 560 000 tonnes, soit 0,13 % de la production de la Chine[21]. Avec 253 kilogrammes de céréales par habitant et par an, ce résultat reste largement inférieur au ratio moyen pour la Chine entière qui était la même année de 335 kilogrammes par habitant et par an.

Si l'on aborde le domaine industriel, le parallèle est humiliant. Selon des statistiques du gouvernement chinois, la production industrielle du Tibet représentait pour le mois d'août 1988 exactement 11 millions de yuans, soit 1/10 000e de la production industrielle de toute la Chine et 130 fois moins que celle de la province du Gansu, pourtant l'une des plus pauvres de Chine! D'autre part, malgré dix ans de réformes économiques, le décollage de l'économie tibétaine n'est pas pour demain. Car, selon ces mêmes statistiques officielles, la croissance industrielle du Tibet, où tout encore reste à faire, atteignait 22,2 % au mois d'août 1988 par rapport au mois d'août 1987. Cette croissance était, pour la même période, de 18,3 % pour l'ensemble de la Chine. Elle était de 36,1 % dans le Guangdong qui borde Hong Kong et de 28,1 % dans le Shandong, juste en face de la péninsule coréenne, deux provinces déjà parmi les plus développées du pays. Dans l'île de Hainan, au sud du continent chinois, en face de la péninsule vietnamienne, la croissance atteignait un confortable record de 42,4 %[22]. La situation ne s'est pas fondamentalement améliorée depuis puisque selon des statistiques officielles, la production de l'industrie du Tibet a totalisé 235 millions de yuans en 1990, en hausse de 6,3 % par rapport à 1989, mais soit une proportion inchangée de 1/10 000e de la production industrielle de toute la Chine (2 385 milliards de yuans)[23]. Quant aux échanges commerciaux avec le monde extérieur, ils atteignaient 245 millions de yuans en 1990, soit moins de 0,5 % de la totalité des échanges de la

Chine[24]. Si l'on retranche les équipements importés à grands frais pour les installations destinées aux touristes étrangers, le résultat net est probablement proche du zéro absolu.

Ainsi, dans la Chine à deux vitesses des réformes économiques, tandis que le littoral chinois est peut-être appelé à jouer un rôle de locomotive économique pour le reste du pays, il est clair que le Tibet est condamné à s'installer dans la misère.

Sur le front de l'éducation, la situation n'est guère plus brillante. La propagande chinoise publie une quantité invraisemblable de matériaux sur les progrès prodigieux prétendument réalisés dans ce domaine au Tibet où, est-il claironné, hormis quelques seigneurs, nobles et hauts lamas qui constituent la classe des exploiteurs, 95 % de la population tibétaine était illettrée avant 1950. Bien. Mais cela ne s'est guère arrangé si l'on en croit la presse officielle elle-même. Car, trente-huit ans plus tard, 1,4 million de Tibétains, soit au moins 70 % de la population, ne savent toujours ni lire ni écrire[25]! Les installations pour l'éducation au Tibet restent « très modestes » et le nombre des enseignants « insuffisant », selon des euphémismes pudiques du gouvernement qui cachent mal une situation dramatique. Un quotidien officiel du Tibet a même récemment affirmé que la proportion des habitants du Tibet qui sont totalement illettrés atteint 80 %[26]! La moyenne pour l'ensemble de la Chine est de 23 %. Dès lors, voici posée la question : qu'a donc réalisé la mission civilisatrice de la Chine au Tibet? Que peut-on mettre à son actif?

La Chine aurait dépensé 700 millions de yuans (environ 700 millions de francs) pour l'éducation au Tibet entre 1980 et 1987 et 130 millions de yuans (190 millions de francs) pour la seule année 1987. Ces sommes, est-il dit, sont encore largement insuffisantes pour scolariser les enfants tibétains dont une grande partie encore ne vont jamais à l'école. Selon des chiffres officiels du gouvernement chinois, publiés en 1991, il y a au total 2 469 écoles au Tibet, dont 4 établissements d'enseignement supérieur, 15 écoles professionnelles du second degré, 68 écoles secondaires et 2 300 écoles primaires, accueillant 177 000 élèves, le taux de scolarité atteignant 54,4 %. Il faut ajouter 17 institutions de recherches scientifiques dans les domaines de la sylviculture, la biologie, l'écologie, l'énergie solaire, l'astronomie, la médecine et la pharmacopée tibétaines [27]. Il faut encore prendre en compte les étudiants tibétains accueillis dans les écoles secondaires des provinces et municipalités à l'intérieur de la Chine et qui étaient au nombre de 5 278 en 1987. Il est prévu que les universités et autres instituts d'enseignement supérieur forment 1 500 Tibétains diplômés de l'université et 10 400 diplômés dans des disciplines techniques d'ici l'an 2000 [28]. Enfin, la première Université du Tibet a ouvert ses portes à Lhassa en juillet 1985. Elle offre un enseignement dans dix-sept disciplines dispensé par dix-sept professeurs et assistants. Trois de ses huit départements concentreraient leurs activités sur des sujets purement tibétains, dont la langue et la médecine. Les premiers diplômés de cette université en sont sortis en juillet 1988 et sont au nombre de 246. Voilà pour les chiffres. La réalité sur le terrain est moins miraculeuse.

Pékin reconnaît que la moitié des enfants tibétains d'âge scolaire ne vont encore jamais à l'école dans la « Région Autonome du Tibet » [29]. Cette statistique paraît largement optimiste. Dans le Qinghai, l'ancien Amdo, seuls 11,2 % des enfants tibétains d'âge scolaire fréquentent les bancs de l'école dans certains districts. Dans d'autres, la proportion serait de 21,6 %. Dans le meilleur des cas, elle atteindrait 88 %. Ces résultats font dire au vice-gouverneur de la province, Bainma Dandzin : « En raison des déficiences des ressources économiques et naturelles, l'éducation de base est encore sous-développée dans la province et le développement de l'éducation est très inégal dans les différentes parties de la province [30]. » Cette situation est bien pire au Tibet central. Les Tibétains eux-mêmes ou les voyageurs étrangers qui ont pu parcourir extensivement le Tibet ces dernières années dépeignent une situation poignante.

Il n'existe que des écoles primaires dans les villages. Ces écoles sont faites le plus souvent de quelques planches et d'un toit de tôle ondulée. Fréquemment, il n'y a ni tables, ni chaises. Les « professeurs » lisent l'heure d'après la position du soleil. Ces établissements offrent un « enseignement » de quatre ans à l'issue duquel les adolescents devraient théoriquement être envoyés dans une école de district qui est souvent éloignée, parfois à deux ou trois jours de marche. La plus grande partie des jeunes Tibétains n'y vont jamais. Les familles paysannes hésitent à se séparer, pour quatre années supplémentaires, de bras utiles dans les champs. D'autant que l'on ne comprend guère l'intérêt du savoir que l'on dissémine dans ces écoles qui, sauf exception, sont des relais de la propagande chinoise.

En effet, les écoles sont pour la Chine une arme puissante servant à propager la sinisation du Tibet, dans la mesure du possible jusque dans les villages les plus reculés. Il arrive que l'enseignement de la langue chinoise s'étende jusque dans les écoles primaires. L'enseignement de l'histoire et d'autres disciplines est soigneusement orienté pour que les bienfaits de la « réunification » du Tibet et de la Chine en 1950 pénètrent bien dans les petites cervelles innocentes. L'ancien régime y est naturellement dépeint sous les traits les plus sinistres. Pour ces jeunes Tibétains, il s'agit d'un lavage de cerveau quotidien. La culture et les traditions tibétaines sont largement ignorées au profit de celles de la Chine. Outre un désintérêt marqué, parfois même teinté d'un mépris souverain à l'égard de la civilisation tibétaine que cette éducation risque de créer au sein de la jeune génération, il s'ensuit un risque sérieux d'abandon progressif de la langue tibétaine. Quant à la religion, ciment de la société tibétaine, elle est proprement ignorée dans les écoles, quand elle n'est pas tournée en ridicule.

Depuis quarante ans, le PC chinois s'efforce de forger une élite tibétaine qui serait entièrement acquise à sa cause. Dès les années cinquante, il a, dans ce but, envoyé par milliers des étudiants tibétains dans les écoles et les universités de Pékin, Chengdu, Xining, Lanzhou, Shanghai et ailleurs. Tenus éloignés de leurs familles et de leur société, ces jeunes sont déracinés pendant plusieurs années, exil nécessaire à leur conditionnement politique. Le gouvernement chinois aurait voulu faire de ces Tibétains sinisés l'encadrement de demain au Tibet. Si l'affaire avait réussi, il aurait pu alors clamer à la face du monde que le Pays des Neiges est dirigé par des Tibétains. Mais il apparaît, en particulier à la lumière des émeutes récentes, que cette entreprise se solde par un échec. Pékin est encore loin d'être parvenu à s'assurer leur loyauté. Beaucoup même de ces intellectuels tibétains sont restés franchement nationalistes et continuent d'opposer une sourde résistance à la présence chinoise, d'autant plus efficace qu'elle peut s'exercer à l'intérieur des organes dirigeants du Tibet.

Les armes de la sinisation

« Un holocauste a lieu sur le toit du monde et le monde libre continue de ne pas y prêter attention. La situation est absolument inacceptable au Tibet où sont stationnés environ 500 000 soldats et le quart de l'arsenal militaire chinois », affirme Petra Kelly, chef de file des Verts ouest-allemands [31].

Les autorités chinoises jurent le contraire, mais la chose saute aux yeux pour quiconque veut bien regarder avec un peu d'honnêteté ce qui se passe au Tibet aujourd'hui : la Chine est engagée dans un effort, le plus discret possible, mais d'une ténacité extrême, de sinisation intégrale de l'espace tibétain. Déjà, la citadelle tibétaine est assiégée de toutes parts et menace de se rendre. Elle ne tiendra plus très longtemps. Le gouvernement chinois, pourtant, proteste de son innocence. « La politique du gouvernement chinois stipule le respect et la protection des cultures traditionnelles de toutes les minorités. La culture traditionnelle et le précieux héritage historique de la nationalité tibétaine ne font pas exception », affirme la presse chinoise. Les destructions de la Révolution culturelle ont certes causé des pertes irrémédiables mais ces excès ont été ourdis par des « gauchistes » et sont aujourd'hui corrigés, dit-elle. De fait, « les gens confondent souvent les destructions des cultures traditionnelles commises par les " gardes rouges " pendant la " Révolution culturelle " et la politique correcte suivie par le gouvernement populaire pendant la plus grande partie de la période qui a suivi la libération », croit-on nécessaire de souligner encore. Pour les naïfs que ces lignes ne font pas sourire, on ajoute : « La littérature et les arts traditionnels du Tibet constituent une composante importante de la culture traditionnelle de la Chine. Le gouvernement chinois leur attache une grande importance [32]. »

En vertu des directives officielles, « les cadres hans doivent respecter les coutumes et habitudes du peuple tibétain et étudier leur langue, tandis que les cadres tibétains, pour leur part, doivent étudier la langue han. Les cadres hans doivent attacher une attention particulière à la maîtrise de toute pensée tendant au chauvinisme han, tandis que les cadres des minorités doivent se garder de toute pensée ayant trait aux tendances locales qui pourrait se loger dans leur esprit. Tous les cadres doivent étudier avec sérieux la théorie marxiste-léniniste sur la question des nationalités et continuellement élever leur conscience politique de même que leur niveau idéologique » [33].

En réalité, quarante ans après la « libération pacifique » du Tibet, l'objectif des stratèges chinois n'a guère changé. Il s'agit de vaincre les traditions et les coutumes du Tibet. Cela dans le but de briser une société hostile et de vaincre à jamais toute volonté de différence.

Réussir à chasser les étrangers du sol chinois et rendre à la Chine son indépendance est probablement la principale raison de la victoire des communistes chinois en 1949. C'est, à ce jour, leur seule réussite véritablement incontestable. Elle est certes digne d'admiration et de respect. Mais si les intellectuels chinois devaient aujourd'hui trouver un motif pour rendre grâce à la Révolution chinoise et à ses vétérans, la lutte pour l'indépendance de la Chine serait le seul invoqué. Le théoricien chinois Yan Jiaqi l'explique ainsi : « 1949 ne fut pas une victoire d'idées (marxistes) mais une victoire du nationalisme chinois. Le facteur déterminant a été la lutte contre l'occupant japonais. Il n'est pas sûr que sans l'invasion japonaise, le PCC ait pris le pouvoir. Avec la dégradation du tissu social, la victoire communiste s'est faite de manière naturelle. Mais lorsque le PCC s'est constitué en pouvoir, il est entré dans la logique traditionnelle des dynasties. Il a bâti un système dictatorial [34]. » Comme au Vietnam et ailleurs dans le monde, les communistes ont bâti une puissance militaire formidable et un soutien populaire solide sur une guerre de libération nationale. Aussi, depuis leur avènement au pouvoir, les dirigeants de Pékin n'ont-ils jamais cessé d'être hantés par le spectre d'une partition de la Chine. Ce spectre est aujourd'hui un danger très réel avec la montée des inégalités régionales et au vu des évolutions en cours dans le monde. Plus que jamais, depuis 1949, les gouvernants en Chine ont des raisons de frissonner à cette idée. Avec une érosion rapide de la domination du PCC et un développement économique inégal, la Chine est traversée de puissants courants excentriques.

Dès lors, l'assimilation des marches de la Chine, là précisément où vivent la plus grande partie des minorités ethniques, apparaît vitale pour Pékin. Ces zones frontières sont peuplées de 55 minorités ethniques recensés par les démographes et ethnographes chinois. Ces non-Chinois sont au nombre de 67 millions, soit 6,7 % seulement de la population totale de la Chine.

Autant dire une goutte d'eau dans un océan de Hans. Mais, attachées à leurs coutumes et potentiellement, sinon dans les faits, hostiles au système communiste qui leur est imposé, ces populations représentent une menace permanente de rébellion et de scission. La sinisation de ces régions est plus nécessaire que jamais. Sur un autre registre, il suffit de voir avec quelle ardeur les Chinois détruisent leurs propres traditions depuis quarante ans, avec quel aveuglement ils se plongent et se noient dans les courants culturels étrangers pour que l'on soit en droit de trembler à l'idée du sort qui attend le Tibet s'il se met à vouloir copier la Chine. Il n'est pas exagéré d'imaginer le Tibet transformé en une pitoyable réserve où, à l'image de celles pour les Indiens aux États-Unis, l'État chinois procéderait généreusement à des distributions gratuites de boissons alcoolisées afin de précipiter la déchéance des Tibétains.

Au Tibet, le ver est déjà dans le fruit. Diverses méthodes sont employées, ouvertement ou non, par le gouvernement chinois pour l'opération « sinisation du Tibet ». L'une d'entre elles, nous l'avons vu, est de généraliser l'enseignement et l'usage de la langue chinoise au détriment de la langue tibétaine. L'usage du chinois est une nécessité absolue pour les cadres tibétains, car leurs homologues chinois qui savent parler le tibétain sont l'exception. La connaissance de la langue chinoise devient progressivement indispensable pour les Tibétains dans les magasins des villes et gros bourgs. Il arrive déjà que des enfants tibétains scolarisés parlent le chinois entre eux et un tibétain considérablement appauvri avec leurs parents. Si cette tendance se poursuit, la langue tibétaine deviendra un dialecte. Comme le parler auvergnat et bientôt la langue bretonne, il ne sera plus utilisé que par des vieillards, sur le pas de leur porte.

En 1987, le gouvernement chinois a bien annoncé un règlement faisant de la langue tibétaine la première langue officielle de la « Région Autonome du Tibet ». Il recommande à l'encadrement chinois de se mettre à l'étude de cette langue. Les concepteurs de ce règlement ont peut-être des intentions louables. Mais cette consigne a dès le début été considérée comme une vaste plaisanterie. Les résidents chinois s'en gaussent abondamment. Une autre disposition prévoit qu'à partir de fin 1990, tout bureau de l'administration au Tibet pourra refuser de prendre en compte tout document officiel s'il n'est pas accompagné d'une version en langue tibétaine. Pour beaucoup, il s'agit d'une fumisterie de la même veine. Depuis des années déjà, il est stipulé que tous les documents officiels, de même que les plaques sur les bâtiments de l'administration, doivent être bilingues (le chinois venant toutefois en premier). Bien souvent, cette consigne est ignorée. Combien de prisonniers tibétains n'ont jamais eu accès qu'à des documents écrits en chinois auxquels ils ne comprennent pas un traître mot ? Il existe depuis vingt ans une version en tibétain du *Quotidien du Tibet*. Certes. Mais ne sert-elle pas d'abord à mieux transmettre les codes de conduite politique du gouvernement chinois aux « masses laborieuses » tibétaines ? Plus grave : déjà une partie de la nouvelle aristocratie tibétaine que le gouvernement chinois est parvenu à inféoder préfère s'exprimer en chinois. Comme pour afficher le statut supérieur que confère cette langue par rapport au « vulgum pecus ».

Après 1950, l'administration chinoise s'est employée à rebaptiser une partie des noms de lieu tibétains. Elle leur a aussi systématiquement donné une traduction phonétique chinoise. Il en va de même pour les noms des personnages de l'histoire du Tibet. Pékin rédige ces noms à l'aide du système officiel dit « Pinyin ». Il n'est pas rare qu'en conséquence, les noms tibétains deviennent incompréhensibles. Il est déconcertant de voir avec quelle facilité certaines publications occidentales, pourtant très sérieuses, tombent dans le piège des propagandistes chinois. Il est ainsi quasi impossible de reconnaître certains noms de monastères ou de personnalités du Tibet dans la quatrième et dernière édition disponible du guide *Nagel* sur la Chine dont, soit dit en passant, les explications sur l'histoire récente du Tibet épousent avec une fidélité étonnante les thèses chinoises. Nous y apprenons ainsi qu'un certain roi tibétain, « Song zan gan bu », a épousé la princesse chinoise Wencheng. Comprenez dans ce charabia Songtsen Gampo, le fondateur du premier royaume tibétain. Dans ces mêmes pages, le visiteur étranger trouvera que le plus ancien monument d'architecture dans la capitale tibétaine est le « Da zhao si ». Prononcez ce mot devant un Tibétain : il aura beau vous faire répéter, tendre l'oreille et écarquiller les yeux, il n'y comprendra goutte. Et pour cause. Demandez-lui le chemin du Jokhang : immédiatement, et de bonne grâce, il vous indiquera le chemin. Quant au Ramoché, autre temple célèbre de Lhassa, aujourd'hui inexistant sur les plans chinois de la ville pour la bonne raison qu'il a été détruit en 1959, il devient dans le *Nagel* le « Xiao zhao si ». La suite est tout aussi hilarante. Le Drepung devient « Zhe bang si », Shigatsé « Ri ga ze » et le Tashilunpo, tenez-vous bien, « Za shen lun bu si » !

Une autre mesure du plan de sinisation du Tibet est son ouverture au tourisme de masse. Que la Chine compte utiliser le tourisme occidental pour miner les traditions tibétaines est une évidence que les autorités chinoises ne cherchent même pas à contester. Nous en trouvons la preuve dans les publications du gouvernement chinois. Ngapo Ringen, présenté comme l'un des responsables du tourisme au Tibet, y dit ceci : « Le tourisme encourage une ouverture des esprits. L'état d'isolement dans lequel s'est longtemps trouvé le Tibet a engendré et maintenu nombre d'idées arriérées et conservatrices. Avec la venue en grand nombre de visiteurs étrangers, leurs façons de vivre, de penser et d'apprécier ne manqueront certainement pas d'avoir un effet sur les esprits de cette très ancienne nation. Le progrès des esprits entraîne inévitablement le progrès social [35]. » Ce travail de sape par étrangers interposés a déjà, dans une certaine mesure, réussi à bouleverser coutumes et modes de vie à Lhassa et dans les autres cités qui figurent sur la liste des étapes touristiques ouvertes. Selon les statistiques officielles chinoises, seuls 1 362 touristes étrangers ne se sont rendus au Tibet entre janvier et avril 1990, contre un millier pendant la même période de 1989 [36]. Le flot a progressé depuis, sans toutefois retrouver les chiffres enregistrés avant 1987.

La loi martiale a sans doute retardé le programme de développement du tourisme au Tibet. Mais si l'objectif de 500 000 touristes étrangers par an est un jour atteint, nous assisterons à une vision plutôt pitoyable à Lhassa : 500 000 Occidentaux chaque année, bardés d'appareils photo, consommant bouteilles de Coca-Cola et paquets de chewing-gum, parcourant au pas de course les rues d'une ville où ne vivent que 50 000 Tibétains. Soit une proportion de dix étrangers pour un Tibétain ! Déjà entourés d'une écrasante majorité de Chinois installés à Lhassa, déjà assiégés par d'énormes camps militaires tout autour de la ville, ces malheureux Tibétains risquent fort de très vite s'apparenter à quelques bêtes curieuses parquées dans un zoo humain. Comment donc, dans ces conditions, la Cité des dieux pourrait-elle ne pas perdre son âme ?

La sinisation passe également par l'invasion sur les marchés tibétains de monceaux de produits de consommation chinois : vêtements, tissus, bouteilles thermos, ustensiles de ménage, boîtes de conserve, boissons en bouteille et des tonnes d'autres articles de toutes sortes acheminés par camions et avions de l'intérieur de la Chine sur le plateau tibétain. Tout ceci est vendu dans les magasins ou sur les marchés libres par une pléthore de marchands chinois, venus pour la plupart du Sichuan ou des provinces chinoises voisines. Sous le regard bienveillant et passablement corrompu des gardes-frontière chinois, il existe en outre une contrebande très active avec l'Inde et le Népal d'où arrivent des caravanes chargées de textiles bon marché et d'autres marchandises en tous genres. Tout cela crée au Tibet des besoins nouveaux. Il s'agit, de la sorte, de changer des modes de vie et de bousculer des habitudes séculaires sans jamais avoir à livrer combat. Déjà partout au Tibet les hommes abandonnent leurs habits traditionnels colorés pour les uniformes chinois ternes et monotones, mais bon marché et vendus en abondance. Dans les rues des villes et villages, les enfants tibétains arborent les casquettes vertes chinoises et les vestes de coton bleu marine ou vert olive. Les fibres synthétiques et les couleurs chimiques remplacent les matières et les coloris naturels. Les femmes résistent encore à cette invasion mais, en dehors des jours de fête, beaucoup ne portent déjà plus leurs chupas (robes tibétaines) chatoyants, leurs tabliers à rayures brodés et leurs coiffes compliquées.

Pareillement, il est courant de voir les Tibétains se séparer de leurs bijoux, couteaux, moulins à prières et boîtes à charmes qu'ils vendent aux touristes étrangers pour quelques dizaines de yuans. Ces sommes dérisoires seront bien souvent dépensées le soir même en alcool dans quelque taverne tenue par un commerçant chinois au ventre rebondi. Il est déchirant de voir même les fiers cavaliers Khampas, au visage rude et au regard sauvage, dénouer leurs longues nattes noires et en retirer les turquoises et les perles de corail traditionnelles pour les céder aux touristes contre quelques billets de dix yuans. Dans les rues aux abords du Jokhang, ces mêmes Khampas qui, il n'y a pas si longtemps, étaient parmi les derniers à résister à l'avancée chinoise au Tibet, se sont reconvertis dans le marché noir des devises. Abordant les touristes, ils leur lancent, sans même se cacher, un « Change money? » bien sonore. Ils proposent, comme le font les petits trafiquants et spéculateurs à Pékin et Canton, près du double du cours officiel pour les Foreign Exchange Certificates, coupons de change donnés par la Banque de Chine aux Occidentaux en échange de leurs devises. Ces coupons sont très prisés puisqu'ils permettent d'acheter dans les magasins spéciaux des denrées chinoises de meilleure qualité ou des produits importés. Parfois aussi, des œuvres d'art tibétaines prennent le chemin de l'Occident où elles sont écoulées à prix d'or. Ainsi, après les pillages de la Révolution culturelle, le Tibet se vide progressivement de ses derniers trésors authentiques qui sont remplacés par des objets factices, des reliques de pacotille.

« La mode arrive au Tibet », titre l'agence *Chine Nouvelle*. « Tout ce qui est en vogue dans les métropoles de Chine trouve vite son chemin vers Lhassa », relève l'agence qui, publiant une interview de jeunes Tibétains, parvient mal à cacher une intense jubilation : « Je préfère les pulls larges pour sortir. Mais pour danser, je dois me mettre sur mon trente et un », déclare une jeune fille. « Les Tibétains avaient pour habitude de porter ce qui durait longtemps, mais maintenant ils préfèrent ce qui fait de l'effet », affirme un jeune homme. Les Tibétains n'hésitent pas à dépenser de grosses sommes pour acquérir ces textiles chinois. Une jeune Tibétaine se doit, pour être dans le vent, de posséder une garde-robe variée à l'occidentale. Les tailleurs tibétains commencent à utiliser eux aussi les couleurs et les fibres chimiques, même pour la fabrication des costumes traditionnels tibétains. Les chaussures artisanales traditionnelles n'intéressent plus personne. Plus de deux cents types de chaussures de tennis, vendues à 160 yuans, soit plus d'un mois de salaire, ont disparu en quatre jours dans un magasin de Lhassa, souligne l'agence [37]. Les vendeurs du marché aux vêtements de la rue de Pékin à Lhassa se fournissent dans les villes chinoises comme Hangzhou, Shanghai et Canton, capitales de la mode en Chine. Un tiers environ des habitants de Lhassa travailleraient dans le secteur du commerce des vêtements, selon *Chine Nouvelle*.

La presse chinoise n'exagère pas. Pour les sceptiques, ajoutons, quant à nous, que Lhassa résonne déjà dans les quartiers chinois et tibétains des airs de chanteurs pop à la mode en Occident. Les derniers morceaux de Sting qui figurent dans les hit-parades internationaux parviennent à Lhassa avec, au plus, deux à trois mois de retard. En 1987 et 1988, au cœur de la nuit, les jeunes minettes et loubards tibétains allaient danser le rock dans des boîtes de nuit à quelques encablures du Potala. La campagne de « lutte contre la libéralisation bourgeoise » n'a guère freiné ces engouements qui paraissent encore saugrenus au cœur de l'Himalaya. Le symbole de cette sinisation se donne en spectacle tous les samedis soir dans la discothèque « Le Deluxe » à Lhassa. Des musiciens chinois jouent de la musique rock'n roll sur scène aux côtés de quatre musiciens tibétains. Ils utilisent des amplificateurs et synthétiseurs japonais dernier cri. Là, dans la pénombre, l'espace de quelques heures chaque samedi soir, Tibétains et Chinois oublient leurs différences. Mais ils dansent rarement ensemble. Les couples sont soit chinois, soit tibétains.

Jusqu'aux zones reculées du Qinghai, le rejet de la tradition est déjà tangible. Voici ce que révèle une autre publication officielle : « Mis à part quelques bergers dans les zones pastorales, peu de Tibétains au Qinghai continuent de porter leurs habits traditionnels. Zhuobao, un jeune employé tibétain du gouvernement dans le chef-lieu de Gonghe, vêtu d'un costume de style occidental moderne, déclare dans un chinois courant : “ Je préfère les costumes occidentaux aux robes tibétaines. Ils sont beaucoup plus pratiques. Mais je porte encore mes vêtements traditionnels pour nos fêtes.” » Le magazine ajoute que grâce aux contacts avec les Hans, les peuplades Golog, l'une des ethnies tibétaines les plus primitives au Qinghai, ont désormais abandonné leurs outils de pierre dont elles se servaient pour couper la laine et travailler la terre. Elles ont, depuis la « libération », découvert à leur tour le progrès que symbolisent l'eau courante, l'électricité [38]. Une autre revue chinoise pousse l'absurde jusqu'à publier un « reportage » intitulé « Un bouddha vivant devenu directeur d'entreprise ». L'histoire extravagante est celle d'un lama du Tashilunpo à Shigatsé qui s'est lancé dans le commerce. « On m'appelle l'homme d'affaires en robe de moine ou bien le lama commerçant. On pourrait croire que ce sont là deux rôles contradictoires que je joue en même temps. Mais ils sont liés pour moi : je reste un bouddhiste convaincu », dit-il [39]. J'ai lu quelque part que le Tashilunpo aurait même maintenant créé une société d'import-export. Rien n'arrête le « progrès ».

La restauration et l'alimentation sont, elles, d'ores et déjà presque exclusivement entre les mains de familles chinoises dans les agglomérations tibétaines. Elles disposent d'une main-d'œuvre tibétaine abondante en raison du chômage. La clientèle tibétaine ne regarde pas à la dépense. Les Tibétains sont de bons vivants. Ils aiment boire et manger, parler fort autour d'un bon plat. Nombre d'entre eux se ruinent dans ces restaurants. Certes, tout comme les concessions étrangères à Shanghai étaient interdites aux chiens et aux Chinois, quelques restaurants de luxe à Lhassa refusent catégoriquement de servir les Tibétains. Dans les maisons tibétaines, les intérieurs se transforment aussi. Les mobiliers deviennent chinois. La literie aussi. Bien en évidence dans ces familles, trône souvent un téléviseur, merveilleux instrument de propagande pour la Chine communiste qui, jour après jour, fait insidieusement pénétrer dans les foyers tibétains des idées faites de matérialisme et de course à la consommation. Pour assurer à ce matraquage une audience maximale, la Chine a déployé un effort financier tout particulier pour l'installation de stations de réception au sol des émissions de la télévision chinoise retransmises par satellite.

Les programmes de la China Central Television sont reçus à Lhassa depuis 1978. A la suite de ces émissions expérimentales, le réseau s'est rapidement étendu. En date de 1990, il existait au Tibet 2 stations de radiodiffusion, 14 stations émettrices d'ondes moyennes et courtes, 74 stations de radiodiffusion à fil au niveau du district, 2 stations de télévision, 98 relais de télévision et 163 stations terrestres de réception des émissions de radio et de télévision par satellite. Grâce à ce réseau qui est appelé à s'étendre encore, 21,8 % de la population tibétaine est en mesure de capter les émissions de radiodiffusion en ondes moyennes, 34 % les émissions de télévision [40]. Pour preuve de la valeur politique qu'attachent les autorités chinoises à l'arme de la télévision et de la radio, un responsable de haut rang, chef du département de la radio et de la télévision de la « Région autonome » a déclaré le 30 avril 1991 à la télévision de Lhassa que « les forces hostiles à l'étranger considèrent les émissions comme le seul moyen efficace pour torpiller le système socialiste ». « De ce fait, nous devons observer un sentiment d'urgence, être pleinement conscients de l'importance et de l'impact de la radio et de la télévision dans la lutte politique et dans la construction sociale et culturelle et développer les services de radio et de télévision de la région aussi vite que possible [41] [42]. » Bien souvent, sitôt que l'électricité arrive dans un village, le comité du parti local donne à la communauté un téléviseur. Devant cette chose, au crépuscule, de retour des champs, les paysans se retrouvent en silence pour assister au spectacle, encore incongru ici, d'une pièce de l'Opéra de Pékin entrecoupée de spots publicitaires ineptes. De la sorte, de la même façon que la télévision a tué les traditions et la vie des communautés rurales dans les villages d'Europe occidentale, elle assassine une culture au Tibet. Mais l'Occident n'est pas en reste dans cette guerre des ondes puisque depuis le 31 mars 1991, la Voice of America (VOA) diffuse quotidiennement des émissions de 15 minutes en tibétain qui, bien que souvent brouillées, sont très écoutées au Tibet et par lesquelles les Tibétains sont tenus au courant des derniers développements internationaux concernant leur cause.

L'architecture au Tibet subit aussi des transformations définitives. Pour l'Occidental qui pénètre pour la première fois et sans être prévenu à Lhassa, la déconvenue est de taille : la plus grande partie de la ville n'est qu'une cité chinoise comparable à toutes les autres. Quand on arrive par la route, bien avant l'entrée dans la ville, le regard accroche les toits d'or graciles et l'imposante façade rouge du Potala, l'ancien palais du dalaï-lama, construit au XVIIe siècle. Majestueux et féerique, haut de 117 mètres, le symbole du Tibet domine la ville. Mais sitôt qu'on est entré dans Lhassa, la mutation de la ville devient évidente. Partout les hauts bâtiments chinois remplacent les maisons traditionnelles. Partout aussi, des saignées dans des vieux quartiers préparent le terrain pour d'autres bâtisses construites par des équipes d'ouvriers du bâtiment qui, le plus souvent, sont venus de Chine. Les élégantes constructions basses aux façades blanches à colombages et aux encadrements de fenêtres de couleur bleue cèdent la place aux cubes de béton armé chinois. Laissons, une fois de plus, la parole à la presse de Chine : « Les fidèles religieux tibétains avaient pour habitude de se traîner dans la boue pour réciter leurs écritures autour du Jokhang à Lhassa. Mais maintenant ils peuvent pour cela marcher sur une route faite de granit et d'asphalte le long des 600 mètres de la rue du Barkhor [43]. » Voici donc le socialisme au service des croyants...

L'État chinois aurait dépensé 40 millions de yuans entre 1979 et 1989 pour la « rénovation de maisons anciennes ». 1 300 familles habitant le quartier du Barkhor, le cœur historique de la cité tibétaine, auraient dû quitter des maisons « dangereuses » depuis 1979 pour déménager dans des nouveaux locaux où, il est vrai, on dispose d'eau courante et de sanitaires, chose rare dans les maisons traditionnelles [44]. Ces chiffres paraissent bien modestes au regard des sommes qui ont été dépensées depuis 1989 pour poursuivre la métamorphose de la ville. Ainsi, d'importants travaux de « rénovation » ont eu lieu au cours du premier trimestre de 1991, en vue des célébrations du

40e anniversaire de la signature de l'accord en 17 points qui avait scellé l'intervention chinoise au Tibet et consacré l'appartenance de ce dernier au sol chinois. Bien des maisons démolies ont fait place à des rues plus larges. Pour se faire une idée de l'ampleur des changements subis par la ville de Lhassa, il faut savoir que les surfaces habitables ont été multipliés par douze depuis 1959 pour atteindre un total de trois millions de m^2. Il va sans dire que les bâtiments nouveaux sont construits en béton, à la chinoise, même si parfois des façades rappellent le style tibétain. La partie authentiquement tibétaine de Lhassa qui n'a pas encore été touchée par les bulldozers chinois ne représente plus que 2 % environ de la superficie totale de la ville. Désormais, sur la place « moderne » qui a été entièrement reconstruite face au temple sacré du Jokhang flotte le drapeau chinois, gardé en permanence par trois sentinelles de la police armée. Cette description serait incomplète si l'on ne faisait pas mention d'un monument, chef-d'œuvre de mauvais goût, installé sur l'ordre des autorités chinoises en mai 1991 au centre de la partie moderne de la ville et qui représente deux statues géantes de yaks couleur doré.

« Avec une histoire de 1 300 ans, Lhassa est le foyer économique, culturel et religieux du Tibet. C'était auparavant une petite ville sans routes ni usine. Il n'existait guère que quelques ateliers. La ville ne s'étendait que sur deux kilomètres carrés et sa population ne dépassait pas 30 000 habitants. Maintenant, avec 120 000 âmes et une superficie qui atteint 34 kilomètres carrés, Lhassa s'est développée et est devenue une ville moderne, avec des hôtels neufs, des théâtres, des hôpitaux, un centre culturel pour les enfants et une galerie d'art », nous explique l'agence *Chine Nouvelle.* Les mêmes descriptions s'appliquent aux autres principales villes du Tibet, du Kham et de l'Amdo. Dans chacune d'entre elles, une ville nouvelle a poussé, habitée par les cadres chinois et leurs familles et qui ne cesse de s'étendre au fur et à mesure de l'arrivée de nouveaux résidents originaires de l'Empire du milieu. L'Empire du milliard déverse ses habitants sur le Tibet presque dépeuplé.

Même dans les monastères, les dernières places fortes de l'identité tibétaine, l'effort de sinisation et d'amalgame suit son chemin. Dans le Kumbum, baptisé en chinois « Ta Er Si », près de Xining, dans le Qinghai, les autorités ont installé au milieu des objets de culte tibétains des reproductions des 6 000 guerriers et chevaux de terre cuite découverts à Xian, l'ancienne capitale Chang An, dans la tombe de l'empereur jaune Qin Shi Huang ! Ces guerriers constituent le premier des emblèmes de la civilisation han. Bien en évidence également, dans ce même monastère, des figurines en beurre de yack coloriées représentant le mariage de Songtsen Gampo avec la princesse chinoise Wencheng. Autre mariage de convenance entre le sacré et le profane, autre imposture visiblement imposée aux lamas tibétains : à l'intérieur du monastère Labrang dans le Gansu, j'ai vu, en une salle restaurée, une énorme reproduction en beurre de yack de l'entrée de la Cité Interdite de Pékin. Sur son fronton, les « artistes » du réalisme socialiste chinois avaient pieusement dessiné le portrait de Mao Tsé-Toung et les deux slogans qui figurent depuis les années cinquante sur l'original à Pékin : « Vive le Parti communiste chinois » et « Prolétaires de tous les pays, unissez-vous ». La sculpture en beurre de yack est un art spécifiquement tibétain qui remonte au XIIIe siècle. Dans cette salle, à côté des reliquaires et autres ustensiles lamaïques tibétains, j'ai vu aussi, rangés en bon ordre, un buste de Mao Tsé-Toung et d'autres figurines de beurre représentant les dirigeants actuels de la Chine communiste. Pour celui qui pourrait croire à un gag de mauvais goût dans ce monastère à plus de 1 300 kilomètres de Pékin, un guide officiel du « Labuleng Si » lui apprendra que ces « œuvres d'art » sont un emblème de « l'esprit patriotique du peuple tibétain » et de sa loyauté à l'égard de la Chine Nouvelle.

La violation des droits de l'homme

C'est un sujet délicat, douloureux, éprouvant, mais qu'il est impossible de contourner et encore plus de taire. Il existe, pour les hommes libres et les gouvernements des pays libres, un devoir absolu d'ingérence et d'intervention. Il s'agit, dans ce cas précis, d'un devoir d'assistance à peuple en danger. Si l'expression « violation des droits de l'homme » signifie strictement la même chose dans une prison de Lhassa et dans un salon parisien, il faut dire qu'elles sont, au Tibet, nombreuses, répétées, extrêmement graves. Étant, chaque fois que cela est possible, dissimulées, elles sont le plus souvent ignorées du public. Pour Alexandre Soljénitsyne, le régime communiste chinois au Tibet est « plus brutal et inhumain que dans tout autre régime communiste du monde [45] ».

La Chine a ratifié le 5 septembre 1988 la « Convention internationale contre la torture et les autres traitements et punitions cruels, inhumains et dégradants ». Informant officiellement l'ONU de cette ratification le 14 novembre 1988, Mme Gao Yanping, l'un des membres de la délégation chinoise à l'ONU, a toutefois relevé que, « en tant que vaste pays avec une grande population, la Chine a encore beaucoup à faire en ce qui concerne l'interdiction de la torture et des autres traitements ou punitions inhumains ». Voilà un effort de franchise digne d'éloges.

La Chine, membre du Conseil de Sécurité de l'ONU, souscrit également à la Déclaration des Droits de l'Homme adoptée par l'ONU le 10 décembre 1948. Selon le *Quotidien du Peuple*, organe du PC chinois, « les actes inhumains tels que la ségrégation, le génocide, le commerce des esclaves, les persécutions de réfugiés et le terrorisme doivent être condamnés sur la scène internationale et les actes des autres pays contre de tels crimes ne peuvent pas être considérés comme une " ingérence " » [46]. Le journal estime, cependant, que les droits et devoirs des citoyens, la protection des minorités, de la femme et des enfants de même que les sanctions légales prises contre les criminels relèvent du domaine des affaires intérieures d'un pays. Dans la réalité, la Chine rejette systématiquement toutes les accusations de violations des droits de l'homme que formulent les organisations étrangères et, plus rarement, les gouvernements étrangers. Elle rejette en particulier celles qui concernent le Tibet. Elle répète à l'envi qu'elle « ne tolère pas, sous quelque prétexte que ce soit, la moindre nouvelle ingérence de la part de gouvernements ou d'organisations étrangères dans les affaires tibétaines qui sont purement des affaires intérieures chinoises ».

Voici, résumée, la position de Pékin sur la question : « La bourgeoisie et certains êtres peu scrupuleux attaquent le système socialiste en prenant appui sur les droits de l'homme. Les impérialistes et la bourgeoisie occidentale n'ont jamais cessé d'utiliser les droits de l'homme pour attaquer et calomnier la Chine, ils n'ont pas diminué non plus leurs efforts d'infiltration idéologique en Chine. Les instruments de la propagande occidentale ont continuellement déformé la présentation des activités de la Chine pour les droits de l'homme et de ses conditions sociales. Ils prétendent que le système démocratique socialiste viole ce qu'on appelle les droits de l'homme. Certains ont même apporté leur soutien à des personnes engagées en Chine dans des activités illégales, sous le prétexte de la promotion des droits de l'homme (...). Quiconque est libre de tout préjugé peut voir que les droits des citoyens chinois stipulés dans la Constitution sont supérieurs au concept de droits de l'homme individuels de la bourgeoisie occidentale. Bien sûr, les droits dont bénéficient les citoyens d'un pays dépendent d'abord de son système social et, donc, de son économie, de sa culture et des autres conditions objectives. C'est ainsi que, dans un pays en voie de développement socialiste tel que le nôtre, la mise en place complète des droits des citoyens prendra un certain temps [47]. » Autrement dit, braves gens, soyez patients pour les lendemains qui chantent...

Pour les autorités chinoises, il n'y a, en fait, jamais eu et il n'y aura jamais de violations des droits de l'homme au Tibet. Les accusations dans ce sens à l'étranger sont toutes qualifiées de « ragots », « rumeurs », « inventions » et « fabrications » sans fondement répandus par des milieux étrangers « qui nourrissent des buts cachés ». Dans les années 1985-1988, la presse officielle chinoise avait fait preuve de quelques efforts, timides mais réels, pour une plus grande transparence. Cette « glasnost » est baptisée en chinois « toumingdu ». L'expérience a été mise en veilleuse depuis l'écrasement des manifestations estudiantines le 4 juin 1989. Mais que ce soit avant ou après cette date, dans l'esprit des observateurs indépendants, il est patent que les responsables chinois habilités à faire des déclarations officielles et les médias chargés de reproduire leurs propos n'hésitent jamais à mentir au nom de la « raison d'État ». Les sinistres événements en Chine depuis le 4 juin 1989 le prouvent quotidiennement.

A partir de l'automne 1990, suite à la visite au Tibet en juillet 1990 du nouveau secrétaire général du PCC Jiang Zemin, les autorités chinoises ont modifié leur politique pour à la fois tenter de diminuer son impact négatif sur l'image de la Chine à l'étranger et accroître l'efficacité de moyens de répression rendus plus discrets. Cette nouvelle tactique, qui ne change cependant rien aux fondements et aux objectifs de la présence chinoise au Tibet, apparaît clairement dans un document confidentiel, la « circulaire numéro 20 », établi sur la base d'une réunion à Lhassa le 17 octobre 1990 baptisée « Conférence de travail concernant les fondements élémentaires de la sécurité » (Gongan zhian jiceng jichu gongzuo huihi) [48]. A partir de ces nouvelles orientations, le gouvernement chinois s'est efforcé de soigner la qualité de ses relations publiques avec l'étranger. L'une des mesures adoptées a été de permettre à quelques délégations étrangères, essentiellement des diplomates et des parlementaires, de visiter Lhassa bien qu'elles aient affiché leur intention d'enquêter sur la situation des Droits de l'Homme. Certaines ont même pu visiter brièvement la prison de Drapchi, minutieusement préparée pour la circonstance. Mais le résultat escompté à Pékin n'a guère été atteint puisque bien que placées sous l'étroite surveillance de leurs accompagnateurs, ces délégations ont pu se rendre compte de l'étendue de la détresse des Tibétains.

Ainsi par exemple une délégation de douze parlementaires et universitaires envoyée par le gouvernement australien en juillet 1991 qui, à l'issue de son séjour, a conclu que la levée de la loi martiale en mai de la même année n'avait rien changé dans les faits. « La loi martiale continue d'exister sous toutes ses formes, sauf en titre », a-t-elle souligné. Grâce à cette visite, il était apparu à cette délégation que « les Tibétains qui ne sont pas reliés au gouvernement sont en grande majorité opposés au contrôle chinois du Tibet, recherchent l'indépendance et le retour du dalaï-lama [49] ». En décembre 1991, une délégation de quatre diplomates suisses s'est rendue dans la prison de Drapchi, visite au cours de laquelle un certain nombre de prisonniers auraient crié devant elle des slogans en faveur du dalaï-lama et de l'indépendance du Tibet [50]. Quant à l'ambassadeur américain à Pékin James Lilley, il a déclaré à l'issue de sa visite à Lhassa du 29 mars au 2 avril 1991 que la présentation qui lui avait été faite de la prison de Drapchi était « aussi fausse qu'un billet de trois dollars [51] ». Les ambassadeurs à Pékin du Danemark, de Norvège et de Suède ont eu droit à la même visite à Drapchi.

Au Tibet, les violations des droits de l'homme peuvent être répertoriées dans les trois catégories suivantes :

– les mauvais traitements infligés par la police et

l'armée, les parodies de jugement, les exécutions sommaires en public et l'usage de la torture dans les prisons ;

– les excès de la politique de contrôle des naissances avec avortements forcés et stérilisations des femmes ;

– la ségrégation entre Chinois Hans et Tibétains dans la vie quotidienne, l'éducation, l'accès aux fonctions à responsabilités.

Heureusement pour le Tibet, les principales organisations pour le respect des droits de l'homme, dont Amnesty International et la Fédération Internationale des Droits de l'Homme, suivent toutes d'assez près l'évolution de la situation au Tibet. Les écrits et les témoignages crédibles au sujet des brutalités commises par le gouvernement chinois et ses exécutants au Tibet sont si nombreux qu'il est impossible de tous les citer ici. Nous l'avons vu : les exécutions sommaires sans jugement ou avec parodie de jugement et les sévices contre les prisonniers étaient largement répandus au Tibet dans les années soixante et soixante-dix. Bien qu'elles se déroulent sur une échelle moindre, elles n'ont pas cessé avec l'entrée en vigueur de la politique de plus grande tolérance religieuse et sociale en 1979 et sont restées tout aussi insupportables. Les cas de torture, surtout, se sont multipliés à la suite des premières manifestations pour l'indépendance du Tibet de l'après Révolution culturelle, à partir d'octobre 1987. Il existe au moins cinq prisons et « Centres de détention » autour de Lhassa. Les trois plus connus sont Gutsa, à quelques kilomètres au nord-est de la ville, et Drapchi et Sangyip, tous deux à proximité du monastère Sera. Non compris les célèbres camps de travail du Qinghai, il y aurait également au moins quatre grands camps de « réforme par le travail » au Tibet central : Nachen Thang, à quelques kilomètres de Lhassa au bord de la rivière Kyichu, Golmo au nord du Tibet dans le bassin de Tsaidam, Tsala Karpo dans le Nord également et Kongpo, dans les forêts du Sud. Les autorités chinoises n'ont jamais permis à aucun journaliste occidental de visiter l'un de ces établissements. Elles reconnaissent l'existence d'une prison et de deux camps de « réforme par le travail » dans la « Région Autonome du Tibet ». Moins de 900 prisonniers y sont détenus, affirment-elles. Un chiffre peu crédible qu'il convient de multiplier par au moins dix ou vingt. Selon Pékin, au total 121 émeutiers tibétains auraient été condamnés entre 1987 et début 1992 et 1 025 appréhendés. Un rapport des organisations Asia Watch et Tibetan Information Network donne toutefois les noms de 360 Tibétains détenus pour délits politiques, dont 240 étaient toujours emprisonnés en septembre 1991. Cette liste n'est toutefois « qu'une fraction de la population pénitentiaire du Tibet », soulignent ces deux associations [52].

Tortures, viols, matraques électriques

Daniel Southerland, correspondant à Pékin du *Washington Post*, a réuni début septembre 1988 un certain nombre de témoignages sur le traitement réservé à ceux qui avaient été arrêtés le 5 mars de la même année. Le résultat de son enquête est édifiant. Un habitant de Lhassa qui, pour des raisons évidentes, préfère ne pas être identifié, a été incarcéré dans la prison de Gutsa. Il y partagea pendant plus de trois mois une cellule de quelques mètres carrés avec sept autres Tibétains : « Il n'y a pas eu une seule personne arrêtée le 5 mars qui n'ait été battue (...). Ils nous ont battus avec tout ce qu'ils pouvaient avoir à leur disposition » – les poings, des bâtons, des matraques électriques. Une technique couramment appliquée aux prisonniers est « la torture de la corde chinoise » : « J'ai vu des gens suspendus à des cordes attachées à leurs mains derrière leur dos, leurs pieds décollés du sol. Les épaules de deux des personnes que j'ai vues étaient démises du fait de la tension exercée par la corde. Beaucoup sombraient dans l'inconscience, des suites de ce traitement. » Les prisonniers les plus durement traités sont les nonnes. Les plus brutaux ne sont pas les Chinois mais les gardes tibétains. Tel garde tibétain raillait sa victime qu'il interrogeait. Tournant en dérision les slogans pour l'indépendance du Tibet, il criait : « Je vais te la donner, l'indépendance. » Une fois tous les mois, trois ou quatre Chinois et Tibétains en uniforme de policiers faisaient la leçon aux prisonniers, en expliquant pourquoi le Tibet est partie intégrante de la Chine.

D'autres témoignages recueillis par des résidents occidentaux auprès des Tibétains font état de chocs infligés à la matraque électrique sur la langue, les doigts de pied, la poitrine et les parties génitales des prisonniers. Des matraques électriques auraient été introduites dans le vagin de nonnes tibétaines. D'autres nonnes ont été brûlées à la cigarette sur le visage. « J'ai été arrêtée le 1er octobre 1987, lors de la première émeute. J'avais lancé des pierres contre les policiers. En prison, j'ai été battue à coups de matraque électrique. Les gardiens étaient tibétains et chinois. Nous étions 13 femmes, arrêtées en deux fois. Une d'entre nous, enceinte, a fait une fausse couche après avoir été frappée au ventre. En prison, ils n'arrêtaient pas de nous dire que l'indépendance est un rêve. Ils nous appelaient les séparatistes du dalaï-lama », a raconté une Tibétaine d'une cinquantaine d'années à un correspondant de l'AFP en mars 1988. En novembre 1988, la chaîne de télévision britannique Channel 4 a diffusé un documentaire tourné clandestinement au Tibet et donnant la parole à onze Tibétains et Tibétaines qui, tous, avaient été frappés à coups de matraques électriques. Une nonne, qui s'exprimait à visage découvert, disait ceci, en pleurant : « Ils m'ont emmenée menottes aux mains au commissariat de police et m'ont jetée à terre. Ils m'ont écrasé le visage, m'ont battue avec une matraque électrique et frappée à coups de pied dans la poitrine. Ils nous ont fait entièrement déshabiller. Ils étaient 3 ou 4 à nous violer avec des matraques électriques. » Une autre nonne ajoutait :

« Nous avons été violées sans arrêt par 7 ou 8 personnes. Nous étions complètement nues. Et ils nous disaient qu'en tant qu'opposantes au système communiste, nous serions exécutées. » Un autre Tibétain expliquait dans ce film comment, après la naissance de leur second enfant, sa femme avait été stérilisée de force. D'autres témoignages parlaient d'avortement sous la contrainte. Les milieux tibétains en exil ont eu beau protester, la chaîne britannique a diffusé son reportage sans masquer l'identité des témoins, arguant du fait qu'ils avaient tous témoigné librement, en connaissance de cause. Bien étrange méthode journalistique! Nous ne souhaitons pas à ces confrères l'infortune de se trouver un jour dans la peau des malheureux qu'ils ont filmés!...

Valerio Pellizzari, journaliste du quotidien de Rome *Il Messagero*, a recueilli des témoignages semblables en août 1988. Un Tibétain lui a déclaré : « La police m'a emmené à la prison de Gutsa. Ils m'ont lié les mains et les pieds et ont commencé à me frapper avec des bâtons et des barres de fer. Puis ils m'ont touché les parties génitales à l'aide de matraques électriques. Je me suis évanoui. Ils m'ont réveillé avec de l'eau froide puis m'ont attaché à un lit et ont continué. »

Un autre ancien prisonnier, aujourd'hui âgé de vingt-neuf ans, réfugié à Dharamsala et qui a accepté d'être identifié sous le nom de Jayang, a raconté au correspondant de l'AFP à New Delhi comment il avait été torturé après son arrestation, le 15 octobre 1987, à Dingri, à 100 kilomètres de la frontière avec le Népal, alors qu'il tentait de fuir après les émeutes de septembre et octobre 1987. « Je savais que la police avait des photos et me cherchait depuis le 4 octobre. J'avais quitté Lhassa le 8. Après cinq jours, ils m'ont arrêté et m'ont lié les pieds, les talons coincés entre les cuisses et les jambes, ainsi que les mains, tordues derrière mon dos. Je suis resté comme cela pendant des jours et des nuits, mes jambes engourdies par le froid et l'immobilité. » La nuit, l'infortuné fugitif dormait sur « un lit de ciment avec une couverture servant de matelas ». Un mois et dix jours plus tard, il comparaissait devant un tribunal où on lui demanda les noms de ceux qui dirigeaient le mouvement en faveur de l'indépendance du Tibet. Début décembre, il était envoyé dans la montagne chercher du bois avec d'autres prisonniers. Il neigeait et faisait froid. Profitant d'un moment d'inattention de ses gardiens, il avait pris la fuite. Après avoir traversé la frontière à pied, il était dépouillé de ses derniers effets personnels par des ouvriers népalais. Il a laissé une femme et quatre fils derrière lui au Tibet.

Plusieurs Tibétains m'ont affirmé que Geshe Lobsang Wangchuk, un haut lama résistant tibétain de la première heure, est mort sous la torture en prison en 1987. Malgré les traitements infligés par ses matons après son arrestation en 1959, ce martyr tibétain n'avait jamais renié ses convictions. Libéré en 1979, il était à nouveau arrêté quelques années plus tard. Ses tortionnaires chinois ont dû penser qu'il était totalement irrécupérable puisqu'ils lui ont octroyé la « libération complète ». Le gouvernement chinois affirme qu'il est « mort d'une maladie » non précisée, en dépit des « soins » qui lui ont été prodigués.

Le 25 juin 1989, les forces de sécurité indiennes, alertées par des bergers locaux, ont découvert sept cadavres de Tibétains, dont une femme et un enfant, qui avaient tenté de fuir le Tibet vers le Ladakh. Les corps criblés de balles ont été trouvés dans la zone de Cheshul, à 150 kilomètres au sud-ouest de Leh, capitale du Ladakh, frontalière avec le Tibet. Ce qui pourrait être un fait divers paraît montrer une chose : les gardes-frontière chinois avaient auparavant pour instructions d'arrêter les fuyards tibétains qui, selon leur humeur du moment, étaient battus, incarcérés ou parfois relâchés. Désormais, on semble préférer tirer à vue sur ceux qui choisissent le chemin de l'exil.

John Ackerly et Blake Kerr, après plusieurs visites au Tibet et sur la foi de nombreuses interviews, ont établi un rapport complet sur la torture. Il en ressort que d'une façon générale, les prisonniers soupçonnés d'activités « séparatistes » sont systématiquement battus après leur arrestation. L'usage des matraques électriques semble également très répandu. D'autres formes de torture qui paraissent utilisées au Tibet sont encore plus dégradantes et inquiétantes, dont en particulier le fait de plonger le prisonnier nu dans de l'eau glacée en plein hiver, le pendre la tête en bas, le forcer à manger des excréments humains, lancer contre lui des chiens et lui administrer des injections de substances qui, selon certains témoignages, le rendent fou ou, à tout le moins, déséquilibré [53]. Les témoignages sur ces pratiques ont continué de s'accumuler en 1991 et 1992 grâce aux réfugiés tibétains qui sont arrivés en Inde.

S'il en faut plus encore pour convaincre, voici un extrait du témoignage de Adhi Tapey, une Tibétaine qui a passé vingt-six ans dans les prisons chinoises jusqu'à sa libération en 1986. Elle avait fui au Népal l'année suivante. « J'étais enchaînée, soumise à la torture, obligée d'assister à l'exécution de mon beau-frère, violée à tour de rôle par les gardiens chinois jusqu'à ce que j'avoue n'importe quoi », a-t-elle raconté fin novembre 1989 à Copenhague lors d'un débat sur le Tibet organisé par le Comité de soutien danois au Tibet. « On ne nous donnait presque rien à manger. On était obligé de se nourrir d'herbes, de racines et de vers pour survivre », ajoutait-elle devant l'assistance, composée notamment de députés danois de droite comme de gauche.

Pour ceux qui pourraient être tentés de douter de la véracité de tels témoignages, rappelons simplement que la presse officielle chinoise elle-même, grâce à l'action de journalistes d'un courage exemplaire, a ces dernières années publié quelques enquêtes sur des cas de torture particulièrement détestables dans les commissariats de police ou « centres de détention ». Un exemple seulement : en octobre 1988, le *Quotidien de la Jeunesse* a raconté sur toute une première page l'histoire de policiers chinois qui, toute une nuit et « au son d'une musique disco », s'étaient amusés à frapper à coups de matraques électriques, de manches de pioche et de barres de fer un homme suspendu à une corde. Les tortionnaires fatigués se relayaient dans leur besogne, ne s'arrêtant que le temps de se restaurer. Frappé sur tout le corps, y compris sur ses parties génitales, le supplicié refusait obstinément d'avouer un délit qu'il n'avait pas commis. Il rendit l'âme au petit matin. Le journal publiait une photo de la fille de cet homme, une gamine dont le regard disait le désespoir. Il a fallu une certaine dose de cran et de persévérance à ces deux journalistes du *Quotidien de la Jeunesse*, cent fois menacés de représailles, pour oser mener à bien leur enquête et la publier. Les policiers n'ont été inquiétés qu'après que l'affaire eut éclaté au grand jour à Pékin. La direction chinoise s'était alors sentie bien obligée de « faire quelque chose » pour apaiser « la colère des masses ». Un tribunal a finalement condamné ces policiers à quelques mois de prison ferme. Parions qu'ils ont été libérés bien avant terme. Car en Chine, la police locale, en particulier dans les campagnes, continue souvent d'avoir tous les droits, y compris celui de torturer et de tuer.

Pouvons-nous également rappeler aux mémoires défaillantes que les autorités chinoises ne paraissent guère craindre l'opprobre de l'opinion internationale puisqu'elles osent proposer les prisonniers des camps de travail comme main-d'œuvre bon marché aux entreprises occidentales qui accepteraient de s'installer en Chine. C'est ainsi que le constructeur automobile suédois Volvo a été sollicité. Sitôt le pot aux roses découvert, Volvo a dénoncé ce parfum « de travail d'esclave ». D'autres industriels ont été approchés dans le même but. On leur disait qu'ils pouvaient se tranquilliser puisqu'il était prévu que des gardiens chinois assurent la sécurité dans les locaux. Le partenaire occidental avait le privilège de payer ces « ouvriers » trois fois moins cher que la main-d'œuvre chinoise habituelle. La société Chinter, qui a pignon sur rue à Bruxelles et qui est présidée par un Belge d'origine chinoise, Charles Chi, s'est fait une spécialité de ce trafic.

Si la Chine a libéré une partie des prisonniers tibétains en 1988, il s'agit moins de « gestes de clémence » que d'un résultat des pressions exercées par les gouvernements occidentaux et les organisations humanitaires. Pendant mon séjour en Chine, j'ai été très souvent sollicité par des Chinois qui me suppliaient d'intervenir pour eux auprès des « instances supérieures » afin de redresser une injustice ou des préjudices effroyables infligés par la police. J'ai pu visiter la « Prison Numéro Un » de Pékin et un camp de « rééducation par le travail » dans la banlieue de la capitale chinoise. Mais il s'agit d'« unités modèles » qui sont « duiwai kaifang », « ouvertes sur l'extérieur », c'est-à-dire d'établissements à régime spécial destinés à servir les besoins de la propagande du régime. Aucun étranger n'a jamais été autorisé à voir les cellules où sont enfermés les dissidents connus, ni, à plus forte raison, les cachots à régime sévère. Les descriptions que m'ont faites d'anciens détenus de l'univers carcéral chinois font entrevoir un enfer où règne la loi de la brutalité physique et mentale. Le goulag de l'époque maoïste a peut-être quelque peu cédé à la politique d'ouverture depuis 1979. Mais il est à craindre que les geôles chinoises regorgent de nouveau de prisonniers politiques du fait de la répression en cours depuis le massacre du 4 juin 1989 à Pékin.

En ce qui concerne le Tibet, ces questions sont taboues dans la presse de Chine. Parfois, quelques informations filtrent pourtant. Au début de 1988, le *Quotidien du Tibet* a explicitement mentionné la torture dans une liste de pratiques que la police devait « éviter ». Autre aveu exceptionnel : un responsable non identifié des prisons du Tibet a reconnu l'existence de prisonniers politiques au Tibet[54]. Enfin, Radio Lhassa a annoncé en juin 1988 la création d'une unité de la police armée spécialisée dans la lutte contre les émeutes « séparatistes ». Ce « Détachement numéro 2 » est placé directement sous les ordres du commandement de la police armée du Tibet et « doit être prêt à coordonner à tout moment son action avec celles des organes de sécurité publique en cas d'incident, afin de donner des coups résolus aux séparatistes qui sabotent l'unité de la mère patrie et la solidarité entre nationalités » de Chine [55]. Quant aux descriptions officielles de la situation dans les prisons du Tibet, il arrive qu'elles prêteraient à rire si elles ne concernaient pas un sujet aussi grave. Le 1er mars 1990, à l'occasion du nouvel an tibétain, l'agence officielle chinoise a ainsi expliqué que les relations entre les prisonniers et les gardiens y sont à ce point harmonieuses que certains détenus sont « réticents » à quitter la prison une fois leur peine accomplie. Dans la prison visitée par l'agence *Chine Nouvelle,* les détenus ont « le cœur léger et sont aussi heureux » que s'ils étaient libres. Les réjouissances organisées par les autorités de la prison pour le nouvel an ont été « aussi joyeuses pour les détenus que pour les gens à l'extérieur » et les mets servis à cette occasion « délicieux ». « Jamais les gardiens ne battent les détenus », affirme l'agence. Les prisonniers vivent « de six à dix » par cellule qui ne sont fermées qu'à la nuit tombée et qui « ressemblent à des dortoirs d'université ». En février 1991, la même agence a publié de nouvelles dépêches toutes aussi élogieuses sur l'univers carcéral au Tibet. Selon l'agence, dans « l'unique prison » du Tibet, « si les règlements carcéraux ne figuraient pas sur les murs, on ne pourrait pas savoir qu'il s'agit d'une prison ». Les détenus effectuent cinq jours de travail manuel par semaine. Ceux qui se rendent à la clinique y sont généralement soignés pour dysenterie ou grippe. Quant aux femmes, qui représentent 10 % de la population carcérale, elles « sont l'objet d'attentions spéciales » et « sont parfois prises de fou rire lorsqu'elles lavent des vêtements ou regardent la télévision » [56].

Avortements et stérilisations forcés

L'application « musclée » de la politique de contrôle des naissances dans les zones peuplées par les Tibétains est une autre expression constante des violations des droits de l'homme. Avec près de 1,2 milliard d'habitants et probablement plus de 1,5 milliard de bouches à nourrir avant l'an 2050, la Chine croule sous le poids de sa population. L'explosion démographique est loin d'être endiguée. Elle résulte, au premier chef, d'erreurs d'appréciation de Mao Tsé-Toung dans les années soixante. Pour les experts, tant chinois qu'étrangers, il est clair que la Chine ne pourra jamais s'extraire de la pauvreté si elle ne parvient pas à freiner la croissance démographique. Selon les projections récentes, les Chinois qui naîtront d'ici l'an 2000 risquent de consommer plus que l'excédent de production industrielle et agricole dégagé grâce aux réformes économiques. On peut, dès lors, comprendre que le gouvernement chinois s'efforce de faire respecter les mesures de limitation des naissances qu'il adopte. Dans les campagnes, les coutumes sont vivaces : une famille de dix enfants y est synonyme de prospérité. Mais dès l'annonce, en 1979, des premières dispositions de contrôle des naissances, Pékin avait affirmé que les zones rurales les plus pauvres ou peuplées de minorités ethniques en seraient dispensées. Il semble que cette « faveur » faite aux minorités soit désormais en passe d'être abrogée puisque le gouvernement chinois a annoncé en janvier 1992 l'extension du contrôle des naissances aux ruraux et nomades tibétains. Gying Puncog, vice-président du gouvernement de Lhassa, a ainsi expliqué que la population de la « Région autonome du Tibet » atteignait 2,2 millions d'habitants et dépasserait 2,6 millions d'habitants d'ici l'an 2000. Les autorités, a-t-il affirmé, vont « progressivement étendre le planning familial pour inclure le Tibet central et les pasteurs » qui en avaient été exemptés jusque-là [57].

Il est difficile pour un journaliste occidental de s'aventurer sans témoins dans les villages tibétains à l'extérieur du Tibet central car ils restent, pour la plupart, interdits. Mais les témoignages sont déjà trop nombreux pour qu'on puisse douter que des excès particulièrement alarmants ne s'y produisent. En 1988, je me suis rendu en voiture à partir de Lanzhou, capitale de la province du Gansu, dans le « District autonome de Gannan », dans le sud de la province, une région montagneuse qui, autrefois, faisait partie de l'Amdo tibétain. Je voulais contempler les splendeurs, aujourd'hui déclinantes, du monastère Labrang. A Xiahe, le village voisin, chaque fois que je réussissais à me soustraire à la présence attentionnée de mon chauffeur, j'interrogeais les habitants et les moines : comment donc sont appliqués les règlements de contrôle des naissances dans la région ? A chaque fois mes interlocuteurs m'ont fait part de l'angoisse profonde des populations tibétaines face à ce problème. On m'expliquait que la Commission d'État chinoise au planning familial possède dans chacune des 19 provinces, régions et municipalités de Chine des antennes et bureaux chargés de faire respecter les ordres venus du gouvernement central. Officiellement à Pékin, la politique de l'enfant unique ne s'applique pas aux minorités tibétaines. Seuls les Tibétains cadres du parti ou de l'administration sont tenus de « donner l'exemple ». La réalité sur le terrain est tout autre.

Les autorités locales ont pour mission de limiter strictement le nombre des naissances dans les zones, même les plus reculées, habitées par des minorités. Les cadres qui parviennent à des résultats meilleurs que les quotas qui leur sont assignés sont récompensés et promus. Les autres, en revanche, sont réprimandés ou rétrogradés dans leurs fonctions. Ainsi, dans cette zone du Gansu où vivent des centaines de milliers de Tibétains, des équipes chinoises spécialisées parcourent sans relâche les villages tibétains dans le seul but de découvrir les femmes enceintes d'un troisième ou quatrième enfant, parfois même d'un deuxième enfant. Ces femmes, une fois trouvées, sont emmenées de force dans une clinique pour y subir un avortement. Les cas de stérilisation forcée sont nombreux. Aucune statistique n'est, bien entendu, disponible. Mais on m'a raconté des scènes de femmes qui hurlaient de peur, pourchassées dans les villages, puis jetées, comme l'on ferait d'un sac de pommes de terre, à l'arrière d'une Jeep. Dans ces cliniques, l'hygiène est bien souvent précaire. Les opérations provoquent parfois des infections. Des Tibétaines en meurent ou restent infirmes. D'autres sources tibétaines m'ont déclaré que des scènes identiques se produisent dans le Qinghai, dans le Sichuan et dans certaines parties de la « Région Autonome du Tibet ». En décembre 1987, plusieurs centaines d'élèves de l'école secondaire des minorités nationales et de l'école normale de la ville de Tongren et de moines du monastère de Rekong dans l'est du Qinghai ont manifesté pendant plusieurs jours contre ces pratiques en criant dans les rues : « A bas le planning familial. »

Pour ces populations tibétaines qui sont déjà devenues largement minoritaires dans les zones limitrophes du Tibet central (au Qinghai, il n'y a plus que 810 000 Tibétains, soit 20 % de la population totale), le combat est devenu bien trop désespéré. La question d'un génocide est posée.

J'ai interrogé trois jeunes moines tibétains qui venaient tout juste de fuir le Tibet : Lobsang Gyaltso, vingt et un ans, Lobsang Chenpan, dix-huit ans et Gyanpa Gyaltso, vingt et un ans, venus du Qinghai et du Sichuan. Nous parlions en chinois, sans témoins. Tous trois m'ont confirmé que les stérilisations et les avortements forcés sont devenus courants dans leur région.

Lobsang Gyaltso, originaire du Qinghai : « La politique de contrôle des naissances n'a pas commencé à s'appliquer aux Tibétains en 1986 comme certains le disent, mais avant déjà. Dès 1983. Je ne sais pas quelle est la situation à l'intérieur de la Chine. Mais dans les zones de peuplement tibétain, toutes les femmes qui ont déjà eu un ou deux enfants doivent en principe subir une opération de stérilisation. Cette opération est faite de force s'il le faut. Les opérations de stérilisation sont réalisées par des personnels médicaux locaux. A partir de 1984-85, ils ont commencé à forcer les Tibétaines à aller à l'hôpital ou dans la clinique pour subir cette opération. Ces opérations étaient à l'époque gratuites. Maintenant, elles sont en plus payantes. Le prix dépend de l'endroit. Si une femme ne va pas de son propre gré se faire opérer, il y a des amendes de 700 ou 800 yuans. Comme punition supplémentaire, les autorités confisquent également les tickets de rationnement et les certificats de résidence à ces familles. »

Qu'en est-il ailleurs?

Lobsang Chenpan, originaire du Sichuan : « Notre région, le " District Autonome Tibétain de Aba " est plus riche que le Qinghai. La politique chez nous est de deux enfants maximum. Mais certains cadres chinois ou tibétains riches préfèrent donner de l'argent pour acheter la possibilité d'avoir plus d'enfants. Pour les Tibétains, il leur faut en plus distribuer des pots-de-vin afin que les Chinois acceptent ces méthodes illégales. Chez nous aussi il y a des stérilisations forcées. »

Arrive-t-il que des femmes meurent ou tombent malades après ces opérations mal faites?

Lobsang Chenpan : « Je sais qu'il y en a qui en sont mortes. Beaucoup perdent la santé après ces opérations. Elles deviennent plus faibles. »

Les autorités chinoises nient tout ceci. En particulier depuis qu'en 1985 les États-Unis ont retiré leur participation financière au Fonds des Nations unies pour la Population (UNFPA) en signe de protestation contre ces pratiques dans l'ensemble de la Chine. Deux résolutions de la Chambre des représentants américaine avaient, à cette époque, estimé qu'elles constituent des « crimes contre l'humanité ». Shen Guoxiang, directrice adjointe de la Commission d'État au planning familial, affirme que le gouvernement chinois ne donne que des instructions très générales à ce sujet pour les régions peuplées par les minorités ethniques : « Notre politique est que nous essayons aussi d'encourager les minorités nationales à pratiquer le planning familial. Les règlements spécifiques déterminant le nombre d'enfants permis sont décidés par les autorités locales. » Elle n'a, bien sûr, jamais entendu parler de cas précis de stérilisations ou d'avortements effectués sans le consentement des victimes : « Autant que je sache, aucun programme de planning familial n'a été appliqué chez les minorités nationales, en particulier les Tibétains. Le gouvernement central s'est contenté de donner des instructions recommandant que le planning familial soit expliqué aux populations faisant partie des minorités nationales. Les règlements spécifiques sont formulés par les gouvernements au niveau local[58]. »

La presse nationale chinoise est traditionnellement peu loquace au sujet des résultats du contrôle des naissances dans les zones ethniques tibétaines. Un article d'une revue locale nous apprend toutefois que s'agissant de la seule province du Qinghai (Amdo), le taux d'accroissement naturel de la population a été nettement réduit entre 1979 et 1984, passant en particulier de 21,11 % à 10,07 % dans la « Préfecture autonome tibétaine » de Haibei. « Les faits prouvent que les masses au sein des minorités sont disposées à adopter le contrôle des naissances ; il s'agit d'un grand événement, qui concerne toutes les familles et tous les individus », ajoute l'auteur de l'article, Zhang Wei[59].

D'autres sources chinoises ont annoncé en 1990 que 18 000 femmes de la « Région autonome du Tibet » se seraient portées volontaires pour des opérations de stérilisation, soit 3 % des femmes en âge de procréer. 7 000 autres auraient adopté des mesures de contraception[60]. Les transferts de populations chinoises dans les zones tibétaines ajoutent au déséquilibre démographique. Sur ce sujet aussi, les témoignages sont désormais nombreux tandis que les démentis officiels chinois se multiplient. John Ackerley, directeur de l'organisation International Campaign for Tibet et Susan Hatwick, spécialiste en études chinoises, ont tenté lors d'une mission en juin et juillet 1991, d'évaluer l'étendue de ce phénomène dans les zones ethniques tibétaines des préfectures de Kanzé (Ganze) et Ngapa (Aba) aujourd'hui rattachées au Sichuan. Selon les résultats de leur enquête, 71 % des Chinois installés dans ces zones qu'ils ont interrogés ont déclaré être arrivés depuis 1980. La majorité de ces nouveaux arrivants sont des propriétaires de magasins ou de restaurants. Les autres propriétaires de restaurants sont principalement des Chinois plus âgés envoyés au Tibet avec l'Armée populaire de libération ou en tant qu'ouvriers employés à la construction des routes dans les années cinquante et soixante. Toutes les villes traversées par les deux visiteurs dans ces zones sont aujourd'hui peuplées par une majorité de Chinois alors qu'elles étaient toutes virtuellement exclusivement tibétaines au début des années cinquante. Selon un recensement chinois, les préfectures de Kanzé et Ngapa étaient peuplées à 56 % par des Tibétains en 1982. A l'heure actuelle, les Tibétains sont clairement une minorité. « Une chose est patente, tant au vu de cette enquête informelle que d'une observation fortuite : la population chinoise dans le Tibet oriental a augmenté dans de fortes proportions dans les années quatre-vingt », soulignent les auteurs de cette enquête [61].

Ségrégation entre Hans et Tibétains

Quant au troisième volet des violations des droits de l'homme au Tibet, il s'agit d'un phénomène à la fois diffus mais terriblement présent, imprécis mais tellement quotidien. Les Chinois Hans vivant à l'intérieur de la Chine témoignent pour les Tibétains des sentiments ambivalents qui vont de l'indifférence à un mépris tranché, teinté parfois, mais rarement, de curiosité. Une bonne partie des Hans sont persuadés qu'ils représentent la civilisation et le progrès, les Tibétains n'étant que des semi-barbares encore enchaînés dans des traditions religieuses moyenâgeuses. S'agissant des Chinois qui vivent au Tibet, leurs sentiments sont très nettement plus marqués et, trop souvent, ouvertement racistes. Je me souviendrai de ce Chinois, de dix-huit ans tout au plus, à qui je posais des questions sur sa vie au Tibet. Nous étions dans un marché libre aux alentours du Jokhang à Lhassa. Quand je lui demandai s'il se sentait bien au Tibet, il me regarda avec incrédulité, puis me répondit : « Bien? Ici? Vous rigolez! Ce sont mes parents qui m'ont emmené ici. Je n'ai pas envie de rester longtemps. Je fais un peu de commerce, mais je ne veux pas rester. Et puis, regardez ces Tibétains! Ils ne valent rien du tout. Ils sont bêtes comme des yacks! »

Le ressentiment entre Hans et Tibétains est partout sensible. Lorsque l'animosité se fait trop forte, des bagarres éclatent dans les magasins ou les restaurants. Quand un Chinois entre dans un temple, la cigarette aux lèvres, la lippe méprisante et le chapeau de coton vert bien enfoncé sur le crâne, sans prêter la moindre attention à la spiritualité du lieu, il arrive qu'il se fasse copieusement insulter par les Tibétains. S'il est seul, il préférera accélérer son pas et partir sans piper mot. Mais s'il est avec des collègues et s'il se sent assez fort, il est à peu près certain qu'il cherchera à riposter. Dans un restaurant, quand le patron refuse de servir un client tibétain, cela se termine à coups de chaises. Quand une Tibétaine entre dans un restaurant pour vendre aux clients quelque quincaillerie, elle est éconduite sous les quolibets les plus humiliants. Lorsque les Chinois s'approchent des lieux où les Tibétains procèdent à leurs « enterrements célestes », une tradition qui veut que les cadavres soient dépecés au couteau sur une grande pierre puis livrés aux vautours, les Tibétains les prennent en chasse. Inversement, les meilleures écoles, au Tibet et dans les anciennes régions tibétaines, sont, sauf exception, réservées en priorité aux Hans. Il en va de même pour les hôpitaux. Dans l'administration, les postes clés, où les vraies décisions sont prises, sont virtuellement entre les mains des cadres Hans. Les statisticiens chinois affirment que 37 000 cadres sur les quelque 55 000 postes dans les bureaux de l'administration de la « Région autonome du Tibet » sont occupés par des fonctionnaires tibétains, soit une proportion de 66,6 % [62]. Mais ces chiffres, invérifiables, ne trompent guère. Le poste de premier secrétaire ou secrétaire du comité du Parti communiste du Tibet n'a jamais été confié à un Tibétain depuis 1950. Pourquoi?

Enfin, les témoignages se multiplient dans les milieux des réfugiés tibétains qui quittent le Tibet à propos d'une reprise en main de tous les sanctuaires et monastères du Tibet. Depuis fin 1987, des familles entières de cadres Hans s'installent avec armes et bagages dans ces lamasseries afin d'imposer le contrôle le plus étroit possible sur leurs activités. Arrivés d'abord individuellement, ces cadres politiques font ensuite venir leurs familles, femmes et enfants. Le nombre de ces nouveaux colons est devenu si élevé qu'ils sont, dans certains monastères, déjà plus nombreux que les moines et lamas! Ils exercent une pression constante sur la direction du monastère ou du temple et sont chargés de découvrir à temps toute tentative de contestation ou toute poussée indépendantiste. Les « comploteurs » seront alors immédiatement isolés et châtiés.

Laissons la parole à Lobsang Gyaltso – son témoignage a été recoupé par d'autres :

– Quelle est la situation dans le Gansu?

– En 1981, 1982 et 1983, cela allait encore. Maintenant c'est devenu dur. Il nous est devenu difficile d'exprimer notre foi. Depuis les événements à Lhassa, ils ont réagi chez nous aussi et il nous est pesant, à nous lamas, d'endurer cela. La police vient chaque jour dans nos monastères pour opérer des contrôles, des fouilles. Ils viennent tous les jours. Nous ne savons pas pourquoi ils viennent. Mon monastère s'appelle le Meiwujusi, à 90 kilomètres du Labrang, à l'est du Gansu. La situation était devenue plus souple après 1980 et jusqu'en 1987. Les gens trouvaient qu'il était devenu plus facile de vivre. En fait, après les premiers incidents à Lhassa, une équipe de travail chinoise est arrivée dans notre monastère pour contrôler. Depuis ces incidents, un grand nombre de policiers et de cadres locaux viennent maintenant régulièrement dans les bâtiments de mon monastère pour y tenir des réunions, découvrir ceux qui viennent d'arriver, que ce soient des membres de nos familles ou des gens qui viennent nous voir. De ce fait, nous nous sentons en constante insécurité. Quand nous nous levons le matin, nous ne savons pas comment la situation sera le soir. Depuis l'an dernier (1987), la liberté de croyance n'existe plus dans les faits.

– Comment se manifestent concrètement les pressions?

– Elles commençaient à diminuer depuis la fin de la Révolution culturelle. Mais maintenant, nous assistons à une mise sous contrôle permanent de notre monastère. Chez nous, il y a maintenant tant de Hans qui se sont établis dans nos murs que nos ruelles en sont encombrées. Si je veux aller chercher de l'eau, la rue est complètement encombrée par les Hans. Ces Chinois sont chaque jour plus nombreux à l'intérieur du monastère.

– Pourquoi viennent-ils si nombreux?

– Mon impression est que les Chinois ont commencé à peupler notre région depuis les années cinquante. Il s'agit d'une politique de peuplement. Au fur et à mesure de leur arrivée, les Chinois prennent le contrôle de la zone en question. Ils prennent le contrôle des populations tibétaines locales. Dans ces monastères, ceux qui viennent s'installer sont essentiellement des cadres avec leurs familles. Peu à peu, ils font aussi venir leurs amis et leurs connaissances.

Résultat : une énorme population chinoise. Dans les monastères, ils ouvrent des magasins, des boutiques ! Maintenant, dans les monastères, 65 à 70 % de la population sont des Chinois et les gens qu'ils contrôlent. Les autres, 30 à 35 %, sont les vrais habitants des monastères, les lamas.

– La direction des lamas ne proteste-t-elle pas auprès de la partie chinoise ?

– Nous n'arrêtons pas de faire remarquer que cette situation est intolérable et nous demandons que les Chinois s'installent en dehors des monastères. Mais ces remarques doivent être au préalable acceptées par les « autorités compétentes » au sein de la direction. Qui sont donc ces fameuses « autorités compétentes » ? Ce sont des Chinois qui présentent une protestation à d'autres Chinois. En d'autres termes : une protestation du Parti communiste chinois transmise au Parti communiste chinois ! De cette façon, dans notre monastère nous avons déjà élevé de nombreuses protestations, mais elles débouchent sur des résultats inverses de ceux que nous attendons. Ainsi par exemple pour cette fontaine : si l'on se plaint de ne plus pouvoir aller chercher de l'eau tellement il y a de Hans dans les ruelles, un petit écriteau sera apposé sur la fontaine pour la mettre hors service !...

3

Un jour, la paix?

Quelles sont les chances de paix au Tibet? Ou plus précisément, puisque rien n'est possible sans cela, quelles sont les chances de compromis entre les Chinois et les Tibétains? La Chine propose au dalaï-lama de revenir en Chine, sa « mère patrie », pour travailler au bien-être de ses pairs. Elle pose comme conditions préalables qu'il abandonne définitivement toute idée d'indépendance pour le Pays des Neiges et qu'il fasse publiquement acte d'allégeance aux autorités chinoises. Le chef des Tibétains ne l'entend pas de cette oreille. Pour lui, la question essentielle n'est pas celle de sa propre personne, mais celle du sort de son peuple tout entier. Il fait néanmoins preuve, depuis le début des années quatre-vingt, d'une modération croissante, dans le but de parvenir à une solution négociée avec Pékin. Il propose à la Chine l'ouverture de négociations dans le but de définir un compromis durable sur l'avenir du Tibet.

Le dalaï-lama est un partisan convaincu de la non-violence. Quelles que puissent être les motivations des Tibétains qui luttent pour regagner leur indépendance, il considère que le recours à la violence contre les Chinois serait un suicide. Fervent admirateur de l'ancien dirigeant charismatique indien Mahatma Gandhi, le dalaï-lama est convaincu que la violence est contraire à la nature humaine. De plus, elle donne des armes à ceux qui, à Pékin, sont en faveur de la plus grande fermeté au Tibet et elle affaiblit les positions des Chinois les plus modérés. Le dalaï-lama est toutefois âprement contesté par la frange radicale des Tibétains en exil, pour qui aucune solution autre que l'indépendance totale du Tibet n'est acceptable. Le Congrès de la Jeunesse Tibétaine (Tibetan Youth Congress), une organisation qui réunit des milliers de réfugiés tibétains, se prononçait ouvertement jusqu'en 1989 pour l'usage du terrorisme à l'intérieur du Tibet contre les Chinois. Au Tibet même, de nombreux résistants tibétains contestent également le bien-fondé des ouvertures du dalaï-lama. A l'étranger enfin, les Tibétains disposent du soutien actif d'un nombre croissant d'Occidentaux et de la sympathie de l'opinion internationale. Certes aucun gouvernement dans le monde ne reconnaît le « gouvernement du Tibet en exil ». Le dalaï-lama rencontre cependant nombre de personnalités officielles lors de ses déplacements dans le monde. L'appui, discret mais constant, que lui apportent certains gouvernements irrite considérablement la Chine.

Un message d'espoir est venu des dissidents chinois qui se sont réfugiés en Occident après le massacre du 4 juin 1989 sur la place Tian Anmen. La « Fédération pour la Démocratie en Chine », souligne qu'une solution satisfaisante pour le peuple tibétain est une priorité pour la Chine démocratique. Il a déjà amorcé des discussions avec l'entourage du dalaï-lama. Le Prix Nobel de la Paix 1989 décerné au dalaï-lama a constitué un énorme encouragement pour l'ensemble du peuple tibétain, en particulier pour ceux qui perdent l'espoir de restaurer la liberté au Tibet par la non-violence. Dernière pièce sur l'échiquier tibétain : la Chine a perdu un atout maître au Tibet en la personne du panchen-lama, mort dans des circonstances extraordinaires en janvier 1989. Le dignitaire religieux tibétain avait pendant des années épousé les thèses de Pékin. Son dernier discours avant sa disparition a été pour clamer, à la surprise générale, que le Tibet a perdu plus qu'il n'a gagné depuis l'arrivée des Chinois.

Le dalaï-lama parle de lui comme d'un « combattant de la liberté ».

Le dalaï-lama contre la violence

Au fil des ans, qu'il l'ait voulu ou non, le dalaï-lama est devenu un homme politique chevronné. Il est aussi un vrai démocrate. Drapé dans une robe pourpre et ocre, que revêtent tous les moines tibétains, portant une paire de lunettes et une montre-bracelet, rien dans son apparence ne distingue son rang dans la hiérarchie tibétaine. Il s'est entouré de conseillers politiques tibétains et occidentaux parfaitement au fait des subtilités de la diplomatie internationale. Parmi eux, Michael C. van Walt van Praag, un spécialiste de droit international dont le lieu de résidence est alternativement Londres et les États-Unis. Habile tacticien, armé d'un optimisme en béton, le dalaï-lama a réussi à déjouer tous les pièges que les autorités chinoises lui ont tendus depuis 1959 pour le neutraliser. Il a su élaborer une politique cohérente, crédible et solide pour le Tibet libre de demain. Resté le chef spirituel et temporel de l'immense majorité des Tibétains, il s'est engagé dans une vaste entreprise de modernisation de la société tibétaine en exil, afin de préparer une authentique démocratie après le départ des Chinois. Le dalaï-lama est convaincu qu'à terme, la justice triomphera au Tibet. Son message de paix divise la communauté tibétaine en exil mais elle fait son chemin dans le monde. Sorte de pape des bouddhistes du monde entier, il professe la non-violence et la compassion, deux préceptes qui sont à la base du Dharma, l'enseignement de Bouddha. Pour le dalaï-lama, la violence est toujours l'œuvre du faible, jamais celle du puissant.

A l'occasion d'un déjeuner au Parlement Européen à Strasbourg, j'ai demandé au dalaï-lama de m'expliquer les raisons qui le poussent à croire à la non-violence. Dans le monde, n'est-ce pas au contraire ceux qui usent de méthodes violentes qui parviennent à faire parler d'eux et à s'attirer les sollicitudes des gouvernements? Voici ce qu'il m'a répondu :

« Je sais que certains Tibétains ont des idées de violence. Mais je leur dis qu'ils sont dans l'erreur. La violence est immorale. Pour nous Tibétains, elle serait en plus un suicide. Si les Tibétains s'engagent sur le chemin de la violence, les Chinois prendront des mesures encore plus expéditives. Sur le fond, je pense que la violence est un acte inhumain. Elle est indigne de la personne humaine. L'être humain doit, au contraire, cultiver le sentiment de compassion qui se trouve à l'intérieur de chacun d'entre nous. Comment les hommes peuvent-ils être attirés par le sang? J'ai toujours pensé que la violence était contre nature. En outre, j'estime qu'en usant de la violence, il est certes parfois possible d'accomplir quelque chose. Mais très certainement ce gain ne sera pas durable. Très souvent, plutôt que de faire disparaître un problème, la violence en ajoute un. Pour nous, regardez donc : nous sommes six millions contre plus de mille millions! Il est stupide d'envisager l'usage de la violence. Il arrive que, quand j'explique cela aux jeunes Tibétains, ils se mettent à pleurer. Ils ne parviennent pas à dominer leurs réactions émotionnelles. Mais il leur faut pourtant accepter. Car, que cela leur plaise ou non, c'est la réalité. » A ceux qui lui parlent de mouvements de libération comme ceux du Cambodge et d'Afghanistan, le dalaï-lama rétorque que l'usage des armes n'a pas permis d'atteindre les objectifs souhaités. Parfois, dans un grand éclat de rire, il interpelle ses interlocuteurs : « Regardez donc : même Yasser Arafat s'est rallié à ma cause! »

Le congrès américain lui fournissant sa tribune pour s'exprimer, à l'automne 1987, le dalaï-lama a offert à la Chine de faire du Tibet une « zone de paix » démilitarisée. Les dispositions de son « Discours en cinq points » sont claires : la Chine renoncerait à stocker au Tibet des armements et des déchets nucléaires et en retirerait progressivement ses installations militaires. Elle s'engagerait à abandonner sa politique de transferts de populations. Le Tibet pourrait d'autre part reconstituer son environnement naturel. Chinois et Tibétains s'engageraient sur la voie des « négociations véritables » pour l'avenir du Tibet. « Nous souhaitons aborder ce sujet de manière raisonnable et réaliste, dans un esprit de franchise et de conciliation, afin de trouver une solution qui réponde aux intérêts à long terme de tous : Tibétains, Chinois et tous les autres peuples concernés », déclarait le dalaï-lama.

Il devait, un peu plus tard, lancer une « bombe politique » qui n'a pas fini de provoquer des débats houleux parmi les réfugiés tibétains. Le 15 juin 1988, le dalaï-lama prenait la parole à Strasbourg, dans les locaux du Parlement Européen. Pour la première fois, il renonçait implicitement à une indépendance formelle du Tibet. En échange, il proposait comme base de négociations une « association » du Tibet à la Chine. « Chaque Tibétain prie pour le rétablissement total de l'indépendance de notre nation », déclarait Tenzin Gyatso. « J'ai longtemps réfléchi pour trouver une solution réaliste à la triste situation de mon pays » et en voici le résultat : le Tibet, regroupant le U-Tsang, le Kham et l'Amdo, deviendrait « une entité politique démocratique et autonome », régie par une « association avec la République populaire de Chine ». Dans ce cadre, la Chine pourrait conserver la conduite des affaires étrangères du Tibet. Elle pourrait, en outre, y conserver « un nombre restreint d'installations militaires » jusqu'à la réunion d'une conférence internationale sur le Tibet qui déciderait sa neutralisation. Le Tibet deviendrait alors « un havre de paix ».

Si le gouvernement de la République populaire de Chine accepte cette proposition, il pourrait, en contrepartie, conserver la responsabilité de la politique étrangère du Tibet. Cependant, le gouvernement du Tibet développerait et entretiendrait les relations extérieures, par le truchement d'un Bureau des affaires étrangères, dans les domaines de la religion, du commerce, de l'éducation, de la culture, du tourisme, des sciences et des sports, et « dans d'autres domaines non politiques ». Le gouvernement du Tibet fonctionnerait sur la base d'une constitution dite « loi fondamentale » qui offrirait les garanties d'un système démocratique. « Ceci signifie que le gouvernement du Tibet aura le droit de décider toutes les affaires concernant le Tibet et les Tibétains », ajoutait Tenzin Gyatso. En vertu de cet accord, le gouvernement du Tibet aurait pour responsabilité de sauvegarder les libertés individuelles sur le sol tibétain et adhérerait totalement à la Déclaration Universelle des Droits de l'Homme. Le gouvernement du Tibet serait constitué d'un chef de l'exécutif élu au suffrage universel, d'une Assemblée législative bi-camérale et d'un système judiciaire indépendant dont le siège serait à Lhassa. Enfin, un tel pacte sino-tibétain serait sanctionné par la réunion d'une « Conférence régionale pour la paix » qui prendrait acte du statut de zone démilitarisée du Tibet.

J'ai demandé à l'ancien « ministre des Affaires étrangères » Lodi Gyaltsen Gyari de m'expliquer le sens concret de l'abandon formel de la maîtrise des affaires étrangères au gouvernement de la Chine. Il n'est guère aisé, souligne le diplomate tibétain, de tomber d'accord sur une définition exacte du sens des termes « souveraineté » et « suzeraineté ». Ces deux notions étaient étrangères à l'Asie jusqu'au siècle dernier, puisqu'elles ont été apportées par l'empire britannique. Même la cour de l'empire des Qing en ignorait la signification exacte. La Chine sera-t-elle un pays suzerain et le Tibet son vassal ? Ou bien cet accord lui permettra-t-il de prétendre à la souveraineté sur les terres tibétaines ? Cela reste à déterminer lors des futures négociations sino-tibétaines. Mais le Tibet aurait-il un siège aux Nations Unies ? « La réponse est simplement non », affirme M. Gyari. La boucle est bouclée : stricto sensu, les Tibétains seraient probablement tenus de reconnaître publiquement qu'ils abandonnent, une fois pour toutes, la souveraineté du Pays des Neiges à la Chine. Il ne fait aucun doute, en tout état de cause, que les négociateurs chinois insisteraient sur ce point. Aucune ambiguïté ne devra subsister.

Dans sa résidence à Dharamsala, le dalaï-lama reste serein. Il m'a précisé la signification d'une « association » du Tibet avec la Chine : « En théorie, les six millions de Tibétains peuvent trouver un intérêt à se joindre aux plus de mille millions d'êtres humains en Chine. Je crois en cela. Si la partie chinoise nous traite comme de vrais frères et sœurs sur la base d'une stricte égalité, s'ils partagent nos souffrances ainsi que nos joies, il n'y a pas de raison pour nous d'insister pour nous séparer. Pour nos jeunes Tibétains, cela est difficile à accepter. L'expérience des trente dernières années a été à ce point douloureuse que lorsque nous, Tibétains, entendons le mot " Chinois " - vous savez, le mot tibétain " Gya Mi " -, tout de suite apparaît une sensation très négative. Mais je pense que la Chine deviendra un jour une société ouverte, une authentique démocratie qui respecte la liberté de parole et la liberté de religion. Cela viendra. La vérité se sait à l'extérieur, mais aussi en Chine et au Tibet. Et puis, le communisme échoue. Les systèmes dictatoriaux échouent. Tout naturellement, la voix des Droits de l'Homme se fait entendre. La voix de la liberté aussi. Nous sommes des êtres humains. Nous ne faisons que demander plus de liberté, plus de démocratie. Nous ne demandons pas une séparation complète. Si vous, les Chinois, nous traitez en vrais amis, si vous prenez soin de nous, nous répondrons favorablement. Mais si vous nous frappez, nous nous séparerons de vous. Si vous nous traitez en amis véritables, nous sommes disposés à rester avec vous. Que cela nous fasse plaisir ou non, nous sommes des voisins et nous devons rester aux côtés l'un de l'autre. La solution convenable doit être le fruit de contacts humains entre nous. Nous devons nous rencontrer et nous parler. Nous devons nous comprendre. »

Au sortir de mes entretiens avec le dalaï-lama, je ne pouvais m'empêcher de m'interroger sur la justesse de cette concession majeure. L'abandon de l'idée de l'indépendance du Tibet ne fait-il pas la part trop belle à la Chine qui, tout compte fait, peut être considérée comme l'agresseur du Tibet? J'étais même saisi d'un doute sur la volonté réelle de la Chine, qu'elle soit dirigée par un gouvernement communiste ou non, d'épargner le Tibet et de respecter à la lettre un accord. Dans l'hypothèse où cet accord pourra être trouvé un jour... Puis, réfléchissant à la question, je pensais qu'en fait, pour ne pas tout bonnement disparaître de la carte du monde, le Tibet n'a peut-être plus d'autre choix qu'un compromis avec la Chine : cette « voie médiane » dont le dalaï-lama se fait l'apôtre. Une « association » avec la Chine permettrait au peuple tibétain de trouver le répit salutaire et nécessaire pour pouvoir panser ses blessures, reconstituer ses forces et retrouver son identité. Sans la présence de colons chinois sur son sol et libre d'organiser sa politique comme il l'entend, mis à part les affaires étrangères et, dans une certaine mesure, la défense, le Tibet aurait fondamentalement recouvré sa liberté. N'est-ce pas l'essentiel? Entre une mort certaine et prochaine d'une part et un petit espoir de vie d'autre part, que choisiriez-vous? Dès lors, la modération du dalaï-lama apparaît comme une formule de sagesse pour tracer, enfin, la voie d'une coexistence pacifique entre la Chine et le Tibet.

Le 19 août 1991, après avoir attendu en vain un signal positif de Pékin à ses ouvertures, le dalaï-lama a annoncé en Suisse le retrait de ses offres formulées à Strasbourg : « Puisque le gouvernement chinois n'a pas exprimé sa volonté de répondre, je considère maintenant ma dernière proposition comme caduque. » Il n'est pas question pour autant d'opter pour la violence : « Je reconnais que ma proposition de 1988 a échoué mais je demeure entièrement engagé par mon approche générale de non-violence. Je pense que la voie authentique vers une solution passe par le dialogue et la négociation. » Mais en dépit de cette décision, l'entourage du dalaï-lama souligne qu'il reste prêt à nouer des discussions avec Pékin sur la base du discours de Strasbourg.

En fait les propositions du dalaï-lama ne sont pas très éloignées du statut spécial que la Chine accordera à Hong Kong et à Macao après leur retour sous souveraineté chinoise, respectivement en juillet 1997 et en décembre 1999. Afin de trouver une solution satisfaisante aux questions de Hong Kong et Macao, Deng Xiaoping a été le premier à formuler, au début des années quatre-vingt, le concept de « un pays, deux systèmes ». Hong Kong, colonie britannique depuis les guerres de l'opium infligées à la Chine par l'empire britannique, restera après son retour sous souveraineté chinoise une « Région Administrative Spéciale » régie par une « loi fondamentale ». Le gouvernement chinois s'est formellement engagé à ce que Hong Kong bénéficie d'un « large degré d'autonomie » et puisse conserver son système capitaliste pendant au moins cinquante ans après 1997. Le drapeau chinois flottera à Hong Kong. Pékin pourra y établir des unités de l'Armée populaire de libération. Déjà la Chine a infiltré tous les circuits économiques de cette enclave sur l'embouchure de la Rivière des Perles. Mais le gouvernement chinois ne toucherait pas au système judiciaire local et autoriserait Hong Kong à signer des accords commerciaux, culturels et sportifs avec le monde extérieur. Hong Kong, l'une des plus grandes places financières du monde, pourrait rester membre d'organisations internationales. Les liens de l'église catholique avec le Vatican ne seraient pas rompus. Ainsi coexisteraient sur le sol chinois deux systèmes socio-économiques radicalement antagonistes. Le retour à la Chine de Macao, ancienne colonie portugaise, s'effectuera dans des termes similaires, les autorités chinoises ayant même promis qu'elles ne toucheraient pas aux salles de jeux et casinos.

Le gouvernement communiste chinois propose le même statut de « un pays, deux systèmes » au gouvernement nationaliste de Taiwan pour achever la réunification de la Chine. Dans le cadre de sa politique du sourire à l'égard du Kuomintang, Pékin offre une concession supplémentaire : après son retour dans le giron du continent chinois, l'île de Taiwan pourrait conserver sa propre armée. La Chine populaire et Taiwan sont toujours théoriquement en état de guerre ouverte. Mais il y a belle lurette que les canons se sont tus des deux côtés du détroit de Taiwan. Sous le sceau du secret, diplomates communistes et nationalistes chinois négocient pour trouver une formule honorable qui sauverait la face des uns et des autres. Des centaines de milliers d'habitants de Taiwan se sont rendus sur le continent chinois depuis la levée, en 1988, de l'interdiction de ces voyages. Alors, « un pays, deux systèmes » aussi pour le Tibet? Le dalaï-lama y est favorable. Mais, comme nous le verrons plus loin, il n'en est pas question pour le gouvernement chinois actuel.

Un Tibet démocratique

Le dalaï-lama se présente depuis son départ en exil comme un authentique démocrate. Pour le discréditer, Pékin l'accuse de chercher à restaurer l'ancien régime féodal au Tibet. Mais le dalaï-lama ne manque pas une occasion d'imprimer, autant qu'il le peut, dans les esprits tibétains la nécessité de démocratiser la société. Ce thème revient dans presque chacun de ses discours publics. Il est vrai qu'il a fort à faire pour convaincre, tant sont encore fortes les convictions religieuses et les attitudes figées de l'ancien système. La dévotion à l'égard du dalaï-lama est telle qu'il suffit à un Tibétain de l'apercevoir de loin pour que, bien souvent, il se mette à trembler d'émotion, les deux mains jointes sur sa poitrine en signe de respect. Lorsque « Sa Sainteté » se présente devant l'entrée de sa résidence à Dharamsala pour ses audiences publiques, des queues interminables se sont formées depuis tôt dans la matinée, les fidèles attendant fiévreusement une bénédiction individuelle qui dure l'espace d'une seconde ou deux. Quel Tibétain oserait contredire le dalaï-lama en public? Quel membre de son gouvernement prendrait l'initiative de remettre en cause l'une de ses décisions? Critiquer le dalaï-lama est encore interprété par de nombreux Tibétains comme un blasphème. Mais de cette dévotion, le dalaï-lama n'a cure. Il ne veut plus de tout cela. Il s'emploie à bousculer les traditions. Tout ou presque est à revoir dans la société tibétaine : le système politique, les structures économiques, la place de la religion, l'importance de l'instauration d'un État de droit. Pour la survie du Tibet, le statut du dalaï-lama lui-même doit être redéfini, dit-il. Sa démarche est facilitée par l'esprit même du bouddhisme qui, à la différence de bien des courants religieux dans le monde, est une religion de tolérance. Le bouddhisme peut aisément s'adapter au monde moderne. Ses règles ne sont généralement pas en contradiction avec les exigences des libertés individuelles. Dans l'histoire de l'humanité, jamais le bouddhisme n'a déclenché de guerre de religion et jamais l'on n'a tué au nom de Bouddha.

Mais comment instaurer plus de démocratie dans la société tibétaine? Qu'en dit le dalaï-lama? « Dans toute société humaine, il est crucial que chaque individu puisse exprimer librement ses talents créatifs. Ceci ne peut se faire que dans une démocratie. Les dictatures et les régimes communistes sont, par nature, antidémocratiques. Les Tibétains, eux, en raison de leur profonde dévotion au dalaï-lama, se plient à ses choix et à ses décisions sans se fier à leur propre jugement. Voici pourquoi je pense que nous devons réfléchir au statut du dalaï-lama. En Chine aussi, pour des raisons différentes certes, chaque fois qu'un haut dirigeant parle, tout le monde doit se ranger à ses propos. Ce n'est pas une bonne solution [1]. »

Pour la grande majorité des Tibétains, la démocratie est une notion toute neuve aux contours encore flous. Le jour où cent mille Tibétains ont pris le chemin de l'exil en 1959, y en avait-il seulement dix qui connaissaient la signification exacte de ce mot? Depuis, la communauté tibétaine, éparpillée en Inde, au Népal, en Europe et aux États-Unis, a effectué un bout de chemin sur la voie de la démocratie. Il est vrai que les ministres du Kashag tibétain restent sous la tutelle du dalaï-lama. Mais celui-ci, aidé de son entourage, a fait promulguer la première constitution du peuple tibétain, le 10 mars 1963. Ce texte a valeur de loi mais reste un « projet », en attendant le jour où il pourra être approuvé par la population du Tibet tout entière. La constitution garantit explicitement les droits fondamentaux de tous les Tibétains, dont celui du suffrage universel, l'égalité de chaque citoyen devant la loi ainsi que la liberté de parole, de réunion et de religion. Depuis 1960, les Tibétains en exil, hommes et femmes, âgés de dix-huit ans au moins, ont la faculté d'élire au suffrage universel leurs représentants à « l'Assemblée des Députés du Peuple Tibétain ». Ils peuvent se porter candidats à la seule condition d'être âgés de vingt et un ans ou plus. L'Assemblée, dont le siège est à Dharamsala, est censée discuter, amender ou entériner toutes les décisions importantes qui engagent l'avenir des Tibétains.

Mais voter est un geste encore tellement inhabituel pour un Tibétain que nombreux sont les hauts fonctionnaires de l'administration de Dharamsala qui reconnaissent volontiers n'avoir jamais participé aux scrutins jusqu'à ces dernières années. D'autre part, les Tibétains ne sont toujours pas d'accord sur la nécessité d'un Premier ministre. Le chef du gouvernement serait responsable des affaires temporelles; ceci permettrait au dalaï-lama de s'en décharger pour ne plus s'occuper que de la conduite des affaires spirituelles des Tibétains et des bouddhistes du monde entier. Le dalaï-lama est fortement en faveur d'un tel projet. Mais pour la population tibétaine, il s'agit d'une atteinte intolérable au statut de leur dieu-roi. Quant au Kashag, il est encore, trop souvent, une simple chambre d'enregistrement des volontés du dalaï-lama. Les ministres prennent rarement une décision sans attendre, au préalable, un consensus sur la question et sans avoir au moins sollicité l'opinion du dalaï-lama. Personne n'ose engager sa responsabilité. Enfin, la communauté tibétaine en Inde est tout naturellement soumise à la loi indienne et ne peut, de ce fait, se doter d'une justice indépendante.

Un jour, dans sa maison à Dharamsala, j'ai demandé à Lodi Gyaltsen Gyari, envoyé spécial du dalaï-lama à Washington, de m'expliquer les faiblesses du monde tibétain : « Les gens, me dit-il, sont trop dépendants du dalaï-lama. Il dit toujours " C'est un grand honneur pour moi ", mais il ajoute : " Ceci est la plus grande faiblesse de notre nation. " Personne parmi nous ne veut prendre de décision. C'est bien plus facile pour nous ainsi ! Dans d'autres cas, quand nous prenons des décisions, nous faisons en sorte qu'il prenne part au processus de décision. De cette façon, nous pouvons mieux convaincre notre peuple. Comme cela, si nos compatriotes disent que notre décision n'est pas une bonne idée, nous pouvons toujours répondre que le dalaï-lama l'a voulue. »

Le dalaï-lama a plusieurs fois affirmé qu'il se retirerait entièrement de la vie politique pour se consacrer exclusivement à sa vie de moine, une fois qu'un accord avec la Chine serait conclu : Lodi Gyari souligne que quiconque mettrait en doute cette intention commettrait une lourde erreur car, dit-il, il ne s'agit pas de mots en l'air mais d'une décision mûrement réfléchie. Le retrait attendu du dalaï-lama place en même temps la société tibétaine devant une échéance redoutable. Il lui faut, pour la première fois dans son histoire, prendre sa destinée entre ses mains. « Nous sommes dans une situation très difficile. Car nous ne disposons pas d'un deuxième échelon de pouvoir. Cela alors que, dans la société tibétaine, l'image du dalaï-lama est si forte. Personne ne serait en mesure de remplir un centième seulement du rôle qu'il joue actuellement. Il a essayé d'y remédier avec la mise sur pied du cabinet ministériel qui remplit les responsabilités exécutives et avec l'Assemblée. Maintenant, les membres du cabinet ne disposent plus que d'un mandat de cinq ans. Au terme de ce mandat, il leur faut l'accord de l'Assemblée pour obtenir un nouveau mandat et continuer à exercer leurs pouvoirs. Les choses évoluent, car il y a quinze ou vingt ans, une telle disposition n'aurait pas été comprise. »

Lodi Gyari continue : « La démocratie, qu'est-ce que c'est pour nous ? Vous savez, j'ai parfois l'impression qu'une chose pour laquelle vous ne vous êtes pas battus n'a pas la même valeur. Vous les Français, vous avez lutté pour la démocratie. Ce mot revêt une signification importante pour vous. Mais nous, la démocratie, nous ne la comprenons pas. » Lodi Gyari se met à rire en parlant du caractère un peu enfantin des Tibétains qui, sans père spirituel pour les guider dans chacun de leurs pas, sont égarés dans le noir. Il ajoute : « Le dalaï-lama nous a dit que la démocratie est indispensable. Puisqu'il le dit, nous avons accepté l'idée. Ainsi regardez : pour être très franc avec vous, je n'ai jamais voté dans ma vie jusqu'à tout récemment. J'étais moi-même un membre élu de l'Assemblée, il y a quelque temps, et je n'avais jamais exercé mon droit de vote ! Étrange, non ? Pourquoi ? Eh bien, psychologiquement, le fait de voter n'a pas encore la même importance pour nous. Je suis allé voter l'autre jour, car je me suis dit qu'étant ministre, je devais au moins montrer l'exemple ! Alors, il y a quatre jours, je suis allé déposer mon bulletin de vote dans l'urne [2]. »

Autre indication du processus de démocratisation du monde tibétain en exil : Tenzin Geyche Tethong, secrétaire du dalaï-lama, m'a confié que désormais, il était lui-même le tout dernier membre du « gouvernement en exil » issu d'une famille aristocratique. Il en va de même pour le choix des réincarnations de lamas importants. Ainsi, par exemple, quand il a fallu « découvrir » l'enfant réincarné du tuteur du dalaï-lama décédé à Dharamsala en 1983, quelques familles riches nourrissaient de grands espoirs. Mais, feignant d'ignorer les procédures compliquées de divination que le dalaï-lama doit effectuer pour localiser l'enfant, Tenzin Geyche atteste avec humour qu'il a personnellement pris soin d'orienter les recherches vers les familles roturières.

Pour avoir une image plus nette encore de l'effort de démocratisation entrepris par les réfugiés tibétains, j'ai interrogé aussi Nubpa Chodak Gyatso, président à la fin des années quatre-vingt de l'Assemblée des Députés du Peuple Tibétain. Âgé d'une quarantaine d'années, vêtu de sa robe de moine, il m'a reçu dans son bureau. Sous ses fenêtres, tandis qu'il parlait, le son grave des trompes tibétaines mugissait dans un monastère, tout proche, de Dharamsala. Historiquement, souligne-t-il, une certaine forme de démocratie existait depuis des siècles dans les grands monastères. Un pouvoir collégial composé des lamas importants mettait au vote de tous les moines la prise de décisions concernant les affaires importantes. D'autre part, avant 1950, le dalaï-lama avait entamé des réformes pour démocratiser les institutions politiques et sociales. L'arrivée des Chinois l'avait empêché de continuer cette œuvre. Mais peut-on dire que le système politique et religieux tibétain était non démocratique avant 1950? Mon interlocuteur répond sans hésiter : « Oui. Ceci est un fait. Nous ne voulons rien dissimuler, vous savez. » Et aujourd'hui en Inde, qu'en est-il? Le dalaï-lama reste la principale force qui réunit les Tibétains. La foi et la confiance qui lui sont témoignées sont extraordinaires.

Partant de là, un changement radical et immédiat n'est guère envisageable sans risquer la désintégration totale de la société tibétaine. Aussi, l'étape actuelle est-elle de préparer le jour où les Tibétains devront être assez mûrs pour faire face seuls aux défis du monde moderne, sans l'aide et sans la conduite de leur « Précieux guide », le dalaï-lama. « Dans le cadre de l'Assemblée, nous nous efforçons maintenant d'éduquer la population, de leur insuffler une plus grande conscience politique. C'est d'ailleurs exactement ce que désire le dalaï-lama. » Le Kashag ou l'Assemblée osent-ils prendre des décisions contraires aux souhaits du dalaï-lama ? Nubpa Chodak Gyatso affirme que, parfois, les débats avec Tenzin Gyatso sont « animés » lorsqu'il est jugé essentiel de consulter le chef tibétain. Mais d'exemple où ces deux organismes soient allés jusqu'à s'opposer à sa volonté, il n'en connaît point.

Mais il faut bien reconnaître que l'apprentissage de la démocratie ne se fait pas sans douleur au sein de la société tibétaine, tout comme c'est souvent le cas dans toute société contrainte de vivre en exil. A Dharamsala, les querelles de factions et de personnes restent vives. Parfois, elles en viennent à paralyser l'action du gouvernement en exil. Parfois aussi, la corruption refait surface, y compris dans l'entourage proche du dalaï-lama. Tout ceci pour la plus grande joie des autorités chinoises de Pékin et de Taipei qui, lorsque l'occasion se présente, ne manquent pas d'attiser les rivalités entre les dirigeants tibétains. Un épisode douloureux, mais comique aussi, de cette longue marche vers la démocratie a été l'élection, pour la première fois dans l'histoire du Tibet, des ministres du Kashag en juillet 1991. Il y avait sept ministres (kalons) à élire, mais les électeurs, les 46 membres de l'Assemblée des Députés du Peuple tibétain, se livrèrent à de tels jeux de couloir et autres complots qu'en deux tours de scrutin, ils ne réussirent à se mettre d'accord que sur deux ministres ! Il est vrai que les députés devaient dégager une majorité de 70 %, ramenée, mais sans succès, à 55 % au second tour. Bon gré mal gré, il a donc bien fallu que le dalaï-lama se décide, un mois plus tard, à nommer trois ministres supplémentaires.

Pourtant, les graines de la démocratie sont bel et bien semées. Car, lorsque le dalaï-lama énonça son discours de Strasbourg, immédiatement un bruyant concert de voix tibétaines se fit entendre en Inde, en Europe et à l'intérieur du Tibet. Les plus critiques se mirent à reprocher au dalaï-lama de « vendre le Tibet aux Chinois ». D'autres désapprouvèrent le fait qu'une décision d'une telle importance ait été prise sans que le peuple ait jamais été consulté. On peut penser que le tumulte n'est pas près de s'apaiser, tant sont nombreux les Tibétains qui s'élèvent contre l'idée d'un renoncement à l'indépendance du Tibet. Le dalaï-lama est, quant à lui, ravi de son coup. Puisque son initiative a marqué le point de départ d'un très large débat entre Tibétains, voici enfin les mécanismes de la démocratie en mouvement!

Les partisans du terrorisme

De l'aveu de l'entourage du dalaï-lama lui-même, une large majorité de Tibétains sont profondéments hostiles à tout accord avec la Chine dont l'une des clauses prescrirait l'abandon de la souveraineté du Tibet. Quels sont les arguments de ceux qui sont les plus farouchement opposés aux choix du discours de Strasbourg? J'ai questionné en priorité le secrétaire général du Congrès de la Jeunesse Tibétaine, Tashi Namgyal. Il m'a accueilli, à Dharamsala, au siège de son organisation qui annonce au moins dix mille membres actifs à travers le monde. Voici ce que m'a dit cet ancien résistant tibétain :

« En fait, nous pensons qu'il ne s'agit pas d'une façon très judicieuse de régler la question tibétaine. Abandonner les affaires étrangères et la défense aux Chinois reviendrait à abdiquer, à céder la souveraineté du Tibet. Nous pensons qu'il ne devrait y avoir aucun compromis sur ce sujet. A notre avis, nous devrions nous battre jusqu'à la fin, jusqu'à ce que nous réalisions notre indépendance. Voici ce que pense le Congrès de la Jeunesse Tibétaine et voici ce que pensent les Tibétains. Discuter avec les Chinois ne mène à rien. Ce qu'il nous reste à faire, c'est combattre pour arracher tous les droits qui nous appartiennent. Nous devons nous battre pour cela. Pas discuter!

« Les Chinois ne vont certainement pas laisser tomber le Tibet facilement. Mais nous, nous n'allons pas perdre notre motivation facilement non plus. Nous ne sommes peut-être pas très nombreux face aux Chinois, mais nous avons pour nous la détermination! L'esprit de la liberté. L'esprit de la lutte qui doit être transmis aux générations futures bien que notre but soit de reconquérir notre indépendance au cours de notre existence. Nous ne sommes pas d'accord avec la proposition du dalaï-lama et nous pensons qu'il est de notre devoir de le dire haut et fort. » Certains spécialistes de droit international affirment pourtant que laisser la conduite des affaires étrangères à un pays tiers ne signifie pas obligatoirement l'abandon de la souveraineté nationale... Ils ont tort : « La maîtrise des affaires étrangères constitue la colonne vertébrale d'un pays. Si vous n'avez pas le pouvoir de traiter avec les puissances étrangères, si vous n'avez pas de relations diplomatiques avec ces pays, que vous reste-t-il? Ceci voudrait dire que notre pays n'aurait aucun statut dans la communauté internationale. »

Les Tibétains qui luttent ne doivent pas perdre espoir, car les exemples de pays qui ont réussi à recouvrer leur souveraineté sont nombreux dans l'histoire. Certains mouvements de libération ont combattu pendant de longues années hors de leur patrie avant que soit rétablie l'indépendance de leur pays. En outre, la désintégration de l'Union soviétique et l'accès à l'indépendance des Républiques de l'ancienne URSS, en particulier les trois petits pays baltes (Lituanie, Lettonie et Estonie), sont là pour prouver que l'Histoire n'est pas immobile. La Chine non plus.

Quelle pourrait être la proportion des Tibétains qui désirent continuer la lutte pour l'indépendance et qui sont hostiles à la proposition du dalaï-lama? Tashi Namgyal est formel : 90 %, sinon plus. Le leader du Congrès de la Jeunesse Tibétaine se fait cassant quand il évoque la violence comme moyen de lutte : « Ce qu'a proposé le dalaï-lama est mauvais. Il dit qu'il est le bouddha de la compassion. Moi pas. Le dalaï-lama veut le bonheur, non seulement pour le peuple tibétain, mais pour tous les êtres humains. Il parle d'un monde sans frontières et sans passeports, sans police. Il croit en cette sorte de chose. Mais nous, nous ne pouvons pas voir les choses de la même façon. Nous devons être francs. Nous ne pouvons pas dire : “ Puisque le dalaï-lama ne déteste pas les Chinois, nous ne les détestons pas non plus. ” Non. Au contraire, nous détestons les Chinois. Nous détestons tous les Chinois, car ils sont à l'origine de nos plus grands problèmes. Ils ont envahi notre pays. Nous ne devons pas les laisser dormir en paix. »

Le terrorisme est-il une méthode de combat au Tibet? Tashi Namgyal prend des précautions de langage, mais son point de vue est sans équivoque : oui au terrorisme! « Nous ne croyons pas au terrorisme. Nous ne croyons pas dans l'assassinat de personnes innocentes. Notre motivation n'est guidée que par l'objectif à atteindre : l'indépendance totale du Tibet. Mais si nous tuons des Chinois, personne ne pourra nous accuser de terrorisme. Car aucun Chinois venant au Tibet n'est innocent. Tous ceux qui viennent ont un but. » Tashi Namgyal soutiendrait-il ceux qui déposeraient des bombes visant les Chinois au Tibet? « Oui, sans aucun doute. Cela rendra les choses difficiles pour les Chinois. Dans ce cadre, toute méthode est justifiée. Absolument. Voyez-vous, à partir du moment où l'occupation du Tibet par les Chinois est justifiée et où les Chinois ont recours, comme vous le savez, à toutes les méthodes de torture contre les Tibétains, je dis oui. Toutes les méthodes de lutte contre eux sont justifiées! » Le responsable tibétain rit nerveusement et ajoute que la violence ne doit toutefois être utilisée qu'à l'intérieur du Tibet et exclusivement contre les intérêts chinois.

Même le frère cadet du dalaï-lama, Tenzin Choegyal Rimpoche, appartient au clan de ceux qui préconisent l'usage de la violence pour bouter les Chinois hors du

Pays des Neiges. Je suis allé le voir chez lui, à Dharamsala, pour en discuter. Il a été d'une franchise étonnante et n'a pas mâché ses mots : « Le problème est que quelqu'un d'indésirable est entré dans la maison de quelqu'un d'autre sans y avoir été invité. Cet individu indésirable doit partir. Voilà la solution du problème. Quant à la façon de le régler, vous savez, ce n'est pas facile. Il est extrêmement difficile de penser que les Chinois vont simplement partir comme cela. Sauf si nous utilisons ceci : (de sa main droite, il fait signe de tirer au pistolet). Le dalaï-lama a présenté le plan que vous connaissez. Il a montré le visage de la compassion. Il est pacifique, raisonnable. Il a donné énormément de lui-même pour cela. Il est allé aussi loin qu'il le pouvait en direction des Chinois. Mais je ne pense pas que les Chinois soient assez intelligents pour comprendre cela. Ainsi voyez-vous, nous devons utiliser quelques moyens pour faire pression. La seule pression qu'ils connaissent, c'est la violence. Je m'exprime comme une personne radicale. Je suis maintenant trop vieux pour faire partie du Congrès de la Jeunesse Tibétaine. Mais je pense toujours que nous devrions faire quelque chose. Nous devons faire couler le sang. Supposez que vous soyez en train de jouer aux cartes. Nous devons avoir beaucoup de bonnes cartes pour jouer et gagner, vous savez. Ainsi, en d'autres termes, le dalaï-lama apporte ses propositions de paix. Mais nous devons placer des atouts dans son jeu. De toute façon, quoi que le dalaï-lama puisse faire, nous devons, en ce qui nous concerne, utiliser le bâton. Sinon, ils ne comprendront pas. »

Au fur et à mesure que nous parlons, le frère du dalaï-lama s'échauffe. Il élève la voix. Il perd son calme. Mais quel Tibétain le garderait en discutant d'un tel sujet ? Il me regarde, allume une cigarette, et continue sur un ton sec : « Nous devrions faire des choses sans que le dalaï-lama en ait connaissance. Il ne doit pas savoir. Il est au-dessus de la violence. Mais, vous savez, nous vivons dans un monde affligeant. Je te frappe, tu me frappes, on ressent la douleur. Il faut cela pour comprendre. Je pense que les Chinois ne comprennent que le langage de la violence. Ne disent-ils pas que le pouvoir sort du canon du fusil? Très bien! Alors mesurons-nous sur ce terrain! Le problème est que nous n'avons pas d'armes. Les Américains nous en donneront-ils? » Tenzin Choegyal éclate de rire et boit son thé. L'atmosphère se détend. Sa femme, à ses côtés, rit de bon cœur aussi. « D'autre part, ne croyez pas que l'armée chinoise soit si puissante. Elle peut être vaincue. Les hommes du rang de cette armée que nous voyons aujourd'hui ne sont plus les vétérans de la Longue Marche. Ce ne sont pas ceux qui ont combattu en Corée. Ceux-là étaient très motivés sur le plan idéologique. Ceux d'aujourd'hui se font humilier par l'armée vietnamienne. Ils n'ont plus le moral. Ils ne croient plus en rien. »

Tout en parlant, nous nous mettons à discuter d'aspects plus délicats de la stratégie tibétaine. La proposition de Strasbourg du dalaï-lama revient sur la table. Pas de doute : pour Tenzin Choegyal, elle est assurément la meilleure envisageable pour convaincre les Chinois de venir prendre place autour de la table de négociation. Et après? Serait-elle le tremplin vers l'indépendance totale? Le frère du dalaï-lama se gratte la tête et me regarde en silence. Visiblement, il se demande jusqu'où il peut dire ce qu'il veut dire sans gêner la diplomatie tibétaine. Et puis, il se décide. Il recommence à parler : « Obtenons tout d'abord l'autonomie. Et alors, foutons les Chinois dehors! Comme Marcos a été expulsé des Philippines et comme les Britanniques ont été mis à la porte de l'Inde! Nous réfléchissons en termes de générations, les générations à venir. Ce serait un début. »

J'ai, enfin, donné la parole à Phuntsog Wangyal, directeur de la Fondation du Tibet à Londres et ancien représentant du dalaï-lama pour la Grande-Bretagne et les pays nordiques. Pour lui, le discours de Strasbourg est une erreur grave, sur le fond comme sur la forme :

« Personnellement, je suis en total désaccord avec ce qui est proposé dans ce discours. En particulier le fait de vivre en association avec la Chine et de confier la défense aux Chinois. De leur donner le droit d'installer des soldats chinois au Tibet. Ceci voudrait dire que nous nous contenterions de moins que l'indépendance. »

Il serait illusoire d'espérer que la Chine respecte un contrat passé avec les Tibétains : « La Chine a, en réalité, déjà prononcé une peine de mort : la nation tibétaine doit mourir. La seule question en suspens est de savoir si elle doit mourir vite ou lentement. De ce fait, je pense que les Tibétains devraient se battre, quel qu'en soit le coût, pour une indépendance totale. Je sais que ce sera très ardu. Mais nous pouvons réussir, car il existe de nombreux exemples dans l'histoire de peuples qui ont réussi. Conquérir l'indépendance n'est pas aisé. Nos combattants de la paix devront persévérer pendant des générations. Nous devons continuer. »

Mais comment quelques millions de Tibétains peuvent-ils espérer triompher de plus d'un milliard de Chinois et d'une armée de trois millions d'hommes ? « La situation change en Chine. Elle change aussi sur la scène internationale. Cela change en Union soviétique. Cela changera aussi au Tibet. De plus en plus de Tibétains et de Chinois deviennent politiquement mûrs. Le poids de la religion baisse peut-être mais, en revanche, la conscience politique s'élève. Cela contribue aux changements. De ce fait, je veux dire que si nous ne nous battons pas pour l'indépendance complète, la population perdra peu à peu cet espoir. Ceci voudrait dire que nous avons perdu quelque chose sans rien gagner pour les Tibétains. En soutenant le combat pour l'indépendance, je ne vois vraiment pas ce qui porte tort à la situation au Tibet. Je ne pense pas que le fait d'accepter d'être une partie de la Chine empêcherait les Chinois de venir s'installer en masse chez nous. »

Phuntsog Wangyal, lui aussi, justifie la violence et le

terrorisme. Il n'y a aucune hésitation dans sa voix lorsqu'il parle de ce thème : « Je ne suis pas le genre de type à dire aux Tibétains : " Allez-y, allez vous battre! " Mais si ces gens à l'intérieur du Tibet décident que le meilleur moyen est pour chacun de lutter individuellement pour le pays, ils ont mon soutien à cent pour cent! Ils ont mon admiration. Mon dévouement. Mes prières vont à eux. » Même s'ils ont recours au terrorisme? « Oh oui, oui, oui! Car, comprenez-vous, il faut être réaliste. Les gens disent toujours que le terrorisme est une très mauvaise chose. Tuer est très condamnable. Mais personne ne pose la question des raisons qui conduisent quelqu'un à devenir un terroriste. Les raisons qui le poussent à la violence. Vous devez vous poser ces questions! Si les causes disparaissent, la violence disparaîtrait avec. Mais personne n'aime être arrêté. Personne n'aime être torturé. Personne n'aime prendre une balle dans le corps! Quelle raison conduit ces gens à prendre la décision de la violence? Ce sont les souffrances que nous imposent les Chinois! Laissez-moi vous dire que les Chinois ne partiront pas volontairement. Aucune puissance coloniale n'a jamais abandonné de son propre fait, sans y être invitée avec fermeté par les populations opprimées. Mais, avec les générations montantes en Chine, j'ai quelque espoir. Nous devons, quant à nous, leur rendre la vie difficile. Si leur position dans le monde devient difficile en raison de leur occupation du Tibet, ils changeront peut-être. »

J'explique à mon interlocuteur qu'un soutien officiel des pays occidentaux à la cause tibétaine pourrait être d'autant plus envisageable pour les gouvernements si le leadership tibétain en exil renonce à la violence. Mais Phuntsog Wangyal se fâche tout rouge : « Un soutien international? De la rigolade! Je vais vous dire une chose. Les gens parlent de soutien international. Avons-nous usé de la violence au Tibet après 1959? Et où est donc ce soutien international? Il n'y en a pas. Et en 1950, où était-il, ce soutien international? Rien!

Zéro! Aujourd'hui, si nous ne sommes pas en mesure d'attirer l'attention du monde sur la question tibétaine et demeurons non violents, nous n'aurons toujours rien, une fois de plus! Quand Arafat tue et terrorise, les gouvernements le reçoivent. Il a réussi à obtenir de l'aide et de la sympathie pour le peuple palestinien. Mais comprenez-moi bien : je ne fais que poser la question de savoir si le terrorisme est ou non une hérésie. Regardez encore : c'est la même chose avec les Moujahedins qui luttent en Afghanistan. Quand ils viennent à Londres, ils sont reçus à dîner au 10 Downing Street. Quand le dalaï-lama vient, lui, il parle toujours de paix, d'amour et de compassion. Résultat : personne n'envisage de le recevoir. Pourquoi? Non parce qu'ils pensent qu'il est quelqu'un de pas très recommandable. Au contraire, tout le monde l'admire. Mais le dalaï-lama est inoffensif. Il ne peut guère causer de problème. Dès lors, nul besoin de s'inquiéter à son sujet. »

Quant au culte voué au dalaï-lama, il est grand temps pour les Tibétains de se réveiller : « Ils croient qu'il voit tout. Le passé, le présent et l'avenir. Il est Dieu et il ne peut donc se tromper. Moi, je ne crois pas en cela. Je suis bouddhiste certes. Mais pour moi, il est un homme comme les autres. Il en possède donc à la fois les qualités et les défauts. Très souvent je dis à mes compatriotes que le dalaï-lama se fait vieux. Nous devrions nous poser la question : est-il oui ou non la manifestation humaine de Bouddha? Mais quand il tombe malade, personne ne se pose cette question. Pareil quand il fait une erreur. Nous devons poser ces questions. Et quand il fait une erreur, il est de notre devoir de le dire. »

En ce qui concerne enfin la volonté de la Chine d'honorer ses engagements, Phuntsog Wangyal sourit et affirme qu'il ne faut pas être naïf car elle a déjà fait la preuve de sa fourberie à maintes reprises aux dépens des Tibétains. L'exemple de l'accord en dix-sept points signé en 1951 est là : le gouvernement chinois en a violé l'esprit et la lettre dès le lendemain. Mais ce traité les a servis. Il leur a permis de gagner du temps. Il en irait de même aujourd'hui en cas de nouveau compromis entre Tibétains et Chinois. Les Chinois en seraient de nouveau les principaux bénéficiaires. D'autre part, la politique d'ouverture du Tibet sur le monde suivie par Pékin depuis 1979 ne veut en aucun cas dire que les autorités chinoises ont renoncé à leur stratégie visant à la disparition du Tibet. « En ouvrant le Tibet, vous savez, les Chinois veulent toujours détruire la culture tibétaine, détruire la population tibétaine. Ça n'a pas changé. La seule différence avec la violence employée dans le passé est que maintenant ils peuvent presque dire : “ Dépêche-toi de mourir. Je vais te tuer sans douleur. ” Par conséquent, le résultat ultime reste le même et ça, il n'est pas question de l'accepter. »

La VIIe assemblée générale du Congrès de la Jeunesse Tibétaine, tenue à Dharamsala du 11 au 16 septembre 1989, au moment où je m'y trouvais, a toutefois décidé d'abandonner l'appel à la violence et à la lutte armée contre la présence chinoise au Tibet. Il s'agissait de la plus grande réunion de jeunes tibétains en exil tenue à ce jour avec des délégués venus de l'Inde, du Népal, du Bouthan, d'Amérique du Nord, d'Europe. Avant même que lui soit décerné le Prix Nobel de la Paix, le dalaï-lama avait donc, semble-t-il, réussi à convaincre cette jeunesse impatiente de renoncer au terrorisme et à la lutte armée. Mais pour combien de temps?

A l'intérieur du Tibet, en revanche, il ne me semble pas que l'heure soit à la modération parmi les jeunes. Il est difficile d'évaluer la force réelle des quelques mouvements de résistance qui font parler d'eux épisodiquement. Plutôt que de résistance armée, il semble que les moyens de lutte envisageables soient plutôt la désobéissance civile, les sabotages et des actes de guérilla isolés. L'Association de la Jeunesse des Tigres et Léopards, l'un des principaux mouvements de résistance, a récemment annoncé qu'elle renoncerait à la non-violence si la communauté internationale continue d'ignorer la question du Tibet. « Nos méthodes non violentes ont été interprétées comme un signe de faiblesse », a-t-elle souligné dans une déclaration adressée au secrétaire général de l'ONU et parvenue en Occident. « Nous sommes déterminés à recouvrer notre liberté, et le vote récent à l'ONU [3] nous montre clairement que si le sang n'est pas versé, sans des actes de sabotage et d'agression, nous n'obtiendrons pas de publicité, de sympathie et de soutien », ajoutait le document. « Les détournements d'avion et le sabotage sont les tactiques utilisées par les Palestiniens et malgré tout, les organisations mondiales les soutiennent. Nous pensons maintenant que si ces actes d'agression obtiennent des résultats, pourquoi ne devrions-nous pas faire la même chose? Le monde croit dans ces actes [4]. »

Les discrètes négociations sino-tibétaines

La Chine communiste affirme qu'elle est prête à dialoguer avec le dalaï-lama. Mais, au-delà de quelques gesticulations sans lendemain, il est clair que la politique chinoise demeure, globalement, la même depuis le début des années quatre-vingt : Pékin est disposé à discuter avec le dalaï-lama des conditions de son retour, mais pas de la recherche d'un compromis sur le statut du Tibet. La politique à l'égard du dalaï-lama a été énoncée en 1981. Elle s'articule autour de cinq points qui sont respectivement :

1/ La Chine est entrée dans une nouvelle période de stabilité politique et économique. Le dalaï-lama et ses partisans devraient y croire. Mais sinon, ils peuvent attendre quelques années.

2/ Il n'est pas impératif pour le dalaï-lama et ses envoyés de discuter des événements récents. La rébellion de 1959 et la répression qui a suivi doivent être oubliées.

3/ Le gouvernement chinois « souhaite sincèrement la bienvenue au dalaï-lama et à ses fidèles » s'ils veulent revenir s'installer dans leur « mère patrie », la Chine. La Chine espère que le dalaï-lama contribuera au maintien de l'unité du pays, en particulier celle entre les peuples han et tibétain.

4/ Après son retour, le dalaï-lama bénéficiera des mêmes conditions de vie et du même « traitement politique » qu'avant 1959. Il sera nommé vice-président de l'Assemblée Nationale Populaire. Mais, « il n'est pas nécessaire pour lui d'exercer des responsabilités au Tibet, puisque des Tibétains plus jeunes ont pris les rênes et réalisent un très bon travail ». Bien entendu, le dalaï-lama pourrait se rendre fréquemment au Tibet en visite.

5/ S'il décide de revenir, le dalaï-lama pourra faire une déclaration dans ce sens. Une délégation d'un niveau ministériel viendra l'accueillir à son point d'arrivée [5].

Voici donc les conditions d'un arrangement avec le chef des Tibétains. Elles étaient toujours en vigueur début 1993 et rien ne permet de penser que la Chine soit disposée à des concessions majeures dans un proche avenir. S'il revient de son exil dans ces termes, il faudrait au dalaï-lama passer sous les fourches caudines : un tel retour ferait de lui un dirigeant d'opérette. Neutralisé à Pékin comme l'était le panchen-lama, il serait maintenu loin de son peuple et perdrait en même temps ses responsabilités religieuses. Sur le plan politique, la vice-présidence de l'Assemblée Nationale Populaire n'offre aucun vrai pouvoir de décision. Le panchen-lama était lui aussi vice-président de cet organisme, sans avoir jamais pu participer aux décisions prises par les quelques maîtres de la Chine.

Le panchen-lama avait fait une annonce sensationnelle le 4 avril 1988. Elle semblait dénoter un assouplissement important de la politique chinoise : après son retour, le dalaï-lama pourrait s'établir au Tibet s'il le désirait [6]. Bien des diplomates occidentaux à Pékin y virent une concession courageuse de Pékin. Elle ne serait pas sans risque. Car un retour du dalaï-lama dans le Potala ne manquerait pas de provoquer au Tibet un immense enthousiasme populaire, sinon des déchaînements de dévotion indescriptibles aux conséquences imprévisibles. Une telle situation pourrait facilement dégénérer au point d'échapper au contrôle des autorités et de provoquer une répétition de la tragédie de 1959. Mais il n'a jamais été possible d'obtenir une confirmation claire d'un membre du gouvernement chinois. Interrogé dix jours plus tard, Li Peng, alors Premier ministre, estimait que le lieu de résidence du dalaï-lama « n'est pas une question très importante ».

Réagissant aux ouvertures du dalaï-lama exprimées en septembre 1987 à Washington et en juin 1988 à Strasbourg, la Chine a déclaré que ces discours n'apportent rien de fondamentalement nouveau et traduisent une volonté de dénaturer le statut actuel du Tibet en vue de légitimer une « semi-indépendance » ou une « indépendance déguisée ». Pour Pékin, le dalaï-lama cherche également à internationaliser la question du Tibet. La déclaration de Strasbourg a toutefois pris la Chine par surprise. Elle mit longtemps avant d'y répondre : le 23 septembre 1988, le gouvernement chinois se déclarait prêt à rencontrer le dalaï-lama ou ses représentants « à tout endroit et tout moment de son choix », à Hong Kong, dans une ambassade de Chine ou ailleurs, à la condition qu'il « désire sincèrement améliorer ses relations avec les autorités chinoises et contribuer à la sauvegarde de l'unité entre les Hans et les Tibétains ». Pour Pékin, « tout est négociable, sauf l'indépendance du Tibet ».

Mais des sources chinoises proches du gouvernement font savoir que Pékin n'est pas « dupe » : un accord sur la base du discours de Strasbourg ferait du Tibet un pays virtuellement indépendant, placé certes sous la suzeraineté de la Chine, mais conservant une quasi-souveraineté. Tout comme le Bouthan qui est indépendant bien que les affaires étrangères y soient supervisées par l'Inde. Les relations entre le Tibet et la Chine seraient, en droit international, celles qui régissent deux États, le second offrant un protectorat au premier qui l'accepte. Par conséquent, la proposition du dalaï-lama est « un piège » dans lequel la Chine ne saurait tomber car ce que veut le dalaï-lama, ce n'est pas « Un pays, deux systèmes », mais « Deux pays, deux systèmes » [7]. Michael van Walt van Praag, conseiller du dalaï-lama, relève lui-même qu'une association avec la Chine permettrait au Tibet de recouvrer sa souveraineté et souligne que dans un tel cas de figure, le pays qui décide de s'associer à une autre puissance conserve la faculté de mettre fin à cette relation quand il le désire [8]. Un tel compromis signifierait en somme que le Tibet est indépendant devant la loi internationale mais non dans les faits. Il est à craindre que le gouvernement chinois ne préfère la formule inverse : un pays indépendant dans les faits, mais non devant la loi internationale.

Ceux qui avaient vu un pas de géant franchi dans la recherche d'un compromis en sont effectivement pour leurs frais. De fait, bien des observateurs estiment que la Chine n'a jamais été sincère et n'a jamais vraiment désiré négocier, ne cherchant en réalité qu'à gagner du temps. Devant des offres qui ont fait du dalaï-lama un homme de dialogue et de paix, elle se devait de répondre, afin de ne pas apparaître devant l'opinion internationale comme la partie qui refuse le compromis. Cette thèse est plausible. De quoi la Chine a-t-elle le plus besoin ? De temps. Car plus le temps passe, plus Pékin peut espérer une disparition du problème tibétain. Certaines sources bien placées à Pékin notent toutefois qu'avant le massacre de juin 1989, les autorités chinoises étaient profondément divisées sur la question du Tibet. La frange la plus modérée de Zhao Ziyang aurait réellement désiré un compromis durable avec le dalaï-lama. A l'heure actuelle, il reste de nombreux modérés à Pékin qui attendent la mort de Deng

Xiaoping pour faire valoir leurs idées de compromis. L'un des plus grands spécialistes du Tibet en Chine est un modéré éclairé. Il s'agit du professeur Wang Yao, chef du département du Tibet à l'Institut Central des Minorités à Pékin. « Je ne suis qu'un universitaire et ne représente personne au gouvernement, mais j'aime le Tibet et voudrais jouer un rôle de pont entre le dalaï-lama et le gouvernement de Pékin », dit-il[9]. Des personnalités comme lui seront appelées à jouer un rôle important dans l'avenir pour restaurer la confiance entre les peuples tibétain et chinois. Mais il y a gros à parier que les plus orthodoxes étaient, et sont toujours, catégoriquement hostiles à toute idée de concession politique sur le statut du Tibet et chaudement partisans de la plus grande fermeté.

Divergences ou non, le massacre de Pékin a vraisemblablement sonné le glas d'un accord prochain entre la Chine et le dalaï-lama. Ce dernier estime d'ailleurs qu'il n'est plus très judicieux de chercher le dialogue avec un régime aussi discrédité que celui de Li Peng. Il mise sur sa chute prochaine et sur l'avènement d'un leadership plus modéré à Pékin pour la relance de la dynamique avec la Chine. Une semaine après l'imposition de la loi martiale à Lhassa, Pékin déclarait que « les voies du dialogue entre le dalaï-lama et le gouvernement central restent ouvertes », à la condition que le chef tibétain renonce à l'indépendance du Tibet[10]. Mais, de toute évidence, il s'agissait d'une mimique sans grand intérêt. En septembre 1989 encore, Ngapo Ngawang Jigme déclarait que la Chine désirait discuter avec le dalaï-lama et ses représentants, mais non avec des membres du Kashag. Ses propos venaient confirmer la volonté de Pékin de discuter du statut futur du dalaï-lama, mais non de l'avenir du Tibet en tant que tel.

En attendant que renaisse l'espoir d'un dialogue sino-tibétain, comment se sont déroulés les contacts entre Pékin et le dalaï-lama? Le frère aîné du dalaï-lama, Gyalo Thondup, s'est régulièrement rendu à

Pékin. Personnage discret, il fuit la presse et n'annonce jamais ce genre de déplacements. Ses dernières visites connues à Pékin ont eu lieu en octobre 1987, en juillet et novembre 1988, en février et décembre 1989, puis, bien qu'élu ministre du Kashag en 1991, au cours de la première semaine de juin 1992. Les autorités chinoises profitent de sa présence pour lui remettre des messages adressés au dalaï-lama. Mais le seul canal officiel pour les contacts sino-tibétains ont été le Bureau du dalaï-lama et l'ambassade de Chine populaire à New Delhi. Tashi Wangdi, directeur du Bureau du dalaï-lama à New Delhi est, depuis août 1991, l'un des cinq ministres du Kashag. A ce titre, il a rencontré des diplomates chinois plusieurs dizaines de fois dans la capitale indienne depuis 1979. Il m'a raconté la teneur de ces entrevues.

« Je les ai rencontrés une bonne dizaine de fois entre le discours de Strasbourg en juin 1988 et le massacre de Pékin le 4 juin 1989. A chaque fois, je rencontrais le conseiller politique de l'ambassade de Chine. C'est un homme très poli. Je le voyais aussi à l'occasion de rencontres informelles, lors de soirées par exemple. Son travail est de transmettre nos explications à son gouvernement et de nous faire part de ce que son gouvernement veut nous dire. Ainsi, chaque fois que la Chine avait un message, il m'appelait au téléphone et nous organisions un rendez-vous. Il était généralement accompagné de deux interprètes tibétains. Je venais avec un ou deux de mes collègues. Mais il parle anglais aussi. Ainsi, il arrivait que nous utilisions l'anglais. Quand la partie officielle de l'entretien était terminée, il nous arrivait de discuter à bâtons rompus. J'exprimais alors mon opinion personnelle et très souvent il formulait la sienne. Mais il ne s'écartait pas beaucoup de la langue de bois! Il ne s'énervait jamais. Il était très courtois. La différence avec les diplomates chinois d'il y a quelques années était flagrante. Car eux s'adressaient à nous dans des termes brusques. Avec les années qui passent, les personnels de l'ambassade avec qui nous traitons deviennent beaucoup plus polis. Ils nous écoutent maintenant. Avant, ils nous coupaient la parole et se fâchaient. Ils montraient leur colère. Ils nous empêchaient d'exprimer ce que nous pensions. Il semble qu'il y ait eu un certain changement d'attitude. Ceci doit refléter aussi ce qui se passe dans leur gouvernement. Mais bien sûr, ils restent prudents et n'en disent pas beaucoup sur ce qui se passe dans leur gouvernement. Nous, Tibétains qui avons été éduqués ici en Inde, nous parlons plus librement et n'avons pas les mêmes inhibitions. Par conséquent, ils en apprennent plus sur nous que nous sur eux. Quant à ces deux interprètes tibétains, nous les voyions de temps à autre en dehors de l'ambassade. A l'intérieur d'eux-mêmes, ils sont Tibétains, cent pour cent Tibétains. Mais ils n'ont pas le loisir de dire ce qu'ils voudraient. »

Ces contacts ont-ils servi à quelque chose? Assurément, les deux parties se comprennent mieux. Tibétains et Chinois échangent des informations. Mais Tashi Wangdi ne croit pas à la volonté sérieuse de la Chine de négocier. « Ou ils ne sont pas sincères, ou il existe de grandes divergences sur ce sujet entre eux. Mais les indications que nous avons sont très négatives. Très négatives. Parfois, quand nous discutions de façon informelle, ils semblaient dire que la proposition de Strasbourg est raisonnable et que les négociations devraient commencer le plus tôt possible. Ils paraissaient dire qu'il y avait quelque terrain d'entente possible. Mon interlocuteur à l'ambassade me faisait comprendre qu'il pensait, lui, que les négociations devaient commencer. Mais la réponse officielle qui a été donnée à nos messages est très négative. Pour moi, c'était une grande déception. Le dalaï-lama a essayé toutes les ouvertures possibles. Sans résultat. Ils continuent de dire toujours la même chose. Ils ne laissent aucune voie ouverte pour progresser. » De ce fait, de nouvelles démarches en direction du régime actuel ne sont pas prévues, à moins que Pékin fasse preuve d'un esprit nouveau. « Dans l'atmosphère actuelle, nous ne voyons nul besoin de frapper à leur porte. Si nous sentons que le moment est venu pour nous de les contacter à nouveau, nous le ferons. Mais toutes les indications que nous avons actuellement nous font penser que ces contacts ne serviraient à rien pour le moment. Nous n'irions nulle part. »

Le 10 décembre 1989, recevant le Prix Nobel de la Paix à Oslo, le dalaï-lama prononçait un discours des plus durs à l'égard du régime chinois dont voici un extrait :

« En 1987, j'ai proposé un plan en cinq points pour le retour à la paix et aux droits de l'homme au Tibet. L'année dernière, j'ai donné des détails supplémentaires sur ce plan au parlement européen de Strasbourg. Je suis convaincu que ces idées sont à la fois réalistes et raisonnables, bien que mon peuple leur reproche d'être trop conciliantes. C'est la raison pour laquelle je suis très déçu que la Chine ait rejeté mes propositions et ait refusé d'entamer des négociations sérieuses avec mes représentants nommés dans cette optique. Si les dirigeants actuels de la Chine ne souhaitent même pas discuter des suggestions que nous avons faites, alors qu'elles comprennent des concessions de taille, nous avons, à ce moment-là, tout à fait le droit de revoir notre position. Le problème en jeu n'est pas l'avenir du dalaï-lama, comme le gouvernement chinois le laisse entendre habituellement. C'est l'avenir de six millions de Tibétains; c'est le droit des Tibétains à l'autodétermination, sans être astreints à l'ingérence et à la domination étrangères. L'autodétermination n'est pas seulement un droit humain fondamental, c'est le point de départ de la jouissance des autres droits.

« Les relations, de quelque ordre qu'elles soient, entre la Chine et le Tibet, devront être fondées sur des principes d'égalité, de respect, de confiance et de bénéfice réciproque. Elles devront aussi être fondées sur le principe que les dirigeants du Tibet et de la Chine, dans leur grande sagesse, avaient énoncé dans le traité de l'an 823. Ce principe, gravé sur un pilier que l'on peut toujours voir devant le Jokhang de Lhassa, stipule que " les Tibétains vivront heureux dans la grande Terre du Tibet et les Chinois vivront heureux dans la grande Terre de la Chine ". La plupart des Tibétains sont convaincus qu'une solution satisfaisante ne peut être trouvée que si l'indépendance totale du Tibet est restaurée. L'attitude récente du gouvernement chinois envers les Tibétains et envers son propre peuple ne fait que renforcer cet argument. »

Les aléas de la solidarité internationale

Le Tibet peut-il compter sur un soutien international dans sa quête de moyens suffisants pour survivre aux côtés de la grande Chine ? La réponse est en demi-teinte. Aucun pays dans le monde ne reconnaît le « gouvernement en exil » du dalaï-lama. Quant aux plus de deux cents pays qui ont établi des relations diplomatiques avec la Chine populaire, ils reconnaissent tous implicitement que le Tibet est une partie intégrante de son territoire. Il en va ainsi de toute l'Europe occidentale et des États-Unis. Même chose pour la vingtaine de gouvernements qui reconnaissent « l'autre Chine », celle qui est représentée par le Kuomintang à Taiwan, puisque la « République de Chine » considère également le Tibet comme faisant partie de son sol. Une telle situation entraîne immanquablement un handicap sérieux pour le dalaï-lama et son cabinet : ne pouvant être reçus à titre officiel par des membres des gouvernements occidentaux, ils doivent se contenter de contacts semi-officiels ou privés. Le dalaï-lama doit parfois attendre un visa dans des conditions proprement humiliantes avant que les autorités du pays concerné ne finissent par le lui octroyer. Il est arrivé que le visa attendu soit refusé. Ceci ne l'empêche pas de parcourir le monde inlassablement. Depuis son départ en exil, il s'est rendu dans une cinquantaine de pays. Il a visité les États-Unis sept fois et la France cinq fois entre 1979 et 1989. Ses pérégrinations lui permettent de forger des amitiés solides. Il parvient de la sorte progressivement à infléchir sensiblement la politique étrangère de certains pays. Avec ténacité, il favorise la naissance de « lobbies » pro-tibétains dont l'influence ne cesse de grandir dans les démocraties occidentales.

Mais la Chine ne se laisse pas faire et possède des cartes maîtresses dans son jeu. Elle exerce, par l'intermédiaire de ses ambassades, des pressions diplomatiques intenses sur les gouvernements des pays où se rend le « pape tibétain ». Brandissant menaces de représailles diplomatiques ou commerciales, elle demande instamment à ces pays de ne pas ouvrir ses portes au dalaï-lama. La rhétorique chinoise est connue. Chaque fois que l'occasion se présente, le gouvernement chinois déclare : « Nous sommes opposés à toute organisation ou tout particulier soutenant les activités du dalaï-lama visant à saboter l'unité de la mère patrie [11]. »

Étant le dernier grand pays du tiers-monde encore solvable, avec des possibilités d'emprunts sur les places financières internationales dépassant encore 20 milliards de dollars, la Chine reste un marché commercial appréciable pour les hommes d'affaires occidentaux. Ce marché n'est encore qu'embryonnaire mais les milieux d'affaires en attendent des miracles dans les décennies à venir, lorsque la Chine réussira à décoller sur le plan économique. Si ces menaces échouent, la Chine s'efforce d'intervenir plus directement pour décourager les personnalités qui acceptent de recevoir le dalaï-lama. Les ambassades chinoises exercent aussi des pressions considérables sur les journalistes qui écrivent sur le Tibet. Quand un article déplaît au gouvernement chinois, l'attaché de presse de l'ambassade de Chine dans le pays en question téléphone à la rédaction de la publication incriminée et se plaint ou même menace. Si le journaliste en question refuse de s'amender et persévère dans sa « compréhension erronée » de la situation au Tibet, il apprendra que « puisqu'il n'est pas un ami de la Chine, tout voyage ultérieur en Chine ne serait pas approprié ». A bon entendeur, salut! Je dois dire qu'il est des journalistes qui cèdent.

Dans ce domaine des pressions, la Chine peut s'enorgueillir de quelques succès éclatants. Car c'est avec ce langage que la Chine est parvenue pendant des années, jusqu'à une époque très récente, à empêcher systématiquement toute entrevue entre le dalaï-lama et un membre d'un gouvernement autre que celui de l'Inde. Mais une première brèche a été percée en mars 1989 en France avec la rencontre, discrète certes, entre le dalaï-lama et Bernard Kouchner, secrétaire d'État français à l'action humanitaire. L'entrevue devait, à l'origine, rester confidentielle. Bernard Kouchner était arrivé en rasant les murs à l'hôtel Meurice à Paris, où résidait le dalaï-lama. Les plus proches collaborateurs de son cabinet n'avaient pas été mis dans la confidence par peur d'une fuite. Mais Bernard Kouchner a lui-même vendu la mèche sur les ondes d'une radio française deux mois plus tard. Il s'était en même temps prononcé pour l'envoi d'une mission internationale d'enquête au Tibet.

Avant l'arrivée du dalaï-lama en France, l'ambassadeur de Chine en France Zhou Jue avait pourtant effectué le siège du Quai d'Orsay à Paris pour peser sur le gouvernement français. Il s'était plaint amèrement de « certains milieux » désirant « saboter les bonnes relations existant entre Pékin et Paris » et il avait vivement « conseillé » aux autorités françaises d'au moins museler le dalaï-lama pendant son séjour. En vain. Le diplomate chinois était poliment éconduit. La partie française avait expliqué que Paris accueillait un responsable religieux. Quant aux déclarations de Bernard Kouchner, l'ambassade de Chine se fit dire qu'elles ne traduisaient « pas nécessairement » la position du gouvernement français, mais qu'en revanche, elles traduisaient une inquiétude générale dans la population française.

Depuis cette date, les rencontres publiques du dalaï-lama avec les ministres, Premiers ministres et même présidents des pays à travers le monde se sont multipliées à très grande vitesse, illustrant à quel point le Tibet est désormais devenu une question véritablement internationale. Parmi les rencontres les plus remarquables, citons celles avec les présidents des États-Unis George Bush puis Bill Clinton, le Premier ministre britannique John Major, le Premier ministre australien Paul Keating, l'ancien président de Tchécoslovaquie Vaclav Havel, le président de Lituanie Vytautas Landsbergis, le président de Bulgarie Zhelyu Zhelev, le président allemand Richard von Weizsaecker, le roi et la reine de Norvège, le président irlandais Mme Mary Robinson et l'ancien ministre français des Affaires étrangères Roland Dumas. La sœur du dalaï-lama, Mme Jetsun Pema, a elle aussi rencontré un certain nombre de personnalités officielles étrangères, dont l'ancien Premier ministre français Pierre Bérégovoy. Le dalaï-lama peut d'autre part compter sur l'appui déterminé d'un nombre croissant de personnalités connues et d'organisations non gouvernementales dans le monde, au premier rang desquelles il faut citer des gens de la politique, des arts et des lettres, des sciences et d'autres domaines tels que Danielle Mitterrand, les acteurs Richard Gere, Liv Ullman, Stephane Audran, Isabelle Adjani, les musiciens Peter Gabriel, Kate Bush, Sir Yehudi Menuhin, Paul McCartney, Joan Armatrading, le photographe Henri Cartier-Bresson. Citons également dans cette liste forcément très incomplète, le groupe musical espagnol Meccano, Allen Ginsberg, le pape Jean-Paul II, l'historien Hugh Richardson et de très nombreux parlementaires occidentaux. Il faut enfin souligner le soutien, parfois très explicite, de parlements occidentaux. Tout particulièrement le Congrès américain, dont le Sénat a adopté une résolution audacieuse le 23 mai 1991 qui déclare le Tibet (y compris les zones ethniques tibétaines des provinces du Sichuan, Yunnan, Gansu et Qinghai) « un pays occupé en vertu des principes établis des lois internationales, dont les véritables représentants sont le dalaï-lama et le gouvernement tibétain en exil ». Il s'agissait d'une première mondiale depuis l'entrée de la Chine populaire aux Nations unies en 1971. Cette résolution souligne au passage qu'au moment de l'entrée des troupes chinoises au Tibet en 1950, ce dernier « possédait tous les attributs d'une nation selon les lois internationales, dont un territoire et une population définis, un gouvernement indépendant et la capacité de conduire les affaires intérieures de même que des relations internationales indépendantes » [12]. Plusieurs autres parlements occidentaux ont créé des groupes d'études ou d'amitié concernant le Tibet. En France, le groupe d'étude de la question tibétaine à l'Assemblée nationale compte plus de 100 députés de toutes tendances politiques, sauf l'extrême droite et les communistes, sur un total de 577. Le Conseil suprême de Lituanie (parlement) a, quant à lui, adopté en février 1992 une déclaration dans laquelle il « considère le dalaï-lama et le gouvernement tibétain en exil comme les seuls représentants de la nation du Tibet ». « Nous affirmons notre soutien aux aspirations légitimes de la nation tibétaine dans les organisations et forums internationaux », ajoute cette déclaration [13].

Tenzin Gyatso est aussi quelquefois, bien que rarement, desservi par des hommes politiques occidentaux qui prennent publiquement la défense de la position chinoise. Bien souvent, leur motivation est d'ordre économique. Et pour cause ! Une prise de position peut donner un coup de pouce décisif dans la négociation d'un contrat important avec l'État chinois. Pour d'autres, la raison en est parfois une réelle ignorance des événements du Tibet. J'hésite toutefois à ranger dans cette seconde catégorie l'ancien ministre australien des Affaires étrangères, Bill Hayden. Il avait déclaré, le 22 juillet 1988, qu'il ne pouvait pas accepter le contenu du discours de Strasbourg du dalaï-lama. Il ajoutait que les informations faisant état d'actes de répression au Tibet « sont grossièrement exagérées » [14]. Le chancelier ouest-allemand Helmut Kohl ne s'est jamais prononcé contre les initiatives du dalaï-lama. Mais sa visite controversée au Tibet en 1987 avait, peut-être involontairement, contribué à légitimer la présence chinoise au Tibet. Il était en effet devenu le premier chef d'État ou de gouvernement étranger en exercice à se rendre au Tibet depuis 1950. Je me trouvais à Pékin quand cette visite eut lieu et je me souviens d'un diplomate ouest-allemand qui m'expliquait que ses services avaient tenté de dissuader le chancelier de s'y rendre. L'ambassadeur de RFA en Chine n'accompagna d'ailleurs pas Helmut Kohl au Tibet, se déclarant « souffrant ».

Parfois, des maladresses diplomatiques concernant la Chine mettent des gouvernements dans l'embarras. Ainsi le secrétaire d'État belge à la Coopération et au Développement Erik Derycke a-t-il dû se mordre les doigts d'avoir projeté un voyage au Tibet en mars 1992, à l'invitation du gouvernement chinois, pour y inaugurer un central téléphonique fourni par Alcatel-Bell Telephone entièrement payé par le contribuable belge sous la forme d'un don de 53 millions de FB [15]. Aussitôt qu'elle fut rendue publique en Belgique, cette affaire fit grand bruit et força M. Derycke à annuler ce voyage. S'il y avait été, il serait devenu le premier membre d'un gouvernement européen à se rendre au Tibet depuis la tragédie de Tian Anmen. En Italie, il est un autre responsable qui continue de prendre publiquement fait et cause pour le gouvernement chinois dans la controverse tibétaine : Gianni De Michelis, alors qu'il était ministre des Affaires étrangères, a plus d'une fois manifesté son hostilité à ceux qui, en Europe, critiquent la politique chinoise au Tibet. En mars 1992 encore, il critiquait ceux qui osent demander à la Chine de quitter le Tibet. « Il est intolérable et arrogant de s'adresser ainsi à un pays de 1,2 milliard d'hommes », disait-il. « Pour les Chinois, les quatre millions de Tibétains sont la même chose que la minorité basque en Espagne (...) ce n'est pas pour cela que nous demandons à l'Espagne d'accorder leur indépendance aux Basques ou que nous invitons le Royaume-Uni à se retirer de l'Ulster parce que certains de ses ressortissants le veulent », estimait le chef de la diplomatie italienne [16].

Qu'en est-il de la position des grandes institutions internationales au sujet du Tibet ? Dans les années cinquante, comme nous l'avons vu, les protestations à l'ONU restèrent dans l'ensemble bien vagues. En 1959 toutefois, la Commission Internationale des Juristes, une organisation affiliée aux Nations unies, a publié un rapport qui fournit des éléments de preuves accablants pour Pékin et qui l'accuse de perpétrer un génocide au Tibet. Puis, pendant longtemps, en particulier à la suite de l'entrée de la Chine populaire aux Nations unies en août 1971, les organisations internationales restèrent muettes ou presque sur le sort du Tibet. Sur ce terrain aussi, le dalaï-lama est en train de marquer des points. Car, confrontées aux troubles sanglants à Lhassa depuis octobre 1987 et au massacre de juin 1989 place Tian Anmen, même les plus prudentes de ces organisations ne peuvent plus feindre d'ignorer ce qui se passe. Consterné par la violence avec laquelle la police chinoise a réduit au silence les émeutiers tibétains à Lhassa en mars 1989, le Parlement Européen a ainsi déploré « la répression brutale » au Tibet [17]. Ce vote sans précédent était une défaite majeure pour la diplomatie chinoise. D'ailleurs la réponse ne se fit pas attendre : presque immédiatement, Pékin qualifiait le vote des parlementaires européens « d'impudent ». Quelques jours plus tard, Martin Bangemann, vice-président de la Commission des communautés européennes, enfonçait le clou à Pékin en effectuant une démarche commune auprès du vice-Premier ministre chinois Wu Xueqian pour exprimer « l'émotion » de la

Communauté « devant les pertes en vies humaines » et son espoir que pareille situation ne se renouvellera pas. Réaction automatique : la Chine protestait peu après et manifestait sa « vive indignation » devant une « ingérence flagrante » dans ses affaires intérieures. Dans une lettre réponse à une demande d'information d'un député français, Jacques Delors, président de la Commission européenne rappelait ainsi en avril 1992 la position de la CEE à l'égard de la question tibétaine : « Je crois pouvoir affirmer que l'engagement de la Communauté et de ses États membres en faveur du respect des droits de l'homme en général et leur préoccupation concernant, en particulier, la situation au Tibet sont manifestes et bien connues des autorités chinoises, auxquelles il a été explicitement demandé que la liberté de conscience du peuple tibétain soit respectée et que le dialogue avec le dalaï-lama continue. »

La Chine a essuyé un autre échec diplomatique cinglant après le massacre de la place Tian Anmen. Pour la toute première fois, en effet, dans l'histoire de l'ONU, une résolution commune adoptée à l'automne 1989 par la sous-commission des droits de l'homme à Genève a explicitement condamné la répression sauvage de l'armée chinoise. Le vote avait eu lieu en dépit des pressions vigoureuses des diplomates chinois auprès des experts à Genève détenteurs du droit de vote au sein de ce forum. Les pressions ont en particulier visé, mais en vain, l'expert français, Louis Joinet, très en pointe dans le débat. Le bras de fer en coulisse n'y changea rien : le texte a été adopté par une majorité de quinze voix contre neuf. Le gouvernement de Pékin déclara une nouvelle fois son « indignation » devant cette « ingérence dans les affaires intérieures de la Chine ». Il affirmait que les « pressions » des « milieux réactionnaires » à l'étranger ne réussiraient jamais à « faire plier le peuple chinois ». Mais, au-delà d'une langue de bois sans grande signification, des sources chinoises bien placées soulignent que cette résolution a mis les dirigeants chinois dans une rage folle. Et pour cause : cette modeste résolution marquait, au sein de l'ONU, l'ampleur de la débâcle d'un régime qui, pendant des années, s'était justement efforcé d'utiliser cette même tribune pour polir une image de pays démocratique et respectable.

Cette résolution tournait la page sur 25 ans d'oubli à l'ONU s'agissant des exactions commises en Chine. En 1959, 1961, puis 1965 encore, l'Assemblée générale de l'ONU avait réitéré « le droit des Tibétains à l'autodétermination » et « renouvelé solennellement son appel à la cessation de toutes les pratiques qui privent les Tibétains des Droits de l'Homme et des libertés fondamentales dont ils ont toujours bénéficié ». Passé cette date, silence radio sur le Tibet à l'ONU. Le 23 août 1991 enfin, la sous-commission des Droits de l'Homme adoptait une résolution consacrée explicitement au Tibet, dans laquelle les experts représentant 26 pays expriment leur « inquiétude » au sujet des violations persistantes des Droits de l'Homme et des libertés au Tibet qui « menacent l'identité distincte du peuple tibétain sur les plans culturel, religieux et national ». Pendant toutes ces années, il avait été facile pour la Chine, membre permanent du Conseil de sécurité de l'ONU depuis 1972, de réduire au silence les voix discordantes et de trouver grâce auprès des milieux d'affaires occidentaux. L'évolution de l'ONU à propos du Tibet n'est certainement pas terminée et il est probable qu'une partie importante de l'avenir des hautes terres tibétaines se jouera dans l'enceinte des Nations unies et des autres grandes institutions internationales.

Le 4 mars 1992, la commission des Droits de l'Homme décidait de ne pas adopter une autre résolution critique à l'égard de la politique chinoise au Tibet. Ce qui, à première vue, peut apparaître comme un échec pour les partisans du dalaï-lama et ses fidèles est, en fait, un succès à plus d'un titre. En effet, jamais auparavant depuis l'intervention chinoise et le départ en exil du dalaï-lama on n'avait autant parlé du Tibet à l'ONU lors de ces journées d'intense lobbying à

Genève. On y a noté le cynisme d'État à l'œuvre puisque, suite sans doute à des arrangements discrets avec la Chine, la délégation américaine avait tout fait pour saborder cette résolution. On a en même temps relevé une plus grande indépendance du Japon qui a pris ses distances avec la position américaine et soutenu le principe de la résolution ardemment défendue par la CEE. En réalité, parmi les vingt-sept pays (sur les cinquante-trois pays participant au vote de la commission) qui se sont prononcés contre, un certain nombre de nations du tiers-monde ont préféré se ranger aux côtés de la Chine pour se prémunir elles-mêmes contre toute curiosité internationale malvenue à propos des violations des Droits de l'Homme sur leur propre sol. Il ressort de ces hésitations qu'il ne fait aucun doute que le travail à l'ONU sera long et ardu avant que la question tibétaine ne puisse véritablement aboutir. Mais l'opinion internationale paraît bien se mobiliser pour le Tibet. Le 10 mars 1992, une pétition signée par plus de 200 000 personnes de 68 pays à l'initiative du Comité norvégien pour le Tibet était déposée au Centre des Droits de l'Homme à l'ONU à New York à l'attention du secrétaire général des Nations unies. Cette mobilisation s'illustre par le nombre des organisations non gouvernementales à travers le monde qui ont décidé de prendre la défense du peuple tibétain. J'en ai dénombré plus de 150, du Japon à la France, en passant par le Népal, l'Inde ou la Pologne et la Hongrie.

Il semble bien que la cause tibétaine fasse progressivement son chemin auprès d'autres organisations internationales car, début décembre 1989, c'était au tour de l'Union de l'Europe Occidentale (UEO) de s'élever contre la politique chinoise au Tibet. L'Assemblée parlementaire de cette organisation, qui regroupe les pays de la CEE moins l'Irlande, ajoutait : « Les Chinois occupent le Tibet depuis de nombreuses années et privent le peuple tibétain de la jouissance des droits de l'homme. » Pour Pékin (la rengaine est désormais connue), ce texte constituait « une ingérence grossière dans les affaires intérieures chinoises et blesse profondément les sentiments du peuple chinois ».

Une autre gifle bien plus magistrale encore a été infligée au gouvernement chinois avec l'attribution du Prix Nobel de la Paix 1989 au dalaï-lama. Le jour de la remise du prix, le 10 décembre, à Oslo, en présence du roi et de la reine de Norvège, le dalaï-lama déclarait : « J'accepte ce prix avec une profonde gratitude au nom de tous les opprimés du monde. » La décision du jury d'Oslo contribue à l'isolement de la Chine populaire. Le Prix Nobel est en outre venu à point nommé pour donner un formidable encouragement au peuple tibétain. La nouvelle de l'attribution du prix du dalaï-lama a été célébrée par des danses et des cris de joie dans les rues de Dharamsala. A Lhassa, elle a été accueillie par un enthousiasme comparable, à chaque fois qu'il était possible de le faire à l'insu de la police chinoise. Guy Dinmore, de l'agence *Reuter*, est l'un des rares journalistes qui aient réussi à passer quelques jours à Lhassa en octobre 1989. Profitant d'un moment d'inattention des organismes de surveillance, une jeune Tibétaine lui a expliqué la joie de la population de Lhassa : « Nous sommes très heureux de cette nouvelle. Nous avons dansé, nous avons fait brûler de l'encens et nous avons bu. » Une autre lui a dit : « Nous célébrons l'événement. Le gouvernement est en colère mais ils ne peuvent rien faire. »

Le Prix Nobel est en même temps un encouragement pour les Tibétains qui refusent la violence et croient encore en une solution de paix. Il s'agit du même coup d'une mise en garde pour ceux qui veulent emprunter une voie différente. Dans un monde de conflits ouverts ou larvés, voilà la non-violence récompensée. Enfin, le prix est un camouflet pour un régime en faillite et une humiliation pour la nation chinoise qui le subit : en effet, jamais encore citoyen de Chine populaire n'a obtenu un quelconque Prix Nobel. Et voilà le chef de ces barbares Tibétains lauréat ! La Chine, cela va sans dire, a exprimé son « indignation extrême » et son « profond regret », tout en accusant le jury d'Oslo de « grossière ingérence dans ses affaires intérieures qui heurte les sentiments nationaux du peuple chinois ». Le *Quotidien du Peuple* a profité de cette occasion pour qualifier le dalaï-lama de « gangster politique »[18].

Rien ne dit cependant que l'isolement de la Chine dans le monde durera. D'autre part, même si le prestige de la Chine en a pris un sérieux coup et si cette situation profite au dalaï-lama, il reste improbable que ce dernier puisse en retirer rapidement une reconnaissance diplomatique officielle des gouvernements occidentaux. Pékin conserve en outre quelques alliés objectifs importants à propos du Tibet. Pendant la brouille sino-soviétique, l'URSS avait maintenu quelques contacts avec les exilés tibétains et était allée jusqu'à mettre en doute le caractère historique de la souveraineté de la Chine sur le Tibet. Après la normalisation des relations entre Pékin et Moscou en 1989, l'URSS avait toutefois soutenu la présence chinoise au « Pays des Neiges ». Après la désintégration de l'URSS, la Russie de Boris Eltsine n'a pas pris de position clairement affirmée[19]. Moscou ne se désintéresse pas pour autant de la question tibétaine. Deux Soviétiques effectuaient en 1989 un « stage d'études » à Dharamsala. L'un appartient à l'ethnie bouriate et est originaire de Oulan Oudé, en Sibérie méridionale, au nord de la Mongolie extérieure. Il m'a affirmé séjourner à Dharamsala pour étudier le bouddhisme lamaïque. L'autre serait venu pour se pencher sur la médecine traditionnelle tibétaine. Les deux, curieusement, sont porteurs de « passeports de service » soviétiques.

L'Inde, de son côté, paraît moins prête que jamais à soutenir la résistance tibétaine. Certes le Premier ministre indien s'est déclaré heureux de l'attribution du Prix Nobel au dalaï-lama. Mais, engagé dans un processus difficile de normalisation avec la Chine, Rajiv Gandhi s'est permis le luxe de se rendre en visite officielle à Pékin quelques jours seulement après une émeute sanglante à Lhassa en décembre 1988. Il était le premier chef de gouvernement indien à séjourner en Chine depuis 1954. Tandis que son homologue chinois Li Peng exprimait « son admiration pour la position de principe du gouvernement indien à propos de la question du Tibet », Rajiv Gandhi déclarait publiquement que le Tibet fait partie intégrante du territoire chinois et que l'Inde « ne permettrait pas aux séparatistes tibétains en Inde de se livrer à des activités politiques visant à diviser la Chine » [20].

Quant au Népal, sa marge de manœuvre à l'égard des Tibétains est encore plus limitée. Pris en sandwich entre la Chine et l'Inde, comment ce petit pays en voie de développement pourrait-il se permettre de déplaire à Pékin ? En 1974, 15 000 résistants tibétains avaient choisi le Mustang népalais pour lancer des attaques à l'intérieur du Tibet afin de harceler l'armée chinoise. Cette affaire dura jusqu'au jour où Mao Tsé-Toung se mit à tempêter et à menacer le roi du Népal de représailles terribles. Depuis, le gouvernement népalais n'offre plus qu'un asile précaire aux réfugiés tibétains déjà installés. Sans aucune considération pour ses devoirs en matière de droits de l'homme, il n'hésite même plus à livrer les nouveaux arrivants aux gardes-frontières chinois. A titre d'avertissement et à la demande de la Chine, les autorités népalaises ont ainsi remis à la police chinoise vingt-six Tibétains en septembre 1988. Ils avaient été préalablement détenus pendant un an dans une prison à Kathmandou. Les seules visites que ces malheureux reçurent ont été celles des diplomates de l'ambassade de Chine au Népal. « Nous avons de bonnes relations avec nos voisins et nous ne voulons pas que notre sol soit utilisé à des fins hostiles contre ces voisins », déclarait en novembre 1988 le ministre népalais des Affaires étrangères, Shailendra Kumar Upadhyaya [21]. Une visite du dalaï-lama au Népal en février 1991 a été annulée à la demande du gouvernement népalais qui a volontiers reconnu qu'il se soumettait aux pressions de Pékin. Le dalaï-lama n'est allé qu'une seule fois au Népal, à la fin des années soixante-dix, pour se rendre à Lumbini, tenu pour être le lieu de naissance de Bouddha. Mais à ceux qui seraient trop prompts à accuser le Népal, rappelons que des pays aussi « civilisés » que le Japon s'illustrent en remettant aux autorités chinoises les nouveaux « boat people » chinois qui fuient leur pays depuis la tragédie de la place Tian Anmen.

Mais le dalaï-lama semble marquer des points même en Asie, dans les pays voisins et amis de la Chine. C'est ainsi qu'en dépit des protestations de l'armée thaïlandaise et des mises en garde du gouvernement chinois aux autorités thaïlandaises, le chef tibétain s'est rendu en visite en Thaïlande en février 1993, à l'occasion d'une réunion organisée à Bangkok avec six autres prix Nobel pour protester contre le maintien en résidence surveillée en Birmanie de la dissidente Aung San Suu Kyi. Il devait d'autre part se rendre au Japon au cours de l'été 1993.

Quant à l'Europe, elle a accru ses pressions sur la Chine s'agissant du Tibet. En janvier 1993, le gouvernement britannique faisait savoir publiquement qu'il était en faveur d'un dialogue sans conditions entre la Chine et de dalaï-lama. En novembre 1992, une réunion du Tribunal Permanent des Peuples organisée à Strasbourg sur la question tibétaine jugeait, dans une sentence, qu'en 1950, les forces militaires chinoises « ont violé le droit international et continuent de le violer en demeurant au Tibet depuis cette date, comme une armée d'occupation ». Pour ce tribunal, dans le cadre d'un droit à l'autodétermination qui doit pouvoir être librement exercé par le peuple tibétain, ce dernier « peut choisir l'indépendance ou toute forme d'association avec la Chine ou avec un autre État ». Le 15 décembre 1992, le Parlement européen adoptait une résolution sur la situation au Tibet dans laquelle il « lance un appel en faveur de l'arrêt immédiat de la destruction de l'environnement et de l'exploitation économique du Tibet par la Chine », « demande qu'il soit immédiatement mis un terme à la politique tendant à encourager l'installation massive de Chinois au Tibet », « demande instamment la reprise des négociations entre le gouvernement tibétain en exil et les autorités chinoises » et « demande instamment que soit examinée au cours de ces négociations une véritable autodétermination ». Enfin, du 6 au 11 janvier 1993, une quarantaine d'avocats et de juristes internationaux se sont retrouvés à Londres pour discuter du concept d'autodétermination pour le Tibet sous l'égide du groupe parlementaire britannique sur le Tibet et de la Commission internationale des juristes. Ils ont en particulier constaté les grands dangers que font courir pour la population tibétaine les transferts de populations chinoises dans les zones ethniques tibétaines.

L'énigmatique mort du panchen-lama

« Nous déclarons avec un profond chagrin que le Grand Maître de la Sagesse, le Détenteur de la Foudre, le Sans-Égal Xe Panchen Erdini Losang Chinlie Lhunzhub Qoigyi Gyaincain a rejoint un repos parfait à vingt heures seize le vingt et unième jour du douzième mois de l'année du Dragon Terrestre sur le calendrier tibétain, soit le 28 janvier 1989 sur le calendrier grégorien. Le Grand Maître panchen-lama n'était pas seulement notre dirigeant religieux. Il était aussi le vice-président de l'Assemblée Nationale Populaire de Chine et le président honoraire de l'Association du Bouddhisme de Chine. Il avait toujours observé une attitude patriotique, préservant l'unité de la mère patrie et les intérêts du peuple. Il a fourni des contributions grandioses dans les affaires politiques et religieuses. Il a ainsi gagné l'amour, l'estime et la vénération extrêmes des moines ainsi que des civils. Nous, les moines de Tashilunpo, prions avec sincérité pour une réincarnation prochaine du panchen-lama.

« Le comité démocratique de l'administration du Tashilunpo.

Le 29 janvier 1989 [22]. »

Le 28 janvier 1989 mourait brutalement le dixième panchen-lama, dans des circonstances proprement extraordinaires, quelques jours seulement avant son cinquante et unième anniversaire. Six jours plus tôt, il inaugurait le « Grand Stupa » de Shigatsé, dans le monastère du Tashilunpo, devant cinq mille fidèles et les plus hauts représentants tibétains. Il assistait ensuite à l'inhumation, dans la pompe des rites tantriques, des dépouilles des Ve, VIe, VIIe, VIIIe et IXe panchen-lamas que les gardes rouges avaient exhumés pendant la Révolution culturelle. Les stupas avaient été détruits puis les soldats de Mao avaient démembré les dépouilles mortuaires qui furent jetées dans une rivière. Mais des fidèles avaient religieusement récupéré leurs restes et les avaient entreposés dans des caches secrètes.

« Je viens d'accomplir la mission la plus importante de ma vie », avait-il déclaré de sa voix forte et grave, juste après avoir donné le coup de ciseaux traditionnel au ruban inaugural du Grand Stupa à toit d'or. Quelques jours plus tôt, le panchen-lama était arrivé à Shigatsé dans une Jeep découverte sous les acclamations de 30 000 Tibétains massés le long de la route. Dans la journée, il avait franchi un col à 5 000 mètres d'altitude. Arrivé au sommet de la passe, il avait fait arrêter le cortège des véhicules officiels et il était descendu de sa voiture pour prier devant un autel. Vêtu de sa robe marron et or, il s'était mis à danser de joie devant les drapeaux de prières rituels. Le panchen-lama était heureux. Il était dans son pays! Le lendemain de l'inauguration du stupa, il prononçait en public un discours extrêmement critique pour le gouvernement chinois. Cette plaidoirie restera dans l'histoire comme une sorte de blâme à valeur testamentaire. Dans la bouche du panchen-lama qui, presque toute sa vie, était resté l'un des plus précieux alliés de la politique chinoise au Tibet, cette déclaration laisse un goût particulièrement amer pour le gouvernement chinois qui peut, avec raison, s'estimer trahi par l'un de ses plus fidèles auxiliaires. En voici le texte intégral, tel qu'il a été reproduit par le *China Daily*[23] :

« Le Tibet a payé un prix plus fort que les gains qu'il a enregistrés pour son développement au cours des trente dernières années, a annoncé lundi le panchen-lama, le plus haut dirigeant religieux de la région.

« Le panchen-lama, venu au Tibet pour la grande cérémonie d'inauguration du nouveau Stupa, a déclaré que depuis la Libération, la région a vu des changements considérables. Mais, a-t-il dit : « Nous avons aussi payé un prix élevé, une erreur que nous ne devrions jamais répéter. »

« Le dirigeant religieux qui a passé un an et huit mois en prison pendant la " révolution culturelle ", a indiqué qu'en ce qui concerne la situation au Tibet, les dommages causés par les erreurs de gauche sont plus graves que ceux provoqués par les droitiers.

« Le panchen a exprimé ses commentaires à l'occasion d'une discussion de haut niveau avec des hauts dirigeants du parti et du gouvernement de Lhassa et de cinq autres zones tibétaines en Chine.

« Il leur a dit que le Tibet a enregistré des leçons terribles tout comme des expériences couronnées de succès. La plupart de ceux qui occupent des fonctions de dirigeants ont compris ces leçons. Le panchen a toutefois indiqué qu'il était une personne très franche. Il a ajouté que certains avaient complètement oublié la tragédie et que d'autres avaient même commencé à répéter ces erreurs.

« La société tibétaine qui, du système des serfs, s'est plongée d'un seul coup dans le socialisme, n'a pourtant même pas atteint le stade élémentaire du socialisme. L'accent dans l'avenir devrait être porté sur la correction des erreurs de gauche.

« Au cours des dernières années, a indiqué le panchen, le fossé économique entre le Tibet et les zones côtières en Chine s'est creusé. Le Tibet devrait toutefois s'efforcer de tirer parti de ses ressources riches pour rattraper les régions avancées sur le plan économique.

« Quelques personnes qui sont inamicales ou même hostiles au Tibet ont essayé de détruire les relations entre les Hans et les Tibétains en citant ces différences économiques, a dit le panchen. »

Deux ans auparavant, le 28 mars 1987, le panchen-lama avait déjà prononcé un discours très critique devant la commission permanente de la « Région autonome du Tibet » réunie à Pékin dans le cadre d'une session de l'Assemblée nationale populaire chinoise. En voici quelques extraits. A l'adresse des « camarades » de l'armée populaire de libération stationnée dans les zones tibétaines : « Nous disons fréquemment que des grands succès ont été enregistrés grâce à vos efforts lors de la libération et de la réforme du Tibet et que le peuple tibétain ne l'oubliera jamais. Voici une déclaration honnête. Cependant, vous avez vraiment commis un grande nombre d'erreurs, et celles-là au Tibet aussi. Celles-là non plus, nous ne les oublierons pas. » S'agissant des persécutions contre les Tibétains : « Les gens ont été soumis à des atrocités sans nom dans l'Amdo et le Kham. Les gens ont été abattus par groupes de dix ou vingt. Je sais qu'il n'est pas bon de parler de ces choses-là. Mais de tels actes laissent des blessures profondes dans l'esprit des gens. » Concernant les excès commis dans le Qinghai (Amdo) : « Si un film était fait au sujet des atrocités perpétrées dans la province du Qinghai, il choquerait ceux qui le verraient. Dans la région des Golok, beaucoup de gens ont été tués et leurs cadavres jetés du haut des hauteurs dans une grande fosse. Les soldats ont expliqué aux membres des familles et aux proches des personnes tuées qu'ils devaient tous célébrer le fait que les rebelles avaient été éliminés. Ils ont même été contraints de danser sur les cadavres. Peu après, ils ont été massacrés aussi à la mitrailleuse. Ils ont été enterrés là-bas [24]. »

Si l'on en croit la version officielle, le panchen-lama a été victime d'un infarctus du myocarde aigu le 28 janvier à 4 h 30 du matin, alors qu'il se trouvait dans sa chambre à Shigatsé. Immédiatement, une équipe médicale lui administrait de l'oxygène, ainsi qu'un vaso-dilatateur, un sédatif et un médicament régulateur de rythme cardiaque. Quatre heures plus tard, le Panchen était pris d'une seconde crise et perdait connaissance. Un électrocardiogramme faisait apparaître une fibrillation ventriculaire. Les médecins lui faisaient subir une injection de tonicardiaques, un massage cardiaque et la respiration artificielle. Dans la soirée, des experts dépêchés de Pékin étaient arrivés à son chevet. Parmi eux, le célèbre cardiologue Liu Yuanxu, directeur adjoint de l'hôpital de Pékin. Tous les efforts pour le sauver demeurèrent vains et le cœur du panchen-lama cessa de battre à 20 heures et 16 minutes [25]. Des Tibétains en exil à qui j'ai parlé sont absolument persuadés qu'il a été assassiné par les Chinois. D'autres Tibétains sont, quant à eux, certains qu'il a lui-même décidé du moment de sa mort, comme ne peuvent le faire que les plus grands maîtres de la religion tibétaine. Pour eux, le panchen-lama avait décidé de mourir dans sa ville, dans son monastère. Il avait pris la décision de reposer à jamais dans le stupa qu'il venait lui-même d'inaugurer, aux côtés de ses illustres prédécesseurs. La veille de sa mort, racontent ceux qui l'accompagnaient, un vent cinglant s'était mis à souffler sur Shigatsé, soulevant le sable jaune dans la ville, signe prémonitoire de la disparition du panchen-lama.

Bien que nous soyons dans l'impossibilité de confirmer ou d'infirmer les thèses des uns et des autres, celle de la crise cardiaque semble toutefois la plus vraisemblable. Le panchen-lama était devenu véritablement obèse depuis sa réhabilitation. Ses journées à Shigatsé avaient été épuisantes, le panchen-lama passant quotidiennement des heures à bénir une foule innombrable de fidèles. Le dalaï-lama pleura la mort d'un « combattant de la liberté ». Son décès sema la stupeur à Pékin. Le gouvernement chinois faisait connaître sa « douleur » devant la disparition d'un « grand patriote » et d'un « ami dévoué du Parti communiste chinois ».

Curieux cynisme en mémoire de quelqu'un qui avait passé exactement neuf ans et huit mois dans une cellule de la prison numéro un de Pékin ou dans un « camp de réforme par le travail », puis en résidence surveillée à Pékin entre 1964 et 1978. Longtemps, on le crut mort. Un jour, il refaisait surface et prononçait une autocritique humiliante : « Pendant un certain temps, j'ai rejeté l'étendard du patriotisme et j'ai commis des erreurs. Guidé par la ligne révolutionnaire du Président Mao, j'ai corrigé mes erreurs. »

Pendant sa détention, le parti avait poussé la délicatesse jusqu'à lui trouver une femme, Li Jie, la fille du général Dong Qiwu, que, en rupture avec les règles non écrites du bouddhisme, il épousa et dont, en 1983, il eut une fille nommée Renji Wangmu. Un panchen-lama marié devait certainement perdre tout son crédit auprès des Tibétains puisque tous les lamas tibétains de la secte des Bonnets Jaunes sont astreints au célibat, pensèrent les dirigeants chinois. Il n'en avait rien été. Car la plupart de ses fidèles ne lui en voulurent jamais, tout comme ils ne critiquèrent guère en public son goût prononcé pour les repas copieux et bien arrosés dans sa résidence luxueuse de Pékin. Après la mort du panchen-lama, sa femme, une jeune dame de presque vingt ans sa cadette, est pour la première fois sortie de la réserve que lui imposait le gouvernement.

Elle a accordé une interview au célèbre journaliste chinois de Hong Kong, Lu Kang, venu la voir à Pékin. Elle affirme que son union n'a jamais été arrangée par le parti mais répondait au désir du panchen-lama. Les épousailles, dit-elle, avaient dû recevoir l'assentiment de Deng Xiaoping et eurent lieu au printemps 1978 au Palais de la Culture des Minorités ethniques de Pékin (Wenhua Minzugong). Quelques jours après la mort du panchen-lama, les autorités chinoises avaient organisé une cérémonie du souvenir au Palais du Peuple à Pékin, à laquelle ont participé tous les plus hauts dignitaires du régime, Deng Xiaoping en tête. Mais Li Jie n'était pas invitée. On voulait cacher cette épouse gênante. Elle s'était rebellée contre cette décision et la rumeur avait couru à Pékin qu'elle avait l'intention de s'immoler par le feu sur la place Tian Anmen en signe de protestation. Elle raconte à Lu Kang : « Si un lama se marie, il ne viole aucune règle religieuse. Beaucoup de bouddhas vivants sont mariés. Un frère aîné et le frère cadet du dalaï-lama se sont mariés. »

Ce n'est pas faux, puisque en fait trois frères du dalaï-lama, tous supposés être des réincarnations, ont abandonné la robe monastique pour retourner à la vie civile. Il s'agit de Thubten Jigme Norbu, frère aîné, autrefois supérieur du monastère Takster dans l'Amdo, qui aujourd'hui enseigne à l'Université de l'État de l'Indiana aux États-Unis, Lobsang Samten, frère aîné, marié et père de famille, décédé en 1984 et enfin Tenzin Choegyal, marié. Elle continue : « Pourquoi aurions-nous vécu dix ans mariés sans violer les règles religieuses et faudrait-il dissimuler ce fait quand il est mort ? » Li Jie répond au nom tibétain de Dechen Wangmo (orthographe chinoise). Quand le panchen-lama parcourait le Tibet, souvent elle l'accompagnait. « Quand nous allions en voyage, beaucoup de Tibétains m'appelaient " Mère du Tibet " », ajoute-t-elle [26].

Toute la vie du panchen-lama se confond avec l'histoire du Kuomintang puis celle du PC chinois. Né en février 1938 dans une famille de paysans du Qinghai, Goinbo Cedan avait trois ans en 1941 lorsqu'il a été reconnu comme la réincarnation du premier panchen-lama qui régnait au XVe siècle. Le IXe panchen-lama était mort en 1937. Le choix avait été fait par des lamas de la secte des Bonnets Jaunes manipulés par le Kuomintang qui était parvenu à imposer son choix à Lhassa. En 1949, les communistes chinois s'emparaient du panchen-lama et en faisaient un précieux concurrent du dalaï-lama. Nous l'avons vu : le bambin aurait envoyé un message de félicitations à Mao Tsé-Toung le 1er octobre 1949, le jour de la proclamation de la République populaire de Chine. Absurde, puisqu'il n'avait que onze ans ! Il a été reçu par Mao à l'âge de treize ans puis il devient membre du comité national de la Conférence Politique Consultative du Peuple Chinois. Nous connaissons la suite; elle est pathétique.

La mort du panchen-lama a ouvert une situation inédite : celle de la réincarnation d'un haut dignitaire tibétain en terre communiste! Depuis 1959, Pékin avait obstinément refusé de reconnaître toutes les réincarnations de hauts lamas décédés. Les idéologues du parti voyaient dans cette tradition lamaïste des « survivances néfastes de la féodalité ». D'autre part, pour être valide et considérée comme authentique par les Tibétains, la recherche de sa réincarnation ne peut se faire sans une étroite supervision du dalaï-lama. Très vite, la presse du régime de Pékin, le *Quotidien du Peuple* singulièrement en tête, annonçait aux peuples chinois et tibétain l'incroyable : le panchen-lama défunt se réincarnerait en la personne d'un bébé que l'on commencerait à chercher bientôt. Démarrait officiellement, en pays communiste athée, l'extraordinaire odyssée de la recherche de la réincarnation d'un bouddha vivant! Sur place, dans le Tashilunpo, sept cents moines étaient entrés en prières pour le repos du panchen-lama.

Respectant la tradition, des experts tibétains s'étaient mis au travail pour embaumer le corps du mort. Le processus compliqué de momification a duré cinq jours. Pékin n'a fait aucune difficulté. Bien au contraire : le Comité régional tibétain du PC chinois prenait sur lui la tâche d'organiser une noria de voitures officielles afin de transporter à Shigatsé les 553 kilogrammes d'herbes médicinales qui étaient nécessaires à ce rite. Par ailleurs, puisqu'il était devenu à titre posthume un « grand patriote » de la Chine populaire, la dépouille du panchen-lama aurait en principe dû reposer au cimetière de Babaoshan où sont entreposées les cendres de la plupart des « héros » de la Révolution chinoise, qu'ils aient été communistes ou non. Pour apaiser la colère des Tibétains, le régime autorisa une autre exception : les restes du panchen-lama ont été déposés dans le stupa même qu'il avait inauguré quelques jours plus tôt. Sa momie a été religieusement installée aux côtés des restes des autres panchen. Symbole épique et prodigieux : après avoir été le jouet de la Chine pendant presque toute son existence, le panchen-lama échappait à son emprise dans la mort pour revenir reposer à jamais dans l'enceinte du Tashilunpo, le siège traditionnel de tous les panchen.

Au printemps 1993, la recherche de la réincarnation du panchen-lama n'avait pas encore abouti. On imagine mal des cadres du Parti communiste chinois s'adonnant à des prières divinatoires. Mais la tentation sera trop forte pour le gouvernement chinois : il ne pourra vraisemblablement pas s'empêcher de jouer un rôle prédominant dans la sélection du bambin. Comment le parti pourrait-il renoncer à façonner une nouvelle personnalité entièrement acquise à ses vues ? Les déclarations du gouvernement chinois vont d'ailleurs dans ce sens. Le 25 août 1989, le Conseil d'État, la plus haute instance gouvernementale en Chine, a donné son investiture à un groupe de lamas du Tashilunpo pour la recherche et la reconnaissance de la réincarnation du panchen-lama. Le chef de ce groupe, Xiajia Qiangba Chilie (l'orthographe est chinoise), aurait déclaré qu'en vertu de « pratiques historiques reconnues » et en accord avec la constitution de la République populaire de Chine, la recherche de la réincarnation pouvait être effectuée exclusivement « à l'intérieur du pays ». Le choix final devait obligatoirement être entériné par le Conseil d'État. De leur côté, le dalaï-lama et son entourage affirment qu'ils ne reconnaîtront pas une réincarnation choisie par Pékin et ils soulignent que le nouveau panchen-lama peut tout aussi bien être découvert en dehors du Tibet. Au premier donc des protagonistes qui découvrira le bébé réincarnation du XIe panchen-lama : la course de vitesse est ouverte...

Le dialogue avec la Fédération pour la démocratie en Chine

Le Tibet a-t-il une chance de s'en sortir si la Chine se démocratise un jour? Le dalaï-lama et ses plus proches collaborateurs en sont persuadés. Les événements récents semblent leur donner raison : les milieux dissidents chinois réfugiés en France et aux États-Unis ont adopté une approche résolument constructive à propos du Tibet et de son chef. La démarche de la « Fédération pour la Démocratie en Chine » est d'autant plus courageuse que la question du Tibet est certainement l'une des plus sensibles et que ces dissidents prennent des risques réels. Un seul faux pas, une seule déclaration malheureuse : ils peuvent être sûrs que le régime de Pékin ne les ratera pas. Acceptent-ils le principe de l'indépendance du Tibet? Ce serait une occasion en or pour discréditer leur mouvement auprès des nombreux Chinois pour qui il s'agirait d'une traîtrise. Refuseraient-ils la moindre ouverture? Ils en perdraient leur auréole de réformateurs éclairés en Occident.

Les leaders du mouvement dissident chinois en exil se sont penchés sur la question du Tibet sitôt leur arrivée en Occident. Dès juillet 1989, un mois après le drame de la place Tian Anmen, Yan Jiaqi, le plus connu d'entre eux, avait déjà arrêté une ligne de conduite : la Chine doit devenir une « Fédération » et la négociation avec le dalaï-lama est nécessaire. En septembre, à l'occasion de l'Assemblée générale constitutive de la « Fédération pour la Démocratie en Chine » qui s'est tenue à Paris, l'homme de confiance de Zhao Ziyang franchissait une étape de plus en déclarant que la lutte des Tibétains depuis 1959 devait être considérée comme un combat pour les droits de l'homme : « Les soulèvements tibétains entre 1959 et 1989 contre les communistes chinois n'étaient pas contre-révolutionnaires et nous devons juger cette situation avec justice [27]. » Le même Yan Jiaqi, devenu président de la

Fédération pour la Démocratie en Chine (FDC), a envoyé ses « chaleureuses félicitations » au dalaï-lama, sitôt connue la nouvelle de l'attribution du Prix Nobel de la Paix à Tenzin Gyatso. Il lui exprimait en outre « son respect » pour « sa lutte courageuse afin de restaurer la justice et les droits de l'homme ».

Le dialogue entre Tibétains et Chinois en exil a officiellement démarré dans l'après-midi du 12 octobre 1989 au siège parisien de la « Fédération pour la Démocratie en Chine ». Cette première rencontre s'est tenue à l'abri des regards indiscrets et sans la présence d'étrangers. Elle a réuni six personnes : il y avait, pour la partie tibétaine, Kelsang Gyaltsen, représentant du dalaï-lama pour l'Europe, Ugen Nubpa, responsable tibétain pour la France, et Phuntsok Thakhla, l'un des deux derniers Tibétains encore vivants parmi les membres de la délégation qui signa à Pékin, en 1951, l'accord en dix-sept points sino-tibétain; pour la partie chinoise, il y avait Yan Jiaqi, Wan Runnan, ancien président de la société privée chinoise d'informatique Stone et secrétaire général de la FDC, et Lin Qiling, un autre responsable de la FDC. Pour donner une chance de réussite à ces négociations, les deux parties ont décidé d'observer la plus grande confidentialité. On les comprend. C'est une condition sine qua non de progrès. Le 4 décembre 1989, à Paris, le dalaï-lama a reçu Yan Jiaqi. Les deux hommes ont qualifié cette rencontre « d'historique » et ont décidé que leurs représentants continueraient le dialogue pour « approfondir leur compréhension mutuelle » et « explorer des domaines de coopération ». Immédiatement Pékin fustigeait le « criminel et traître » Yan Jiaqi qui s'est « acoquiné » avec le dalaï-lama pour « diviser la mère patrie ».

Un jour où je le savais dans les locaux de l'Institut d'Études Politiques de Paris pour une conférence sur la Chine, je suis allé trouver Yan Jiaqi afin de lui poser des questions sur sa façon de voir la question du Tibet. Il était un peu nerveux, mais il a accepté de répondre, précisant toutefois que ces propos n'engagent que lui et en aucun cas la Fédération qu'il préside. Voici les principaux points de cet entretien.

Yan Jiaqi partage-t-il les propos du panchen-lama pour qui le Tibet a plus perdu qu'il n'a gagné depuis l'arrivée de l'armée chinoise en 1950? « Je suis d'accord avec cette façon de voir. Depuis quarante ans, le Parti communiste chinois au Tibet a eu ses bons côtés, mais aussi naturellement ses mauvais côtés. En ce qui concerne les mauvais, le Parti communiste a contraint des Tibétains à adopter son système politique de parti unique. Mais parmi les bons côtés, il faut bien dire que le gouvernement chinois a apporté sa contribution à l'édification économique du Tibet. Parmi les mauvais côtés, il faut aussi rappeler la confiscation de la liberté religieuse et de la liberté culturelle du peuple tibétain. »

D'entrée de jeu, je me risque à poser la question la plus brûlante : globalement, le Tibet fait-il oui ou non partie de la Chine? Yan Jiaqi me regarde et, après une seconde d'hésitation, répond par l'affirmative. Oui, le Tibet est chinois. Depuis quand exactement? « C'est une question d'histoire précise. Je n'ai pas effectué de recherches approfondies. Si j'en avais fait... Je ne suis pas un spécialiste du Tibet. Personnellement, je suis un chercheur, un scientifique. Mais vous voyez que mes connaissances du Tibet ne sont pas suffisantes. Toutefois, en ce qui concerne les événements qui se sont produits au Tibet en 1959 et en 1988, il faut les mettre sur le même plan que le massacre de Pékin le 4 juin. Tout ceci a éveillé chez le peuple chinois un intérêt pour le Tibet. »

Mais si vous pensez que le Tibet fait partie de la Chine, comment considérez-vous le droit des peuples à disposer d'eux-mêmes? N'est-ce pas l'un des fondements de la démocratie? Que dites-vous aux Tibétains qui militent pour l'indépendance totale du Tibet? « Je pense que cette façon de voir de certains Tibétains est naturelle. Il s'agit de considérer en même temps la question de Taiwan. A Taiwan aussi, il y a des gens qui veulent l'indépendance. Il existe un courant pour l'indépendance. Mais pour Taiwan comme pour le Tibet, en fin de compte il n'est pas question d'indépendance. Pour Taiwan, la raison en est que le peuple de Taiwan a vu l'œuvre du Parti communiste et craint qu'il n'y ait plus aucun espoir de liberté en cas de réunification. Une autre raison réside dans le fait que le Kuomintang, que ce soit avant 1949 ou après son arrivée dans l'île, n'a jamais fait grand cas non plus de la liberté. Depuis quelques années, Taiwan connaît une certaine ouverture et une certaine démocratisation. Mais au fond, que ce soit le Kuomintang ou le Parti communiste, ce ne sont pas des systèmes qui ont accepté le droit du peuple à la liberté. Voici pourquoi il y a un marché pour les idées d'indépendance. Pour le Tibet, avant 1949 déjà, et en fait depuis longtemps déjà, la Chine n'a pas attaché une grande importance à sa culture, aux croyances religieuses ou à son développement socio-économique. C'est d'une telle situation qu'est né chez certains le besoin du droit à l'autodétermination. Je pense que ce phénomène est naturel.

« Mais je crois que si la Chine se démocratise réellement, si le gouvernement à Pékin est réellement devenu démocratique, s'il garantit un haut niveau d'autonomie authentique au Tibet, les courants en faveur de l'autodétermination s'affaibliront. De la sorte, je pense qu'il n'y aura plus de danger de poussée indépendantiste. Le dalaï-lama lui-même a une position que je trouve très bonne. Il dit qu'il faut élargir le champ de l'autonomie du Tibet, y compris pour la liberté de croyance, y compris pour le système politique du Tibet. Je trouve que dans un tel cadre, le Tibet faisant partie de la Chine, sa défense serait assurée par le gouvernement central, de même que ses affaires étrangères. Toutes les autres affaires seraient du ressort du seul gouvernement tibétain. Je pense qu'ainsi, les désirs d'indépendance faibliraient. Il ne s'agit donc pas du problème de l'autodétermination. Le Tibet possède ce droit. Il peut en faire état. Même chose pour Taiwan. Regardez Hawai. Si un jour il y a des gens qui se mettent à dire : “ Nous voulons notre indépendance ”, on ne pourra pas dire que ce souhait d'indépendance est en lui-même une erreur. Mais le peuple de Hawai peut-il réaliser cette indépendance? »

Je continue sur ce sujet et Yan Jiaqi ne fait pas de difficulté pour répondre, bien que je le sente légèrement agacé. Dans une Chine démocratique, le peuple tibétain aurait-il la possibilité d'organiser un référendum sur la question de savoir s'il veut, ou non, son indépendance?

« Si l'on pose la question de savoir si c'est un droit : toute région du monde, tout pays possède ce droit. Ce droit appartient à tous les peuples. Mais pour le Tibet, je pense que son indépendance est impossible. En ce qui me concerne, moi un Chinois de la province du Jiangsu, je considère que l'indépendance du Tibet apporterait avec elle un désastre pour le peuple tibétain tout comme pour toute la Chine. Mais si l'on parle de droit, le peuple tibétain, les Tibétains d'outre-mer (les réfugiés) ont le droit d'exprimer de telles vues. Le droit à l'autodétermination est un droit inaliénable. Si la Chine le refuse au peuple tibétain, ce dernier la demandera avec plus de force encore. Même chose pour Taiwan. Mais je pense qu'en Chine, que ce soit à Taiwan ou au Tibet, l'indépendance est irréalisable. Prenons l'exemple de l'île de Hainan (au sud de la Chine). Il s'agit aussi d'une zone de particularismes. Les habitants de Hainan ont-ils le droit de demander l'autodétermination? Oui. Mais dans les faits, il n'est pas envisageable que la population de Hainan se mette à vouloir son indépendance et à fonder un “ Pays de Hainan ” (Hainan Guo). C'est pareil pour le Tibet. Pour résoudre cette question, il faut que soient réunies quatre conditions :

« 1° Il faut adopter un jugement juste à l'égard de ceux qui ont été condamnés comme contre-révolutionnaires en 1959 et 1988. Il faut reconnaître que ces événements constituaient une lutte du peuple tibétain pour ses droits.

« 2° Il faut garantir la liberté de croyance religieuse et la protection de la culture du Tibet. Il faut que ceci soit garanti par la constitution et des lois.

« 3° Le mode de gouvernement du Tibet doit être décidé par les Tibétains eux-mêmes. Il ne s'agit pas que des parlementaires de Shanghai, Pékin ou du Shanxi ou du Sichuan décident de choses qui seront ensuite imposées au Tibet. Le Tibet doit être libre de choisir son mode de gouvernement. Il faut que cela soit rendu possible par la constitution chinoise.

« 4° Le Tibet fait partie de la Chine mais il doit s'intégrer dans un système fédéral. Un système fédéral doit régler la question du Tibet. De cette manière, Shanghai, Pékin, le Sichuan, le Shanxi, le Jiangsu feraient tous partie de cette fédération et seraient placés sous l'autorité d'un gouvernement fédéral. La liberté du gouvernement fédéral aurait ses propres limites.

« Si les choses se passent ainsi, je ne pense pas que le Tibet devienne un pays indépendant. Mais s'il le devient, ce sera pour lui un désastre. Je pense que le dalaï-lama lui-même n'est pas en faveur de l'indépendance. Lorsqu'il a exprimé des vues semblables, il l'a fait pour protester contre le Parti communiste. »

Une telle solution ne serait-elle pas identique au statut de Hong Kong après 1997 ? « Non. Ce n'est pas la même chose. Le gouvernement et le parlement de Hong Kong ne seront pas élus par un suffrage libre. Tandis que pour le Tibet, j'estime que nous pouvons étudier un système politique sous un angle différent. Il ne ressemblera pas à celui de Hong Kong, ni à celui de Taiwan. Ni non plus à ceux de Shanghai ou Pékin. En premier lieu, il ne serait pas sous l'autorité de l'Assemblée Nationale Populaire de Chine. » Mais faut-il reconsidérer les frontières du Tibet pour qu'il récupère ses anciennes terres aujourd'hui situées dans les provinces chinoises du Gansu, Qinghai et Sichuan ?

« Il faut étudier cette question dans le cadre d'une fédération. Une fédération comme la République Fédérale ouest-allemande ou celle des États-Unis. Définir les frontières du Tibet se ferait par la voie de la négociation au sein du peuple chinois, dont le peuple tibétain. La solution de ce problème ne dépend pas de ce que je peux dire. C'est une question qui concerne la Chine tout entière. Je sais qu'au Qinghai et dans le Sichuan se trouvent de nombreuses populations tibétaines. »

Mais depuis 1950, un nombre considérable de colons Hans se sont installés au Tibet. En 1980, Hu Yaobang s'est rendu au Tibet et a critiqué cette méthode. Êtes-vous d'accord? « Je suis d'accord avec cette critique. Il s'est rendu au Tibet et a constaté cet état de choses lui-même. Ce n'est bénéfique ni pour la nation han, ni pour la nation tibétaine. Si ces départs s'étaient faits volontairement et s'ils avaient été acceptés par les Tibétains, alors j'aurais dit d'accord. Mais l'on a utilisé des méthodes coercitives. A mon sens, ces courants migratoires doivent se faire sur la base du volontariat. Les Tibétains pourraient, s'ils le veulent, s'établir eux aussi à l'intérieur du pays. Les Hans pourraient aller au Tibet. Mais toute méthode de coercition ne peut que provoquer des désastres. » Si je comprends bien, les Hans doivent alors rentrer chez eux? « Tout ceci doit être volontaire. Si la liberté leur était donnée, il ne fait pas de doute que beaucoup de Hans retourneraient à l'intérieur du pays. Mais ces départs créeraient aussi des problèmes pour les Tibétains. Car pour l'édification économique du Tibet, toutes les nationalités doivent travailler ensemble, que ce soient les Tibétains, les Hans ou les Mongols. Je pense que le dalaï-lama est d'accord avec cette façon de voir. Mais il est essentiel qu'aucune méthode de contrainte ne soit utilisée. Dans un système fédéral, le Tibet pourrait décider librement et tout seul comment développer les domaines qui ont trait à l'enseignement, la culture, l'économie. Ils pourraient eux-mêmes inviter des Hans ou des Mongols, ou d'autres nationalités encore comme des Coréens (de Chine). Tout est possible. Même des étrangers! Tels que vous par exemple, vous qui êtes un ami du peuple tibétain, vous pourriez aller les aider. »

Mais les Tibétains ont été si souvent abusés par les promesses chinoises. Pourquoi vous croiraient-ils encore? « La raison du doute est très simple : la Chine n'est pas démocratique. Même la constitution est vide de signification concrète. Ainsi, lorsqu'on baptise le Tibet " Région Autonome du Tibet ", le Tibet n'est pas pour autant autonome. Il ne peut pas exercer les droits que lui confère son statut autonome. Il faut changer tout ceci. Plus tard, il ne s'agira plus de la question d'une " Région Autonome " mais d'une partie d'une fédération. » Mais comparez : si l'on considère la nation Han, si nombreuse, et la nation tibétaine si faible, reste-t-il un espoir que les Chinois Hans respectent le Tibet? « Oui, cet espoir existe. Car ce que je vous ai dit aujourd'hui ne sort pas de mon imagination. Je suis sûr que la moyenne des Chinois partagent mon point de vue. Y compris les Hans. Mais si l'on parle d'indépendance du Tibet, il n'y aurait virtuellement personne pour être d'accord. Parmi les Hans, même les gens ordinaires ne seraient pas d'accord. Cette réalité est très importante. Car si l'on dit " Indépendance pour le Tibet ", immédiatement un nouveau problème apparaît. Par essence, il ne sera pas possible de trouver solution à ce problème. Il s'agirait d'un problème très grave. Aussi faut-il penser à une fédération pour trouver une solution à la question du Tibet. Après la réhabilitation du mouvement de 1989 et quand le Parti communiste aura cédé la place, le dalaï-lama reviendra en Chine. Alors, nous étudierons ensemble comment créer cette fédération. »

Mais imaginez l'émotion que créerait son retour au Tibet. Et si une foule énorme, le dalaï-lama en tête, se mettait à soudain clamer l'indépendance du Tibet? Feriez-vous donner l'armée pour mater les rebelles comme en 1959? « Je ne pense pas que le dalaï-lama pourrait se conduire de la sorte. Je lui fais confiance. Il est vrai que certains Tibétains pensent ainsi. Mais ce phénomène est naturel. J'estime que si les Tibétains éclairés, dont le dalaï-lama, retournent là-bas, nous aussi retournerons en Chine un jour. Et ce jour-là, le Tibet deviendra véritablement autonome. Certes, la question du Tibet n'est pas facile à résoudre. Mais le gouvernement du dalaï-lama en exil a déjà beaucoup réfléchi à cette question. Pour parvenir à une solution, il nous faudra de nombreuses séances de négociations. De nombreuses rencontres. Alors seulement nous pourrons trouver la solution désirée, pour le bien du peuple tibétain et pour le bien de la totalité de la Chine. »

Et si, après une démocratisation du pouvoir, une fois de plus, la Chine bascule dans le chaos, les Tibétains n'en feraient-ils pas de nouveau les frais? Comment être sûrs de l'avenir? « Écoutez, je crois que ceci serait difficile. La Chine a déjà tant souffert. D'autre part, nous ne représentons pas le Parti communiste. Nous n'avons pas à payer pour eux. En outre, le peuple à l'intérieur de la Chine attend et espère la démocratisation. Il ne permettrait pas que se répètent les bouleversements qui ont eu lieu dans le passé. Globalement, sans démocratie, il n'y a pas d'avenir pour la Chine. La démocratie est l'avenir du Tibet et l'avenir de la Chine. Nous sommes tout à fait d'accord avec l'entourage du dalaï-lama à ce sujet. Nous ne permettrions pas qu'une telle situation se reproduise. Nous ne permettrions pas un retour à la situation qui a prévalu en Chine entre 1949 et 1989. »

Si vous réussissez, autoriseriez-vous un système multipartiste au Tibet? « Bien sûr. Il faut un système multipartiste. Mais le Tibet a-t-il besoin de partis politiques? Il appartiendra au Tibet d'en décider. » Et dans le cas ou se créerait un parti pour l'indépendance? « Cette situation est en effet possible. Il reviendra alors au dalaï-lama de se pencher sur la question. Mais laissez-moi le dire une fois encore, dans une Chine démocratique, un parti pour l'indépendance du Tibet aurait le droit d'exister. On ne pourra pas l'interdire. Mais réfléchissez aux quatre points que j'ai évoqués sur le règlement de la question tibétaine. Le jour où le dalaï-lama retournera en Chine, il ne fait aucun doute qu'il sera le bienvenu. Personne ne sera contre lui. Les Tibétains ont tellement souffert. Il sera le bienvenu pour tous les Tibétains et tous les Chinois. La totalité de la Chine lui souhaitera la bienvenue ! »

La modération de Yan Jiaqi est encourageante : un tel langage dans la bouche d'un proche conseiller de l'ancien chef du Parti communiste chinois peut même laisser rêveur. Si un jour Zhao Ziyang parvient à reprendre le pouvoir et à neutraliser une fois pour toutes les nostalgiques du maoïsme pur et dur... Est-ce de la politique-fiction ? Pas tout à fait. Les simples lois biologiques sont sans appel : les derniers vieux dirigeants de la Chine doivent tous disparaître dans les toutes prochaines années. Ce jour venu, il est difficilement pensable que la Chine reste retranchée dans les positions extrémistes que son gouvernement a adoptées après le 4 juin 1989, d'autant plus si la Russie et les autres pays de l'Est continuent dans la voie de la libéralisation. Alors, bientôt la paix au Tibet ? Pas si simple. Car, même dans ce cas de figure quasi idyllique, il restera un obstacle de taille sur le chemin de la réconciliation : le nationalisme chinois. Dans les moments difficiles, la fibre nationaliste a toujours réussi à faire vibrer le peuple chinois – et c'est d'ailleurs normal.

Comment faire pour convaincre le quart de l'humanité que six millions de Tibétains doivent avoir leur propre place au soleil ? Comment leur faire comprendre que ces Tibétains ont le droit de vivre différemment ? Comment, enfin, dépassionner le débat entre Chinois et Tibétains, de manière qu'ils puissent, enfin, se parler sans s'entre-tuer ? Même les Chinois de Hong Kong adoptent parfois des positions radicales vis-à-vis des Tibétains. A chaque fois que je lui parle du dalaï-lama, l'un de mes amis chinois, originaire de Hong Kong, se met à la seconde dans une colère noire. Pour lui, il suffit de jeter un coup d'œil sur le visage du dalaï-lama pour comprendre qu'il s'agit d'un félon.

Je me souviens de la polémique qu'avait déchaînée un article publié dans le mensuel de Hong Kong *Cheng Ming* en novembre 1987. Écrit par une Chinoise qui signe du pseudonyme Ming Lei et que je connais, cet article s'était pourtant contenté de présenter les critiques parues dans la presse occidentale à propos de la répression à Lhassa après l'émeute du 1er octobre 1987. Ming Lei s'était aventurée à écrire : « Généralement, les gens en Chine n'ont pas une connaissance très approfondie du Tibet et ils ne parlent de lui que sur le mode péjoratif. Tandis que les Occidentaux, eux, s'intéressent à sa religion. » Citant un article de presse, elle avait ajouté : « L'histoire montre que les Tibétains ne se battent pas contre les communistes, comme le dit Taiwan, mais contre tous les gouvernements chinois, quels qu'ils soient. » Et de conclure : « On ne peut pas dire qu'autrefois le Tibet faisait partie du territoire chinois. »

Quel sacrilège n'avait-elle pas commis! Les lettres de protestations indignées des lecteurs affluèrent à la rédaction de *Cheng Ming*. La revue en publia plusieurs, dont l'une, signée d'un certain Zhen Feixiong, commençait par ces mots : « Ming Lei est-elle chinoise? » Qu'une Chinoise ose écrire un tel article dépassait son entendement. Et de percer à jour un complot international visant à diviser la Chine, vieille rengaine que le gouvernement communiste chinois entonne de temps à autre. Un autre lecteur, Bu Pingren, avait toutefois pris la défense de Ming Lei en estimant, dans les colonnes du magazine, que l'on ne devient pas soi-même étranger en citant des commentaires étrangers. Ce correspondant, qui réside en Suisse, ajoutait d'autre part qu'il n'avait lui-même jamais rencontré en Suisse un seul Tibétain qui se considérât comme Chinois.

Depuis 1989, le dialogue sino-tibétain en exil a continué et s'est amplifié. De nombreux contacts ont eu lieu entre le dalaï-lama ou son entourage et des dissidents chinois. Une première conférence sino-tibétaine s'est déroulée en septembre 1991 à New York à l'Université de Columbia et réunissait bon nombre des universitaires et chercheurs tibétains et chinois de l'exil. Une autre conférence ayant pour thème : « Les relations sino-tibétaines : perspectives pour l'avenir » a eu lieu les 5 et 6 octobre 1992 à Washington avec la participation d'une trentaine de personnalités tibétaines et chinoises. Une première délégation de dissidents chinois, comprenant notamment Jigme Ngapo, fils du principal collaborateur tibétain pro-chinois Ngawang Ngapo Jigme, s'est rendue à Dharamsala en juillet 1992 pour y rencontrer les membres de l'administration tibétaine en exil et le dalaï-lama. Enfin, un nombre croissant de Chinois de l'exil ou de Chinois d'outre-mer osent maintenant exprimer leur opinion publiquement à propos de la question du Tibet. Ainsi le dissident Fang Lizhi a-t-il dit à plusieurs reprises que la question de l'indépendance du Tibet doit être décidée par le peuple tibétain, décision qui, quelle qu'elle soit, devra être respectée par les Chinois. Le dissident Mei Yangzhong, de la Fédération pour la Démocratie en Chine, a estimé que le dalaï-lama et ses fidèles avaient « de grandes chances » d'obtenir un jour l'indépendance du Tibet. « Je pense, d'après mes recherches, que les Tibétains sont définitivement différents des Chinois et qu'ils forment un peuple à part entière. J'ai beaucoup insisté là-dessus lors d'une conférence que j'ai donnée au Japon. Depuis, la FDC effectue beaucoup de recherches sur l'identité séparée des Tibétains. Les Tibétains ont le droit légitime de décider de leur propre futur », a-t-il affirmé [28]. Le célèbre écrivain et vétéran du parti communiste chinois Wang Ruowang, exclu du parti en 1987 et résidant aux États-Unis, s'est lui aussi déclaré en faveur du principe de l'autodétermination pour les Tibétains. « Les Tibétains ont un droit inaliénable à l'indépendance si tel est leur désir. Lorsqu'un régime authentiquement démocratique sera instauré à Pékin, des négociations s'engageront certainement entre les Hans (Chinois) et les Tibétains. Nous pourrions proposer aux Tibétains de rester membres d'une Fédération avec la Chine. Mais s'ils n'en veulent pas, personne ne pourra leur refuser leur droit fondamental à l'autodétermination », a-t-il déclaré à Paris en novembre 1992.

Quant à moi, il ne m'a pas été aisé non plus d'écrire sur le Tibet. Je suis et reste un observateur étranger, position à la fois confortable, puisque je n'ai pas à craindre de représailles de quiconque, mais délicate aussi tellement la polémique est aiguë. Il m'est certes loisible de prendre tout le recul nécessaire pour porter un regard aussi serein que possible sur la tragédie tibétaine, chose quasi illusoire pour un Chinois ou un Tibétain impliqué dans la controverse. Mais, en écrivant ce livre, je n'ai pas cessé de penser qu'il sera toujours facile à certains de m'accuser de faire partie de ces « milieux impérialistes étrangers » dont le seul but serait de faire éclater la Chine pour mieux la dominer. C'est bien connu : de la calomnie, il reste toujours quelque chose. J'ai parfois pensé aussi qu'une fois ce livre publié, il est possible qu'aucun de mes amis chinois et tibétains ne soit satisfait. Certains de mes amis chinois pourraient conclure, à tort, que je suis tombé dans le camp tibétain « anti-chinois ». Quant aux Tibétains, ils pourraient être irrités de voir étalé au grand jour une fresque de l'ancien Tibet sans complaisance et estimer que je penche en faveur de l'idée d'un Tibet non indépendant. Mais, somme toute, je ne regrette pas une seconde d'avoir fait ce pari sur l'intelligence, car je garde l'espoir que, malgré la complexité du problème et malgré la virulence des antagonismes, un jour, la raison l'emportera. Souhaitons simplement que ce jour-là, le Tibet existe encore...

Un fragile espoir

Si le Tibet survit assez longtemps, il peut espérer bénéficier du processus de décolonisation qui s'achève à travers le monde. Cette évolution va dans le sens de l'histoire. Elle est en passe d'être terminée pour les territoires géographiquement éloignés des pays colonisateurs. Un exemple : il est difficile à tout esprit raisonnable d'imaginer que la Nouvelle-Calédonie n'arrache pas un jour son indépendance. La décolonisation est plus complexe et plus douloureuse quand il s'agit de zones limitrophes au pays envahisseur. Nul n'avait prévu la disparition du Mur de Berlin, le retour de la démocratie en Europe de l'Est, puis la décomposition rapide de l'Union soviétique et enfin l'accès à l'indépendance entre 1989 et 1991 des Républiques qui la formaient. Ce processus, d'une rapidité stupéfiante, autorise désormais tous les scénarios dans le monde, y compris en Asie et pour le Tibet. En Extrême-Orient, aux portes du Tibet presque, une forme de décolonisation comparable est en marche. Acculé par une économie nationale en miettes et la fin du soutien soviétique, le Vietnam a dû renoncer à son rêve de fédération indochinoise. Il a retiré son armée du Cambodge et permis à ce pays de recouvrer une authentique souveraineté. Le Laos aussi se retrouve plus libre de s'ouvrir sur le monde extérieur. Mais nul non plus ne peut affirmer que ce qui s'est passé en URSS et en Europe dc l'Est est irréversible. A ceux qui se congratulent avec trop de précipitation, l'exemple du massacre de la place Tian Anmen et d'une Chine qui s'est enfermée dans un raidissement idéologique doit donner à réfléchir. La Chine pourra-t-elle encore longtemps rester à l'écart de ces mutations? Si elle veut prendre le train du développement économique et si elle veut jouer le rôle de superpuissance qu'elle convoite, il lui faudra composer aussi et trouver une « Pax Tibética ». Dans cette optique, la situation au Tibet ne peut guère demeurer dans l'état. Ou la Chine se montrera assez intelligente pour alléger considérablement son emprise sur le Tibet; ou un jour le peuple tibétain se lancera dans une guerre de libération désespérée; ou encore la Chine parviendra à digérer la totalité du Tibet.

L'intelligence commande au gouvernement chinois la recherche d'un compromis durable. Nul doute que les Tibétains ne se satisferont qu'au minimum d'une autonomie vraie et étendue. Depuis 1979, Pékin a normalisé ses relations avec virtuellement tous ses voisins. Le dernier foyer de tension, le Vietnam, attend une solution prochaine. Un compromis pacifique et durable au Tibet offrirait à la Chine l'environnement stable dont elle a besoin pour se consacrer à sa modernisation économique. Inversement, nous ne sommes plus au lendemain de la Seconde Guerre mondiale. Le monde a changé. Les opinions publiques agissent sur les gouvernements. La Chine aurait beaucoup à perdre de la renaissance d'une résistance armée tibétaine. Le terrorisme tibétain contre les intérêts chinois dans le monde lui serait encore plus difficile à endurer. Un tel phénomène risquerait en outre de faire tache d'huile ailleurs, dans le Xinjiang, où les musulmans sont loin d'être pacifiés. Dans le sud de la Chine aussi, on supporte mal les diktats de Pékin et les pressions séparatistes se sont renforcées avec les errements politiques dans la capitale chinoise.

Alors? L'empire chinois éclaté? Nous ne souhaitons pas cela au peuple chinois. Mais à considérer la Chine telle qu'elle est à l'approche de la mort de Deng Xiaoping, il nous faut admettre que le silence par la force risque bien de demeurer la méthode favorite du gouvernement. Il est évident que les Hans ont, pour l'instant, tous les moyens militaires et policiers les plus iniques pour imposer leur loi aux Tibétains. Pékin paraît avoir décidé qu'il était urgent... d'attendre le jour où les derniers foyers de nationalisme tibétain se seront éteints, le moment où tous les Tibétains parleront le chinois, l'instant triomphal où l'on pourra enfin proclamer la mort du Tibet. Mais la Chine a déjà beaucoup changé depuis la Révolution culturelle. Et elle continuera. Des bouleversements beaucoup plus radicaux l'attendent dans les décennies à venir. Ainsi, l'avenir du Tibet dépend-il des générations montantes de Chine qui, plus ouvertes, comprennent mieux les réalités du monde moderne. Nul ne peut donc prédire la disparition complète du Tibet. Mais nul non plus ne peut jurer qu'il survivra dans le monde de demain...

ANNEXES

ACCORD EN DIX-SEPT POINTS

(Pékin, 23 mai 1951)

La nationalité tibétaine est l'une de celles vivant à l'intérieur des frontières de la Chine qui possède une longue histoire et, comme de nombreuses autres, elle a rempli son glorieux devoir dans le processus de la création et du développement de notre mère patrie grandiose. Mais au cours des cent dernières années, les forces impérialistes ont pénétré en Chine et, en conséquence, ont aussi pénétré dans la région du Tibet, se livrant à toutes sortes de tromperies et de provocations. De la même façon que les gouvernements réactionnaires précédents, le gouvernement réactionnaire du Kuomintang a continué d'appliquer une politique oppressive, semant la discorde entre les nationalités et la désunion au sein du peuple tibétain. Le gouvernement local du Tibet ne s'est pas opposé aux tromperies et provocations des impérialistes et a adopté une attitude non patriotique à l'égard de notre grande mère patrie. Dans de telles circonstances, la nation et le peuple tibétains ont été précipités dans les abîmes de l'esclavage et de la souffrance.

En 1949, une victoire fondamentale a été remportée à l'échelle nationale par la Guerre de Libération du Peuple Chinois : l'ennemi intérieur commun à toutes les nationalités chinoises – le gouvernement réactionnaire du Kuomintang – a été renversé ; et l'ennemi étranger commun à toutes les nationalités chinoises – les forces agressives de l'impérialisme – a été bouté hors du pays. Sur cette base, la fondation de la République Populaire de Chine et du Gouvernement Populaire Central a été proclamée. En accord avec le Programme Commun entériné par la Conférence Consultative Politique du Peuple Chinois, le Gouvernement Populaire Central a déclaré que toutes les nationalités à l'intérieur des frontières de la République Populaire de Chine sont égales, qu'elles vont forger une unité et une assistance mutuelle et s'opposer à l'impérialisme et à leurs ennemis, de façon que la République Populaire de Chine devienne une famille fraternelle et solidaire, composée de toutes ses nationalités ; qu'à l'intérieur de la grande famille de toutes les nationalités de la République Populaire de Chine, l'autonomie nationale régionale sera mise en œuvre dans les zones où sont concentrées les minorités nationales, et toutes les minorités nationales auront la liberté de développer leurs langues parlées et écrites et de sauvegarder ou réformer leurs traditions, habitudes et croyances religieuses, tandis que le Gouvernement Populaire Central portera assistance à toutes les minorités nationales afin de développer leur travail de construction politique, économique, culturel et éducationnel. Depuis lors, toutes les nationalités du pays, à l'exception de celles du Tibet et de Taiwan, ont gagné la libération. Sous la direction unifiée du Gouvernement Populaire Central et la direction directe des niveaux supérieurs des gouvernements populaires (locaux), toutes les minorités nationales bénéficient pleinement du droit d'égalité nationale et exercent, ou vont exercer, une autonomie nationale régionale.

Afin que soit éliminée avec succès l'influence de forces agressives de l'impérialisme au Tibet, que soit accomplie l'unification du territoire et de la souveraineté de la République Populaire de Chine et que soit sauvegardée la défense nationale; afin que la nationalité et le peuple tibétains soient libérés et retournent dans la famille de la République Populaire de Chine pour bénéficier des mêmes droits d'égalité nationale que toutes les autres nationalités dans le pays et qu'ils développent leur travail politique, économique, culturel et éducationnel, le Gouvernement Populaire Central, quand il a donné l'ordre à l'Armée Populaire de Libération de marcher à l'intérieur du Tibet, a requis du gouvernement local du Tibet qu'il envoie des délégués auprès des autorités centrales afin de conduire des entretiens pour la conclusion d'un accord sur les mesures pour la libération pacifique du Tibet.

Au cours de la deuxième moitié d'avril 1951, les délégués plénipotentiaires du gouvernement local du Tibet sont arrivés à Pékin. Le Gouvernement Populaire Central a nommé des représentants plénipotentiaires pour conduire des entretiens sur une base amicale avec les délégués du gouvernement local du Tibet. En conséquence de ces entretiens, les deux parties sont tombées d'accord pour conclure cet accord et garantir qu'il sera mis à exécution.

1/ Le peuple tibétain s'unira et jettera les forces agressives de l'impérialisme hors du Tibet; le peuple tibétain retournera dans la famille de la mère patrie – la République Populaire de Chine.

2/ Le gouvernement local du Tibet portera activement assistance à l'Armée Populaire de Libération pour faciliter son entrée au Tibet et la consolidation de la défense nationale.

3/ En accord avec la politique à l'égard des nationalités inscrites dans le Programme Commun de la Conférence Consultative Politique du Peuple Chinois, le peuple tibétain a le droit d'exercer l'autonomie nationale régionale sous la direction unifiée du Gouvernement Populaire Central.

4/ Les autorités centrales n'altéreront pas le système politique existant au Tibet. Les autorités centrales n'altéreront pas non plus le statut établi, les fonctions et les pouvoirs du dalaï-lama. Les responsables des divers rangs resteront à leur poste comme d'habitude.

5/ Le statut établi, les fonctions et les pouvoirs du panchen-erdini (Lama) seront maintenus.

6/ Par le statut, les fonctions et les pouvoirs du dalaï-lama et du panchen-erdini (Lama), il est entendu le statut, les fonctions et les pouvoirs du 13e dalaï-lama et du 9e panchen-erdini (Lama) quand ils entretenaient des relations amicales.

7/ La politique de liberté de croyance religieuse inscrite dans le Programme Commun de la Conférence Consultative Politique du Peuple Chinois sera mise en œuvre. Les croyances religieuses, les traditions et les habitudes du peuple tibétain seront respectées et les monastères lamaïques seront protégés. Les autorités centrales ne toucheront pas aux ressources des monastères.

8/ Les troupes tibétaines seront réorganisées par étapes au sein de l'Armée Populaire de Libération et formeront une partie des forces de défense nationale de la République Populaire de Chine.

9/ La langue parlée et écrite et l'éducation de la nationalité tibétaine seront développées étape par étape en accord avec les conditions réelles au Tibet.

10/ L'agriculture, l'élevage, l'industrie et le commerce du Tibet seront développés étape par étape et les moyens d'existence du peuple seront améliorés étape par étape, en fonction des conditions réelles au Tibet.

11/ Dans les domaines concernant les différentes réformes au Tibet, il n'y aura pas de contraintes exercées par les autorités centrales. Le gouvernement local du Tibet pourra mettre en œuvre les réformes selon son propre gré et les demandes pour les réformes formulées par le peuple seront réglées par voie de consultation avec les personnels dirigeants du Tibet.

12/ En ce qui concerne les anciens responsables pro-impérialistes ou pro-Kuomintang, s'ils coupent résolument leurs liens avec l'impérialisme et le Kuomintang et ne s'engagent pas dans le sabotage et la résistance, ils peuvent continuer à occuper leurs responsabilités, quel que soit leur passé.

13/ L'Armée Populaire de Libération qui entre au Tibet obéira à toutes les politiques mentionnées ci-dessus, sera juste dans les achats et les ventes et ne s'emparera pas arbitrairement même d'une aiguille ou d'un morceau de fil appartenant au peuple.

14/ Le Gouvernement Populaire Central prendra en charge la conduite centralisée de toutes les affaires extérieures du Tibet; il y aura une coexistence pacifique avec les pays voisins ainsi que l'établissement et le développement avec eux de relations commerciales justes, sur la base de l'égalité, du profit mutuel et du respect mutuel pour le territoire et la souveraineté.

15/ Afin de garantir l'application de l'accord, le Gouvernement Populaire Central va créer une commission militaire et administrative ainsi qu'un quartier général pour la zone militaire au Tibet et, outre l'envoi de personnel, absorbera autant de personnels tibétains que possible pour prendre part au travail. Les personnels tibétains locaux prenant part à la commission militaire et administrative peuvent inclure les éléments patriotiques du gouvernement local tibétain et originaires des différents districts et principaux monastères. La liste des noms sera établie après consultation entre les représentants désignés par le Gouvernement Populaire Central et les différents milieux concernés et sera soumise au Gouvernement Populaire Central pour approbation.

16/ Les fonds nécessaires pour la commission militaire et administrative ainsi que pour le quartier général de la zone militaire et l'Armée Populaire de Libération qui entre au Tibet seront fournis par le Gouvernement Populaire Central. Le gouvernement local du Tibet portera assistance à l'Armée Populaire de Libération pour l'achat et le transport des aliments, du fourrage et des autres besoins quotidiens.

17/ Cet accord entrera en vigueur immédiatement après sa signature et le dépôt des sceaux.

Signé et cacheté par :

Les Délégués plénipotentiaires du Gouvernement Populaire Central :

Délégué en chef : Li Weihan

Délégués : Zhang Jingwu, Zhang Guohua, Sun Zhiyuan

Les délégués plénipotentiaires du Gouvernement Local du Tibet :

Délégué en chef : Ngapoi Ngawang Jigme

Délégués : Dzasak Khemey Sonam Wangdi, Khentrung Thuptan, Tenthar, Khenchung Thupten Lekmuun Rimshi, Samposey Tenzin Thundup

PLAN EN CINQ POINTS DU DALAÏ-LAMA

(Washington, 21 septembre 1987)

Notre monde est de plus en plus interdépendant; aussi il ne pourra y avoir de paix durable, nationale, régionale et globale, que si nous prenons en considération l'intérêt général plutôt que les besoins locaux. L'apport de chacun, du plus fort au plus faible, a pris de nos jours une importance cruciale. Je m'adresse à vous aujourd'hui en ma qualité de chef du peuple tibétain et de moine bouddhiste, attaché aux principes d'une religion reposant sur l'amour et la compassion. Mais avant tout, je vous parle en tant qu'être humain dont le destin est de partager cette terre avec vous, avec tous nos frères et nos sœurs. A mesure que le monde rétrécit, nous avons davantage besoin les uns des autres, et cela dans le monde entier, y compris dans le continent d'où je viens.

Actuellement, en Asie comme ailleurs, la tension est élevée. Des conflits ouverts sévissent au Moyen-Orient, en Asie du Sud-Est et dans mon propre pays, le Tibet. Ces problèmes ne sont, dans une grande mesure, que les symptômes de tensions sous-jacentes entre les grandes puissances de la région. Pour régler ces conflits régionaux, il faudra trouver le moyen de tenir compte des intérêts de tous les pays et de tous les peuples concernés, grands et petits. Des solutions d'ensemble devront être dégagées, qui tiennent compte des aspirations des peuples les plus directement concernés, sinon de nouveaux problèmes surgiront, provoqués par des mesures fragmentaires ou par des artifices.

Le peuple tibétain veut contribuer à l'édification d'une paix régionale et mondiale; sa tradition de non-violence et de pacifisme me semble l'y prédisposer tout particulièrement. Depuis que le bouddhisme a été introduit au Tibet il y a plus de mille ans, les Tibétains ont pratiqué la non-violence à l'égard de toute forme de vie. Cette attitude a également marqué les relations internationales du pays. La situation hautement stratégique du Tibet au cœur de l'Asie, entre les grandes puissances du continent – l'Inde, la Chine et l'URSS – lui a conféré depuis toujours un rôle déterminant dans le maintien de la paix et de la stabilité. C'est précisément pour cette raison que par le passé, les empires de l'Asie ont œuvré énergiquement pour s'interdire les uns aux autres toute mainmise sur le Tibet. L'indépendance d'un Tibet état-tampon faisait partie intégrante de la stabilité de la région.

Lorsque la République populaire de Chine, récemment constituée, envahit le Tibet en 1949-50, elle créa une nouvelle source de conflit. Ce qui apparut comme une évidence lorsque, à la suite du soulèvement national tibétain contre les Chinois et ma fuite en Inde, la tension entre l'Inde et la Chine s'intensifia jusqu'à éclater en conflit frontalier en 1962. Aujourd'hui à nouveau, d'importantes concentrations militaires de part et d'autre de la frontière himalayenne font dangereusement monter la tension.

La vraie question, bien entendu, n'est pas la ligne de démarcation entre l'Inde et le Tibet. C'est l'occupation illégale du Tibet par la Chine, qui a ouvert à celle-ci un accès direct au sous-continent indien. Les autorités chinoises ont essayé de brouiller les cartes, prétendant que le Tibet a toujours fait partie de la Chine. Ce qui n'est pas vrai. En 1949-50, lors de l'invasion par l'Armée populaire de Libération, le Tibet était un pays pleinement indépendant.

Depuis l'unification du Tibet par des empereurs tibétains il y a plus de mille ans, notre pays avait réussi à préserver son indépendance, jusqu'au milieu du XXe siècle. A certaines périodes, le Tibet a étendu son influence sur des pays et des peuples voisins ; à d'autres, c'est lui qui a été soumis à l'influence de puissants souverains étrangers : les Khans mongols, les Gorkhas du Népal, les empereurs mandchous et les Britanniques en Inde.

Il n'est pas rare, bien entendu, qu'un état subisse une influence ou une ingérence. Bien que les pays dits « satellites » soient peut-être l'exemple le plus manifeste de ce genre de relation, la plupart des grandes puissances exercent leur influence sur leurs alliés ou voisins moins puissants. Les études juridiques les plus dignes de foi ont démontré que dans le cas du Tibet, bien que le pays ait parfois subi une influence étrangère, il n'a jamais perdu son indépendance. Et il est incontestable qu'à l'arrivée des armées communistes de Pékin, le Tibet était à tous égards un état indépendant.

L'agression chinoise, condamnée par presque toutes les nations du monde libre, a constitué une violation flagrante du droit international. L'occupation persistante du Tibet par la Chine ne doit pas faire oublier au monde que même si le peuple tibétain a perdu sa liberté, selon le droit international le Tibet reste un état indépendant, soumis à une occupation illégale.

Mon intention n'est pas d'entamer une discussion politico-juridique sur le statut du Tibet. Je tiens simplement à souligner un fait évident et indéniable : que nous, Tibétains, sommes un peuple distinct, qui a sa propre culture, sa langue, sa religion et son histoire. S'il n'était pas occupé par la Chine, le Tibet jouerait encore aujourd'hui son rôle naturel d'état-tampon, sauvegardant et favorisant la paix en Asie.

Mon vœu le plus cher, et celui du peuple tibétain, est de rétablir le Tibet dans ce rôle inestimable en faisant du pays tout entier –

comprenant les trois provinces de U-Tsang, du Kham et de l'Amdo – un lieu de paix, d'harmonie et de stabilité. Comme le veut la noble tradition bouddhiste, le Tibet accordait aide et hospitalité à tous ceux qui luttent pour la paix dans le monde, pour le bien-être de l'humanité et pour l'environnement naturel qui est notre patrimoine commun.

Malgré l'holocauste infligé à notre peuple pendant les décennies d'occupation, je me suis toujours efforcé de parvenir à une solution grâce à des discussions franches et directes avec les Chinois. En 1982, à la suite des changements de dirigeants intervenus en Chine et de l'établissement de contacts directs avec le gouvernement de Pékin, j'ai envoyé mes représentants à Pékin pour entamer des pourparlers sur l'avenir de mon pays et de mon peuple.

Nous avons ouvert le dialogue dans un esprit positif et sincère, prêts à prendre en considération les besoins légitimes de la République Populaire de Chine. J'espérais que ces sentiments seraient réciproques et que nous arriverions finalement à trouver une solution permettant de satisfaire les aspirations et les intérêts des deux parties. Malheureusement, la Chine a répondu à nos efforts par une attitude défensive, comme si notre exposé des problèmes très réels du Tibet revenait à une critique sans plus.

Ce qui nous a consterné davantage, c'est que la Chine a écarté cette possibilité d'instaurer un véritable dialogue. Au lieu d'aborder les problèmes réels qu'ont à affronter les six millions de Tibétains, la Chine a tenté de réduire la question du Tibet à un débat sur mon statut personnel.

Compte tenu de ces faits, et pour répondre au soutien et aux encouragements considérables que vous-mêmes et d'autres personnes que j'ai rencontrées au cours de ce voyage m'avez apportés, je voudrais aujourd'hui cerner à votre intention les principales questions et propositions, dans un esprit d'ouverture et de conciliation, ce qui serait une première étape vers une solution durable. J'espère ainsi contribuer à un avenir d'amitié et de compréhension avec tous nos voisins, y compris le peuple chinois.

Ce plan de paix comprend cinq éléments fondamentaux :

1° La transformation du Tibet tout entier en une zone de paix.

2° L'abandon par la Chine de sa politique de transfert de population, qui compromet l'existence même des Tibétains en tant que peuple.

3° Le respect des droits de l'homme et des libertés démocratiques fondamentales du peuple tibétain.

4° La reconstitution de l'environnement naturel du Tibet et sa protection, ainsi que le renoncement par la Chine à utiliser le Tibet pour y fabriquer des armes atomiques et pour y entreposer des déchets nucléaires.

5° L'ouverture de négociations véritables sur le statut futur du Tibet et sur les relations entre le peuple chinois et le peuple tibétain.

Permettez que j'apporte quelques détails sur ces cinq éléments.

1.

Je propose que l'ensemble du Tibet, y compris les provinces orientales du Kham et de l'Amdo, devienne une zone d'« ahimsa », terme hindi signifiant un état de paix et de non-violence.

L'établissement d'une telle zone de paix serait conforme au rôle historique joué par le Tibet en tant que nation bouddhiste, pacifique et neutre, en tant qu'état-tampon entre les grandes puissances du continent. Il serait également conforme à la proposition népalaise visant à proclamer le Népal zone de paix et à l'appui donné par la Chine à cette proposition. La zone de paix proposée par le Népal aurait plus de poids si elle comprenait le Tibet et les zones avoisinantes.

L'établissement d'une zone de paix au Tibet impliquerait le retrait des troupes et des installations militaires chinoises dans ce pays; cela permettrait à l'Inde de retirer ses troupes et ses installations militaires des régions himalayennes voisines du Tibet. Ce qui se ferait conformément à un accord international satisfaisant les besoins légitimes de la Chine en matière de sécurité et favorisant la confiance entre les peuples de la région, tibétains, indiens, chinois et autres. Chaque partie y gagnerait, notamment la Chine et l'Inde, qui verraient leur sécurité renforcée, et allégé le fardeau économique qu'entraîne une présence militaire considérable le long de la frontière himalayenne contestée.

Au cours de l'histoire, les rapports entre l'Inde et la Chine n'ont jamais été tendus. Il a fallu que l'armée chinoise envahisse le Tibet, créant ainsi pour la première fois une zone commune avec l'Inde, pour que la tension monte entre les deux puissances, jusqu'à provoquer la guerre de 1962. Depuis lors, il y a eu toute une série d'incidents dangereux. Le rétablissement de bonnes relations entre les deux nations les plus peuplées de la terre serait beaucoup plus facile si elle étaient séparées, comme elles l'ont toujours été à travers les âges, par une zone tampon étendue et amie.

Pour améliorer les relations entre le peuple tibétain et les Chinois, il faut avant tout créer la confiance. Après l'holocauste des dernières décennies, qui a coûté la vie à plus d'un million de Tibétains, soit le sixième de la population, alors qu'un nombre au moins égal croupissait dans les prisons ou dans les camps de travail en raison de leurs croyances religieuses ou leurs convictions politiques, seul le retrait des troupes chinoises pourrait marquer le début d'un véritable processus de réconciliation. La présence d'une énorme armée d'occupation constitue un rappel quotidien pour les Tibétains de l'oppression et de la souffrance qu'ils ont tous connues. Le retrait des troupes serait le geste essentiel signifiant qu'une relation véritable pourrait s'établir avec les Chinois, fondée sur l'amitié et la confiance.

2.

Le transfert de la population chinoise au Tibet, politique menée par le gouvernement de Pékin pour imposer une « solution finale » au problème tibétain en réduisant la population tibétaine à une minorité négligeable, dépourvue de moyens d'action politique, doit cesser.

Le transfert massif de civils chinois au Tibet, en violation des dispositions de la IVe Convention de Genève de 1949, menace l'existence même des Tibétains en tant que peuple distinct. Dans la partie orientale de notre pays, les Chinois sont devenus beaucoup plus nombreux que les Tibétains. Dans la province de l'Amdo où je suis né par exemple, les statistiques chinoises recensent 2,5 millions de Chinois et seulement 750 000 Tibétains. Même dans la prétendue Région Autonome du Tibet (c'est-à-dire le centre et l'ouest du pays), les sources gouvernementales chinoises confirment actuellement que les Chinois dépassent en nombre les Tibétains.

Le transfert de population n'est pas une politique nouvelle pour les Chinois qui l'ont déjà appliquée systématiquement ailleurs. Au début du siècle, les Mandchous constituaient un peuple distinct, doté d'une culture et de traditions qui lui étaient propres. De nos jours, il ne reste que 2 à 3 millions de Mandchous en Mandchourie, où sont installés 75 millions de Chinois.

Dans le Turkestan oriental, que les Chinois appellent maintenant le Xinjiang, la population chinoise est passée de 200 000 en 1949 à 7 millions, soit plus de la moitié de la population totale de 13 millions d'habitants. A la suite de la colonisation par la Chine de la Mongolie intérieure, les Chinois comptent 8,5 millions d'habitants, les Mongols 2,5 millions.

A ce jour, 7,5 millions de colons chinois ont été envoyés au Tibet, où ils dépassent donc en nombre les 6 millions de Tibétains. Dans le Tibet central et occidental, que les Chinois appellent maintenant « Région Autonome du Tibet », les sources chinoises reconnaissent que les 1,9 million de Tibétains sont déjà en minorité dans la population de la région. Ces chiffres ne comprennent pas les effectifs des forces armées, qui seraient de 300 000 à 500 000 hommes, dont 250 000 dans la prétendue Région Autonome du Tibet.

Pour la survie des Tibétains en tant que peuple, il faudra que le transfert de population cesse et que les colons chinois rentrent en Chine. Sinon, les Tibétains ne seront bientôt plus qu'une curiosité touristique et le vestige d'un noble passé.

3.

Les droits fondamentaux de l'homme et les libertés démocratiques doivent être respectés au Tibet. Le peuple tibétain doit pouvoir à nouveau connaître un libre épanouissement culturel, intellectuel, économique et spirituel et exercer ses libertés démocratiques fondamentales.

Les violations des droits de l'homme au Tibet sont parmi les plus graves dans le monde. La discrimination y est pratiquée en vertu d'une politique d'« apartheid » que les Chinois appellent « ségrégation et assimilation ». Dans le meilleur des cas, les Tibétains sont des citoyens de seconde catégorie dans leur propre pays. Privés des droits et des libertés démocratiques les plus élémentaires, ils vivent sous le joug d'une administration coloniale où tout pouvoir réel est entre les mains des cadres chinois du Parti communiste et de l'armée.

Bien que le gouvernement autorise les Tibétains à reconstruire certains monastères bouddhiques et à y pratiquer leur religion, il interdit toujours toute étude ou enseignement sérieux de la religion. Seul un tout petit nombre de personnes, ayant l'approbation du Parti communiste, est autorisé à se consacrer à la vie monastique.

Si les Tibétains exilés jouissent de leurs droits démocratiques en vertu d'une constitution que j'ai promulguée en 1963, des milliers de nos compatriotes croupissent en prison ou dans des camps de prisonniers en raison de leurs opinions religieuses ou politiques.

4.

Il faudra faire des efforts considérables pour restaurer l'environnement naturel du Tibet. Le Tibet ne doit pas être utilisé pour y fabriquer des armes nucléaires, ni pour y entreposer des déchets nucléaires.

Les Tibétains ont un grand respect pour toutes les formes de vie. Ce sentiment inné est renforcé par la foi bouddhiste, qui interdit de faire du mal aux êtres vivants, qu'ils soient hommes ou animaux. Avant l'invasion chinoise, le Tibet était une réserve intacte et sauvage de la nature, dans un cadre unique. Malheureusement, au cours des dernières décennies, la faune et les forêts du Tibet ont été presque entièrement anéanties par les Chinois, ce qui a eu des conséquences dévastatrices pour l'écosystème fragile du pays. Il faudra protéger le peu qui reste encore et tenter de rétablir l'environnement naturel.

La Chine se sert du Tibet pour y fabriquer des armes nucléaires; elle a peut-être déjà commencé à y déposer des déchets nucléaires. Elle prévoit d'y stocker non seulement ses propres déchets, mais aussi ceux d'autres pays qui ont accepté de payer pour que Pékin les débarrasse de leurs substances toxiques.

Les dangers que cela comporte sont évidents. Cette indifférence de la Chine à l'égard de l'écosystème tibétain, unique et délicat, menace les générations présentes autant que celles à venir.

5.

Des négociations véritables sur le statut futur du Tibet, et sur les relations entre les peuples chinois et tibétain devraient être entreprises.

Nous souhaitons aborder ce sujet de manière raisonnable et réaliste, dans un esprit de franchise et de conciliation, afin de trouver une solution qui réponde aux intérêts à long terme de tous : Tibétains, Chinois et tous les autres peuples concernés. Les Tibétains et les Chinois sont des peuples distincts; chacun a son pays, son histoire, sa culture, sa langue et son mode de vie. Il faut admettre et respecter les différences entre les peuples, sans pour autant en faire des obstacles à une coopération véritable, lorsque celle-ci peut être bénéfique à chacun. Je crois sincèrement que si les parties intéressées pouvaient se rencontrer pour parler de leur avenir dans un esprit d'ouverture, animées du désir sincère de trouver une solution équitable et satisfaisante, nous pourrions sortir de l'impasse. Nous devons tous nous efforcer de faire preuve de raison et de sagesse et nous rencontrer dans un esprit de franchise et de compréhension.

Permettez-moi de conclure sur une note personnelle. Je tiens à vous remercier de l'intérêt et du soutien que vous-mêmes, ainsi que vos nombreux collègues et compatriotes, avez manifestés pour la condition des peuples opprimés où qu'ils se trouvent. Le fait que vous ayez démontré publiquement votre sympathie à notre égard à nous Tibétains, a déjà eu un effet positif sur la vie de ceux d'entre nous qui vivent au Tibet. Je vous demande de continuer à nous assurer votre appui en cette période critique de l'histoire de notre pays. Merci.

DISCOURS DU DALAÏ-LAMA AU PARLEMENT EUROPÉEN

(Strasbourg, 15 juin 1988)

Nous vivons aujourd'hui dans un monde très interdépendant. Une nation ne peut plus résoudre toute seule ses problèmes. Sans un sens de la responsabilité universelle, c'est notre survie qui est en danger. C'est pourquoi je crois fermement à une meilleure compréhension, à une coopération plus étroite et à un plus grand respect entre les diverses nations du monde. Nous pouvons nous inspirer de l'exemple du Parlement Européen. Après le chaos de la guerre, ceux qui furent un temps des ennemis ont, en une seule génération, appris à coexister et à coopérer. Pour cela, je ressens particulièrement l'honneur et le plaisir de m'adresser à vous au Parlement Européen.

Comme vous le savez, mon propre pays – le Tibet – traverse actuellement une période très difficile. Les Tibétains, en particulier ceux qui vivent sous l'occupation chinoise, désirent ardemment un avenir empreint de liberté, de justice et d'autodétermination pour pouvoir protéger leur identité unique et vivre en paix avec leurs voisins.

Pendant plus d'un millier d'années, nous, Tibétains, avons adhéré à des valeurs spirituelles et écologiques en vue de maintenir le délicat équilibre de la vie sur le haut plateau où nous vivons. Inspirés par le message de non-violence et de compassion du Bouddha, protégés par nos montagnes, nous nous sommes efforcés de respecter toute forme de vie et d'abandonner la guerre comme instrument de politique nationale.

Notre histoire, qui remonte à plus de 2 000 ans, est marquée par l'indépendance. A aucun moment, depuis la fondation de notre nation en 127 avant J.-C., nous n'avons, nous Tibétains, abdiqué notre souveraineté à un pouvoir étranger. A l'instar de toutes les nations, le Tibet est passé par des époques au cours desquelles nos voisins – Mongols, Mandchous, Chinois, Britanniques et Gorkhas du Népal – ont fait peser leur influence sur nous. Ces périodes furent brèves et le peuple tibétain ne les a jamais acceptées comme constituant une perte de sa souveraineté nationale. En fait, à d'autres occasions, les souverains du Tibet ont conquis de larges territoires en Chine et dans d'autres états voisins. Ceci ne signifie pas, cependant, que nous, Tibétains, pouvons revendiquer ces territoires.

En 1949, la République populaire de Chine a envahi le Tibet par la force. Depuis lors, le Tibet a vécu la période la plus noire de son histoire. Plus d'un million de nos compatriotes sont morts depuis l'occupation. Des milliers de monastères furent réduits à l'état de ruines. Une génération a grandi, dépourvue de toute éducation et possibilité économique, privée de sa propre identité nationale. Bien que le gouvernement actuel de la Chine ait mis en place quelques réformes, il encourage aussi le transfert massif de la population chinoise vers le plateau tibétain. Cette politique a déjà réduit les 6 millions de Tibétains à l'état de minorité. Parlant au nom de tous les Tibétains, j'ai le regret de vous informer que notre tragédie se poursuit.

J'ai toujours exhorté mon peuple à ne pas avoir recours à la violence dans ses efforts pour soulager sa souffrance. Je crois cependant que tous les peuples ont moralement le droit de protester contre l'injustice par des moyens pacifiques. Malheureusement, les manifestations au Tibet ont été violemment réprimées par la police et l'armée chinoises. Je continuerai à conseiller la non-violence, mais, si la Chine n'abandonne pas les méthodes brutales qu'elle emploie, les Tibétains ne peuvent être tenus pour responsables d'une détérioration ultérieure de la situation.

Chaque Tibétain souhaite et prie pour le rétablissement total de l'indépendance de notre nation. Des milliers d'êtres ont donné leur vie et notre nation tout entière a souffert dans cette lutte. Tout récemment, des Tibétains ont encore courageusement sacrifié leurs vies pour atteindre leur précieux objectif. Par contre, les Chinois n'ont pas accordé la moindre reconnaissance aux aspirations du peuple tibétain et continuent de pratiquer une politique de répression brutale.

J'ai longtemps réfléchi pour trouver une solution réaliste à la triste situation de mon pays. Mon cabinet et moi-même avons sollicité l'opinion de nombreux amis et personnes concernées. Finalement, le 21 septembre 1987, j'ai présenté un Plan de paix en cinq points pour le Tibet à la Commission des Droits de l'Homme du Congrès américain, à Washington. Le Plan préconise la transformation du Tibet en une zone de Paix, un sanctuaire dans lequel l'Humanité et la Nature pourraient vivre ensemble en harmonie. De même, il revendique le respect des Droits de l'Homme et des idéaux démocratiques, la protection de l'environnement et l'arrêt du transfert de la population chinoise au Tibet.

Le cinquième point du plan demande l'ouverture de négociations véritables entre les Tibétains et les Chinois. Nous avons donc pris l'initiative de formuler quelques concepts, qui, nous l'espérons, serviront de base pour résoudre le problème du Tibet. Je voudrais saisir cette occasion pour informer cette auguste assemblée des grandes lignes de notre réflexion.

Dans sa totalité, le Tibet connu sous le nom de CHOLKA-SUM (U-

TSANG, KHAM et AMDO) deviendrait une entité politique démocratique et autonome (self-governing) fondée sur un Droit agréé par le peuple, visant le bien commun et la protection de l'ensemble, en association avec la République populaire de Chine.

Le gouvernement de la République populaire de Chine pourrait conserver la responsabilité de la politique étrangère du Tibet. Cependant, le gouvernement du Tibet développerait et entretiendrait les relations extérieures, par le truchement d'un Bureau des Affaires étrangères, dans les domaines de la religion, du commerce, de l'éducation, de la culture, du tourisme, des sciences et des sports, et dans d'autres domaines non politiques. Le Tibet deviendrait membre des organisations internationales spécialisées dans ces activités.

Le gouvernement du Tibet serait fondé sur une constitution ou loi fondamentale (basic law). La loi fondamentale pourvoirait une forme de gouvernement démocratique chargé d'assurer l'égalité économique, la justice sociale et la protection de l'environnement. Ceci signifie que le gouvernement du Tibet aura le droit de décider toutes les affaires concernant le Tibet et les Tibétains.

Comme la liberté individuelle est la véritable origine et le germe du développement de toute société, le gouvernement du Tibet devra chercher à l'assurer par une adhésion totale à la Déclaration Universelle des Droits de l'Homme, y compris le droit à la parole, au rassemblement et à la religion. Étant donné que la religion constitue la source de l'identité nationale du Tibet, et que les valeurs spirituelles reposent au cœur même de la riche culture tibétaine, le gouvernement du Tibet aurait comme devoir tout particulier d'en sauvegarder et développer la pratique.

Le gouvernement serait formé d'un Chef exécutif élu au suffrage universel, d'une Assemblée législative bi-camérale et d'un système judiciaire indépendant. Son siège serait à Lhassa.

Le système économique et social du Tibet devra être déterminé en accord avec les souhaits du peuple tibétain, en tenant spécialement compte du besoin d'élever le niveau de vie de la population tout entière.

Le gouvernement du Tibet édicterait des lois très rigoureuses pour protéger la faune et la flore. L'exploitation des ressources naturelles serait strictement réglementée. La fabrication, l'essai et le stockage des armes nucléaires et autres doivent être interdits, ainsi que l'utilisation de l'énergie nucléaire et des autres technologies qui produisent des déchets générateurs de risques. Le gouvernement du Tibet aurait comme tâche de faire de ce pays la plus grande réserve naturelle de notre planète.

Une conférence régionale pour la Paix devra être convoquée afin que le Tibet devienne un véritable havre de paix par la démilitarisation. Jusqu'à ce qu'une telle réunion puisse être convoquée, et que la démilitarisation et la neutralisation soient chose faite, la Chine pourrait conserver le droit de maintenir un nombre restreint d'installations militaires au Tibet. Celles-ci n'auraient qu'un but défensif.

Afin de créer une atmosphère de confiance propice à des négociations fructueuses, le gouvernement chinois doit cesser ses violations des Droits de l'Homme au Tibet et renoncer à sa politique du transfert des populations chinoises au Tibet.

Voici les réflexions qui nous animent. Je sais que beaucoup de Tibétains seront déçus de la modération qu'elles représentent. Sans aucun doute, au cours des mois à venir, il y aura un grand débat dans notre propre communauté, aussi bien au Tibet qu'en exil. Cependant, ceci constitue un facteur essentiel et inestimable de tout processus de changement. J'ai la profonde conviction que ces réflexions représentent le moyen le plus réaliste de rendre au Tibet son identité distincte et de rétablir les droits fondamentaux du peuple tibétain tout en conciliant les intérêts propres à la Chine. Je voudrais pourtant insister sur le fait que, quelle que soit l'issue des négociations avec les Chinois, c'est le peuple tibétain lui-même qui doit absolument prendre l'ultime décision. Par conséquent, toute proposition contiendra un plan de procédure détaillé permettant de déterminer quels sont les désirs du peuple tibétain grâce à un référendum national.

Je voudrais saisir cette occasion pour déclarer que je ne souhaite pas prendre une part active au gouvernement du Tibet. Cependant, je continuerai à œuvrer pour le bien-être et le bonheur du peuple tibétain aussi longtemps que cela sera nécessaire. Nous sommes prêts à faire une proposition au gouvernement de la République populaire de Chine fondée sur les réflexions dont je vous ai fait part. En vue de négociations, une délégation de représentants du gouvernement tibétain a été formée. Nous sommes prêts à rencontrer les Chinois pour discuter des détails d'une telle proposition, qui permettra de parvenir à une solution équitable.

Nous sommes encouragés par le vif intérêt pour notre situation que nous témoigne un nombre croissant de gouvernements et de chefs politiques, dont l'ancien Président des États-Unis, M. Jimmy Carter. Nous sommes également encouragés par les changements récents en Chine, qui ont fait émerger un nouveau groupe de dirigeants plus pragmatiques et plus libéraux.

Nous prions instamment le gouvernement chinois et ses dirigeants de prendre sérieusement en considération les idées que je viens d'exposer. Seuls le dialogue et la volonté de considérer lucidement et honnêtement la réalité du Tibet peuvent mener à une solution viable. Nous souhaitons conduire des discussions avec le gouvernement chinois en ayant présents à l'esprit les intérêts plus vastes de l'humanité. Notre proposition serait alors faite dans un esprit de conciliation et nous espérons que les Chinois répondront en conséquence.

L'histoire unique de mon pays et son profond héritage spirituel le rendent parfaitement adapté à remplir le rôle de sanctuaire de paix au cœur de l'Asie. Son statut historique d'état-tampon neutre, contribuant à la stabilité du continent tout entier, peut être reconstitué. La paix et la sécurité pour l'Asie, ainsi que pour le monde entier, en seraient renforcées. A l'avenir, le Tibet n'aura plus besoin d'être un pays occupé, opprimé par la force, improductif et profondément marqué par la souffrance. Il pourrait devenir un refuge libre où l'humanité et la nature vivent en harmonieux équilibre, un modèle créatif pour résoudre les tensions qui affligent de nombreuses régions.

Les dirigeants chinois doivent comprendre que le système colonial pour gouverner des territoires occupés est aujourd'hui anachronique. Une union ou une association authentiques ne peuvent se produire que volontairement, lorsqu'il en résulte un bienfait satisfaisant pour toutes les parties concernées. La Communauté Européenne en est un exemple marquant. Par ailleurs, un pays ou une communauté peuvent se briser en deux ou plusieurs entités lorsqu'il y a un manque de confiance ou d'avantages, et lorsque la force est utilisée comme outil principal du gouvernement.

J'aimerais conclure en lançant un appel tout particulier aux honorables membres du Parlement Européen, et par leur intermédiaire à leurs électeurs respectifs, pour qu'ils soutiennent nos efforts. La solution du problème tibétain dans le cadre que nous proposons représente non seulement un avantage pour les peuples tibétains et chinois, mais elle contribuera également à la paix et à la stabilité régionales et mondiales.

Je vous remercie de m'avoir donné l'occasion de partager mes pensées avec vous.

CHRONOLOGIE

Les grandes dates qui ont marqué l'histoire du Tibet

12000 à 6000 av. J.-C. : Des découvertes archéologiques font remonter les premiers peuplements connus du Tibet au mésolithique.

5000 av. J.-C. : Des ossements et poteries découverts dans le Chamdo en 1978 datent du néolithique.

620-649 : Règne du roi Songtsen Gampo, unificateur du Tibet. Naissance de la langue écrite tibétaine.

755-797 : Règne de l'empereur Trisong Detsen. L'empire tibétain atteint son apogée. Il étend son influence jusqu'au Pamir, au Turkestan et au Népal.

821 : Premier traité de paix entre le Tibet et la Chine.

IXe siècle : Le bouddhisme s'installe au Tibet. Construction des premiers grands monastères. Déclin de la lignée des empereurs.

1207 : Gengis Khan a conquis la Chine, la Corée et d'autres vastes territoires jusqu'en Europe. Le Tibet se soumet à la domination de l'empire mongol.

1350 : Le Tibet se libère de la domination mongole.

1357-1419 : Tsongkapa fonde la secte des Gelugpa (bonnets jaunes).

1543-1588 : Sonam Gyatso, troisième réincarnation de Gedun Trupa, disciple de Tsonkapa, premier de la lignée des dalaï-lamas, reconnu comme l'incarnation de Chenrezig, le Bouddha de la compassion.

1652 : Le Ve dalaï-lama visite Pékin, invité par le premier empereur de la dynastie mandchoue des Qing (1644-1911).

1720 : L'armée mandchoue entre dans Lhassa pour chasser l'envahisseur mongol. Les mandchous en profitent pour réorganiser l'administration tibétaine et pour imposer une forme de « supervision » impériale. Le Tibet est proche de passer entièrement dans l'orbite de Pékin.

1723-1735 : Règne de l'empereur Kangxi qui retire presque toutes les troupes impériales de Lhassa. A partir de 1728, deux Ambans représentent à Lhassa le trône de l'empereur mandchou.

1788 : L'armée népalaise envahit le Tibet. L'empereur Qianlong envoie une grande armée prêter main-forte aux Tibétains. Un traité de paix est signé en 1792. L'administration tibétaine perd un peu plus de sa liberté de manœuvre au profit de Pékin. Aucune décision importante ne peut plus être prise sans en référer aux Ambans.

1795 : Mort de Qianlong. Déclin de la dynastie des Qing. Le Tibet en profite pour recouvrer sa liberté.

1854 : L'armée du Népal envahit une nouvelle fois le Tibet. L'armée mandchoue ne bouge pas. Traité tibéto-népalais signé en 1856.

1910 : L'armée mandchoue et chinoise pénètre au Tibet, pour la première fois sans y avoir été invitée. Elle se retire en 1911, après la chute de la dynastie des Qing et l'avènement de la République de Chine.

1912 : Le gouvernement tibétain ordonne l'expulsion de tous les résidents chinois. Le dernier quitte le Tibet en janvier 1913.

1913 : Le XIIIe dalaï-lama et l'Assemblée nationale tibétaine proclament l'indépendance du Tibet. Pékin refuse de reconnaître ce statut.

1914 : Paraphe de la convention de Simla entre la Grande-Bretagne, le Tibet et la Chine. Londres reconnaît à Pékin une « suzeraineté » sur le Tibet mais non une « souveraineté ». Le Tibet est divisé en deux parties. La Chine s'engage à ne pas s'ingérer dans les affaires du « Tibet extérieur ». Le gouvernement chinois refusera d'entériner ce traité.

1942 : Création à Lhassa d'un ministère des Affaires étrangères.

1er octobre 1949 : Mao Tsé-Toung proclame la fondation de la République populaire de Chine.

7 octobre 1950 : 80 000 soldats de l'Armée populaire de libération chinoise envahissent le Tibet.

23 mai 1951 : Signature à Pékin d'un « Accord en dix-sept points » qui consacre le rattachement du Tibet à la Chine et où Pékin s'engage à respecter une large autonomie au Tibet.

26 octobre 1951 : L'armée chinoise pénètre à Lhassa.

10 mars 1959 : Une rébellion antichinoise sévèrement réprimée à Lhassa fait des milliers de morts. Le dalaï-lama part en exil en Inde.

9 septembre 1965 : Pékin proclame la création d'une « Région Autonome du Tibet ». Le Tibet historique est amputé d'une bonne moitié de son territoire annexé aux provinces chinoises limitrophes.

Août 1966 : Lancement à Lhassa de la Révolution culturelle au Tibet. La quasi-totalité des monastères et temples qui étaient encore debout sont pillés et détruits. Des milliers de Tibétains, religieux et laïcs, sont persécutés et envoyés dans les camps de travail.

9 septembre 1976 : Mort de Mao Tsé-Toung.

Décembre 1978 : Un troisième plénum du comité central du P.C. chinois annonce un profond virage idéologique en Chine. Au Tibet, il se traduit pas une plus grande tolérance sur le plan religieux.

Janvier 1979 : Une première délégation du dalaï-lama se rend en Chine et au Tibet. Trois autres suivront sans permettre de nouer un vrai dialogue.

1er octobre 1987 : Une émeute antichinoise à Lhassa fait six morts et des centaines de blessés, selon un bilan officiel chinois; treize morts au moins selon des témoins occidentaux.

5 mars 1988 : Nouvelle émeute antichinoise à Lhassa encore plus durement réprimée. La police armée chinoise tire dans la foule. Un mort et trois cent neuf blessés selon Pékin. Huit morts selon des sources tibétaines.

10 décembre 1988 : Une manifestation antichinoise tourne à l'émeute. La police armée tire dans la foule. Douze morts et de nombreux blessés, selon différents témoignages.

5 mars 1989 : Lhassa est à feu et à sang. L'émeute dure plusieurs jours. Le 7 mars, le gouvernement chinois proclame l'instauration de la loi martiale à Lhassa. La contestation est brisée dans le sang.

4 juin 1989 : Massacre sur la place Tian Anmen. L'armée chinoise ouvre le feu sur des milliers de manifestants au cœur de Pékin. La boucherie fait trois cents morts selon un bilan officiel chinois mais entre mille et trois mille morts selon divers témoignages. Le monde découvre le vrai visage de Deng Xiaoping.

12 octobre 1989 : Premier entretien, à Paris, entre une délégation du dalaï-lama et des représentants des dissidents chinois réunis dans la Fédération pour la Démocratie en Chine.

10 décembre 1989 : Le prix Nobel de la paix est remis au dalaï-lama à Oslo.

1991 : l'année est déclarée « Année internationale du Tibet ».

16 avril 1991 : Le dalaï-lama rencontre le président américain George Bush.

23 mai 1991 : Le Congrès américain déclare le Tibet « pays occupé ».

23 août 1991 : Résolution de la sous-commission sur les droits de l'homme de l'ONU critiquant la politique chinoise au Tibet.

1992 : Plusieurs intellectuels chinois célèbres se déclarent en faveur du principe de l'autodétermination pour les Tibétains.

Avril 1993 : Taiwan invite le dalaï-lama à se rendre en visite dans l'île chinoise, invitation qui n'est assortie d'aucune condition préalable.

Juin 1993 : En dépit des pressions de la Chine, le dalaï-lama réussit à prendre la parole à Vienne dans le cadre de la Conférence de l'ONU sur les droits de l'Homme. ONU et lauréats du Prix Nobel de la paix réunis à Vienne ont à cette occasion exprimé une solidarité exemplaire avec le dirigeant tibétain.

NOTES

PREMIÈRE PARTIE

Chapitre 1

1. Wang Furen and Suo Wenqing, *Highlights of Tibetan History*, New World Press, Beijing, 1984, p. 171.
2. Wang Furen and Suo Wenqing, *op. cit.*, p. 172.
3. *Idem*, p. 175.
4. Michael C. van Walt van Praag, *The Status of Tibet*, Westview Press, Colorado, 1987, p. 339.
5. Tenzin Gyatso, *Mon pays et mon peuple*, Genève, 1984, p. 73-74.
6. Wang Furen and Suo Wenqing, *op. cit.*, p. 177.
7. *Agence Chine Nouvelle*, 22 mai 1988.
8. *Idem.*
9. Wang Furen and Suo Wenqing, *op. cit.*, p. 178.
10. *Idem.*
11. Dawa Norbu, *Red Star over Tibet*, Sterling Publishers Ltd, Delhi, 1987 (seconde édition), p. 113.
12. Tenzin Gyatso, *op. cit.*, p. 77.
13. *Idem*, p. 106.
14. *Tibet : Myth vs. Reality*, Beijing Review Publications, Beijing, 1988.
15. Tenzin Gyatso, *op. cit.*, p. 102.
16. David Wise, *The Politics of Lying*, Random House, New York, p. 174.
17. On note que ces dates sont différentes de celles avancées par David Wise pour qui l'opération s'est déroulée de 1958 à décembre 1961.
18. Michel Peissel, *Les cavaliers du Kham*, Robert Laffont, Paris, 1972, p. 114.
19. Tenzin Gyatso, *op. cit.*, p. 145.
20. *Idem*, p. 150.
21. *China Daily*, mars 1988.
22. *Agence Chine Nouvelle*, 2 mars 1988.
23. Tenzin Gyatso, *op. cit.*, p. 163.

24. *Idem*, p. 185.
25. *Le Tibet hier et aujourd'hui*, Beijing Information, Beijing, 1984.
26. *Tibet : Myth vs. Reality*, p. 42.
27. *Idem*, p. 52.
28. Israel Epstein, *Tibet Transformed*, New World Press, Beijing, 1983, p. 45.

Chapitre 2

1. *Le Tibet hier et aujourd'hui*, Beijing Information, Beijing, 1984, p. 19-20.
2. *100 questions about Tibet*, Beijing Review, Beijing, 1989, p. 38.
3. *Tibet : Myth vs. Reality*, Beijing Review Publications, Beijing, 1988, p. 38-39.
4. *Idem*, p. 40-41.
5. *Idem*, p. 41.
6. John F. Avedon, *In exile from the land of snow*, Wisdom Publications, London, 1985.
7. Israel Epstein, *Tibet Transformed*, New World Press, Beijing, 1983, p. 35.
8. Interview au magazine suisse *Femina*, 18 mai 1977.
9. Han Suyin, *Lhassa, étoile fleur*, Stock 1976, p. 34, 88, 115 et 116.
10. Rinchen Dolma Taring, *Daughter of Tibet*, 1970, London, p. 71.
11. Pierre Gentelle, *Le Parti communiste chinois et la question nationale*, in *L'État de la Chine*, La Découverte, 1989, p. 287.
12. *Pékin Information*, juin 1983.
13. *Le Tibet hier et aujourd'hui*, op. cit.
14. Selon une circulaire émanant de la police secrète chinoise de Mongolie intérieure et datée du 24 mars 1992, le concept même de nationalisme mongol est biaisé puisque tous les territoires mongols, y compris ceux de Bouriatie (en Russie), de Mongolie extérieure et de Mongolie intérieure feraient partie de « la région mongole de notre pays » la Chine. Des extraits de cette circulaire ont été publiés par l'agence *Reuter* le 30 avril 1992.
15. Michael C. van Walt van Praag, *The status of Tibet*, Westview Press, Colorado, 1987, p. 19.
16. *In The Dragon and the Snow Lion : The Tibet Question in the 20th Century*, Melvyn C. Godlstein.
17. *100 questions about Tibet*, op. cit., p. 17.
18. Wang Furen and Suo Wenqing, *Highlights of Tibetan History*, New World Press, Beijing, 1984.
19. Michael C. van Walt van Praag, *op. cit.*, p. 49.
20. Fosco Maraini, *Tibet secret*, Arthaud, p. 324.

Chapitre 3

1. John F. Avedon, *In exile from the land of snow*, Wisdom Publications, London, 1985.

2. *In Tibet Information Network,* News Update, 30th April 1990.
3. *Idem.*
4. Jean Pasqualini, *Prisonnier de Mao,* Gallimard, 1974.
5. John F. Avedon, *op. cit.*
6. Michael C. van Walt van Praag, *op. cit.*
7. Jacques Guillermaz, *Le Parti communiste chinois au pouvoir,* Payot, 1972, p. 365.
8. *Mao Zidong Sixiang Wansui,* Pékin, 1969.
9. *Testimony for the 48th Session of the United Nations Commission on Human Rights,* Geneva, Sping, 1992.
10. *Chine, l'archipel oublié,* Fayard, 1992, p. 29 et 498.
11. Etiemble, *Quarante ans de mon maoïsme,* Gallimard, 1976.
12. *Les Tibétains à propos du Tibet,* Éditions La Chine en construction, Beijing, 1988, p. 187-188.
13. *Le Tibet hier et aujourd'hui,* op. cit., p. 33.
14. *100 questions about Tibet,* op. cit., p. 59.
15. *Questions and answers about China's national minorities,* New World Press, Beijing, 1985, p. 73.
16. Israel Epstein, *op. cit.,* p. 37.
17. Ribhur Trulku, *The search for Jowo Mikyoe Dorjee,* The Office of Information and International Relations, Central Tibetan Secretariat, Dharamsala, 1988.
18. *Idem.*
19. *Emancipation Monthly,* Hong Kong, décembre 1987.
20. *La Chine en construction.*
21. Thubten Jigme Norbu, *Tibet is my country,* Wisdom Publications, London, 1986, p. 274-275.

SECONDE PARTIE

Chapitre 1

1. *100 questions about Tibet,* op. cit., p. 50.
2. *In Tibet Information Network,* News Update, 30th April 1990, p. 18.
3. *Emancipation monthly,* Hong Kong, décembre 1987.
4. *Bulletin du Bureau d'information du gouvernement tibétain,* Zurich, 1989.
5. *100 questions about Tibet,* p. 54-55.
6. *Agence France-Presse,* 15 novembre 1990 qui cite une information diffusée le 8 novembre par la chaîne de télévision de Lhassa. Ces chiffres proviennent du Bureau d'État chinois des statistiques (China's State statistics bureau).
7. *South China Morning Post,* 8 juin 1992.
8. *Tibet, aperçu général, La Liberté de croyance religieuse au Tibet,* Éditions Nouvelle Étoile, Pékin 1991.
9. *Questions and answers about China's national minorities,* p. 165.

10. *Tibet, aperçu général, La Liberté de croyance religieuse au Tibet*, Éditions Nouvelle Étoile, 1991.
11. *Tibetan Bulletin*, mars-avril 1992, p. 5, Tibet Press Watch, p. 7 et 8.
12. *Political Prisoners in Tibet. Asia Watch and Tibetan Information Network join report*, February 1992.
13. *Agence Reuter*, 22 octobre 1989.
14. *Jiefangjun Bao* (Quotidien de l'Armée populaire de libération), 12 octobre 1989.
15. *Tibet Information Network*, 21 mai 1992.
16. *Tibet Information Network*, 2 et 3 juillet 1992.
17. *Agence France-Presse*, 9 avril 1990.
18. *Tibet Information Network*, 18 juin 1992.
19. *Agence Chine Nouvelle*, 8 mai 1988.
20. *Agence France-Presse*, 23 avril 1990.

Chapitre 2

1. *Jiefangjun Bao*, 16 septembre 1988.
2. *Agence Chine Nouvelle* (langue chinoise uniquement), 30 juillet 1988.
3. *100 questions about Tibet*, p. 90.
4. *Agence japonaise Jiji Press*, 2 novembre 1990.
5. *Greenpeace Waste Trade Update*, 22 March 1992.
6. *China Daily*, 15 mai 1989.
7. *Agence Chine Nouvelle*, 4 février 1992.
8. *Tibet: Environment and Development Issues* 1992, Department of Information and International Relations, Central Tibetan Administration, Dharamsala 1992.
9. *Tibet, a Land of Snows Rich in Precious Stones and Mineral Resources*, Department of Security, Central Tibetan Administration in Exile, Dharamsala, 1991.
10. *Tibet: Environment and Development Issues, 1992.*
11. *Tibetan Bulletin*, May-June 1992, p. 11 à 19.
12. *Agence France-Presse*, 11 février 1991.
13. *Renmin Ribao* (Quotidien du Peuple), 20 octobre 1988.
14. *China Daily*, 20 juillet 1988.
15. *Agence Chine Nouvelle*, 5 août 1991.
16. Interview au *South China Morning Post*, 26 octobre 1988.
17. Interview au *China Daily*, 3 février 1989.
18. *Pékin Information.*
19. *Statistiques de 1989, Japan, An International Comparison*, Keizai Koho Center, Japan Institute for Social and Economic Affairs.
20. *100 questions about Tibet*, p. 83-85.
21. *Agence Chine Nouvelle*, 24 et 25 février 1991.
22. *Agence Chine Nouvelle*, 8 septembre 1988.
23. *Agence Chine Nouvelle*, 24 et 26 février 1991.
24. *Tibet, aperçu général, Le droit d'autonomie du peuple tibétain*, Éditions Nouvelle Étoile, Pékin 1991.

25. *Agence Chine Nouvelle*, 3 août 1988.
26. *Xizang Ribao* (Quotidien du Tibet), juin 1988.
27. *Tibet, aperçu général, Tibet, grand changement en 40 ans*, Éditions Nouvelle Étoile, Pékin 1991; et *Tibet, aperçu général, Nouvel essor de la culture tibétaine*, Éditions Nouvelle Étoile, Pékin 1991.
28. *Agence Chine Nouvelle*, 30 novembre 1988.
29. *Agence Chine Nouvelle*, 14 juin 1988.
30. *Radio Xining*, 29 août 1988.
31. *Agence indienne de Presse PTI*, 27 novembre 1988.
32. *100 questions about Tibet*, p. 75.
33. *Questions and answers about China's national minorities*, p. 176.
34. Interview au quotidien français *Libération*, en septembre 1989.
35. *Les Tibétains à propos du Tibet*, p. 139.
36. *Jingjicankao*, quotidien Références Économiques du 23 mai 1990.
37. *Agence Chine Nouvelle*, 10 octobre 1988.
38. *Pékin Information*, octobre 1988.
39. *Les Tibétains à propos du Tibet*, p. 121.
40. *Tibet, aperçu général, Nouvel essor de la culture tibétaine*, Éditions Nouvelle Étoile, Pékin 1991.
41. *Tibet Information Network*, News Update 3rd September 1991.
42. *Renmin Ribao* (Quotidien du Peuple), 9 mars 1988.
43. *Agence Chine Nouvelle*, 17 mars 1988.
44. *Agence Chine Nouvelle*, 6 décembre 1989 in *Tibetan Information Network*, News Update 30 April 1990.
45. Discours prononcé à Tokyo, 10 octobre 1982.
46. *Renmin Ribao*, 3 décembre 1988.
47. *Pékin Information*, 2 août 1982.
48. Pour plus d'informations sur les axes de cette nouvelle politique du sourire et du bâton, consulter l'excellent travail de thèse de Corinne Vigniel, « *The shift from " Merciless Repression " to the " Comprehensive Management of Public Security " in the Tibetan Autonomous Region* », School of Oriental Studies, University of London, 1991.
49. *Tibetan Information Network*, News Update 3rd September 1991, p. 72.
50. *Tibetan Information Network*, 9 janvier 1992.
51. *Tibetan Bulletin*, September-October 1991, p. 4.
52. Ces différents chiffres ont été présentés en février 1992 devant la Commission des Droits de l'Homme de l'ONU à Genève.
53. *The Suppression of a People : Accounts of Torture and Imprisonment in Tibet*, by John Ackerley and Blake Kerr, Physicians for Human Rights, November 1989.
54. *Agence Chine Nouvelle*, 1er mars 1988.

55. Radio Lhassa, 15 juin 1988.
56. *Agence France-Presse*, 17 février 1991.
57. Quotidien du Tibet, 3 janvier 1992. *English quotes: gradually push the family planning work forward to include central Tibet and herdsmen.*
58. Interview du 21 juin 1988, recueillie par Daniel Southerland.
59. Xibei Renkou, *Population du Nord-Ouest*, avril 1986.
60. *Tibetan Bulletin*, July-August 1991, p. 25.
61. *The Long March, Chinese Settlers and Chinese Policies in Eastern Tibet.* International Campaign for Tibet, Washington 1991.
62. *Tibet, aperçu général, Le droit d'autonomie du peuple tibétain,* Éditions Nouvelle Étoile, Pékin 1991.

Chapitre 3

1. Discours du dalaï-lama, le 11 septembre 1989, lors de la cérémonie d'ouverture des travaux de l'Assemblée générale du Congrès de la jeunesse tibétaine à Dharamsala.
2. Ces déclarations datent de 1988, lorsque Lodi Gyaltsen Gyari était encore « ministre des Affaires étrangères ».
3. Il s'agit de l'échec le 4 mars 1992 d'une tentative de vote de la Commission des Droits de l'Homme à Genève afin d'adopter une résolution condamnant la politique chinoise au Tibet.
4. *Tibet Information Network*, 16 mai 1992.
5. *100 questions about Tibet*, op. cit.
6. *Renmin Ribao*, 5 avril 1988.
7. *Liaowang* (Perspectives), Hong Kong, 22 août 1988.
8. *The Status of Tibet*, op. cit.
9. *Hong Kong Standard*, 10 mai 1990.
10. Conférence de presse de Yuan Mu, porte-parole du gouvernement chinois, le 14 mars 1989, à Pékin.
11. Li Zhaoxing, porte-parole du ministère chinois des Affaires étrangères, lors d'une conférence de presse, le 16 juin 1988.
12. *Tibet Information Network*, News Update 3rd September 1991, p. 72.
13. *Tibet Press Watch, International Campaign for Tibet*, April 1992, p. 4-5.
14. *South China Morning Post*, 23 juillet 1989.
15. *La Libre Belgique*, 28-29 mars 1992.
16. *Agence Reuter*, 18 mars 1992.
17. Vote du 16 mars 1989 au Parlement européen, à Strasbourg.
18. *Renmin Ribao*, 11 octobre 1989.
19. *La Pravda*, organe du PCUS, 17 mars 1989.
20. *Agence Chine Nouvelle*, 19 décembre 1988.
21. Interview à l'*Agence Chine Nouvelle*, le 28 novembre 1988.
22. *Agence Chine Nouvelle*, le 29 janvier 1989.
23. *China Daily* du 25 janvier 1989, en première page.

24. *The Panchen Lama Speaks*, p. 11-12.
25. *Agence Chine Nouvelle*, le 29 janvier 1989.
26. Interview signée Lu Kang et publiée par le mensuel de Hong Kong *Baixing*, n° 189, avril 1989.
27. *World Journal* (en chinois), New York, 21 septembre 1989.
28. *Actualités Tibétaines*, vol. III, n° 2, été 1992, p. 8-9.

BIBLIOGRAPHIE SOMMAIRE

HISTOIRE, OUVRAGES DE RÉFÉRENCE ET RÉCITS DE VOYAGE

John Ackerly and Blake Kerr, *The suppression of a people* : Accounts of Torture and Imprisonment in Tibet, November 1989.

Amnesty International, *People's republic of China, recent reports on political prisoners and prisoners of conscience in Tibet*, October 1991.

Amnesty International, *Chine, la répression au Tibet de 1987 à 1992*, Londres, mai 1992.

Asia Watch, *Prison labor in China*, april 1991.

John F. Avedon, *In Exile from the land of snow*, Wisdom Publications, 1985, London.

Aten, *Un cavalier dans la neige*, un vieux guerrier Khampa, Jean Maisonneuve, 1981, Paris.

Noel Barber, *The Flight of the dalaï-lama*, Hodder & Stoughton, 1960, London.

Sir Charles Bell, *Tibet past and present*, Oxford and the Clavenson Press, 1968, London.

Sir Charles Bell, *China and Tibet*, Journal of the Central Asian Society, 1949, London.

Charles-Eudes Bonin, *Les Royaumes des neiges, États himalayens*, A. Colin, 1911, Paris.

Fox Butterfield, *China alive in the bitter sea*, Bantam Books, 1982, New York.

Canakuya (compiled by), *Tibet disappears.*

A documentary history of Tibet's international status, Asian Publishing House, 1960, Bombay, Calcutta, New Delhi.

Sir Olaf Caroe, *Tibet and the chinese people's republic*, Journal of the Central Asian Society, 1960, London.

Sa Sainteté le XIVe dalaï-lama, *Au loin la liberté*, Éditions Fayard, 1990.

Tenzin Gyatso, dalaï-lama, *Mon pays et mon peuple*, Éditions Olizane, 1984, Genève.

Alexandra David-Néel, *Voyage d'une Parisienne à Lhassa*, Plon, 1927, Paris. Rééditions 1972 et 1983.
Alexandra David-Néel, *Le vieux Tibet face à la Chine nouvelle*, Plon, 1953, Paris.
Alexandra David-Néel, *A l'ouest barbare de la vaste Chine*, Plon, 1947, Paris. Réédition 1981.
Alexandra David-Néel, *Mystiques et magiciens du Tibet*, Plon, 1929, Paris. Rééditions 1973 et 1985.
Alexandra David-Néel, *Grand Tibet au pays des brigands gentilshommes*, Plon, 1933, Paris. Réédition 1980.
P.A. Donnet, G. Privat, J.P. Ribes, *Tibet, des journalistes témoignent*, Éditions L'Harmattan, 1992.
Dorje Yudon Yuthok, *House of the turquoise roof*, Snow Lion, 1990.
J.H. Edgar, *The great open land*, Journal of the West China Border, 1930-34, Shanghai.
Jérôme Edou et René Vernadet, *Les chevaux du vent*, Éditions Shambala, 1988. Éditions L'Asiathèque, 1993.
Peter Gold, *Tibetan reflections : life in a tibetan refugee community*, Wisdom Publications, 1984, London.
M.H. Goodman, *The last dalaï-lama, a biography*, Sidgwick & Jackson, 1986, London.
Ram Gopal, *India-China-Tibet triangle*, Lucknow, 1964, India.
Francis Goré, *Trente années aux portes du Tibet interdit*, Éditions Kimé, 1992, Paris.
David Graham, *An expedition to the China-Tibetain border*, 1937, Shanghai.
Jacques Guillermaz, *Le parti communiste au pouvoir*, Payot, 1972, Paris.
Tenzin Gyatso, dalaï-lama, *Mon pays et mon peuple*, Olizane, 1984, Genève.
Han Suyin, *Lhassa, the open city*, Triad Panther Books, 1979, London.
Heinrich Harrer, *Seven years in Tibet*, Granada Publishing Limited, 1984, London.
Heinrich Harrer, *Return to Tibet*, Penguin Books Ltd., 1987, England.
Peter Hopkirk, *Trepassers on the roof of the world*, John Murray, 1982, London.
Évariste Huc, *Mais qui songe à la tartarie?*, Éditions Kimé, 1992, Paris.
Évariste Huc, *Souvenirs d'un voyage dans la Tartarie et le Tibet*, 1854, Paris.
The International Campaign for Tibet, *The long march, chinese settlers and chinese policies in eastern Tibet*, Washington, September 1991.
International Commission of Jurists, *The question of Tibet and the rule of law*, 1959, Geneva.
International Commission of Jurists, *Tibet and the chinese*

people's republic, A report to the International Commission of Jurists, 1960, Geneva.

Fabienne Jagou, Tibet langue de bois. 10 ans de chroniques tibétaines du journal chinois « Le quotidien du peuple » de 1980 à 1989. Travail de thèse. Paris 1991.

Maurice Jamatel (traduit du chinois par), *Histoire de la pacification du Tibet sous le règne de l'empereur Kien-Long*, Ernest Leroux, 1982, Paris.

Nicolas Lang, *Le colonialisme chinois au Tibet*, Est-Ouest, 1962, Paris.

Gilbert Leroy, *Le rire jaune*, Éditions L'Harmattan, Collection Partir Là-bas, 1988, Paris.

Simon Leys, *Ombres chinoises*, 10/18, Christian Bourgois, 1974, Paris.

Claude B. Levenson, *Le chemin de Lhassa*, Lieu Commun, 1985, Paris.

Claude B. Levenson, *Le seigneur du lotus blanc, le dalaï-lama*, Lieu Commun, 1987, Paris.

Claude B. Levenson, *Ainsi parle le dalaï-lama*, Éditions Balland, 1990.

Claude B. Levenson, *L'an prochain à Lhassa*, Éditions Balland, 1993.

Fosco Maraini, *Tibet secret*, Éditions Arthaud, 1990.

J.P. Mitter, *Betraval of Tibet*, Allied Published Private Ltd., 1964, India.

Frank Moraes, *The revolt in Tibet*, Sterling Publishers Ltd., 1959, delhi.

Dawa Norbu, *Red star over Tibet*, Sterling Publishers Ltd., 1987, Delhi.

Jamyang Norbu, *Warriors of Tibet*, Wisdom Publications, 1986, London.

Thubten Jigme Norbu, *Tibet is my country*, Wisdom Publications, 1986, London.

Thubten Jigme Norbu and Colin Turnbull, *Tibet, its history, religion and people*, Penguin Books, 1969, England.

George Patterson, *Tibet in revolt*, Faber and Faber, 1960, London.

Michel Peissel, *Les cavaliers du Kham*, Robert Laffont, 1972, Paris.

Tsewang Pemba, *Tibet, l'an du dragon*, Maisonneuve & Larose, 1975, Paris.

Hugh E. Richardson, *A short history of Tibet*, Dutton, 1962, New York.

Hugh E. Richardson, *Tibet and its history*, Oxford University Press, 1962, London.

James D. Seymour, *Human rights and Tibet, the many layers of contradictions*, Columbia University 1991.

Tsepon W.D. Shakabpa, *Tibet, a political history*, Potala Publications, 1988, New York.

Société des Missions Étrangères de Paris, *Trente ans aux portes du Tibet interdit 1908-1938*, Maison de Nazareth, 1939, Hong Kong.

R.A. Stein, *Tibetan civilization*, Stanford University Press, 1972, Stanford.

H. Stoddard, *Le mendiant de l'Amdo*, Société d'Ethnographie, 1985, Paris.

Rinchen Dolma Taring, *Daughter of Tibet*, John Murray, 1970, London. Reprint Allied Publishers, 1983, New Delhi.

Erwan Templé, *Bibliographie du Tibet*, tome I – Boudhisme, Éditions Tibet Diffusion, 1992.

K. Thondup, *Tibet in turmoil, a pictorial account*, Nihon Kogyo Shinbun, 1983, Tokyo.

Tibet Information network and Asia Watch, *Political prisoners in Tibet*, February 1992.

Tieh-Tseng Li, *The historical status of Tibet*, King's Crown Press, Columbia University, 1956, New York.

Chogyam Trungpa, *Born in Tibet*, George Allen & Unwin, 1966, London.

Claudine Vernier-Palliez et Benjamin Auger, *Le dalaï-lama, la présence et l'exil*, Éditions Lattès-Filipacchi. 1991 Paris.

Corinne Vigniel, *The shift from « merciless repression » to the « comprehensive management of public security » in the tibetan autonomous region*, 1991, School of Oriental and African Studies, University of London.

Michael C. van Walt van Praag, *The status of Tibet*, Westview Press, 1987, Colorado.

Michael C. van Walt van Praag, *Population transfer and the survival of the tibetan identity*, The U.S. Tibet Committee, 1986, New York.

Musée de l'Homme, *Voyages dans les marches tibétaines*, Musée de l'Homme, 1990, Paris.

OUVRAGES ET DOCUMENTS DU GOUVERNEMENT CHINOIS

Xi Changhao and Gao Yuanmei, *Tibet leaps forward*, Foreign Languages Press, 1977, Peking.

Israel Epstein, *Tibet transformed*, New Worl Press, 1983, Beijing.

Israel Epstein, *From opium war to liberation*, Joint Publishing Co., 1980, Hong Kong.

Questions and answers about China's national minorities, New World Press, 1985, Beijing.

Le Tibet hier et aujourd'hui, Beijing Information, 1984, Beijing.

Tibet, aperçu général (tomes 1 à 10, intitulés « Pourquoi le Tibet est partie intégrante de la Chine », « Origine de la prétendue " indépendance du Tibet " et la vérité sur cette question », « Le dalaï-lama et " l'accord en 17 articles " », « Tibet, le dernier Shangri-La? », « Le droit d'autonomie du peuple tibétain », « La population du Tibet : chiffres et faits », « Nouvel essor de la culture tibétaine », « La liberté de croyance religieuse au

Tibet », « Tibet, grand changement en 40 ans », « Un grand tournant dans l'évolution de l'histoire du Tibet », Éditions Nouvelle Étoile, Pékin 1991.

100 questions about Tibet, Beijing Review, 1989, Beijing.

Wang Furen and Suo Wenging, *Highlights of tibetan history,* New Worl Press, 1984, Beijing.

Les Tibétains à propos du Tibet, Éditions La Chine en Construction, 1988, Beijing.

Tibet, a general survey, New World Press, 1988, Beijing.

Tibet : myth vs. reality, Beijing Review Publications, 1988, Beijing.

Su Kaiming, *Modern China, a topical history,* New World Press, 1985, Beijing.

Great changes in Tibet, Foreign Language Press, 1972, Peking.

Tibet : no longer medieval, Foreign Language Press, 1981, Peking.

Tibet today, Foreign Language Press, 1974, Peking.

Zhongguo shaoshu minzu, Guojia Minzu Weiyanhui Xinhua Shudian, 1981, Beijing.

Laizi xizang de baodao, Zhongguo Jianshi Zazhishe, 1983, Beijing.

OUVRAGES ET DOCUMENTS DES AUTORITÉS TIBÉTAINES EN EXIL

Gompo Tashi Andrugtsang, *Four rivers, six ranges.* A true account of Khampa resistance to Chinese in Tibet, The Information Office of H.H. the dalaï-lama, 1973, Dharamsala, India.

Ribhur Trulku, *The search for jowo mikyoe dorjee,* The Office of Information & Int. Relations, 1988, Dharamsala.

Dhondub Choedon, *Life in the red flag people's commune,* The Information Office of H.H. the dalaï-lama, 1978, Dharamsala.

Norbu Chopel, *Folk culture of Tibet,* Library of Tibetan Works & Archives, 1983, Dharamsala.

Tsering Dorje Gashi, *New Tibet.*

The Information Office of H.H. the dalaï-lama, 1980, Dharamsala.

Kunsang Paljor, *Tibet under the undying flame,* The Information Office of H.H. the dalaï-lama, 1977, Dharamsala.

Tibet in the united nations, 1950-1961, The Bureau of H.H. the dalaï-lama, New Delhi.

Tibet under chinese communist rule, A compilation of Refugee Statements, 1958-1975. The Information Office of H.H. the dalaï-lama, 1976, Dharamsala.

Tibet, a land of snows rich in precious stones and minerals resources, Research and Analysis Centre, department of security, central Tibetan Administration-in-Exile, Dharamsala, 1991.

Tibet : environment and development issues 1992, Department of Information and International Relations, Central Tibetan Administration, Dharamsala, 1992.

From liberation to liberalisation, Views in liberalised Tibet, The Information Office of H.H. the dalaï-lama, 1982, Dharamsala.

Glimpses of Tibet today, The Information Office of H.H. the dalaï-lama, 1978, Dharamsala.

Tibetan in exile, The Information Office of H.H. the dalaï-lama, 1981, Dharamsala.

REVUES, PÉRIODIQUES, SERVEURS TÉLÉMATIQUES

Tibetan review, Mensuel édité par the Information Office of H.H. the dalaï-lama, Dharamsala, India.

Actualités tibétaines, Trimestriel en français publié par le département d'informations et de relations internationales, Dharamsala, India.

La lettre du Tibet, Mensuel en français, 1, rue St-Vincent, Château d'Agnou. Tél. et Fax : 30908825.

Tibet information network, Service d'information indépendant. Abonnement pour envois par fax et/ou courrier. 7 Beck Road. London E8 4RE. United Kingdom. Tél. : 44-81-5335458 Fax : 44-81-9854751.

Tibet press watch, An International Selection of Noteworthy Articles. International Campaign for Tibet, Washington D.C. United States.

Tibetan bulletin, bi-monthly, the official Journal of the Tibetan Government in Exile. The information & International Relations Office. Central Tibetan Secretariat, Gangchen Kyishong, Dharamsala, India.

Metok, A newsletter from the Tibetan Children Village. Dharamsala Cantt., District Kangra. Himachal Pradesh, India 176216.

Lungta nouvelles tibétaines, Mensuel du Comité de Soutien au Peuple Tibétain (Suisse). BP 2204 CH 1211 Genève.

3615 *Tibet INFO*, Serveur Minitel, service d'informations et banque de données animés par La Maison du Tibet Paris.

ORGANISATIONS DIVERSES

ORGANISATIONS TIBÉTAINES

Bureau du Représentant du dalaï-lama à Paris, 28, rue Sorbier, 75020 Paris. Tél. : 43.58.47.03, Fax : 44629739.

Office of His Holiness the dalaï-lama. Thekchen Choeling, P.O. McLeod Ganj, Kangra Distric (H.P.) 176219 India.

Central Tibetan Administration. Gangchen Kyishong, Dharamsala. Kangra District (H.P.) 176215 India.

Office of Information & International Relations. Central Tibetan Secretariat. Gangchen Kyishong. Dharamsala 176215 H.P. India.

The Office of Tibet in United States, Bureau du Représentant du dalaï-lama aux États-Unis. 241 East 32nd Street New York, N.Y. 10016. Tél. : 212-2135010, Fax : 212-7799245.

The Office of Tibet in Japan, Celebrity Plaza, Shinjuku Bldg. (3F) 1-36-14 Shinjuku, Shinjuku-ku, Tokyo 160. Tél. : (81) 3-3353-4094, Fax : (81) 3-3225-8013.

Bureau of H.H. the dalaï-lama in Delhi, 10 Ring Road Lajpat Nagar IV, New Delhi. Tél. : 6414888. India.

AUTRES ORGANISATIONS EN FRANCE

La Maison du Tibet, 36, rue Mauconseil, 75001 Paris. Tél. : 40.39.01.96, Fax : 40390257.

Comité de soutien au peuple tibétain, 3, rue Lavoisier, 93500 Pantin. Fax : 48451209.

France-Tibet, 48, quai Le Gallo, 92100 Boulogne-Billancourt. Tél. : 46.04.86.91.

Assemblée Nationale, Groupe d'Études « Problèmes du Tibet », 126, rue de l'Université, 75355 Paris. Fax : 40637714.

Aide à l'enfance Tibétaine, 42, rue du Bac, 75007 Paris. Tél. : 45.48.50.49.

Fondation Alexandra David-Néel, 27 avenue du maréchal-Juin, 04000 Digne. Tél. : 92.31.32.58.

Éco-Tibet, 2, rue d'Agnou, 78580 Maule, Tél. et Fax : 30908825.
Centres d'Études tibétaines. Centre d'Études de l'Asie. Collège de France, 22, avenue du président Wilson, 75016 Paris.
Bouddhisme et Action, 5 rue du Ruisseau, 75018 Paris. Tél. : 42.55.87.42.
Tibet Libre, 1, rue de la Poste, 67400 Illkirch-Graffenstaden.
Tibet-Liberté, 11, rue des Serruriers, 67000 Strasbourg.
Tibet Diffusion, La Brangerie, Le Douhet, 17100 Saintes.
Club Tibet, Lycée International des Pontonniers, 1, rue des Pontonniers, 67000 Strasbourg.
Traditions et Arts Himalayens de Sakya, 6, rond-point du Vignoble, 67520 Kuttolsheim.
Association Trinley Djinpa, 6, rue Mozart, 94200 Ivry-sur-Seine.
Centre Héruka, 36, rue Pasteur, 92120 Palaiseau.
Association Paloise pour l'Art et la Culture du Tibet, 2, rue Louis Barthou, 64140 Billère. Tél. : 59.32.70.79.
Rencontres Tibétaines, 7, rue d'En Séguret, 31590 Verfeil. Tél. : 61.09.32.71.
Réseau Solidarité, 5, rue François-Bizette, 35000 Rennes. Tél. : 99.38.82.40.
Comité de Sauvegarde du Peuple Tibétain et de sa Culture, 55, traverse du Commandeur, 13013 Marseille. Tél. : 91.70.62.43.
Soutien à l'éducation tibétaine, Lieu-dit Bourchigny, Arith 73340 Les Cheraines. Tél. : 79.63.37.00.
Horizons Tibétains, 30, rue de Mulhouse, 68110 Illzach. Tél. : 89.50.07.01.
Latitude 43 Théâtre, 3, rue Imbert, 30000 Nîmes. Tél. : 66.67.06.18.
Amitiés Franco-Tibétaines, 10, rue de Brest, 69002 Lyon.
Les Amis du Tibet, 1 *bis*, rue de la Fontaine, 30128 Garons.
Aide aux Réfugiés Tibétains, 6, rue Vicat, 38000 Grenoble.
Éditions Claire Lumière, mas Vinsargues, 13116 Vernegues.

PRINCIPALES ORGANISATIONS À L'ÉTRANGER

Tibet House New York City, 241 East 32nd Street, New York, N.Y. 10016. Tél. : (212) 213-5592, Fax : (212) 213-6408.
International Campaign for Tibet, 1518 K Street, N.W. Suite 410, Washington D.C. 20005 USA. Tél. : (202) 628-4123, Fax : (202) 347-6825.
International Committee of Lawyers for Tibet. P.O. Box 12222 Berkeley, California 04701 USA. Tél. : 415-553-3726, Fax : 415-366-0830.
Snow Lion Publications. P.O. Box 6483 Ithaca. New York N.Y. 14851. Tél. : (607) 2738506.
Tibet Forum. P.O. Box 530; New York N.Y. 10156. Tél. : (212) 2135010, Fax : (212) 7799245.

Comité Canada-Tibet. 4675 Coolbrook Ave. Montréal Québec H3X 2K7 Canada.

Tibetan Information Network, Newsletter, 7 Beck Road London, United Kingdom. E8 4RE. Fax : 44-81-9854751.

Tibet Fondation, 43 New Oxford Street London, WC1A 1BH, United Kingdom. Tél. : 44-71-3790634, Fax : 44-71-3799480.

Comité de Soutien au Peuple Tibétain Suisse, case postale 2204, 1211 Genève, Suisse. Tél. : 022-436314, Fax : 022-7344712.

Associazione Italia-Tibet, Via Bronzino, 14, Milano 20133. Italia.

Centro Studi Tibetani, Via Euclide, 17, Milano 20122. Italia.

Casa del Tibet, Via Che Guevara 55, Reggio Emilia 42100. Italia.

Tibet Support Group Belgium, BP 1170 Bruxelles 17. Belgique. Tél. : 32-2-6730398, Fax : 32-2-5343913.

Belgique Tibet, 21, rue de Suisse, 1060 Bruxelles. Tél. : 32-2-5392383, Fax : 32-2-5372545.

Les amis du Tibet, 3, rue d'Yprès, 7784 Warneton. Tél : 32-56341041.

Tibet Culture Center Japan. Room 607 3-28-1 Nishi Gotanda Shinagawa-ku Tokyo 141. Tél. : 34907868, Fax : 34905385. Japan.

Asia Pacific Forum for Tibet, P.O. Box 98650, T.S.T. Kowloon, Hong Kong. Tél. : (852) 721-1974, Fax : (852) 721-2942.

Friends of Tibet, Hong Kong, 203 Wing Ting Building, 7-9 Wellington Street, Central Hong Kong. Tél. : (852) 230-3501, Fax : (852) 868-4479.

PRINCIPAUX CENTRES DU DHARMA EN FRANCE

École Kagyu :

Dagpo Kagyu Ling, Landrevie, Saint-Léon-sur-Vézère, 24290 Montignac. Lamas Gundun Rimpoché et Jugmé Tséwang. Tél. : 53.50.70.75.

Kagyu Vajradhara Ling, domaine du château d'Osmont, Aubry-le-Panthou. 61120 Vimoutiers.

Kagyu Dzong, 40, route circulaire du Lac Daumesnil, 75012 Paris. Lama Gyurmé. Tél. : 40.04.98.06.

Kagyu Ling, château de Plège, La Boulaye, 71320 Toulon-sur-Arroux. Lama Shérab Dorjé. Tél. : 85.79.43.41.

Karma Ling, hameau de Saint-Hugon, 73110 Arvillard. Lama Denis Teundroup. Tél. : 79.65.64.62.

Karma Migyur Ling, Montchardon, 38160 Izeron. Lama Teunsang. Tél. : 76.38.33.13.

Nehnang Samten Chöling, Les Tranchats, 24580 Plazac.

École Nyingma :

Centre Tibétain de Chanteloube, Saint-Léon-sur-Vézère, 24290 Montignac. Tsétrul Péma Wangyal Rimpoché. Tél. : 53.50.75.24, Fax : 53510244.

Association Bouddhiste des Centres de Dordogne (ABCD), Laugéral, 24290 Saint-Léon-sur-Vézère. Tél. : 53.50.56.79.
Rigpa, 22, rue Burcq, 75018 Paris.
Sogyal Rimpoché. Tél. : 42.54.53.25, Fax : 42540019.

École Geloug :

Guepel Jangchup Ling, le chemin de la Passerelle, 77250 Veneux-les-Sablons. Dagpo Rimpoché. tél. : 64.31.14.83.
Vajra Yogini, château d'En Clauzade, Marzens, 81500 Lavaur. Lama Zopa Rimpoché. Tél. : 63.58.17.22.

École Sakya :

Sakya Tsetchem Ling, 5, rond-point du Vignoble, 67520 Kuttolsheim Marlenheim. Tél. : 88.87.73.80.

École Droukpa Kagyu :

Drouk Detchen Ling, Karma Gyurmé Ling, 27, route de Rosheim, 67530 Boersch. Tél. : 88.95.87.84.

DU MÊME AUTEUR

LE DRAGON ET LA SOURIS, *avec Lawrence-McDonald*, collection « Bibliothèque asiatique », Christian Bourgois, 1987.

LE JAPON ACHÈTE LE MONDE, collection « L'Histoire immédiate », Le Seuil, 1991.

Ouvrages collectifs

PÉKIN, IMMENSE ET CALME, Autrement, hors-série, 1986.

L'ÉTAT DE LA CHINE, La Découverte, 1989.

TIBET, DES JOURNALISTES TÉMOIGNENT, L'Harmattan, 1992.

TIBET, UN AUTRE MONDE, La Maison du Tibet/L'Harmattan, 1993.

DANS LA COLLECTION FOLIO/ACTUEL

1 Alain Duhamel : *Les prétendants.*
2 Général Copel : *Vaincre la guerre (C'est possible !).*
3 Jean-Pierre Péroncel-Hugoz : *Une croix sur le Liban.*
4 Martin Ader : *Le choc informatique.*
5 Jorge Semprun : *Montand (La vie continue).*
6 Ezra F. Vogel : *Le Japon médaille d'or (Leçons pour l'Amérique et l'Europe).*
7 François Chaslin : *Les Paris de François Mitterrand (Histoire des grands projets architecturaux).*
8 Cardinal Jean-Marie Lustiger : *Osez croire, osez vivre (Articles, conférences, sermons, interviews 1981-1984).*
9 Thierry Pfister : *La vie quotidienne à Matignon au temps de l'union de la gauche.*
10 Édouard Masurel : *L'année 1986 dans* Le Monde *(Les principaux événements en France et à l'étranger).*
11 Marcelle Padovani : *Les dernières années de la mafia.*
12 Alain Duhamel : *Le Ve Président.*
13 Édouard Masurel : *L'année 1987 dans* Le Monde *(Les principaux événements en France et à l'étranger).*
14 Anne Tristan : *Au Front.*
15 Édouard Masurel : *L'année 1988 dans* Le Monde *(Les principaux événements en France et à l'étranger).*
16 Bernard Deleplace : *Une vie de flic.*
17 Dominique Nora : *Les possédés de Wall Street.*
18 Alain Duhamel : *Les habits neufs de la politique.*
19 Édouard Masurel : *L'année 1989 dans* Le Monde *(Les principaux événements en France et à l'étranger).*
20 Edgar Morin : *Penser l'Europe.*
21 Édouard Masurel : *L'année 1990 dans* Le Monde *(Les principaux événements en France et à l'étranger).*
22 Étiemble : *Parlez-vous franglais ?*
23 Collectif : *Un contrat entre les générations (demain, les retraites).*
24 Alexandre Zinoviev : *Les confessions d'un homme en trop.*
25 Frantz Fanon : *Les damnés de la terre.*
26 Paul Bairoch : *Le Tiers-Monde dans l'impasse.*

27 Edouard Masurel : *L'année 1991 dans* Le Monde *(Les principaux événements en France et à l'étranger).*
28 Raoul Vaneigem : *Traité de savoir-vivre à l'usage des jeunes générations.*
29 Georges Corm : *Liban : les guerres de l'Europe et de l'Orient 1840-1992.*
30 Pierre Assouline : *Les nouveaux convertis (Enquête sur des chrétiens, des juifs et des musulmans pas comme les autres).*
31 Régis Debray : *Contretemps (Éloges des idéaux perdus).*
33 Donnet Pierre-Antoine : *Tibet mort ou vif.*
40 Gilles Perrault : *Notre ami le roi.*

DANS LA COLLECTION FOLIO/HISTOIRE

1 Georges Duby : *Le dimanche de Bouvines (27 juillet 1214).*
2 Jean-Denis Bredin : *Joseph Caillaux.*
3 François Furet : *Penser la Révolution française.*
4 Michel Winock : *La République se meurt (Chronique 1956-1958).*
5 Alexis de Tocqueville : *L'ancien régime et la Révolution.*
6 Philippe Erlanger : *Le Régent.*
7 Paul Morand : *Fouquet ou le Soleil offusqué.*
8 Claude Dulong : *Anne d'Autriche (mère de Louis XIV).*
9 Emmanuel Le Roy Ladurie : *Montaillou, village occitan de 1294 à 1324.*
10 Emmanuel Le Roy Ladurie : *Le Carnaval de Romans (De la Chandeleur au mercredi des Cendres, 1579-1580).*
11 Georges Duby : *Guillaume le Maréchal (ou Le meilleur chevalier du monde).*
12 Alexis de Tocqueville : *De la démocratie en Amérique,* tome I.
13 Alexis de Tocqueville : *De la démocratie en Amérique,* tome II.
14 Zoé Oldenbourg : *Catherine de Russie.*
15 Lucien Bianco : *Les origines de la révolution chinoise (1915-1949).*
16 Collectif : *Faire de l'histoire,* I : *Nouveaux problèmes.*
17 Collectif : *Faire de l'histoire,* II : *Nouvelles approches.*
18 Collectif : *Faire de l'histoire,* III : *Nouveaux objets.*
19 Marc Ferro : *L'histoire sous surveillance (Science et conscience de l'histoire).*
20 Jacques Le Goff : *Histoire et mémoire.*
21 Philippe Erlanger : *Henri III.*
22 Mona Ozouf : *La fête révolutionnaire (1789-1799).*
23 Zoé Oldenbourg : *Le bûcher de Montségur (16 mars 1244).*
24 Jacques Godechot : *La prise de la Bastille (14 juillet 1789).*

25 Le Débat : *Les idées en France, 1945-1988 (Une chronologie).*
26 Robert Folz : *Le couronnement impérial de Charlemagne (25 décembre 800).*
27 Marc Bloch : *L'étrange défaite.*
28 Michel Vovelle : *Mourir autrefois.*
29 Marc Ferro : *La Grande Guerre (1914-1918).*
30 Georges Corm : *Le Proche-Orient éclaté (1956-1991).*
31 Jacques Le Goff : *La naissance du Purgatoire.*
32 Hannah Arendt : *Eichmann à Jérusalem.*
33 Jean Heffer : *La Grande Dépression (Les États-Unis en crise 1929-1933).*
34 Yves-Marie Bercé : *Croquants et nu-pieds (Les soulèvements paysans en France du XVIe au XIXe siècle).*
35 Arnaldo Momigliano : *Sagesses barbares.*
36 Robert Muchembled : *La sorcière au village.*
37 Gérard Gayot : *La franc-maçonnerie française.*
38 Raul Hilberg : *La destruction des Juifs d'Europe,* I.
39 Raul Hilberg : *La destruction des Juifs d'Europe,* II.
40 Ian Kershaw : *Qu'est-ce que le nazisme ?*
41 Jean Maitron : *Ravachol et les anarchistes.*
42 Maurice Agulhon : *Les Quarante-huitards.*
43 Arlette Farge : *Vivre dans la rue à Paris au XVIIIe siècle.*
44 Norman Cohn : *Histoire d'un mythe (La « conspiration » juive et les protocoles des sages de Sion).*
45 Roland Mousnier : *L'assassinat d'Henri IV.*
46 Michael Pollack : *Vienne 1900 (Une identité blessée).*
47 Nathan Wachtel : *La vision des vaincus (Les Indiens du Pérou devant la Conquête espagnole 1530-1570).*
48 Michel Vovelle : *Idéologies et mentalités.*
49 Jean Bottéro : *Naissance de Dieu (La Bible et l'historien).*
50 Jacques Ozouf : *Nous les maîtres d'école (Autobiographies d'instituteurs de la Belle Époque).*
51 Léon Blum : *Souvenirs sur l'Affaire.*
52 Georges Duby : *L'An Mil.*
53 Jean-Louis Flandrin : *Les amours paysannes (XVIe-XIXe siècle).*
54 Bernard Lewis : *Le retour de l'Islam.*

Composition Firmin-Didot.
Impression S.E.P.C. à Saint-Amand (Cher),
le 22 septembre 1993.
Dépôt légal : septembre 1993.
Numéro d'imprimeur : 2407.
ISBN 2-07-032802-3./Imprimé en France.

65754